智能财务研究系列丛书

智能财务
最佳实践案例

（第一辑）

刘勤　屈伊春 等／著

立信会计出版社
LIXIN ACCOUNTING PUBLISHING HOUSE

图书在版编目(CIP)数据

智能财务最佳实践案例. 第一辑 / 刘勤等著. —上海：立信会计出版社，2021.7
ISBN 978 - 7 - 5429 - 6852 - 4

Ⅰ. ①智… Ⅱ. ①刘… Ⅲ. ①财务管理系统—案例 Ⅳ.①F232

中国版本图书馆 CIP 数据核字(2021)第 123410 号

策划编辑　张巧玲
责任编辑　张巧玲
封面设计　南房间

智能财务最佳实践案例(第一辑)

ZHINENG CAIWU ZUIJIA SHIJIAN ANLI(DI - YI JI)

出版发行	立信会计出版社		
地　　址	上海市中山西路 2230 号	邮政编码	200235
电　　话	(021)64411389	传　　真	(021)64411325
网　　址	www.lixinaph.com	电子邮箱	lixinaph2019@126.com
网上书店	http://lixin.jd.com		http://lxkjcbs.tmall.com
经　　销	各地新华书店		

印　　刷	江苏凤凰数码印务有限公司		
开　　本	787 毫米×1092 毫米	1/16	
印　　张	21.5	插　页	5
字　　数	497 千字		
版　　次	2021 年 7 月第 1 版		
印　　次	2021 年 7 月第 1 次		
书　　号	ISBN 978 - 7 - 5429 - 6852 - 4/F		
定　　价	98.00 元		

如有印订差错,请与本社联系调换

本书编辑委员会

衷心感谢以下专家(按姓氏笔画)在首届智能财务最佳实践评选中所做的重要贡献！

丁淑颖　王　路　王宏星　王得利　付　博　付建华

李　彤　李春影　刘　勤　刘中秋　汪　明　闵广富

吴忠生　陈　虎　陈　耿　陈东升　陈绪龙　金　科

杨　川　杨　寅　杨　智　单雨飞　周钢战　赵旖旎

张天西　张文铭　张鄂豫　胡仁昱　胡立军　胡文杰

徐晓音　袁　磊　黄红亮　聂蓉蓉　盛桢智

从最佳实践中探究财务智能化转型的成功奥秘

（代　序）

在财务信息化和智能化转型过程中，很多管理者都有过这样的感受，为什么自己采用了与行业领先者同样的技术和系统，但最终的实际效果却迥然不同？就像绘画初学者与成名画家相比，采用的几乎是同样的画笔和颜料，但最终的作品所却天壤之别。

曾经有专家基于大量的案例观察，总结出这样一条很有意义的结论："成功的道理基本上都是相似的，但失败的原因却各有各的不同。"那么，成功的道理究竟是什么？失败的原因又有哪些不同呢？

尽管部分学者对成功（或失败）的定义还存在一些争议，但对评价成败的基本要素还是有一定的共识。以信息系统建设为例，业界普遍认为评价成败的主要指标有：系统使用频度、用户满意度、用户喜爱度、目标达成度以及系统最终的绩效等。

一般而言，失败的项目都具有一些显著表征，如：未能满足业务需求，未能提高组织的工作绩效，系统难以使用；系统产生的信息不及时、不充分，实际使用中仍需辅以大量的人工处理；系统产生的数据不完整、不精确，输出的结果无助于管理决策的制定；比预期花费更多的资金、时间和人力，系统运行费用高昂等。

而导致一个项目失败的原因则可能来自各个方面，如：在系统开发过程中相关人员参与度不足或参与不适当；项目缺乏最高领导和管理层的支持；拟建设的系统具有高度复杂性和风险，而建设之初又未能有效地预估；对项目的建设过程缺乏科学管理和有效的方法论支持等。

值得探究的是，是否只要我们能做到设计规划合理、管理层高度参与、资源投入充足，以及对过程进行持续的科学管理，就一定能保证项目的成功？欲回答这个问题，需要我们在最佳实践中寻找答案。

最佳实践最初只是一个管理学概念，后来被赋予更广泛的含义。人们认为存在某种技术、方法、过程、活动或机制，可以使生产或管理实践的结果达到最优，可以减少出错的可能性,这就是所谓的最佳实践。如以更简洁的语言描述,最佳实践就是指那些已经在别处产生显著效果并能适用于己处的成功实践。最佳实践是可被复制和传承的经验,能指导他人更好地行动。

由于生产和管理实践的复杂性,最佳实践不一定具有显性的特点,它的成功奥秘可能会隐藏在某些具体的活动和行为之中。此外,针对同样的一种实践,在不同的领域、不同的行业以及不同的时间区间,最佳实践可能会呈现不同的特征。因此,要想从若干成功的实践中科学地萃取出成功的关键因素,不仅具有较大的难度,而且结果也不一定具有广泛的普适性。

基于以上的考虑,在智能财务的研究中,我们采取了另外一种策略,即收集尽可能多的案例,并从中筛选出大家相对认可的成功案例,将它们通过文字或视频的方式原汁原味地呈现出来,由读者自己去感悟、体验与归纳其中的奥秘。

2020年5月,上海国家会计学院协同中国石油集团共享运营有限公司、金蝶软件(中国)有限公司、元年科技股份有限公司、美国管理会计师协会(IMA)、上海艺赛旗软件股份有限公司、深圳市中兴新云服务有限公司、科大讯飞股份有限公司、用友网络科技股份有限公司、浪潮集团有限公司、安徽经邦软件技术有限公司等合作伙伴,为更好地展示和推广中国先进的智能财务实践成果,促进全社会的财务智能化转型工作,同时也是为广大的理论和实践工作者深入探究智能财务发展的成功奥秘,发起了首届中国智能财务最佳实践的评选活动。

首届"智能财务最佳实践"评选活动共分为四个环节:大众申报环节、专家初评环节、现场调研环节、综合终评环节。后由于2020年新型冠状病毒肺炎疫情的影响,现场调研环节调整为线上汇报和答疑环节。

在大众申报环节,我们通过各种渠道对财务智能化建设的先进机构广发英雄帖,得到了全国35家机构的积极响应,这些机构中既有国有大中型企业,又有大学和医院等事业单位,既有颇具特色的民营企业,又有地方金融投资平台,可以说是群英荟萃、精彩纷呈,这些机构为我们总结智能财务的发展提供了难得的中国样本。

在专家初评环节,由组织方各合作机构派遣的12名初评专家,经过对申报者提交的材料细致地评议和讨论,在统一的评判标准下,通过无记名投票,从35个申报机构中遴选出16个,作为智能财务最佳实践正奖机构的候选者进入下一轮评选。这些被遴选出的智能财务应用项目,都是已经成功完成且至少涵盖了两个以上智能应用场景的应用项目。

在线上汇报和答疑环节,由于疫情的原因,16个机构按照抽签决定的顺序,采用了在线方式,用文字、视频、系统演示等形式,详细介绍了本机构智能财务项目的实施方案、系统架构、采用的智能技术、典型应用场景、相关经验等,并就19位终评专家关心的问题,进行了线上的答疑和交流。

在综合终评环节，我们采用了专家投票为主、公众投票为辅的专家和公众混合投票的方式。在9天的公众投票期间，共获得了49.7万份的公众投票。经过对专家和公众投票的加权统计，最终选出"中国石油集团共享运营有限公司"等10家机构作为最佳实践奖正奖的获奖机构，选出"陕西师范大学"等17家机构成为最佳实践提名奖的获奖机构。

本书《智能财务最佳实践案例（第一辑）》就是应广大会计人员的要求，由2020年最佳实践正奖和部分提名奖的项目材料总结而成的。

基于对本书中13家机构财务智能化转型成功经验的分析和观察，我们对中国智能财务的最佳实践尝试性地做了一下归纳。我们理解：智能财务的最佳实践通常都是基于前期良好的需求分析和系统规划，并经过缜密的应用场景、实施路径、开发模式和管理模式的选择；基于细致的智能财务产品和系统的选型；管理层参与度高、资源投入充分、项目管理科学，并取得了显著的成效。

以中国石油共享中心为例，其在财务智能化的转型过程中，不仅目标明确、规划细致、路径清晰、智能切入点有效，还做到了"领导重视与高效执行相结合，业务场景与智能化技术相结合，顶层设计与速赢实践相结合，价值创造与风险防控相结合"四个有机的结合，有效地破解了企业对智能化技术及数字化转型认知不足、业务场景复杂、智能技术及产品选择难度大等一系列的难题，取得了提高核算质量、提升运行效率、提升用户体验、降低运行成本和增强风险防控等一系列显著成效。

观察和学习财务智能化转型中的成功或失败案例，可以指导我们绕开前人曾遭遇过的障碍、避免犯同样的错误，沿着前人成功的路径，顺利地抵达成功的彼岸。我们还可以以最佳实践为基准，与自身的管理工作进行比较、分析和总结，从而使自己的工作不断得到改进，始终置于良性发展的循环之中。

尽管最佳实践具有无限的魅力，但要做好学习和传承却没那么简单，因为学习和传承就意味着要将别人的成功经验移植到自己新的实际应用场景之中，这需要在组织、文化、流程和人员之间进行深度的协调和配合。

值得注意的是，在当前高度不确定和创新驱动的环境下，创新似乎比模仿显得更为重要，因此，在不断学习最佳实践的同时，我们还需不断构建持续创新的体系，这样才能不断地超越自己，获得自身的可持续发展。

本书中所有的案例均来自各获奖机构自身的智能财务转型成功实践，是近年来这些机构智能财务发展的真实写照，具有较强的个性化特点。考虑到便于读者比较和分析，我们对案例编写的体例进行了统一的约定，要求从案例单位简介、智能财务建设动机、智能财务建设方案设计、智能财务应用场景选择、智能技术及其产品的选择、投入的相关部门和人员、实践中遇到的主要问题和解决方法、实践成效和未来展望等几个方面进行撰写,相信这些案例对读者了解中国智能财务的应用一定会有所帮助。

本书是各获奖机构领导和专家以及智能财务研究中心相关研究人员的共同成果,在撰写过程中不仅得到了获奖机构各级领导的大力支持,同时也获得了上海国家会计学院、中国石油集团共享运营有限公司、金蝶软件(中国)有限公司、元年科技股份有限公司、美国管理会计师协会(IMA)、上海艺赛旗软件股份有限公司、深圳市中兴新云服务有限公司、科大讯飞股份有限公司、用友网络科技股份有限公司、浪潮集团有限公司、安徽经邦软件技术有限公司等合作伙伴领导和专家们的大力支持。此外,立信会计出版社陆盛强总编、张巧玲主任以及原董事长窦瀚修先生等为本书的出版给予了特别大的帮助和支持,在此一并表示衷心的感谢。

智能财务转型是一项方兴未艾的新事物,由于作者和编者研究视角和研究能力的限制,本书难免会存在不足和局限,敬请广大读者给予批评和指正!

2021 年 5 月

目　录

□ 中国石油财务共享智能应用实践

- 闵广富　中国石油集团共享运营有限公司财务信息系统部总经理、高级工程师
- 王　亚　中国石油集团共享运营有限公司财务信息系统部高级主管、高级经济师
- 谭　瑾　中国石油集团共享运营有限公司规划发展部副总经理、高级工程师
- 刘　勤　上海国家会计学院教授、博士生导师

- 财务共享
  智能财务最佳实践

　　本文以智能财务共享中心建设为例,详细介绍了自 2017 年 5 月以来,中国石油成功利用机器人流程自动化(Robotic Process Automation,RPA)、图像识别、知识图谱、自然语言处理等智能技术,在凭证制证与审核、资金支付、发票识别、发票认证与查验、费用报销填单、银行回单分拣、会计档案管理、销售资金对账等财务场景中的成功应用实践。得益于建设中的领导重视和高效执行的有机结合、业务场景和智能技术的有机结合、顶层规划和速赢实践的有机结合以及价值创造和风险防控的有机结合,项目建设和管理团队克服了诸多困难,取得了提高核算质量、提升运行效率、提升用户体验、降低运行成本和增强风险防控等一系列显著成效。

一、案例背景

(一)案例单位简介

中国石油天然气集团有限公司(以下简称中国石油)是 1998 年 7 月在原中国石油天然气总公司基础上组建的特大型石油石化企业集团,是产炼运销储贸一体化的综合性国际能源公司,2019 年在《财富》杂志全球 500 强排名中位居第四。

1. 主营业务

中国石油主要业务包括国内外石油天然气勘探开发、炼油化工、油气销售、管道运输、国际贸易、工程技术服务、工程建设、装备制造、金融服务、新能源开发等,是中国主要的油气生产商和供应商之一。

2. 组织架构

中国石油设董事会、公司管理层,下辖控股子公司、专业分公司、油气田企业、炼化企业、成品油销售企业、天然气销售企业、管道企业、海外企业、国际贸易企业、工程技术服务企业、工程建设企业、装备制造企业、金融企业、科研及其他单位(见图 1-1)。

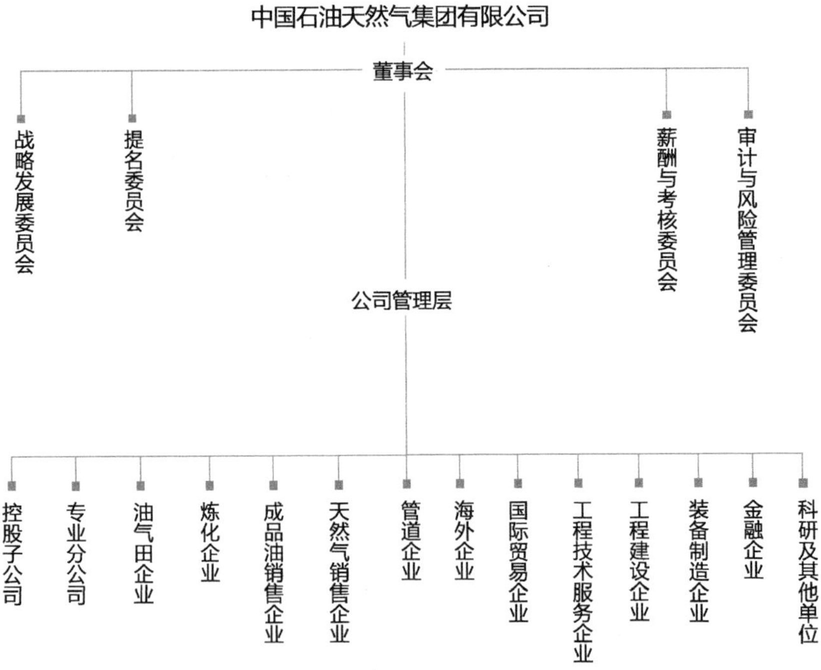

图 1-1　中国石油天然气集团有限公司组织架构

3. 财务信息化发展历程

中国石油的财务信息化工作起步于 1995 年,伴随着公司财务管理体制变革和不同时期的重点任务,财务信息化工作先后经历了统一、集中、集成、共享四个阶段,目前已进入共享阶段,打造了拥有自主知识产权的软件产品——中国石油财务管理信息系统(Financial

Management Information System，FMIS）。

第一阶段：统一（1995—2000 年）。统一阶段之前，中国石油各地区公司使用上百种不同的财务信息系统，如用友、金蝶、ORACLE 等软件，部分地区公司仍手工记账。1994 年，中国石油提出了财务管理信息系统总体目标，确定了系统技术路线，并于 1997 年完成地区公司推广，1998 年成功向炼化及销售企业拓展，2000 年成功应对股份公司上市监管披露要求。统一阶段的工作，改变了中国石油财务信息系统多样化的局面，结束了部分地区公司手工记账的历史，实现了会计制度、报告流程、编码体系、报表体系、信息系统的统一，打造了中国石油拥有自主知识产权的财务管理信息系统，确立了财务信息化自主发展的道路。

第二阶段：集中（2001—2008 年）。在财务信息系统统一之后，中国石油开始按步骤、分阶段地推进财务信息系统的集中。2004 年，中国石油完成了地区公司级集中，会计实体从 2 700 多个减少到 94 个；2008 年，实现股份公司一级集中，会计账套进一步集中为 1 个，财务报告流程从最初的 7 层压缩为 1 层。中国石油财务管理信息系统（FMIS）在集中阶段三次荣获国家级企业管理现代化创新成果一等奖，获得企业会计准则分类标准卓越实践奖，多次获得集团公司科技进步奖，中国会计报、CFO 世界、英国 IRMagazine 等刊物多次对其进行专题报道，财政部、国资委、学术界专家学者、企业界代表多次来访交流。

第三阶段：集成（2009—2014 年）。随着公司信息化工作的不断推进，以 ERP、加油站管理系统为代表的生产经营管理系统相继实施，财务信息系统主动与业务系统集成，并于 2012 年成功完成了 ERP 与 FMIS 的融合，标志着财务信息系统步入了集成阶段。系统集成后，会计凭证自动生成比例达到 80% 以上，会计核算效率显著提高，实现了产供销、项目管理、设备管理等业务的核算在线自动处理，推动了价值链与业务链的整合，财务业务一体化管控能力得到提升。

第四阶段：共享（2015 年至今）。财务共享服务中心（Financial Shared Service Center，FSSC）作为一种新的财务管理模式正在许多跨国公司和国内大型集团公司中兴起与推广，中国石油顺应财务管理模式的发展趋势，结合中国石油财务管理转型的内在驱动，启动了财务共享的建设工作。

（二）中国石油共享服务体系简介

为响应中共中央、国务院关于国有企业深化改革的系列要求，中国石油提出了"逐步建立财务、人力资源、技术、信息、物资采购、审计等共享服务中心，提高公司整体运营效率和服务水平"的要求，并于 2017 年正式启动共享服务建设。2019 年，中国石油集团共享运营有限公司（以下简称共享运营公司）正式成立，提供财务和人力资源业务的共享服务。截至"十三五"末，财务共享实现了国内单位全覆盖和海外试点单位全覆盖，人力资源共享首批业务交付企业累计达到 102 家，覆盖员工 83 万人，初步构建了"专业分工、高效协同"的财务、人力资源"三位一体"新型管理模式。

1. 愿景使命

中国石油共享服务的建设愿景是打造世界一流智能型全球共享服务体系。

中国石油共享服务的使命是为集团公司各级企事业单位、员工、合作伙伴提供优质、高效服务,推动管理转型,为合规经营保驾护航,为集团公司创造价值。

中国石油共享服务的发展定位是运营中心、专家中心和创新中心。其中,运营中心致力于精益化运营,提高效率和效能,为公司、员工、合作伙伴提供优质、高效服务;专家中心专注于运用数据资产识别经营风险、支持业务预测和决策、研究法律法规,为业务部门、财务管理、人力资源管理提供高附加值服务;创新中心以落实集团公司管理要求、促进管理创新为出发点,应用精益管理、六西格玛等方法持续优化业务流程,吸收新兴技术,不断推动数字化转型,追求卓越运营,提升智能化水平。

2. 业务范围

中国石油共享服务范围包括财务共享业务和人力资源共享业务两种共享服务。

1)财务共享业务

财务共享业务包括基本业务、专项业务、运营性管控业务和增值服务业务四大类:

(1)基本业务:是指采购至付款、销售至收款和总账至报表三大业务线的11类业务,具体包括销售至应收、采购至应付、费用报销、资金结算、内部及关联方交易、资产核算、存货与成本核算、税务核算、总账核算、财务报告和主数据维护。

(2)专项业务:是指基于三大业务线向前端和后端延伸,整合形成的一站式专项服务,如商旅服务、发票服务、工资薪酬发放服务、电子档案服务和纳税申报服务等。

(3)运营性管控业务:是指集团公司授权的管控支持业务,具体包括日资金计划、银行账户、票据运作等业务。

(4)增值服务业务:是指基于数据资产,将共享职能由后台支持延伸为数字化中枢,提供业务洞察、数据服务和专家咨询等业务。

2)人力资源共享业务

人力资源共享业务包括员工服务、薪酬服务、社保服务、人才服务、招聘服务、人事档案服务、统计分析服务和其他服务八大类:

(1)员工服务:包括新员工入职、员工调配、员工岗位变动、员工减册和劳动合同服务等。

(2)薪酬服务:包括工资制度与核算规则固化、考勤结果收集、工资核算、财务对接过账、绩效薪酬核算规则固化与核算等。

(3)社保服务:包括社会保险、企业年金和退休手续办理等。

(4)人才服务:包括职称评审、技能鉴定和培训项目服务等。

(5)招聘服务:包括校园招聘、内部招聘和社会招聘服务等。

(6)人事档案服务:包括材料接收、查借阅、档案转递和档案保管服务等。

(7)统计分析服务:包括报表定制、定期统计分析和专题统计分析等。

(8)其他服务:包括基本人事政策咨询和其他人事服务等。

3. 组织架构

共享运营公司组织架构按照"1+3+4"设置,本部位于北京,在西安、大庆、成都三地分别设立区域中心,在北京、吉林、天津、乌鲁木齐四地设立业务部。区域中心和业务部服务区域内企事业单位,并在财务共享领域各有侧重地发展相关板块和专项业务的承接能力。三个区域中心相互进行业务备份,以保证业务连续性。

4. 发展规划

到"十四五"末,财务、人力资源共享全面覆盖,主要运营指标和服务能力达到先进共享水平,经营管理能力、创新能力国内领先,运营中心、专家中心和创新中心发展定位基本落实,党的建设与公司治理深度融合,全面建成服务能力突出,技术优势明显,业务结构合理,人员精干高效,资源配置精准,运营成本受控,竞争实力更强的高质量发展新模式。

到 2030 年,自动化智能化特征更加明显,员工队伍结构更加优化,运营中心、专家中心和创新中心协同发展优势更加突出,公司治理体系和治理能力现代化全面实现,基本建成世界一流智能型全球共享服务体系。

(三)财务共享智能建设动机

1. 智能化是中国石油财务共享体系的重要发展战略

共享中心建设之初,中国石油便将智能化作为共享服务体系建设的战略方向。智能化就是要基于信息化建设、数字化转型发展基础,洞察行业技术发展趋势,广泛应用 RPA、大数据、人工智能、移动互联、云计算、物联网、区块链等技术,深度应用数据分析和可视化等技术,推动基于数据的精益化管理,实现共享服务和运营的智能化发展。中国石油持续打造以"智能、连接、洞察"为核心的共享生态系统,推动以机器人流程自动化及人工智能为代表的智能化技术应用。2017 年 5 月,中国石油正式启动财务共享服务平台建设,提出"大、智、移、云"前沿技术应用框架,对大数据、人工智能、移动应用和云计算等新技术应用做出总体规划;2017 年 12 月,中国石油财务共享机器人"小铁人"诞生,正式开启了财务共享智能时代;2018 年,其与上海国家会计学院等多家机构联合成立了"智能财务研究中心",共同推进智能财务研究工作;2019 年,智能识别、知识图谱等智能技术在相应业务场景落地;2020 年,面对建设世界一流综合性国际能源公司和创建世界一流示范企业的双重要求,中国石油正式提出了"数字化转型、智能化发展"的工作部署。

2. 智能化是中国石油财务共享体系顺应时代发展的主动选择

近几年,越来越多的共享服务组织正在向数字化商业服务模式发展,其特点是"以用户为中心""端到端流程服务"和"技术引领"。德勤 2019 年全球共享服务调研的结果显示,有超过 45% 的受访者认为其共享服务组织将对机器人技术、数字化体验及持续优化保持关注,机器人流程自动化、人工智能正在引领共享服务向以下方向发展:

(1)"人机协同"的工作场景。财务业务的集中处理,将更有利于规模化应用 RPA、人工智能等技术,逐渐形成生物人与机器人协同工作的场景。机器人被用来处理所有重复性、标准化的业务,实现效率和质量的大幅提升;人的工作重心将是梳理各个场景的业务规则、配置 RPA 系统、处理那些由于特殊事项所产生的异常,同时承担更多的资金管理、预算管理、风险管控、决策支持等高价值工作,以此推动财务转型。

（2）个性化、定制化的财务服务。共享服务中心将利用各种业财信息及智能化技术，为员工、供应商、客户、管理层、金融机构、投资机构、审计机构、政府等利益相关者提供个性化、定制化的服务，而不是千篇一律的标准化服务。

（3）实时的、事前的数据服务。利用互联网、大数据、人工智能等技术，共享服务中心将内部管理系统、生产经营系统等数据进行整合，并与外部互联网连通，所提供的财务数据服务将更加关注过去发生了什么、为什么会发生、基于这种情况还将会发生什么以及在各种可能条件下应该发生什么等问题，将有力支撑管理决策。

（4）更加深度的业财融合。共享财务、战略财务和业务财务将共同配合深入企业业务发展的过程和前端，对业务数据进行深入挖掘和分析，做经营结果的"记录员"、经营过程的"调度员"和发展方向的"引领者"，对企业经营过程进行事前、事中和事后全过程管理，真正参与到企业的未来规划和战略决策中。

由此可见，智能化是共享中心未来发展的必然选择。

二、案例具体实践

（一）智能财务建设方案设计

1. 总体思路

按照中国石油业务发展、管理变革、技术赋能三条主线推进数字化转型的相关要求，围绕"服务交付、客户体验、价值创造"三大基石，聚焦"质量、效率、成本、满意度"四个目标，突出创新引领，强化顶层设计，通过连接、智能、洞察，加大新技术研发应用力度，更好地发挥共享对生产、经营和决策的支持作用，助力中国石油建设世界一流综合性国际能源公司战略目标实现。

2. 建设目标

中国石油财务共享在智能财务建设方面将紧贴财务共享业务场景，基于信息化建设、数字化转型发展基础，洞察行业技术发展趋势，广泛应用 RPA、大数据、人工智能、移动互联、云计算、物联网、区块链等技术，深度应用分析和可视化等技术，推动基于数据的精益化管理，实现共享服务和运营的智能化发展。

1）建立中国石油财务共享服务与运营双智能体系

紧跟行业发展趋势，实现共享服务和运营双智能，成为集团公司智能技术应用的引领者。一方面，通过大力推进 RPA、大数据、人工智能、移动互联、云计算、物联网、区块链等数字化技术的应用，逐步实现各路共享业务服务的智能化运行；另一方面，在运营管理领域深度应用数据分析和可视化等技术，支持财务开展基于数据的精益化管理。

2）助力中国石油实现财务运行效率效益最大化

通过引入 RPA、智能识别、智能语音、知识图谱等技术，在会计核算、资金管理、税务管理、预算管理、合规管控、决策支持、会计档案电子化管理等方面实现业财控一体化、缩短交易处理类流程周期、开展规范性分析等，以改善财务信息质量，提高财务工作效率，提升用户体验和客户满意度。

3）助力中国石油财务数字化转型

识别并拓展端到端流程应用场景,帮助中国石油各级企业快速部署数字化应用,实现规模化拓展,助力共享财务、业务财务和战略财务开展数字化转型。共享财务方面,基于海量数据资产,创新服务内容、服务方式,提供高价值服务。业务财务方面,利用数字化技术对业务流程进行重构,持续提升业务财务的实时场景设定、预测和分析能力,推动业务财务成为高价值的业务伙伴,帮助企业做出更好的经营决策。战略财务方面,利用数字化技术持续提升事前预测、决策支持和风险管控能力,转变战略财务进行企业价值管理的方式。

3. 建设路径

按照顶层规划与速赢实践相结合的建设原则,结合全球技术发展趋势及中国石油财务信息化现状,从技术成熟度和业务流程价值度两方面进行评估,识别可应用智能化技术的业务场景,制定中国石油财务共享智能化建设路径。建设路径分为近期速赢阶段、中期推进应用阶段、远期实施三个阶段(见图1-2)。

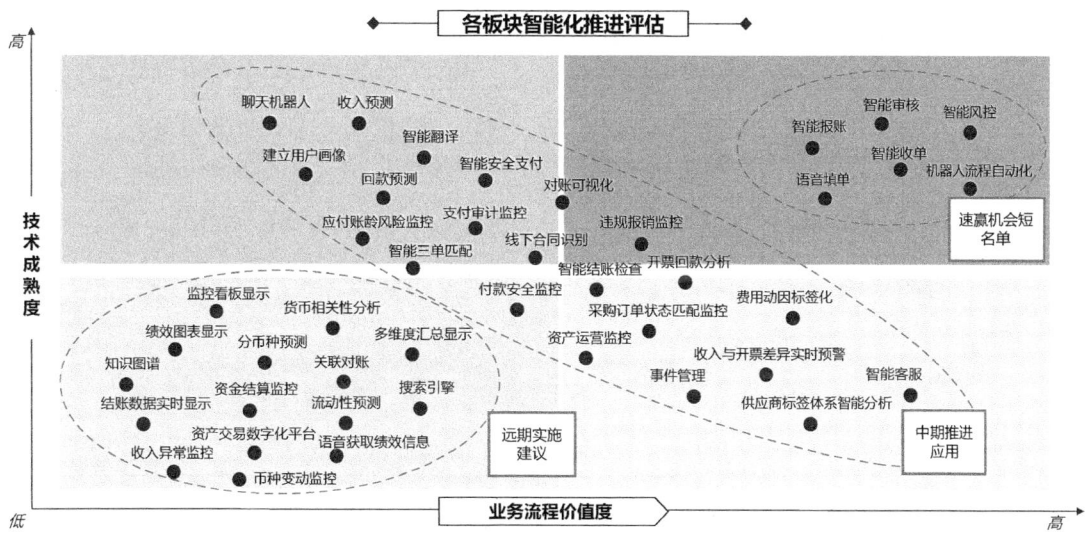

图1-2　财务共享智能化建设路径

1）近期速赢阶段

近期速赢机会短名单主要包括一些当前已经普遍运用的成熟技术项目,它们拥有相对较高的技术成熟度和业务流程价值度,在财务转型中可以作为短期转型的优先选择,包括智能报账、智能审核、智能收单、智能风控以及机器人流程自动化、语音填单等。

2）中期推进应用阶段

按照业务流程价值度和技术成熟度划分的程度不同,在违规报销监控、付款安全监控、智能结账检查、开票回款分析、费用动因标签化、资产运营监控、收入与开票差异实时预警、事件管理、智能客服、供应商标签体系智能分析、聊天机器人、收入预测、智能翻译、建立用户画像、回款预测、应付账龄风险监控、智能三单匹配、支付审计监控、对账可视化、智能安全支付、智能翻译、线下合同识别等业务场景下进行中期智能化应用推进。

3）远期实施阶段

该阶段主要是对技术要求相对高,需要大量专业知识支撑,对公司财务管理长期影响较大的场景,包括监控看板显示、货币相关性分析、绩效图表显示、分币种预测、多维度汇总显示、知识图谱、资金结算监控、结账数据实时显示、流动性预测、搜索引擎、资产交易数字化平台、收入异常监控、语音获取绩效信息、币种变动监控等规划远期实施。

4. 系统框架

中国石油在财务共享建设过程中,坚持顶层设计引领,在技术产品方面,通过与业界领先企业合作、基于开源产品二次开发、完全自主研发等方式构建基础智能技术栈;在智能服务方面,结合服务智能化和运营智能化的应用场景,通过抽象、封装形成了机器人流程自动化(RPA)、智能视觉、智能语音、知识图谱等服务,为后续财务智能化应用场景的不断扩展奠定了基础。财务共享智能化系统框架如图 1-3 所示。

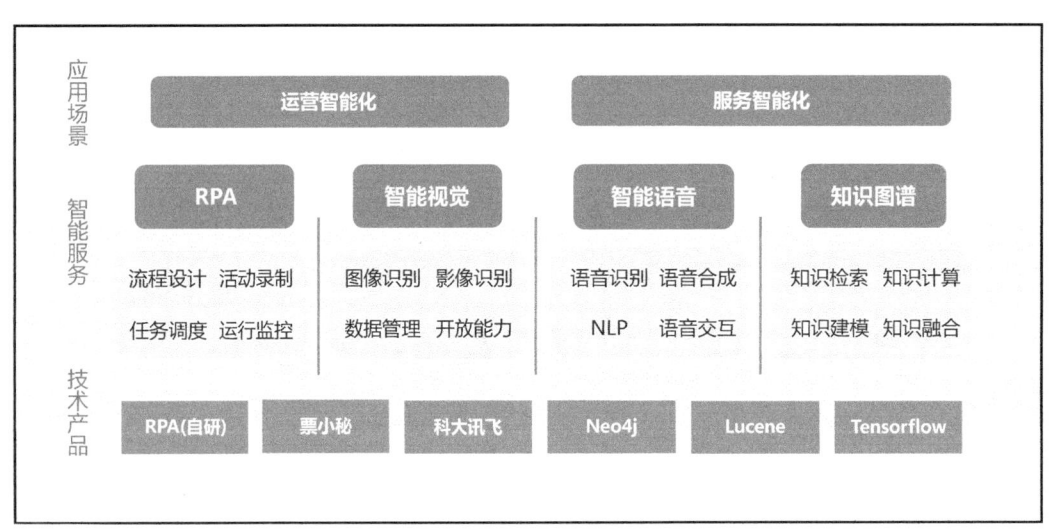

图 1-3　财务共享智能化系统框架

(二)智能财务应用场景选择

中国石油在财务共享建设过程中,采用灵活可扩展的分布式服务架构,积极应用机器人流程自动化、人工智能等前沿技术,构建智能化、移动化财务共享服务平台。借鉴国际先进做法,吸收信息技术最新发展成果,主要对机器人流程自动化和人工智能技术进行了研究,分析了各自技术特点、运行原理及其与财务共享应用场景相结合的可行性,按照先自动化、后智能化的顺序,有针对性地研发并投产一系列产品。

1. 机器人流程自动化相关应用场景

机器人流程自动化,是基于计算机脚本语言模仿用户在电脑手工操作的软件工具,用软件自动化方式代替人工处理大量重复的、基于规则的工作流程任务。RPA 主要具有以下特点:一是具有标准化和流程化的作业特点,有明确的规则操作,可自动处理对应流程中明确可被数据化的指令和输入,并保持对规则的高度执行力;二是能够保持较强管控力和监督力,所有操作具有高度的可追溯性;三是以外挂形式部署于原有系统,对系统底层架构和业务处理流程影响较小且可控。

1)机器人流程自动化的应用类型

中国石油财务共享在应用机器人流程自动化方面可从业务处理和技术实现两方面划分。

(1)按业务处理划分。

从业务角度,中国石油财务共享流程自动化机器人已应用于凭证制证、凭证审核、资金支付、发票认证、银行回单分拣、会计档案管理和销售企业非现金对账7类业务,共计有291个RPA机器人服务于共享中心和中国石油各成品油销售企业。具体如表1-1所示。

表1-1 中国石油财务共享各业务RPA情况

序号	业务类型	RPA数量
1	凭证制证	78
2	凭证审核	92
3	资金支付	19
4	发票认证	9
5	银行回单分拣	1
6	会计档案管理	1
7	销售企业非现金对账	91

(2)按技术实现划分。

中国石油财务共享RPA机器人从运行模式上分为后台服务调用和前端模拟人工操作运行两种方式。

① 后台服务调用RPA。中国石油财务共享基于良好的信息系统基础条件,在财务共享建设过程中对已有财务、资金等系统进行了微服务架构的改造和提升,基于改造后的系统架构,由人工操作的各项系统功能,通过系统开发,对各系统功能进行依次调用,形成了适用于中国石油财务共享模式下的后台服务调用RPA机器人(见图1-4),这些机器人具备极高的运行效率、超强的容错性、无限扩展能力、高度的兼容性、无缝协同处理、复杂场景下的强大适应能力等特点。涉及凭证制证、凭证审核、资金支付、发票认证、银行回单分拣、会计档案管理的业务都可采用此种技术方式实现。

② 前端模拟人工操作运行RPA。中国石油财务共享在面向业务前端系统进行共享整合过程中,在销售板块所属企业,非现金对账业务涉及多个系统的取数与核对,这些系统因各方面原因无法进行系统架构的改造提升,通过采用前端模拟人工操作运行的方式,实现非现金对账业务的自动化处理。

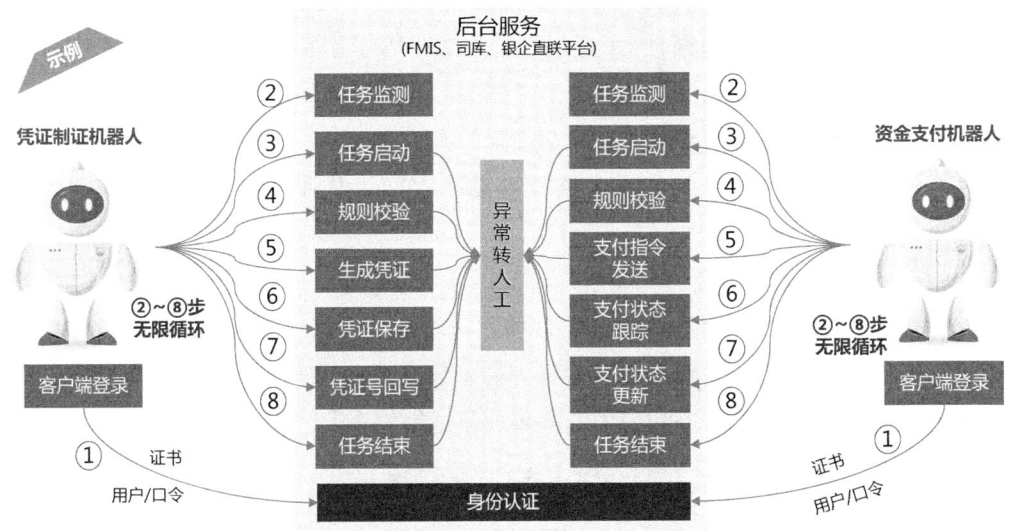

图1-4 中国石油后台服务调用 RPA 应用示意图

2）机器人流程自动化具体应用场景

中国石油在财务共享建设过程中,基于不同的业务场景,以不同的技术实现了部分业务流程的自动化处理。以下将从业务角度分别阐述各类机器人的主要功能及实现方式。

（1）会计制证。

会计制证机器人主要完成会计凭证制作任务。会计核算是财务共享核心业务之一,中国石油核算单位多、层级深、业务广,财务共享以服务目录接收各单位提交的服务请求,基于统一的规则引擎、凭证引擎、调度引擎,分别为不同服务目录设置了不同的"小铁人"制证机器人,以满足不同业务场景下的核算内容、派工方式、机器人管控。对于各种业务场景下的制证处理,凭证制证机器人都先按系统化的审查规则进行自动校验,全部通过后调用凭证引擎完成制证。目前,共享中心在员工报销、资金收款、付款、转款、销售公司非油核算等业务方面都实现了自动化制证。会计制证机器人及其功能如表1-2所示。

表1-2 会计制证机器人及其功能

序号	业务流程	机器人名称	主要功能	实现方式
1	采购到报销	费用报销制证	根据报销单和定义的制证校验规则以及运营中的凭证模板,自动对单据信息进行校验和凭证生成	后台服务调用方式
2	销售到收款	员工报销付款凭证制作	根据对私付款单和凭证模板形成对私付款凭证	后台服务调用方式
3		非油业务核算凭证制作	根据非油的业务单据和销售平台中的凭证模板自动生成凭证	后台服务调用方式
4		零售收款凭证制作	依据司库平台中零售业务资金分拣、资金对账后形成的收款单形成收款凭证	后台服务调用方式

序号	业务流程	机器人名称	主要功能	实现方式
5	销售到收款	对公立即付款制证	依据对公立即支付付款单信息,调用凭证模板形成付款凭证	后台服务调用方式
6		转款凭证制作	依据资金转款单信息,调用凭证模板形成转款凭证	后台服务调用方式
7		对公付款制证	依据对公付款单信息,调用凭证模板形成付款凭证	后台服务调用方式
8		批发收款制证	针对销售企业批发业务定义凭证模板,利用资金分拣结果、收款确认单信息,推导形成收款凭证	后台服务调用方式
9		集中支付制证	根据员工报销集中支付单、支付明细、凭证模板形成总部集中支付(银行存款)凭证	后台服务调用方式
10		总部清算制证	依据员工报销集中支付明细、凭证模板形成总部对各报销单位的清算凭证	后台服务调用方式
11		地区公司清算制证	依据员工报销集中支付明细、凭证模板形成地区公司对总部的清算凭证	后台服务调用方式
12		上收下拨制证	根据总部、地区公司、二级单位间财务公司户中上收下拨流水以及凭证模板形成上收下拨凭证	后台服务调用方式

（2）凭证审核。

凭证审核机器人主要完成会计凭证审核任务。在财务共享模式下,每个业务场景被拆解到不同岗位,制证机器人完成凭证制作后,任务将流转至凭证审核岗,凭证审核机器人依赖于已系统化的人工审查规则进行自动校验,全部通过后完成凭证审核工作。目前,共享中心在员工报销、资金收款、付款、转款、销售公司非油核算等业务实现了自动化凭证审核任务。凭证审核机器人及其功能如表1-3所示。

表1-3　凭证审核机器人及其功能

序号	业务流程	机器人名称	主要功能	实现方式
1	凭证审核	差旅服务预制证审核	根据生成的 FMIS 预制凭证、差旅报销单,通过审核校验规则对凭证和单据进行校验,校验通过自动审核凭证	后台服务调用方式
2		差旅服务正式凭证审核	根据生成的 FMIS 凭证、差旅报销单,通过审核校验规则对凭证和单据进行校验,校验通过自动审核凭证	后台服务调用方式
3		费用报销预制证审核	根据生成的 FMIS 预制凭证、费用报销单,通过审核校验规则对凭证和单据进行校验,校验通过自动审核凭证	后台服务调用方式
4		费用报销正式凭证审核	根据生成的 FMIS 凭证、费用报销单,通过审核校验规则对凭证和单据进行校验,校验通过自动审核凭证	后台服务调用方式

序号	业务流程	机器人名称	主要功能	实现方式
5		员工报销付款凭证审核	根据对私付款单获取生成的凭证自动进行凭证审核	后台服务调用方式
6		非油业务核算凭证审核	根据非油的表单获取生成的凭证自动进行凭证审核	后台服务调用方式
7		零售收款凭证审核	调用FMIS凭证审核逻辑审核零售收款凭证	后台服务调用方式
8		对公立即付款凭证审核	调用FMIS凭证审核逻辑审核对公立即付款凭证	后台服务调用方式
9		转款凭证审核	调用FMIS凭证审核逻辑审核转款凭证	后台服务调用方式
10	凭证审核	对公付款凭证审核	调用FMIS凭证审核逻辑审核对公付款凭证	后台服务调用方式
11		批发收款凭证审核	调用FMIS凭证审核逻辑审核批发收款凭证	后台服务调用方式
12		集中支付凭证审核	调用FMIS凭证审核逻辑审核总部有关员工报销集中支付的凭证	后台服务调用方式
13		总部清算凭证审核	调用FMIS凭证审核逻辑审核总部与地区公司间资金清算的凭证	后台服务调用方式
14		地区公司清算凭证审核	调用FMIS凭证审核逻辑审核地区公司与总部间资金清算的凭证	后台服务调用方式
15		上收下拨凭证审核	调用FMIS凭证审核逻辑审核上收下拨凭证	后台服务调用方式

（3）资金支付。

资金支付机器人主要完成个人报销款项支付任务。中国石油财务共享付款业务流程为先挂账后付款,付款流程采用先款后证模式。在报销业务核算过程中,对事项的真实性、发票及其他支持性附件、收款账户信息等已完成审批。在付款业务处理过程中,涉及资金支出账户、支付方式、账务处理方式等均按默认规则预设,资金支付机器人主要完成收款人账户信息的校验、付款指令的发送、付款指令的跟踪,检测到银行付款成功后完成支付任务。资金支付机器人及其功能如表1-4所示。

表1-4 资金支付机器人及其功能

序号	业务流程	机器人名称	主要功能	实现方式
1	资金支付	资金C点支付	针对个人报销付款单,按设置的规划进行校验检查,检查通过后形成支付报文,通过数字证书完成报文加密,向银企直联平台发送支付指令,并定时查询支付的结果	后台服务调用方式

（4）发票认证。

发票认证机器人主要完成增值税专用发票的自动认证任务。发票查验通过进项发票通道与国税局系统对接，报销业务提报时，系统获得了发票的结构化全票面信息，在报销业务完成会计制证后，系统会自动记录业务表单与发票、凭证之间的关联关系。在会计凭证完成审核后，系统自动将与凭证对应的增值税专用发票信息推送发票认证机器人，发票认证机器人按系统配置的规则（如认证单位、账期与税期的关系、税号管控等）通过进项发票通道，发送发票认证指令，并跟踪发票认证的返回状态，在获得发票认证成功的状态后完成发票认证任务。发票认证机器人及其功能如表 1-5 所示。

表 1-5　发票认证机器人及其功能

序号	业务流程	机器人名称	主要功能	实现方式
1	发票认证	发票认证	检测满足条件的待认证发票，对满足条件的待认证发票，形成认证发票报文信息，调用增值税发票认证接口，并定时检查发票认证的结果	后台服务调用方式

（5）银行回单分拣。

银行回单分拣机器人主要建立银行回单信息与会计凭证信息的对应关系。基于中国石油司库系统提供的与中国石油财务公司及商业银行线上直联功能，以及会计档案电子化管理功能，银行电子回单通过中国石油财务公司流转至司库平台，银行回单分拣机器人通过查询司库平台、中国石油交易平台、中国石油财务公司系统、商业银行等付款单、付款报文中的线索，完成银行电子回单与会计凭证的自动匹配、电子化归档，取消电子回单打印，极大地减少了回单的分拣与核对工作量。银行回单分拣机器人及其功能如表 1-6 所示。

表 1-6　银行回单分拣机器人及其功能

序号	业务流程	机器人名称	主要功能	实现方式
1	银行回单分拣	银行回单分拣	监测银行回单信息，分析银行回单报文内容，检索回单与系统单据关系，查出单据对应的会计凭证，调用银行回单电子化打印功能，并以附件形式关联至会计凭证	后台服务调用方式

（6）会计档案管理。

会计档案机器人主要完成会计档案电子化后的自动组卷工作。中国石油推广施行会计档案电子化管理后，在财务共享前会计档案的组卷工作仍由各单位财务人员通过系统完成会计档案的电子化归档操作。在财务共享上线后，通过梳理业务流程及业务规则，会计档案组卷机器人负责完成所有会计凭证、原始凭证、会计账簿、财务报表的自动组卷工作。它将区分不同地区公司、档案机构、期间，在月末或年末启用，每年自动组卷 1 亿余卷内件，节省了大量档案管理员的手工组卷时间。会计档案管理机器人及其功能如表 1-7 所示。

表 1-7 会计档案管理机器人及其功能

序号	业务流程	机器人名称	主要功能	实现方式
1	会计档案管理	会计凭证成册	按预设规则,对会计凭证进行电子化,对凭证对应的附件进行电子化,对电子化的凭证及原始凭证进行数字签名。按会计期间、凭证类型、凭证编号范围进行成册处理	后台服务调用方式
2		会计账簿组卷	按预设规则,对会计账簿进行电子化打印,对电子化后的文件进行数字签名,按定义的规则完成组卷处理	后台服务调用方式
3		财务报表组卷	按预设规则,对财务报表进行电子化打印,对电子化后的文件进行数字签名,按定义的规则完成组卷处理	后台服务调用方式

(7)销售企业非现金对账。

销售企业资金业务以收款为管理重点,主要解决收款回笼监控和清分清算,收款"进得来""分得清""收得全",具有业务多样化、管控要求高、数据处理量大的特点,是集团资金管理的重点和难点。销售企业多依托第三方支付平台完成资金收款,为确保资金安全,对第三方资金做到应收必收,需对银行到账、第三方对账平台、业务系统三方数据进行逐笔勾对及清算,实时监控资金回笼状态,为此搭建资金对账平台,并启用了 RPA 对账机器人,主要通过模拟人工操作,从业务系统 BOS、HOS、卡系统、互联网支付、银行网银和各种第三方支付系统以跨系统方式获取相关对账数据,并上传至对账平台,完成各种对账工作和清分清算工作。销售企业非现金对账机器人及其功能如表 1-8 所示。

表 1-8 销售企业非现金对账机器人及其功能

序号	业务流程	机器人名称	主要功能	实现方式
1	销售企业非现金对账	对账单获取并上传	模拟人工操作,登录第三方平台查询导出对账单文件并导入到对账平台	前端模拟人工操作过程
2		互联网支付业务数据获取并上传	模拟人工操作,登录互联网支付系统查询导出微信、支付宝的销售业务数据并导入到对账平台	前端模拟人工操作过程
3		卡系统业务数据	模拟人工操作,登录卡系统查询导出卡充值、消费数据并导入到对账平台	前端模拟人工操作过程
4		网上充值业务数据	模拟人工操作,登录网上充值系统查询导出充值业务数据并导入到对账平台	前端模拟人工操作过程

2. 人工智能技术应用场景

人工智能(Artificial Intelligence,AI)是随着计算机科学持续发展而逐步形成的计算机应用重要分支,是以计算机信息系统为基础载体,通过构建具备自我逻辑判断、推理及决策的系统能力,实现识别、判断进而模拟人类思维的过程。新兴的人工智能研究,知识图谱、大数据、深度学习等技术的应用,给计算机赋予了视觉和听觉,使得计算机具备了感知智能。

中国石油财务共享建设过程先后经历图像识别技术、"图像识别＋知识图谱"技术相结合及智能语音技术三个阶段,典型应用场景包括增值税发票识别与查验、费用报销智能填单、移动应用智能语音助手等。

1）增值税发票识别与查验

共享中心采用智能识别技术,对增值税发票票面六要素进行识别提取,通过税务通道访问国家税务总局的电子底账库,对发票完成查验的同时获得发票全票面的结构化信息,并在系统中增加相关管控服务,对增值税发票的验真、查重、购买方信息及税号等信息进行合规性校验。所有查验通过的发票,发票影像记录在非结构化存储平台(FileNet)中,发票全票面结构化数据记录在统一的进项税发票池中,为纳税申报和税务分析提供数据支持(见图1-5)。

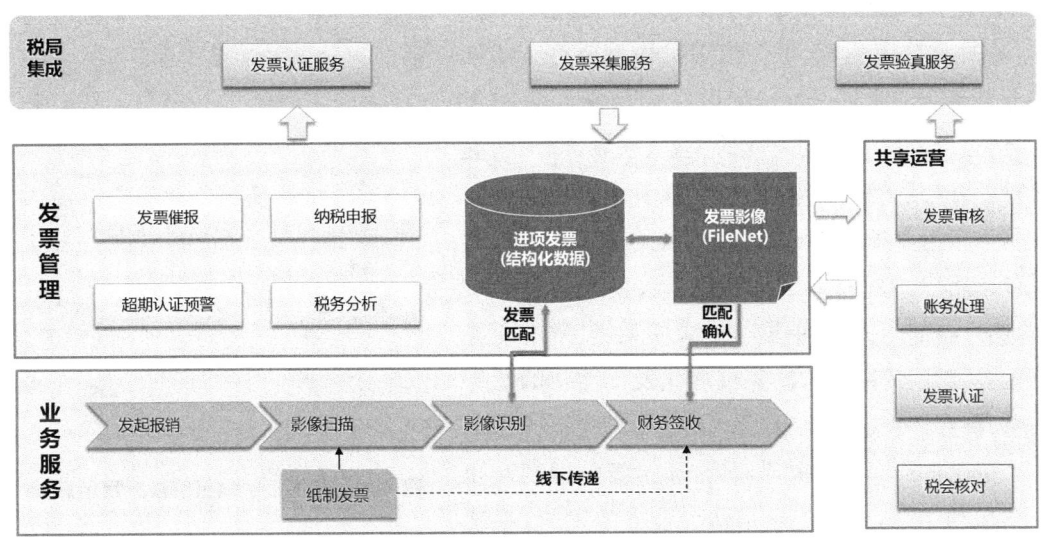

图1-5　增值税发票识别与查验系统示意图

2）费用报销智能填单

针对用户群体最广的报销业务,为解决拿到发票后不知填哪个表单、表单中的某些信息不知填什么、表单要求填写的信息过多、各地区公司关键审批节点顺序不统一等突出问题,共享中心按照以问题为导向,以改善用户体验为目标的原则,简化、优化业务填单环节。分别针对差旅费报销及其他费用报销表单进行了优化整合,实现表单分步骤、分区域、分角色填写,并借助智能识别和知识图谱技术,实现表单信息的自动填写。整个过程分为票据识别并提取信息和费用报销知识图谱建立及应用两个部分。

（1）票据识别并提取信息实现智能填单。

通过引入新的智能识别产品软件,将智能识别技术拓展到识别多张、多类型票据,同时支持多张、多类型票据一次性混合识别,系统自动切割、识别,实现了增值税发票、火车票、飞机票行程单、汽车票、定额票、船票、手撕长条票、过路过桥费、住宿费发票等多票面信息的自动识别、自动归类,系统根据识别出的结构化数据,自动完成差旅报销中城市间交通费、市内交通费、过路过桥费、其他费、住宿费、差旅补助、结算信息等内容的自动填写,基本实现了"你给我发票(拍拍照),我帮你报销(单据信息自动填写,差旅补助自动计算)"的设计目标。在此技术的支撑下,中国石油复杂的差旅报销业务在财务共享移动 App 端也得以同步实现。

(2)费用报销知识图谱建立及应用实现智能填单。

智能识别技术在报销环节的应用,将票据票面信息转化为结构化数据,避免了人工模式下将票据票面信息手工录入系统的过程,但票据信息所对应的业务场景、核算场景无法从票面信息中获得,知识图谱技术的引入与应用恰好可以解决这一难题。

中国石油财务共享自 2017 年 11 月上线后,截至 2019 年中已经积累了 70 多家地区公司填单数据,从每个地区公司、每个组织机构直至每个明细的业务部门,产生的数据均来自最明细层级的组织,通过分析这些数据之间的关系、联系,即可明确每种业务场景的具体业务逻辑、核算规则。通过建立基于报销业务的知识图谱模型(见图 1-6),形成了包括用户、部门、单据、单据分录、发票信息等实体,用户与部门关系、单据与分录关系、发票与业务类型关系等各种关系,涵盖标准化及个性化的业务信息、财务信息、管理信息等内容。

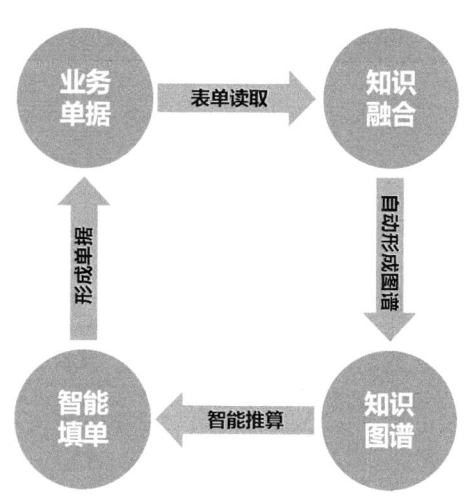

图 1-6　费用报销知识图谱应用示意图

费用报销知识图谱建成后,通过智能识别和知识图谱相结合,以票据报销作为业务的发起,系统通过智能识别完成对票据信息的提取,结合当前用户、用户所属的单位等维度的信息,调用知识推理相关服务,自动推导出报销的业务场景及该场景下业务信息、管理信息、财务信息等维度的内容,并完成表单信息的自动填写。用户在向导式的操作过程中,仅需要对表单中出现的信息进行确认。最终表单完成提交后,系统自动对表单信息进行分析,将用户干预过的内容加入自学习过程中,进一步完善知识图谱的内容。

3)移动应用智能语音助手

移动设备作为另一种用户终端,因其集文字、声音、图像采集于一体,携带方便、随时随地灵活应用的特点,随着其性能的不断提升及各种智能化技术的变现应用,各种业务处理场景逐渐流向移动端,很多行业已经出现移动端的日均访问量超越 PC 端的情况,移动化已是大势所趋。财务共享功能也将逐步向移动端转移,满足更多场景、更多用户的需求,提高工作效率,提升用户体验。

中国石油财务共享 App 移动端除实现了发票识别与查验、差旅报销智能化填单外,基于智能语音识别、自然语言处理、语音合成等技术,开发了"油宝"语音助手,实现了语音导航及语音填单功能。

（1）语音导航。

语音导航功能，实现在财务共享 App 内一句话直达所需的功能。在财务共享 App 中，呼唤"油宝、油宝"，即可唤醒"油宝"语音助手，说出您的需要，系统将理解您的意图，打开具体功能。比如说出"我要报销"，系统将打开差旅报销功能；说出"我要举办会议"，系统将打开会议申请功能。

（2）语音填单。

"油宝"类似您身边的秘书，只需要说一句"我要出差"，"油宝"便会与您确认出差的事由、出发的时间、出差地点、返程的时间及出行交通工具等信息，在交谈过程中即帮您完成出差申请单的填写。目前"油宝"已实现出差申请、借款申请单据的语音填单，更多基于语音交互的填单场景还在开发中。以出差申请填单为例，图 1-7 为通过语音交互完成人机对话过程及最终完成出差申请单填单的示意图。

图 1-7 "油宝"语音助手示意图

（三）智能技术及其产品的选择

中国石油财务共享在智能化场景应用过程中，坚持业务场景设计与新技术匹配运用相结合，以改善用户体验为目标，以解放人的低价值工作为导向，从技术成熟度、技术先进性、应用成本、应用复杂度、运维服务、系统安全、技术生命力、可扩展能力等多方面综合考量，做到用最实用的技术解决最现实的问题。

1. 机器人流程自动化

中国石油财务共享建设了业务服务平台和共享运营平台。业务服务平台面向整个中国石油总部、专业公司及地区公司的所有业务及财务人员；共享运营平台面向共享中心全体人员。财务共享的业务范围主要为会计核算和资金结算类业务，最主要的集成系统为财务系统和司库（资金）平台。业务服务平台、共享运营平台、财务系统、司库（资金）平台均为同一供应商开发，技术框架上通过升级改造基本实现了统一，这为自行研发 RPA 奠定了良好的基础。

在财务共享推广过程中，随着业务量的增长，在共享模式下，基于集中、统一的会计核算业务的规模化效应迅速显现，大量重复、低价值的操作处理被迅速识别，报销业务制证、凭证审核、付款业务制证、付款业务凭证审核等人工处理的动作及人员审视的业务点，与系统中的各种服务及结构化数据相对应。这些重复的动作，完全可以通过技术的处理，由计算机自行完成。

在财务智能化的浪潮中,财务领域各大咨询机构纷纷推出财务机器人,如德勤的"小勤人"机器人、安永的"安哥"机器人。中国石油财务共享信息系统建设团队通过深入研究RPA机器人理念及其工作原理,结合中国石油财务共享信息系统的现状,确定了在共享运营平台下自行研发RPA机器人,并在共享运营平台的框架下以与人工岗位业务处理模式一致的方式下运行,在保证高效率、高质量、高兼容性的情况下,来实现不同岗位间的机器人与人工之间的业务协同处理。中国石油财务共享的RPA机器人主要基于共享运营平台框架进行开发,这些RPA机器人的运行均通过各系统间的集成服务调用完成,有效保障了共享中心在人员紧张、业务量激增情况下的交付效率和交付质量。

随着财务共享在中国石油销售板块各企业的推广,销售企业非现金对账业务存在信息量大、对账频率高、对账费时的情况,通过对非现金对账业务场景的分析,对账的过程涉及BOS、HOS、卡系统、互联网支付、银行网银和各种第三方支付系统,这些系统由多家供应商开发,若采用系统集成服务调用方式实现,存在协调难度大、开发周期长、投入成本高等风险。经综合评估,中国石油财务共享信息系统建设团队认为采用前端模拟人工操作的方式由计算机进行处理更为合适,因此选择使用"RPA机器人流程自动化平台软件"来解决跨系统业务处理的问题,实现销售非现金对账业务的RPA自动化处理。

2. 智能识别

中国石油财务共享试点初期,规划建立统一的进项发票池,通过在业务前端的报销提单完成增值税发票信息的采集及查验、查重,同时形成进项发票池的发票全票面结构化数据。以业务需求为单一出发点,财务共享试点项目通过招标方式选择了文通OCR,采购的功能范围仅限增值税普通发票、增值税专用发票的识别,增值税卷票及其他非增值税发票不能识别。该系统在试点初期的应用过程中,满足了进项发票的风险管控及发票池数据建立的需求。

中国石油财务共享在全面推广时期,在以客户为中心、以改善用户体验为目标的指导下,对图像识别范围、识别能力提出了更高的要求,不仅要求识别各种国内票据,还需要支持可扩展的自制单据的训练识别,同时对于海外英文、俄文、西班牙文、法文等类型的票据有一定识别能力。综合对比中国国内市场在票据识别方面各厂商能力,同时具备私有化部署的条件,选择新一代票据智能识别软件在差旅报销、费用报销等场景下试点应用。

3. 知识图谱

知识图谱的运用,源于如何进一步提升用户的费用报销体验。智能识别技术的应用,已能满足将票据信息提取为结构化数据并填写在表单中,票据信息之外的业务信息、管理信息、财务信息仍需由用户填写。在探索研究过程中,我们将费用报销这个应用场景回归最原始状态,即在无任何信息系统支撑的情况下,业务人员进行报销时的步骤是:粘贴票据→在纸制报销单上填写费用事由→找各级领导签字→交给财务→财务人员职业判断→入账。在此过程中,财务人员的职业判断成为解决问题的关键点,如何将财务人员的职业判断过程转换为系统中的规则、计算逻辑成为突破点。

财务人员的职业判断,即为财务人员的知识经验。知识图谱作为直观、易理解的反映客观世界中实体及实体间关系的载体,适用于将财务人员的知识经验以知识图谱的方式进行存储与管理。我们通过查阅知识图谱的相关资料,对知识图谱的概念、技术核心、应用范围有了深入了解;我们通过互联网对知识图谱在图数据模型、知识图谱存储、知识图谱查询、知识图谱推理等方面进行搜索对比,确定了费用报销知识图谱的建立及应用全部基于开源产品。图数据模型采用 RDF 图,知识图谱存储采用 Neo4j 原生图数据库,采用 Cypher 进行知识图谱的查询和 Lucene 实现全文检索,知识图谱推理基于统计的方法。

4. 智能语音

计算机感知智能中包含了视觉智能和听觉智能。智能识别软件产品的引入适用于图像识别提升财务业务处理质量及效率的场景,听觉智能主要考虑在移动端实现。通过对华为技术有限公司、IBM 客户体验中心、科大讯飞等公司的考察学习,项目组选择了与科大讯飞展开合作,基于财务共享移动端已实现的功能,拓展延伸出智能语音机器人,基于语音交互,实现移动端各项功能的调用以及部分业务表单的填写。经过对应用场景的评估分析,项目组确定采用科大讯飞的言知系统 2.0,该系统具备语音识别、语义理解、语音合成等功能,满足语音交互模式下实现语音功能导航、语音交互填写表单的需求。

(四)投入的相关部门和人员情况

中国石油高度重视财务共享智能应用,充分汲取其他企业在财务智能化方面的先进经验,结合中国石油财务共享的实际情况,充分发挥各方优势,从整体智能规划、业务流程与规则梳理、业务场景发掘、内部控制制度、系统集成、系统安全等方面组织人员参与,保障智能化技术在财务场景下安全、合法、合规应用,完成财务共享智能应用产品和场景的落地实施及推广工作。

在实践过程中,中国石油成立了由共享运营公司主要领导任组长的领导小组,以及由共享运营公司、昆仑数智和主要供应商相关人员组成的研究团队。各主要参与方及职责如下。

1)共享运营公司

共享运营公司投入 24 人,其中:

(1)财务信息系统部,投入 4 人团队,主要负责中国石油财务共享智能化专项规划、智能应用的组织、协调和管理工作。

(2)规划发展部,投入 3 人团队,主要负责中国石油财务共享总体规划与智能化专项规划的结合,以及财务共享智能应用实践的研究工作。

(3)财务流程标准部,投入 3 人团队,主要负责中国石油财务共享智能化业务流程和规则的梳理。

(4)财务运营服务部,投入 3 人团队,主要负责中国石油财务共享进项发票池的建立及发票风险管控的研究工作。

(5)西安、大庆、成都区域中心,各投入 3 人,主要负责中国石油财务共享自动化和智能化场景的挖掘、应用。

2)昆仑数智

昆仑数智投入3人团队,主要负责中国石油财务共享智能化项目可行性研究。

3)主要供应商

主要供应商投入20人,其中:

(1)普联软件,投入12人团队,主要负责中国石油财务共享智能化应用场景的系统开发及推广实施。

(2)德勤,投入3人团队,主要负责提供中国石油财务共享智能化专项规划的管理咨询服务。

(3)百望,投入2人团队,主要负责提供进项税接口开发与实施服务。

(4)科大讯飞,投入3人团队,主要负责提供智能语音产品及技术服务。

(五)实践中遇到的主要问题和解决方法

中国石油财务共享在智能化探索与应用过程中,主要遇到以下几方面的问题:

(1)对智能化技术及数字化转型的认知不足。中国石油财务智能化建设过程中,财务共享人员多来自地区公司一线财务人员,面对数字化转型的新局面,对智能化技术的认知以及智能化技术如何在财务中应用缺乏经验。

(2)业务场景复杂,智能技术及产品选择难度大。中国石油企业规模大,业务板块多,行业类别跨度大,标准化与个性化并存,智能技术及产品与业务场景实现最佳结合选择难度大。

(3)智能化应用投入产出评价体系有待完善。在财务智能化场景分析与梳理过程中,注重智能化技术如何与财务业务场景快速结合,忽略了智能技术应用的投入产出评价,存在投入产出比不高的问题。

针对财务共享业务在应用RPA和AI等新技术过程中出现的问题,中国石油高度重视并做好以下"四个结合",不断提升智能化技术的应用水平和创效能力:

(1)领导重视与高效执行相结合。中国石油刘跃珍总会计师明确提出,财务共享服务建设要抓住智能化技术、数字技术等快速发展这一重大机遇,深入研究,积极实践,以"智"提"质",以"智"增"值",以"智"图"治",用信息化、数字化、智能化培育新动能,用新动能推动新发展。共享中心将智能化作为有别于传统共享中心发展的关键特征,作为有别于"会计工厂"式劳动密集型企业的发展路径,将技术优势转化为规模优势、效率优势、质量优势。

(2)业务场景与智能化技术相结合。RPA的创建,是基于对具体业务应用场景的分析,该类业务需要满足工作量大、重复度高、逻辑规则明确等条件。通过梳理业务流程中人所操作的动作及人所进行的职业判断,将判断映射为系统中的具体校验规则,然后由系统开发人员运用机器人、深度学习、实时监控等技术,基于大中台及微服务架构,完成软件抽象及服务连接,研发并应用RPA。

(3)顶层规划与速赢实践相结合。共享中心借助咨询商洞察、调研全球技术发展趋势,收集财务智能化实践案例,识别出财务共享智能化长名单,从而对财务智能化应用进行总体评估。之后,明确财务共享智能化转型方法及步骤,识别智能化速赢机会点并进行详细设计,明确所需资源及能力,稳步推动 RPA、智能填单、进项税发票池等速赢机会点落地实施。

(4) 价值创造与风险防控相结合。财务智能化应用场景重点应放在业务量大、发生频率高、风险大、用户群体广等方面,以充分发挥智能化技术在财务共享业务中的价值创造能力。财务智能化在场景确定以后,需要充分评估在国家法律法规、企业规章制度、内部控制流程、业务处理流程、组织、人员、岗位职责等各方面带来的风险和影响,同时兼顾智能化技术的研发或采购成本,以保障财务智能化场景落地后的顺利应用。

三、实践成效与未来展望

(一) 实践成效

机器人流程自动化、增值税发票识别与查验、智能识别及智能语音等新技术在中国石油财务共享的应用实践,较大幅度提高了工作效率和效能,主要应用效果体现在以下方面。

1. 提高核算质量

共享中心按合规管控要求进行独立审核,将凭证审核要点分类梳理为检查清单,开发或配置 RPA"小铁人"刚性固化检查事项,逐一对照检查清单自动审核报销单据及凭证信息。在"小铁人"协助下,共享中心累计审核发现发票不合规、报销金额大于票据金额、无合同或超出合同范围、缺少支持性附件等问题单据 9 万多笔,财务退单率由上线初期的 7% 以上降至 0.45% 左右,较上线初期减少 93% 以上,保证了会计信息的真实性、准确性、完整性和及时性。

2. 提升运行效率

通过 RPA 及 AI 技术在各业务场景的应用,大量的会计凭证制证、审核、对账等工作根据业务信息自动完成,异常业务自动发送给人工限时处理,实现共享中心 95% 以上财务工作在 48 小时内完成,达到行业较高水平;员工报销周期从 1 周以上缩短至 3 个工作日内;发票认证与核对从 1.5 天缩短至 0.5 天;单笔付款处理时间比共享前缩短了 5 分钟;单笔收款处理时间比共享前缩短了 10 分钟;发票信息录入和验真比共享前缩短了 15 分钟;账务核对检查、月末结账关账比共享前提前了 2~3 小时。其中,金额低于 5 000 元的员工费用报销等流程已实现共享运营公司内部全流程自动化处理,运行效率处于行业领先水平。

3. 提升用户体验

智能化差旅报销业务自 2019 年 12 月上线后,帮助 6 107 人完成 1.28 万笔差旅费智能化报销填报。2020 年 3 月,基于知识图谱技术的费用报销智能填单投产,形成知识图谱节点 751 万个、知识关系 6 643 万个,累计为 122 家单位 8.2 万个用户提供了 105.7 万笔费用报销智能填单服务,其中,业务信息推导准确率达到 88% 以上;经过初步测算,通过应用 AI 技术,业务人员填单工作量减少 35%,帮助业务人员自动推导财务信息,用户体验显著提升,用户对共享服务满意度由 76% 提升至 88%。持续完善财务共享 App,实现业务随时随地办理,大幅提高了工作便利性。

4. 降低运行成本

通过不断推进数字化、智能化等技术创新手段,有效降低管理运营成本。截至 2020 年年底,财务共享"小铁人"机器人累计完成岗位任务 2.03 亿笔,处理效率平均为人工的 20 倍,完成工作量占整体工作量 50% 以上,按全时用工和最优工作效率计算,相当于减少用工 600余人。会计档案电子化在中国石油各分子公司 138 家单位推广应用,综合电子化率达到50%,每年可节约纸张 3 亿张、硒鼓 3 万个,每年可节约成本超亿元。智能化技术的广泛应用,使财务人员能够从低价值的重复工作中解放出来,从事更加增值的管理工作,助力财务转型及增值创效。

5. 增强风险防控

2018 年 11 月,上线集团公司进项税发票平台,搭建集中统一的进项税发票池,并与国税总局发票系统集成。每张申请报销的进项税发票,一方面从中国石油进项税发票池进行查重,刚性控制已经报销的进项税发票不能再次报销;另一方面从国家税务总局发票系统进行实时自动验真,国家税务总局电子底账库不存在的发票不能进行报销。进项税发票平台上线以来,累计拦截不合规发票 5 万张,税务风险防控能力有效发挥。

(二)未来展望

共享服务智能应用的演进趋势包括三个阶段:第一阶段为基于规则的流程自动化,即将 RPA 技术应用于企业核心信息系统;第二阶段为基于判断的智能自动化,即将人工智能技术和自动化技术相结合,逐步从具备视觉、听觉的感知 RPA(如智能识别、智能语音)应用,提升为智能分析、智能预测;第三阶段为基于机器学习的人工智能,用人工智能重新定义工作方式,推动企业转变为智能化企业。

未来财务共享智能应用一方面将加速应用 RPA,将规范化、标准化的业务或跨系统的业务操作,通过 RPA 模拟人工操作,实现规模化应用;另一方面将深化智能自动化应用,将图像识别、语音识别、知识图谱等智能技术应用到端到端流程的业务场景,使得数字化劳动力大规模参与业务处理,提升用户体验及共享服务的质量和效率;再一方面随着自然语言处理、神经网络、深度学习等人工智能技术的探索应用,数字化共享服务将在更广范围提供智能管控、智能预测、智能决策等服务,发挥智慧共享力量,为业务赋能。

中国石油也将继续在财务共享智能应用的研究与应用中不断前行,"十四五"期间,一方面将继续在采购至付款、销售至收款、总账至报表等业务场景下应用 RPA、图像识别、语音识别、知识图谱等智能技术,使得数字化劳动力大规模参与业务处理,实现自动化技术的规模化应用,交易处理类业务自动化率提升至 60% 以上,形成人机交互的新型交易处理模式;另一方面将在数据预测、决策支持等更广范围应用自然语言处理、神经网络、深度学习等人工智能技术,形成智能认知、判断、分析能力,实现智能化应用在各类业务和运营管理领域的基本覆盖。通过持续打造以"智能、连接、洞察"为核心的共享生态系统,推动共享中心成为敏捷服务、业务洞察和智慧决策的提供者,助力中国石油财务管理数字化转型、智能化发展。

参考文献

［1］吴践志,刘勤,等.智能财务及其建设研究[M].上海：立信会计出版社,2020.

［2］阿里巴巴达摩院.达摩院2020十大科技趋势[R].2020.

［3］德勤.2019全球共享服务调研报告[R].2019.

［4］德勤.2020技术趋势报告[R].2020.

［5］德勤.2019全球人工智能发展白皮书[R].2019.

［6］中国石化,ACCA.国有企业共享服务行业发展现状暨共享服务中心2019年调研报告[R].2019.

［7］DONNIEL S SCHULMAN, MARTIN J HARMER, JOHN R DUNLEAVY, et al. Shared Services：Adding Value to the Business Units[M]. New Jersey：Wiley, 1999.

［8］贾森·艾博年,布莱恩·曼宁.商业新模式企业数字化转型之路[M].邵真,译.北京：中国人民大学出版社,2017.

［9］张庆龙.数字化转型背景下的财务共享服务升级再造研究[J].中国注册会计师,2020(01)：102-106.

［10］贾小强,郝宇晓,卢闯.财务共享的智能化升级：业财税一体化的深度融合[M].北京：人民邮电出版社,2020.

［11］中兴新云财务云,南京大学智能财务研究院,厦门大学会计学系.财务的自动化 智能化 数字化[R].2020.

［12］中兴新云财务云.增值税专票电子化——打通财税数字化最后一公里[R].2020.

［13］黄健婷.智能信息化对财务共享服务机构的影响研究[J].企业改革与管理,2019(20)：111,113.

［14］李克红.人工智能视阈下的智慧财务管理研究[J].财务与金融,2019(06)：63-68.

［15］梅新蕾,李伟.科大讯飞：探寻人工智能的实现路径[J].清华管理评论,2018(12)：11-19.

□ 基于区块链技术的工程财务智能化结算体系建设

——以国网杭州供电公司为例

■ 张利军　国网浙江省电力有限公司杭州供电公司
　　　　党委委员、副总经理兼总会计师、高级会
　　　　计师

胡炎军　国网浙江省电力有限公司杭州供电公司
　　　　财务资产部副主任、高级会计师

郑　恺　国网浙江省电力有限公司杭州供电公司
　　　　财务资产部主管

黄长胤　上海国家会计学院硕士生导师

■ 区块链　　　　工程财务
结算智能化　　CASE体系

　　国网杭州供电公司以区块链为底层技术,开发了区块链工程服务结算平台、工程服务智能结算模块,通过集成 ERP、网上报销等工程类结算系统,构建了一套具有国网特色的风险防控、智能共享工程财务结算全过程体系——工程财务结算全过程 CASE 体系。该体系实现了订单智能创建管控、订单智能收货、发票校验管控、订单智能付款及清账、订单智能校验、工程服务采购全过程可追溯和追溯的可视化,提升了工程资产全过程价值创造能力。该体系一方面打通了公司内外部数据资源,推动了构建区块链生态圈;另一方面实现了业财深度融合、业财数据信息共享、工程财务大数据价值挖潜,实现了数据赋能业务。

一、案例单位简介

国网杭州供电公司(下文简称杭州电力)是国家电网有限公司大型重点供电企业,下辖10部3室1中心,供电区域覆盖杭州全地区(见图2-1)。近年来,杭州电力先后获得中央企业先进集体、联合国实现可持续发展目标先锋企业、全国文明单位、全国五一劳动奖状、国家电网先进集体、国家电网红旗党委等荣誉。

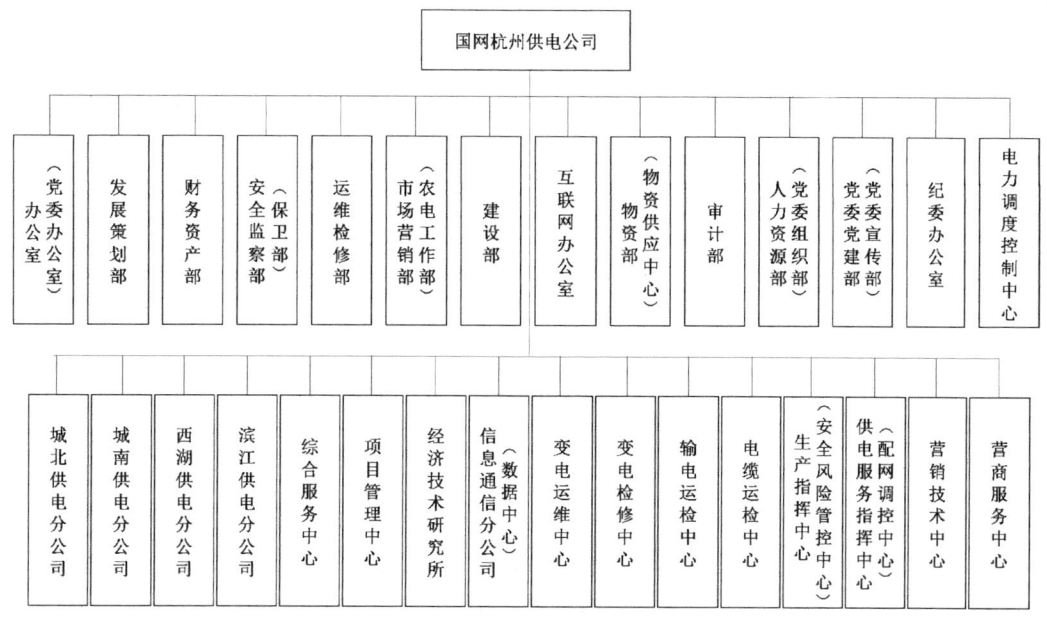

图 2-1 国网杭州供电公司组织架构图

截至2020年,杭州电力现有用户500万人、职工4 875人。杭州电网是全省负荷中心,属于典型受端电网。其80%的电力电量经由省网受入,其余由杭州境内电网供入。拥有35千伏及以上变电容量8 639万千伏安、输电线路长度1.2万公里,规模约占全省1/5,位列国网系统省会城市第一。杭州电网城区电缆化率达93%,处于国际领先水平。2020年,杭州电力售电量763.40亿千瓦时、最高负荷1 718万千瓦。

二、建设背景

在我国倡导企业数字化转型和打造数字化经济的大背景下,驱动智慧财务建设的源动力一方面来自企业财务战略发展对精益化、高效化、集约化财务的需求,另一方面来自以5G、AI、区块链等为代表的新一代数字化技术成熟带来的技术变革。杭州电力积极寻找实体经济与数字化的结合点,通过技术赋能财务实现业务模式创新变革,帮助企业提质增效。

(一)业务现状及需求

杭州电力每年由于大量的工程建设、设备运维等业务需要,会产生巨量的采购需求,其中涉及在采购单位、物资使用单位、财务付款单位之间形成的大量且复杂的内部往来和结算处理。经过多年不间断努力，杭州电力已基本实现了工程资产管理业务的信息化全过程管理，在业务标准化、规范化、流程化，以及业务处理效率方面获得了大幅提升，但某些业务环节仍然存在结算效率待进一步提升、业务操作待进一步规范、风控手段待进一步优化等问题，杭州电力希望通过财务智能化建设彻底解决这些问题。

1. 结算流程集成度存在提升空间

供应商结算流程中结算报审手续在多方间线下纸质件签章、交接流转，希望利用数字化手段实现多方间线上参与的数字化结算报审流程和在线签章功能，大幅提升供应商结算效率。

工程成本结算业务系统集成度尚有提升空间，部分环节依赖人工操作，工作量大且易出错，希望通过系统的改造，提升现有系统间的集成度，提升自动化处理程度。

2. 内控管理手段存在优化空间

当前在工程建设过程中，在风控内容相对健全的情况下，风险管控仍以人工审核为主，且管控节点相对滞后。比如，在工程开工阶段，订单缺乏标准规范和概算控制；在工程建设阶段，结算缺乏规范和管控手段等。

杭州电力希望通过系统改造将风控规则和风控点设置到系统操作环节中，自动捕获和触发风控，实现风控工作从事后到事前的转移，实现风控工作自动化触发。

3. 共享协同存在改善空间

在当前工程服务结算过程中，外部缺乏与上下游参与方的互联，供应商对账、清账难；内部存在自动化程度不高、业财信息协同不畅等问题，共享协同水平有待改善。

杭州电力希望利用数字化技术与系统改造相结合，实现企业内部业财信息融合，实现公司间的信息互联互通，最终实现产业生态的横向融合。

数字化浪潮下，杭州电力深刻认识到财务智能化、智慧化转型的必要性和紧迫性，秉承着"传统财务迭代升级，新兴财务创新发展"的发展理念。杭州电力积极探索区块链、OCR、RPA和大数据等新技术在预算与计划、决策与控制、财务分析等财务管理端的应用，向建设"资源共享、智能高效、业财融合、价值创造"的智能财务目标前行。

（二）新技术发展

"十三五"期间，以5G为代表的一批新一代信息和通信技术蓬勃发展，逐步成熟，在各行各业创造了诸多的成功案例，逐渐融入实体经济。特别是与本次案例的智能财务管理体系相关的区块链、大数据、OCR、RPA技术，下面将逐一介绍。

1. 区块链技术

区块链是一种以去中心化为核心理念，具有多方维护、不可篡改、全程可追溯等特点的分布式数据库。它是一个由不同节点共同参与书写的分布式开放账簿系统，因此又被叫作分布式账本。它是由一串按照密码学方法产生的数据块或数据包组成（即区块，block），每一个区块数据信息都自动加盖时间戳，各个区块通过哈希值相互链接，一个区块与另一个区块相继接续，形成链式结构的结果。

如果说互联网技术实现了"信息传递",那么区块链技术则实现的是"价值传递",其技术实质是在信息不对称的情况下,无须任何第三方提供信任背书,仅仅采用机器算法创建的节点信任机制。区块链技术将在提供"信任"基础环境、创造可靠"合作"机制方面具有广阔前景。

2. 大数据技术

大数据是指无法用常规软件工具提取、存储、搜索、共享、分析和处理的海量复杂数据集合。大数据技术是一种数据挖掘技术,是对海量数字、文本、图像、音频和视频等数据进行采集、分析、加工和利用,其目的在于从庞大的数据集合中找寻有价值的数据和知识,通过分析挖掘提供有用的数据和知识。

大数据技术的利用将成为企业提高核心竞争力并抢占市场先机的关键,挖掘其价值转化成生产力将成为企业强有力的竞争优势。

3. OCR 技术

OCR(Optical Character Recognition,光学字符识别)技术是检查纸上或图片上的字符,通过检测暗、亮的模式确定其形状,然后用字符识别方法将形状翻译成计算机文字的过程。它隶属计算机视觉技术领域,是人工智能的基础技术之一。OCR 技术最大的应用场景是人机交互领域,机器通过它能识别文字、学习知识、协助人类工作。

4. RPA 技术

RPA(Robotic Process Automation,机器人流程自动化)技术是一种可编程智能化软件,通过模拟并增强人类与计算机的交互过程,实现工作流程中的自动化。RPA 具有对现有系统影响小、实施周期短等特性,RPA 不仅可以模拟人类,而且可以利用和融合现有的各项技术如规则引擎、光学字符识别、语音识别、虚拟助手、高级分析、机器学习及人工智能等前沿技术来实现其流程自动化的目标。

区块链、大数据等这些技术的发展,为我们解决上述的问题提供了技术基础。

三、人员投入

杭州电力财务部从问题出发,主动变革,牵头立项区块链工程智能结算信息化建设项目,组成了由财务资产部副主任胡炎军为项目总负责人,财务信息化专职郑恺为项目经理,张智伟、薛胡引等多位财务工程管理专职深度参与的项目管理团队。

组织管理上,项目管理团队设立了项目指导委员会、项目专家组、项目质量管理组和项目组四大职能板块,明确了各人员在团队中的角色和分工(见表2-1)。

表 2-1　项目组织机构及职责分工

组织机构	职责分工
项目指导委员会	项目指导委员会由杭州电力有关领导和实施方最高负责人担任,负责指导并管理整个项目前进的方向,以确保双方高层领导对本项目的支持和承诺
项目专家组	项目专家组由实施方最高负责人兼职担任,提供电力行业的指导、建议

（续表）

组织机构	职责分工
项目质量管理组	项目质量管理组基于国网杭州供电公司对交付物品的质量要求进行质量管理控制，保证项目高质量交付
项目组	作为项目的执行单位，对本项目实施直接负责。负责协调各参与方共同推进本项目工作，通过访谈了解现状和问题，对访谈资料进行整理、分析和提炼，完成需求和方案设计

进度管理上，项目组通过对业务的深度总结和对技术的合理前瞻，制定了严谨的项目建设目标，设定了包括"需求分析""方案设计""系统开发测试""系统部署及配置""培训及上线试运行"等项目里程碑；并依照里程碑子目标有条不紊地开展了长达3个月的业务场景全面调研，与前端基建部、运检部等多个项目管理部门业务人员深入交流，形成了详细的需求报告；最终会同软件开发团队，共同编制开发方案，完成系统功能开发测试、性能测试、对用户和系统运维人员培训等关键事项，以确保系统建设最终切实落地。

四、案例实践

（一）建设目标

在浙江公司已完成财务物资结算一体机项目批次业务自助办理结算的基础上，在工程服务结算业务领域引入机器人流程自动化作业，结合人工智能设备，利用区块链的技术优势，如分布式账本、智能合约、共识机制、不可篡改性，开展工程服务智能结算和智能盘点工作，推动内外部业务变革，实现以下目标：

（1）完成工程项目服务智能结算系统的部署应用，通过使用智能结算业务逻辑替代人工承接结算中的重复工作，实现自动审核与过账，避免人工失误，提升工作效率。

（2）深入融合前端业务，实现业务单据的电子化流转，会计信息联动反映，遵循符合公司的内控风险规划，创新结算风控模式，严格按合同履约。

（3）重塑公司间交易业务的处理流程，解决目前公司间交易中普遍存在的公司间信任、对账、效率、成本及合规风险等问题，将耗费大量人力、物力、财力的公司间采购业务处理转变为基于区块链的、标准化、自动化和不可篡改的业务处理。

（二）总体建设思路

杭州电力通过梳理工程资产领域现实困难和创新需求，以区块链为底层技术，开发区块链工程服务结算平台、工程服务智能结算模块，实现工程资产管理的全过程智能化提升，全面提升供应商获得感，创新智能内控模式，构建工程资产管理"全管控（Control）、全自动（Automation）、全协同（Synergy）、全生态（Ecosystem）"的风险防控，以及智能共享工程财务结算全过程 CASE 体系（以下简称 CASE 体系）。

1. 全管控

全管控（Control）打造精益、规范、智能的工程资产内控管理新机制。从工程开工到工程建设等阶段完善内控机制,实现全过程管控;统一工程订单创建、发票登记、付款等流程内控标准的规范,实现全流程管控;创新信息化系统应用,建立自动化控制手段,实现全手段管控。

2. 全自动

全自动(Automation)打造集成、自动、落地的工程资产流程管理新机制。运用 OCR、系统集成等技术,全面梳理工程资产管理流程,挖掘流程自动化带来的流程改善潜力,从整体角度考虑优化工程资产全流程,从而实现工程管理全过程效率的更大幅度提升。

3. 全协同

全协同(Synergy)打造高效、贯通、互联的工程资产协同管理新机制。积极利用区块链等新技术,内部贯通业财数据通道,消除信息孤岛,外部推动供应商协同,提升沟通效率,构建跨部门、跨系统的工程资产协同管理新机制。

4. 全生态

全生态(Ecosystem)探索性构建多方共识、共建、共享的能源互联网生态圈。结合实际业务应用场景,融合区块链技术,实现供应商上链,为建立共识、共建、共享的能源互联网生态圈走出探索性的一步。

(三)智能财务 CASE 体系框架

智能工程财务结算全过程 CASE 体系主要包括服务于供应商的区块链工程服务结算平台与服务于公司业务的工程服务智能结算模块的打造(见图 2-2)。工程服务智能结算模块主要基于 ERP 系统,完成公司内部订单智能创建、智能入账、智能支付等内容的研发;区块链工程服务结算平台主要基于浙电云,以区块链底层技术为架构,利用区块链的不可篡改等特性,研发供应商结算提报及审批流程。以项目服务合同为源头,打通结算平台和结算模块间的项目信息传递通道,将分别在两个平台间实现的结算内容串联成线,贯穿订单创建、订单结算提报、订单结算审批、订单结算入账、订单结算支付等项目结算全过程,实现内部业财操作协同,提升项目结算效率。

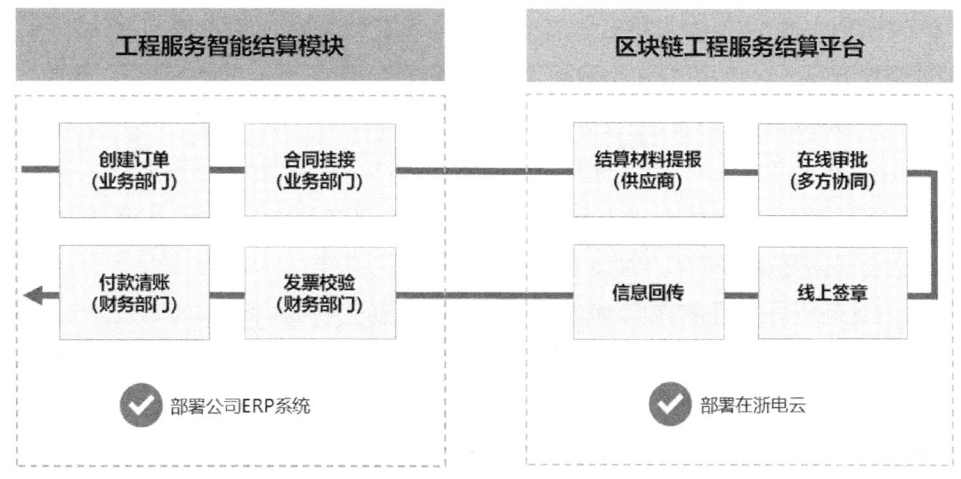

图 2-2　国网杭州供电公司 CASE 体系示意图

在技术层面上，工程服务智能结算模块内嵌于 ERP 公司系统中，使用 ABAP 语言开发，利用 ERP 系统已与其他系统集成或联通的优势，主要负责电力财务端的业务智能优化，与内部其他系统的贯通（见图 2-3）；区块链工程服务结算平台使用浙电云基础设施，基于可信联盟链框架 Fabric 搭建，使用 Java 语言开发，利用区块链技术构建可信环境的优势，主要负责内外部业务端的协同处理、风险控制，通过与智能结算的集成形成与电力财务端的衔接。

两者分别负责内外部业务优化，相互补充，支撑了完整的全过程内控和自动化流程管理机制，两者实时共享业财两端信息，形成了贯穿全程的协同处理和互联互通生态圈，携手共建工程财务结算全过程 CASE 体系。

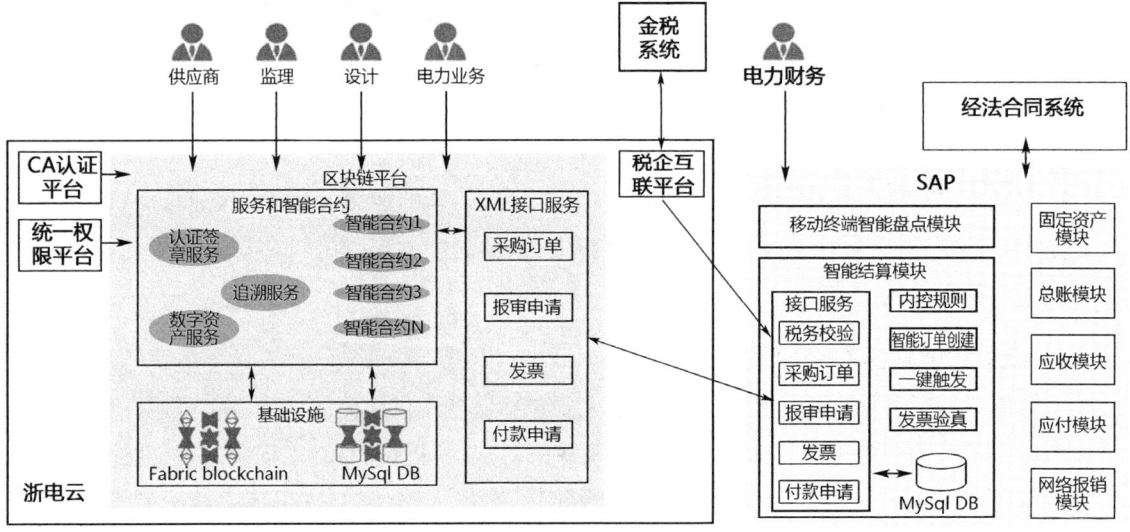

图 2-3　CASE 体系系统架构

（四）智能财务场景选择

国网杭州供电公司作为杭州地区电网建设主体，电网工程建设年均 6 000 余项，建设投资年均 60 亿元，每年会产生大量的采购需求，工程财务作为连接投资和有效资产的纽带，在全力服务"六稳六保"和保障公司经营业绩方面具有重大意义。然而，在传统工程结算模式下，审批流程的线下运转，需要人工跑腿签章，效率低下；单证纸质的传递，存在篡改、丢失等风险；结算双方的信息不畅通，导致对账困难，结算效率低下。

为解决工程财务的上述难点，杭州电力探索建设风险防控、智能共享工程财务结算全过程 CASE 体系。其利用区块链技术构建智能共享和全息协同的生态圈，实现链上流程数字化、内部交易协同化和数字资产通证化，促进结算质效提升，推动金融普惠服务；利用 RPA 技术促进系统间集成与信息贯通，促进人工操作向自动化转变；利用 OCR 技术实现单据自动识别，促进人工识别向自动识别转变的高效业务；利用新技术应用结合信息化系统的改造和优化，对工程结算全过程进行业务流程再造，推进工程财务结算场景智能化、工程财务核算场景精准化、工程财务风控场景前置化和工程竣工决算场景自动化。

1. 场景一：推动工程财务结算智能共享与生态协同

区块链技术脱胎于比特币，其"去中心化、集体维护、去信任、无法篡改、透明开放、可追溯"的特点，特别适用于价值交易和数据共享（见图2-4）。

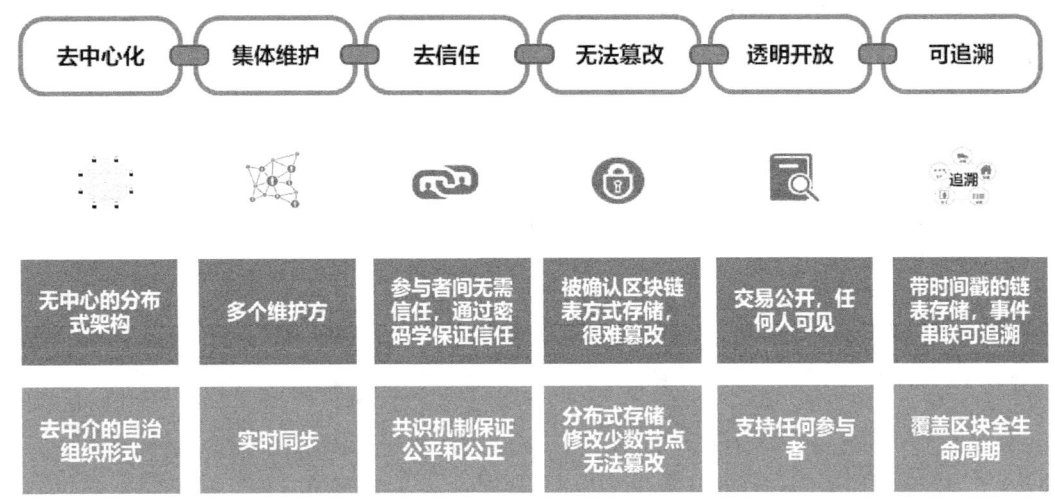

图2-4　区块链定义及特点

针对企业与外部服务供应商缺乏协同、存在篡改丢失风险等主要问题，工程服务结算平台充分利用区块链技术的不可篡改、多方维护、去中心化、全程可追溯等特点，推动业主、供应商、监理、设计等多方参与，建立工程项目服务采购结算信息化平台，并探索将该平台纳入上下游能源互联网生态圈。

区块链技术在工程服务结算中的优势及应用场景如表2-2所示。具体内容如下。

表2-2　区块链技术在工程服务结算中的优势及应用场景

序号	结算流程存在问题及难点	区块链特点	主要做法
1	**问题：线下操作较烦琐** 描述：为建立相互之间的信任，交易双方需线下提供多项资料用于信息核对，且大多为线下资料	建立信任，线上自动完成信息核对	流程线上流转
2	**问题：信息准确需核实** 描述：为确保资料准确，建立多重核对机制，反复确认信息是否准确，还要规避造假行为	全程上链，不可篡改	全程信息上链
3	**问题：交易过程缺追溯** 描述：每次交易仅显示单笔交易情况，不能追溯记录之前的交易信息，如需查询交易历史，需要查找比对相关分析报表，操作烦琐	带时间戳的区块链条，实现可追溯	数字资产Token、智能合约
4	**问题：结算操作协同差** 描述：结算操作需要多方达成共识时，需要等待多方顺序操作，费时且容易造成数据信息传递不准确	多方维护，链上达成共识	多方协同审批

1) 实现流程线上流转,提升服务采购结算效率

区块链工程服务结算平台基于公司间服务采购的业务方案和区块链解决方案,实现公司间服务采购结算业务从发起到付款的审批过程由线下转变成线上,通过 CA 认证和电子签章的方式,由服务供应商发起填写预付款、进度款、结算款、质保金申报开始,实现服务供应商、监理、设计、业主方的报审、申请审批流程和签章的电子化,提升线上结算效率(见图2-5)。

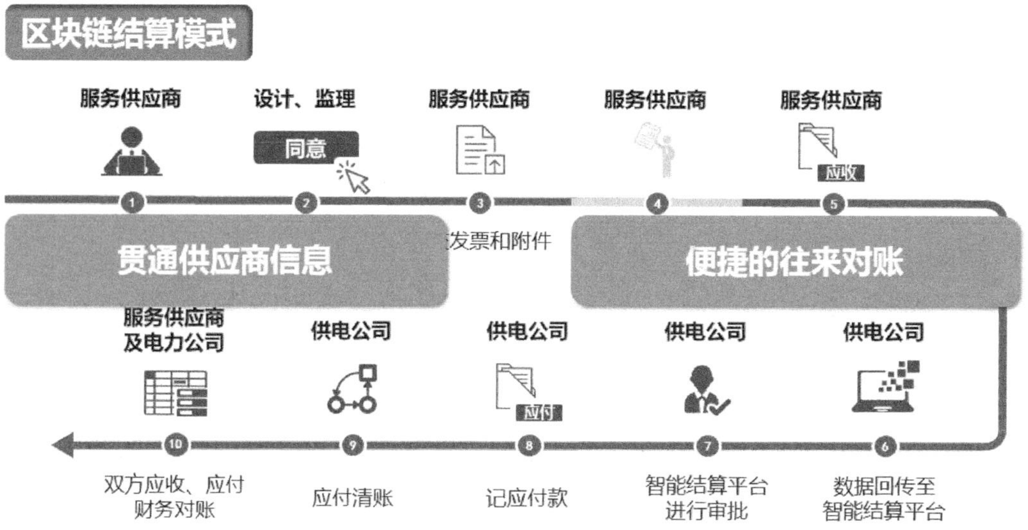

图 2-5 区块链结算模式示意图

2) 实现全程信息上链,建立安全可信透明存证

该平台运用区块链分布式维护、不可篡改的特点,确保服务采购结算全程业务信息、单证附件真实上链记录的真实性和不可篡改,提供多方业务信息实时协同和存证鉴真的功能,实现全程信息上链。从服务采购的发起源头开始上链采购订单信息,通过与 ERP 系统集成获取采购订单信息上链保存;通过与工程服务结算平台集成,将预付款、进度款、结算款、质保金的报审、申请、审批、过账、付款等重要流程节点的信息上链,形成服务供应商、监理、设计与业主单位的全过程信息共识和信息协同(见图 2-6)。

3) 实现数字资产通证,蓄力数字资产价值传递

该平台利用区块链传递价值的 Token 化技术,将服务采购的权益、交易数据、应付款项等重要信息,打包形成一组数据记录编码(即 Token)。运用区块链工程服务结算平台,跟踪记录从采购订单开始、工程分阶段进度等过程的交易数据,实现了工程管理过程从源到端的可视化全追溯。供应商可随时在区块链工程服务结算平台查看相关的发票应收、资金支付情况,实现可视化追溯分析,解决了过去对账难的问题。同时运用区块链智能合约技术,可实现工程各阶段进度的智能管控。

未来可运用 Token 技术,逐步拓展数字资产证券化的可能性。服务采购权益由预付款、

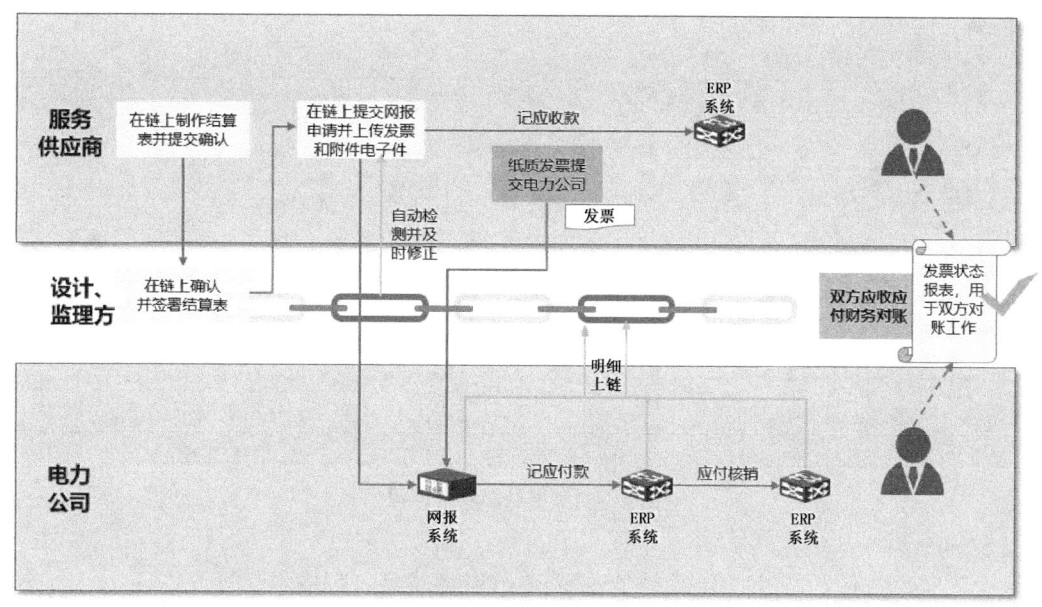

图 2-6　区块链各方上链示意图

进度款、结算款、质保金及其支付业务自动触发,对服务采购权益 Token 进行实时更新,包括所有权、操作人、处理时间、应收款等信息,将 Token 打造为有价值的资产,为链上服务供应商提供更优质的服务体验。

4)实现多方协同审批,打造多方共识产业生态

该平台运用区块链"分布式节点"技术,实现了与供应商之间的多点协同审批,尝试改变过去缺乏多方共识、互不信任导致的协同差问题。例如,审批步骤,多方针对同一事项审批,过去需要各方按顺序做反复的顺序操作,严重影响操作效率。区块链技术通过多点共识操作,节省反复操作造成的审批慢问题,提高了各方的协同效率。

随着上链节点的增加,未来将采用前置的多方共识替代后置的多方对账,利用分布式记账原理,最大限度地保证所有参与节点的权益,实现公司间在信息、资金、征信等方面的大规模互联互通,构建互联互通的供应链生态体系。

2. 场景二:再造结算流程,推动工程财务核算精准化

该平台针对当前工程成本结算存在的规范化、标准化缺失,人工干预大等问题,依托 ERP 系统功能,从订单创建源头提升效率,从完善系统配置提升内控,从打通系统数据提升集成,从建立数据映射提升自动,实现项目基础规范化、结算控制前置化、项目信息集成化、结算操作智能化。工程智能结算流程如图 2-7 所示。

该平台深入梳理订单管理流程,从选择结算方式、订单关联 WBS(项目架框标志符号)、订单关联合同、订单收货四个方面,统一订单管理标准,优化提升项目基础规范化。

(1)正确选择结算方式。明确根据不同类型业务,选择对应的结算方式。根据工程实际发生的服务费用类型,结算方式可划分为按订单结算和报销结算两种(见表 2-3)。通过

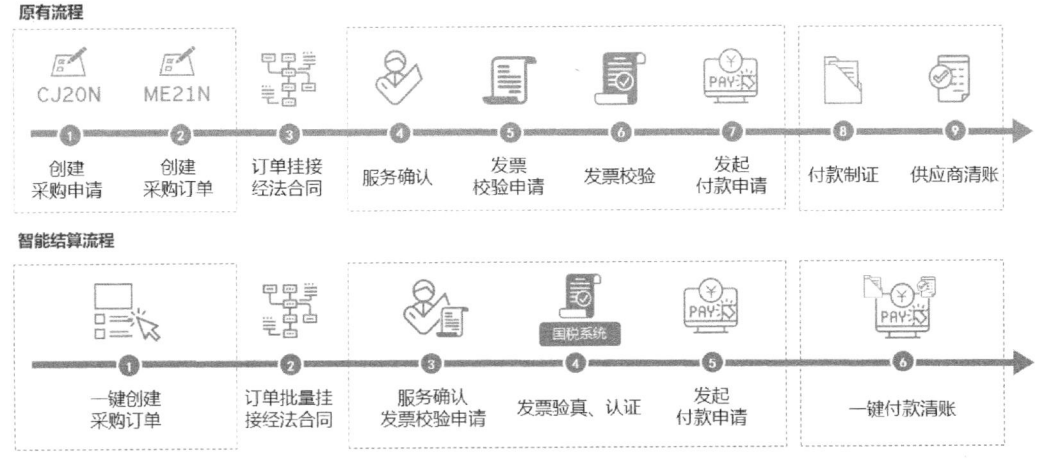

图 2-7 工程智能结算流程

系统设置固化结算方式，并增加系统校验逻辑，规范各类型工程成本结算方式。

表 2-3 结算方式一览表

结算方式	费用类型	系统防错设置
订单结算	① 建筑工程费 ② 安装工程费 ③ 勘察设计费 ④ 工程监理费	此类服务在报销流程中选不到对应的 WBS 层级
报销结算	① 项目法人管理费 ② 建设场地征用费 ③ 生产职工培训及提前进场费 ④ 建设期贷款利息	此类服务对应的 WBS 层级无法创建订单
可以选择订单结算或报销结算	以上列举之外的服务，如其他服务类型	

（2）智能挂接订单 WBS。对于通过采购订单的费用类型，智能挂接 WBS 行项目。结合《电网工程建设预算编制与计算规定（2013 年版）》和《20kV 及以下配电网工程建设预算编制与计算规定（2016 年版）》要求，梳理各类项目业务类型、费用类型、会计科目与 WBS 层级的对应关系，通过固化工程概算和增加 WBS 标志位属性，确定项目各层级费用性质，实现服务类订单规范挂接 WBS。

（3）规范关联订单合同。依照先创建采购订单再签订合同的程序，自动关联订单与经法系统合同信息。按照合同条款、合同支付比例、供应商银行账号、开户行、联行号等合同支付信息，确保订单后续结算的规范性。

（4）统一订单收货标准。在进度款及结算款收货阶段，结合主配网项目现有业务管理模式，通过系统控制确保订单收货行项目与自动竣工结算项目架构保持一致，提高工作效率，同时保障数据来源的准确性。

3. 场景三：财务风险智能控制，完善结算控制前置化

该平台从订单创建阶段、收货及结算申请阶段、发票校验阶段三个节点切入，运用信息化手段，将风险控制嵌入流程，实现结算控制前置化。

（1）加强订单创建阶段风控。区分六大服务类型创建订单，防范订单创建错选漏选WBS的风险。通过系统设置，根据相应订单类型选择对应WBS，实现订单业务类型与项目架构精准对应。通过增加系统风险控制点，实现由原来无控制手段到系统逻辑控制的转变。

遵循"无概算不创建、有概算不超概"原则，自动屏蔽无概算WBS行项目。通过系统控制，实现前端对概算进行控制，将项目成本超概算审查从决算环节提前到发起费用结算环节，严格防范工程成本违规发生风险，解决风险识别滞后的问题。

订单创建阶段信息化控制如图2-8所示。

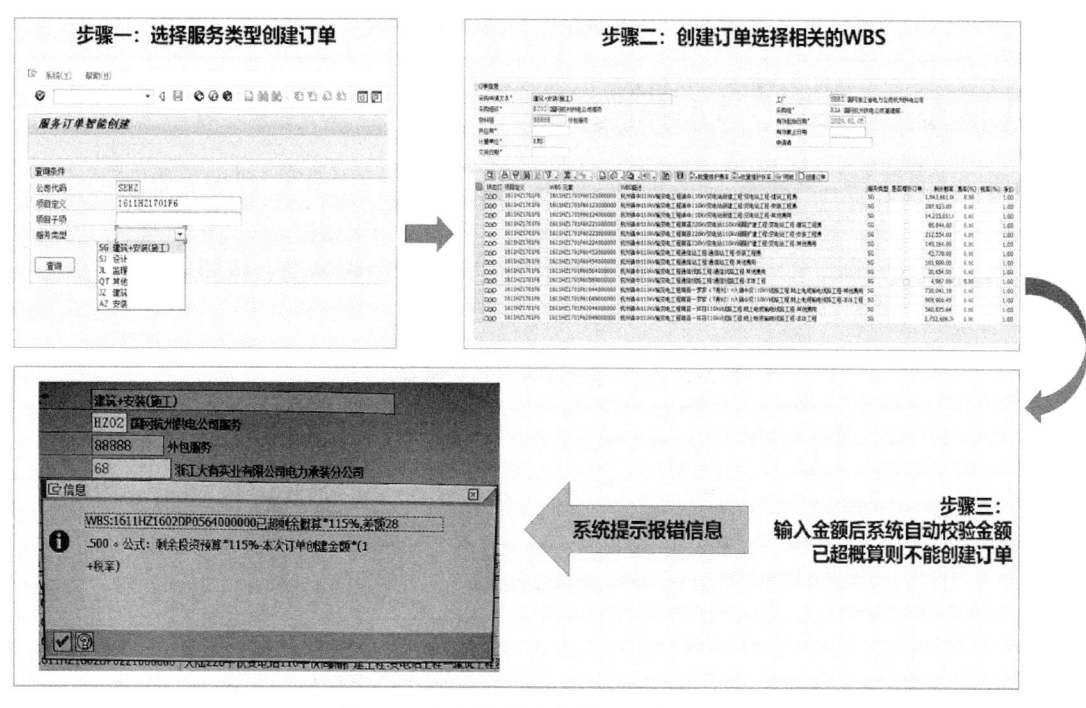

图2-8　订单创建阶段信息化控制示意图

（2）加强收货及结算申请阶段风控。梳理当前收货及结算申请阶段的关键风险控制点，并通过完善系统配置，将风险控制由以往"以人为主"的后期人工审核，转变为"以机为主"的前置自动控制，有效提升风险控制管理效率。当前梳理的37个风险控制点，按照风险控制内容，可分为三类：流程逻辑控制（占比51%）、金额确认控制（占比27%）、信息验证控制（占比22%）（见图2-9）。

其中，信息验证控制针对供应商、发票等非金额相关的基础信息进行风险验证控制，控制点示例如表2-4所示。

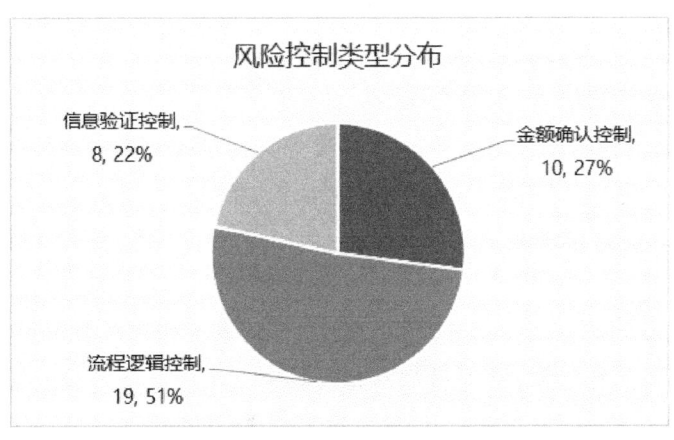

图 2-9 风险控制类型分布占比

表 2-4 信息验证控制关键控制点示例

示例 1	**收货提交时的发票验真**。运用发票 OCR 技术,获取发票验真数据,通过内外贯通金税系统,实时反馈验真结果,实现快速发票验真反馈,极大提高了发票验真效率
示例 2	**结算款发票开票方与供应商一致**。通过系统配置,在结算款收货提交时,实现系统自动校验开票方与供应商名称,利用系统手段防范开票方与供应商名称一致造成的付错风险

金额确认控制则主要对付款金额的关键信息确认进行风险控制和校验,示例如表 2-5 所示。

表 2-5 金额确认控制关键控制点示例

示例 1	**预付款支付金额不超比例**。在系统中设置校验规则,即预付款支付金额≤订单不含税金额×经法合同比例×(1+税率),若超过上限,系统会以报错信息方式提示再次审核确认,在系统中实现付款金额的前置化管控,有效规避人工审核造成的错误风险
示例 2	**结算款支付金额**。系统提交结算款支付时,系统按照公式(历史发票校验金额+本次发票含税金额)-(历史计提质保金+本次计提质保金)-预付款实际支付金额-历史支付金额,自动算出结算金额并赋值,并提示操作人员审核确认,确保结算支付金额正确

流程逻辑控制主要针对业务流转逻辑可能存在明显相悖的风险点进行控制,示例如表 2-6 所示。

表 2-6 流程逻辑控制关键控制点示例

示例 1	**有且仅能发生一次预付款**。在提报预付款申请同时,系统会自动发起校验,如果历史已申请过预付款,系统显示"仅允许发起一次预付款申请"提示审核确认,有效防范过去无事前逻辑判断造成的录入错误风险
示例 2	**存在未过账的进度款申请,不允许发起结算款申请**。提交结算款支付时,系统会自动校验进度款申请历史,如果存在未过账状态,则不允许发起结算款申请,利用系统手段规避工程进度款未付带来的结算风险。

(3)加强发票校验阶段风控。发票校验阶段,运用 OCR 技术及系统集成技术,贯通国

税系统数据,业务人员上传发票后,系统自动识别验真,实现发票及时认证,改变了过去月底集中人员认证发票的操作模式,有效避免月底认证工作量增多而导致的业务数据错误等风险。

4.场景四:全面打通业财通道,实现工程竣工决算自动化

工程结算管理涉及业务、财务等多个部门,需要在ERP系统不同模块和不同系统操作,存在难度大、失误多、效率低的痛点。工程服务智能结算模块通过打通业财通道、规范业务前端,有效提升项目信息集成化水平。ERP系统与其他系统集成如图2-10所示。

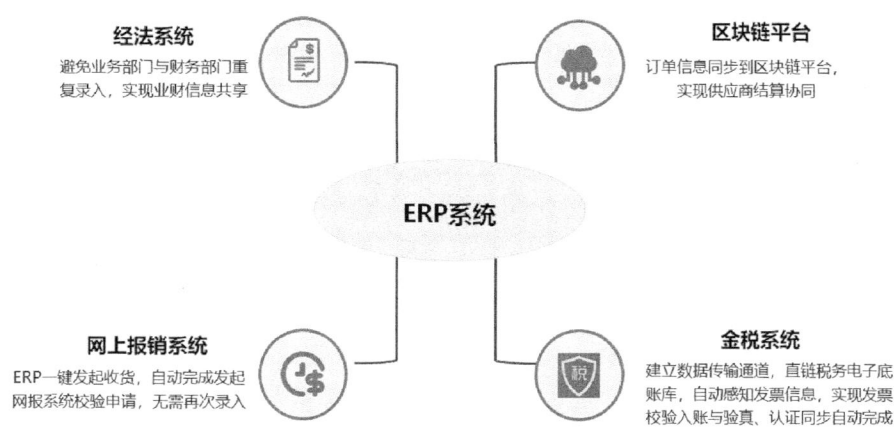

经法系统
避免业务部门与财务部门重复录入,实现业财信息共享

区块链平台
订单信息同步到区块链平台,实现供应商结算协同

ERP系统

网上报销系统
ERP一键发起收货,自动完成发起网报系统校验申请,无需再次录入

金税系统
建立数据传输通道,直链税务电子底账库,自动感知发票信息,实现发票校验入账与验真、认证同步自动完成

图 2-10　ERP 系统与其他系统集成示意图

1)项目信息集成化

(1)实现ERP系统内部模块的集成。工程结算管理涉及ERP系统的AM、PM、PS模块,过去需在不同模块中完成操作。现在通过在ERP系统中开发全新事务码,将订单创建、发票校验推送、资金支付推送、费用报销发起、凭证生成等结算流程入口集成在同一个界面,提高结算操作的连续性,实现项目服务类成本信息从业务源头统一控制,整个业务链条各系统、各模块信息自动传递共享(见图2-11)。

(2)实现ERP系统和经法系统集成。即做到订单创建与合同关联,由经法系统回传供应商名称及其收款银行账户、分次支付比例信息至订单界面,作为对订单进行收货、发票检验、资金支付操作的依据。经法合同与订单联动可避免业务部门与财务部门重复录入信息,以及口径不一致等风险,实现业财信息共享。

(3)实现ERP系统与网上报销系统(以下简称网报系统)集成。过去在完成收货操作之后,业务人员需登录网报系统继续提交校验申请。现在工程服务智能结算模块则将ERP系统与网报系统集成,当"一键发起收货"指令被触发时,系统将自动发起网报系统校验申请,无须到网报系统再次录入,提高了申请效率,规避了人工操作可能带来的失误风险。

(4)实现ERP系统与区块链工程服务结算平台集成。采购订单信息在ERP系统创建完成以后,通过系统一键集成,结算平台将订单信息同步于区块链工程服务结算平台。供应商通过区块链工程服务结算平台上链,实现协同审批,流转至ERP系统,在ERP系统实现结

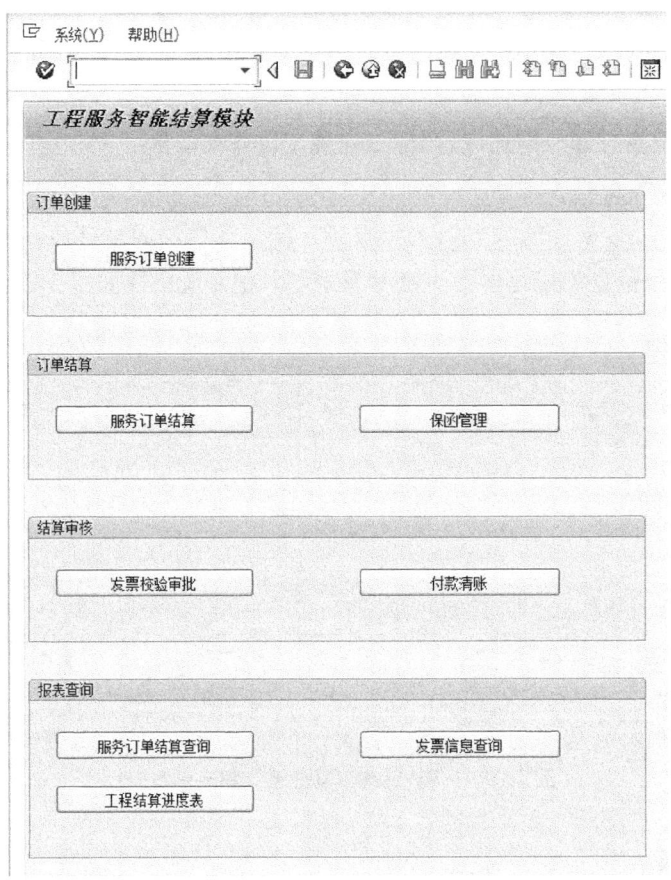

图 2-11 工程服务智能结算模块集成界面

算协同。

（5）实现 ERP 系统与金税系统集成。通过税企互通平台，建立与金税系统的数据传输通道，直链税务电子底账库，改进 OCR 识别技术自动感知发票信息，实现发票校验入账与验真、认证同步自动完成，减少了原人工流程下冗长的线下传递时间，高效替代了财务人员机械、耗时的发票验真认证工作，从系统上解决了因递送不及时、人为失误等原因而导致的进项税逾期无法抵扣的问题，极大提升了税票管理效率，财务服务结算工作也更加准确、高效。

2）配置系统逻辑映射，推进结算操作智能化

梳理数据分类要素的映射对应关系，建立 ERP 系统与网报系统的映射关系，通过系统完成相关配置，打造"四个一键"，实现一键创建采购订单、一键发起校验申请、一键生成校验凭证、一键完成付款清账（见图 2-12）。

（1）一键创建采购订单，通过构建费用类型与 WBS 行项目之间的映射关系，实现一键创建服务订单。

（2）一键发起校验申请，通过构建经法合同信息与网上报销模块之间的映射关系，实现一键发起校验申请。

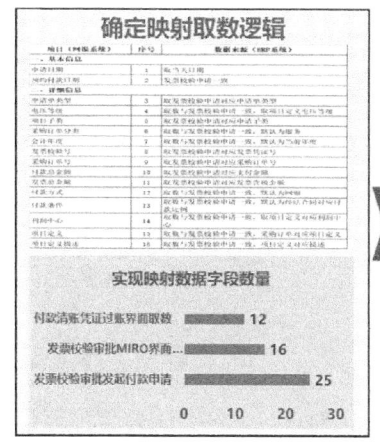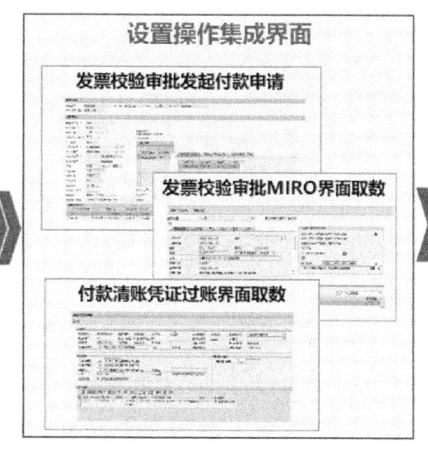

图 2-12　建立数据映射,打造"四个一键"示意图

（3）一键生成校验凭证,通过构建网报及订单信息与会计凭证字段之间的映射关系,实现一键生成校验凭证。

（4）一键完成付款清账,通过构建全结算流程信息与付款清账凭证字段的映射关系,实现一键完成付款清账。

通过实现"四个一键",便利结算操作,打破部门壁垒,推动业财融合,大幅提升了业务和财务人员的工作效率（见图 2-13）。

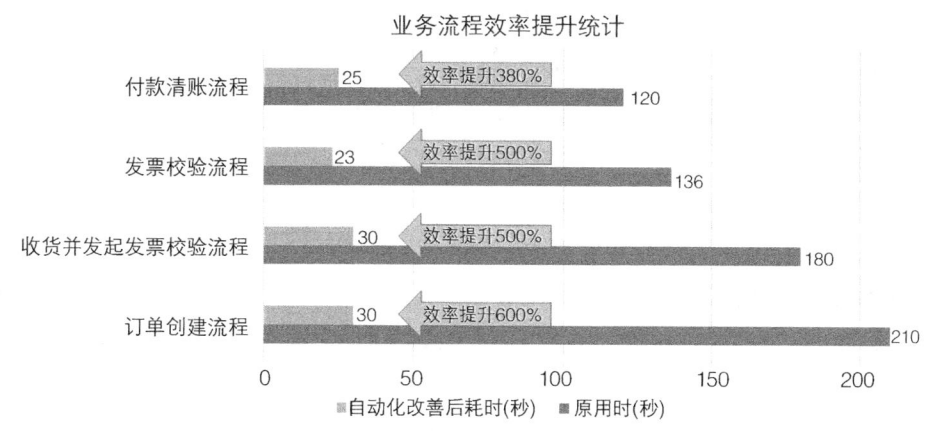

图 2-13　业务流程效率提升示意图

（五）技术及产品选择

如上文所述,浙江电力公司间服务采购业务,从招投标开始到实际工程完工结算,整个过程中,存在纸质单据线下流转效率低下、易篡改,供应商不清楚申请进度及付款情况,与电力公司对账难等风险。为切实解决这些业务痛点,实现多个运营主体之间的高协同,简化从线下实物流到线上数据流转换过程中包含的大量转换步骤、技术工序和沟通环节,杭州电力公司最终决定选择区块链技术化繁为简,提升效率。当效率得到了有效提升,信息的共享以

及信任的传递就产生了质的飞跃,原本花费在这些方面的成本自然也会减少,即降低成本。

在技术层面,一方面,在线业务的真实性审核省去了工作量巨大且依赖纸质文件的人工审核环节,同时也尽可能地避免了各环节中可能存在的信息重复、认证重复的现象。另一方面,基于区块链与智能合约实现的业务规则,在提升业务规则透明度的同时,可以保证业务参与方共同遵守业务规则,从而避免意向或条件达成时,其中一方出现拖沓行为,同时,减少业务摩擦,实现资金流、信息流闭环,推动业务顺利开展。最后,OCR 自动识别发票,进一步提质增效,具体如下。

1. 区块链多方共识技术保证真实性

多方共识技术将实现上链信息真实性的他证证明,通过多方(至少三方)保证上链信息的真实性。在信息确认上链之前,在应用中实现多方对信息的比对,一旦发现信息差异,将进行预警,提醒当事方修正,保证从源头开始的信息的真实、可信、一致。

2. 区块链智能合约自动处理技术确保流程畅通运行

智能合约自动处理功能将实现在区块链工程服务结算平台上按照既定规则和条件触发,并忠实执行业务操作。通过 Go 语言编写的多个智能合约以脚本代码形式存储在区块链工程服务结算平台上,一旦信息确认上链,将在区块链工程服务结算平台上自动完成公司间的业务处理,如采购订单与销售订单协同生成、应收发票与应发发票协同生成等。

3. 区块链 Token 保障公司间服务采购过程全流程追溯

Token 追溯功能实现了数字资产的唯一标识,可实现资产可追溯、资产证券化等功能。在工程服务采购过程中发行 ERC721 类型的 Token,唯一标识和追踪物资的各种状态和属性,实现工程服务采购全程可追溯和追溯可视化。具体包括:

(1)工程服务从发起结算申请开始生成对应的 Token(数字资产),记录详细属性。

(2)工程服务在完成预付款、进度款、结算款和质保金的双边确认和支付后,对 Token 属性进行更新,包括所有权、物理地址、操作人等。

(3)实现服务权益 Token 可视化查询,追溯分析报表。

4. RPA 实现自动智能校核,强化风险管控

RPA 技术是一种可编程智能化软件,通过模拟并增强人类与计算机的交互过程,实现工作流程的自动化。RPA 具有对现有系统影响小、实施周期短等特性。RPA 不仅可以模拟人类,而且可以利用和融合现有的各项前沿技术如规则引擎、光学字符识别、语音识别、虚拟助手、高级分析、机器学习及人工智能等来实现其流程自动化的目标。

本案例通过对原流程中系统的关键节点使用 RPA 技术,建立严密精准的自动校核规则,将风险控制节点嵌入系统,实现了风险系统自动控制;将机械、重复的人工校核转变为自动、精准的智能校核,有效保证了结算数据在传递过程中的准确性,避免人为疏忽与失误。

5. OCR 自动识别发票,进一步提质增效

OCR 技术是检查纸上或图片上的字符,通过检测暗、亮的模式确定其形状,然后用字符识别方法将形状翻译成计算机文字的过程。它隶属计算机视觉技术领域,是人工智能的基础技术之一。通过在发票上传环节使用 OCR 技术，自动识别并抓取发票号码、含税金额、税率等关键信息，实现提质增效，降低出错率，减轻财务工作负担。

（六）实践中遇到的主要问题和解决方法

杭州电力工程财务 CASE 体系的实施是一个复杂而体系化的过程，涉及组织匹配、制度调整、流程重构、技术攻关和系统并行等事项，在此总结出了管理和技术方面的问题及经验，具体如下。

1. 全省推广和业务统一

在 CASE 体系的实施中，新技术提供了新手段，也重塑了工程结算的业务流程及业务操作方式。配套的制度、人员职责、操作规范都将产生巨大变化。如果无法让业务适配并产生价值，那么这项数字化转型工作将寸步难行。实施过程中采取优先在试点单位理顺流程、探索关键改变点、适配操作人员、测试实施效果等措施，通过总结试点 CASE 体系的实施方法论，修订制度、新编操作手册、调整人员职责，以供全省进行业务推广。

对于未来在浙江全省推广的预期，一方面业务规范、流程和表单需要统一；另一方面全省各地市又存在差异。实施过程中项目组在全省范围内进行了调研和沟通，将全省业务在业务分类、业务处理模式方面进行了全省统一，并通过信息系统进行固化；对于各地市在业务规范、流程和表单上的差异，通过在区块链平台中增加个性化流程配置和表单配置功能实现差异化兼容。

2. 用户身份真实性认证

本项目实现产业链生态的横向协同，参与用户包括企业内部和外部各利益相关方，实现数字化线上的工程结算业务流程，当涉及法律责任和资金安全问题时，用户身份真实性认证尤为重要。

通过对用户身份认证技术的对比，我们选择基于区块链的 CAkey 解决方案。一方面，CA 实物签章是一种成熟的用户验证解决方案，拥有合法效力，并已提供标准的电子盖章功能，通过有限的技术改造即可满足用户认证和电子盖章需要；另一方面，基于区块链技术的 CAkey 方案与本项目的区块链平台形成对接，完美提供了基于区块链技术加密和保护的用户登录和操作的重要信息传递。

3. 基于混合云的双链部署

本项目形成的区块链生态圈，除了有杭州电力内部节点的接入，还将有大量的外部供应商、监理、设计、审价等节点接入，当前杭州电力的系统通常部署在浙电云之上，这对外部节点接入扩展是一项难题。着眼未来，在项目架构设计方面，杭州电力选择了使用混合云部署方式来解决这一困难，其内部节点仍然维持在浙电云上部署，并形成内部区块链记录，外部节点部署在公有云上，形成外部区块链记录，两条链通过提供的同步信息服务进行信息镜像，在保证双链信息完全一致的同时，保证系统正常运行和系统扩展性。

4. 性能评估认证与应急预案

为避免由于新技术创新造成的实施安全问题，确保区块链工程服务结算平台与工程服务智能结算模块能够顺利上线使用及后续推广,本项目进行了严格的性能评估认证,并建立了系统操作规范与应急预案。

1)实施系统评估与性能认证测试

在区块链工程服务结算平台开发过程中,项目针对区块链平台的安全性、可靠性、功能性及稳定性进行了全面的测试、评估、识别和预防。项目正式上线前,共计完成四项评估测试:

(1)在业务流程设计方面,由事务所风险评估专家进行现场查验、分析论证及完整流程的穿行测试,认为平台业务流程符合内控管理要求。

(2)在系统设计方面,由浙江省电子信息产品检验所对系统代码进行充分测试,评定平台代码安全性达到标准。

(3)在系统功能方面,由浙江省电子信息产品检验所对系统功能进行全面评估,确认实际功能满足功能设计要求。

(4)在系统安全方面,由浙江省电科院对系统进行具体测试,识别潜在风险,鉴定系统安全性符合要求。

2)建立系统操作规范与应急预案

建立智能结算操作规范和应急预案,建立信息与沟通制度,明确结算系统的软硬件维护和日常管理职责,及时报告和解决智能结算模块出现的问题,保障稳定运行,防范运行风险。

五、实施成效与未来展望

(一)实施成效

在推进泛在电力物联网建设的过程中,工程资产管理智能化水平取得了重大提升。在创新智能内控模式、实现业财数据共享、提高业务处理效率、打造智能互联生态四个方面有明显提升。

1. 创新智能内控模式,强化业财协同合规

运用信息技术,从规范业务操作流程出发,将风险控制点以系统固化的方式嵌入到流程中,全面落实创新智能内控模式,改善业财协同机制,提升风险控制效果。

(1)规范内控标准,建立业财协同合规机制。深入融合工程管理前端业务,统一规范采购订单创建、变更等操作标准,明确"无概算不创建、有概算不超概"的内控规范,推动订单必须挂接经法合同,确保信息准确,通过数字化手段实现业财协同合规。

(2)运用信息化手段,实施有效自动内控手段。使用智能合约技术,通过在系统中嵌入风险控制点,可以将区块链协议与自动执行甚至自我强制履约的契约条款相结合。风险控制由过去"以人为主"的后期人工审核,转变为"以机为主"的前置自动控制,有效加强了风险控制水平,实现订单创建合规率100%,结算凭证准确率100%,采购订单0超概,提升了风险控制管理效率。

(3)数字存证。由区块链完成结算相关文件的存储和管理,可以保障各业务相关方的数据一致性、不可篡改性和可追溯性，同时从数据安全、身份安全、通信安全、机构安全等多个维度进行安全加密，对访问权限进行有效控制，从而保护各方隐私。

2. 实现业财数据共享，提升项目管理水平

通过业财系统内外集成，实现数据在线互通，以问题为导向，充分挖掘大数据价值，并进行靶向应用，提升公司系统项目管理水平。

（1）打通业财数据，实现业财规范操作。运用系统集成技术，将项目概算、预算、结算、决算数据进行串联，实现对工程结算全过程的透明跟踪，整体提升工程管理全过程数据集成互联水平，实现各参与方有效集聚业财数据分析基础。

（2）挖掘业财数据，助力项目管理水平。在系统数据集成基础上，充分挖掘项目大数据价值，并针对性将其应用于项目建设过程管理，提升项目管理水平，积极适应输配电价改革大背景，夯实公司系统有效资产规模。2019 年省公司系统项目预算完成率为 97.70%、项目转资率为 90.80%，各项项目指标均名列省公司前茅。

3. 提高业务处理效率，推动员工价值转型

通过建立智能共享的工程资产流程管理新机制，全面提升业财流程的操作效率，有力支撑业财人员的能力提升和价值转型。

（1）实现业务处理效率提升。通过应用新技术，用自动化手段代替原人工操作，同时有效减少核算错误，大幅提升业财部门工作效率，使业务处理实时化，更大程度节省人工成本和时间成本。按照 2019 年浙江全省各流程操作数计算，订单创建流程年节约 289.5 人/天[①]的人工成本，收货并发起发票校验流程年节约 513.90 人/天的人工成本，发票校验流程年节约 464.60 人/天的人工成本，付款清账流程年节约 402.90 人/天的人工成本。

（2）推动管理人员提质转型。业财务全流程操作实现自动化，业财数据实现智能化抓取，促使财务工作人员从重复低价值的工作中解放，更多地投入到企业管理层面，实现从操作层面向管理层面转变。未来财务工作人员向更具管理价值的方向转型，如财税管理、财务分析、财务信息技术、审计与风险等。业务人员工作将更加注重提升业务管理质量，如现场管理、安全生产等。

4. 打造智能互联生态，持续优化营商环境

建立供应商协同机制，打造智能互联生态圈，实实在在为中小企业降低融资成本，支持中小企业扩大发展，增加就业，优化营商环境，彰显央企社会责任。

（1）共享供应商数据，提升结算全程透明跟踪（见图 2-14）。运用区块链新技术，在确保信息安全的前提下，打通区块链上链各方的交易数据，实现结算业务数据多方共享、协同审批，跟踪工程进度及供应商付款清账状态，推动工程结算全过程阳光、透明、高效。

（2）压缩供应商结算周期，降低企业融资成本。运用区块链技术，实现公司间服务采购

---

① 人/天的人工成本表示每名工作人员每一天工作花费的工作成本。289.5 人/天的人工成本即一名工作人员工作 289.5 天的工作成本，下同。

图 2-14 订单结算状况 Token 追踪管理

结算业务从发起到付款的审批过程线上化,供应商结算周期大幅下降。一方面积极响应落实国家加大清理拖欠民营企业、中小企业账款的政策要求;另一方面以实效推动电力服务营商环境的全面提升。

(二)未来期望

经过为期两年的建设和持续改进,基于区块链技术的风险防控、智能共享工程财务结算全过程 CASE 体系已具备与网报系统的集成通道,具备高度可塑性。

在取得成绩的同时,其存在的问题也不容小觑,面临着投资体量增加、项目分级审核要求提升、会计基础工作纳入星级评价管理、本专业减员增效等压力,工程资产管理人员在日常工作中需投入大量超额时间和精力"用加班换指标",工作获得感较低,这种工作模式不具备可持续性。

针对以上问题,2021 年,国网杭州供电公司将主动出击,持续发力,以区块链工程服务结算平台的深度应用为首要目标,进一步深化工程服务智能结算应用,利用信息技术的完善迭代演进,提高工程资产专业劳动投入产出率,强化项目全过程管控能力,加快财务转型进程,力求"管理水平提升赶上管理要求提升的步伐"。

1. 区块链工程服务结算平台实现"纵向深化,横向联通"

1)纵向深化

所谓纵向深化,即进一步提高系统对业务支持的灵活度和广度。主要包括以下几点内容:

(1)中台化单据服务。打造可编辑式表单服务、灵活配置式流程服务、可便捷归档与共享的历史单据管理服务,将区块链平台升级为可快速适应多种业务审批及单据编纂流程的中台化服务工具。

(2)项目全景式监控平台。全面采集自动竣工决算、智能结算、供服系统等多源头数据,汇总编制资本性项目全景式监控表,为业财双方提供便捷的工程管控工具。

（3）全省推广。在以上功能开发基础上，在全省各地市县单位、直属单位及集体企业全面推广区块链工程服务结算平台应用。

2）横向联通

横向联通则对尽快打破区块链工程服务结算平台与杭州电力财务部其他财务系统/模块、杭州供电公司其他部门业务系统和下属单位自建业务系统等存在的壁垒提出新要求。具体体现在：

（1）嵌入业务系统。与设备部供服系统二期开发深度合作，力争将区块链工程服务结算平台内嵌至供服系统，提供配网、技改项目开工报告审批、完工报告审批等流程服务，为配网结算提供全电子化附件。

（2）智慧审价流程。与审计部合作，开发基于区块链工程服务结算平台的工程内部审价流程，在线管控审价进程，电子化审价结算附件，并贯通网报系统，实现工程审价费一键式结算。

2. 深化工程服务智能结算模块应用

基于2020年大修智能结算成果，计划2021年度建设任务以优化完善为主，将着力拓展智能结算应用边界，具体为：

（1）成本性项目智能结算。将营销、信息化等主要成本性项目纳入智能结算体系，进一步减轻业财两端工作量，提升成本性项目管控力度。

（2）供应链金融单据智能支付。将供应链金融支付业务纳入智能结算，提升工程结算程序整体性。

（3）前期订单、属地化费用订单智能结算。将项目前期费用、属地化费用全面纳入智能结算，补齐杭州电力工程大智能结算体系的最后一块拼图。

（三）预期成效

通过对区块链工程服务结算平台相关应用的进一步深化升级，预计可在2021年实现部分资本性项目的凭证附件全电子化，显著减轻财务凭证审核压力，并为内外部审查审计提供更为安全可溯的会计档案。通过在全省单位中的全面推广，以及与前端业务系统的深度绑定，区块链工程服务结算平台预期将成为国网浙江省电力有限公司财务专业核心应用平台，初步建成联通全省工程相关方的信息高速公路，形成强大的产业链优势，实现业务的深度高效协同。

基于区块链技术构建的风险防控、智能共享工程财务结算全过程CASE体系建设内容落地后，预期可实现工程管理规模效应，有效支撑省公司提升工程财务管理效率及风控水平。

六、结语

展望未来，国网杭州供电公司将始终以习近平新时代中国特色社会主义思想为指导，始终牢记习近平总书记关于"要让电等发展、不能让发展等电"的嘱托，时刻不忘提升工程全过程价值创造能力的初心使命,紧紧围绕"四个革命、一个合作"的能源战略指引,以"四个服务"为导向,按照"数据整合挖潜、数据标准定制、数据链路溯源,数据服务下沉"的工作思路,坚持用数据驱动工程财务转型升级,目标实现服务赋能、共享创新、智慧增效、管理提质。通过继续与各部门各单位的通力合作,全力打通区块链工程服务结算平台内外网通道,开发部署线上外部审价流程,接入系统外部产业链单位,实现结算审价报告"结构化",财务结算稽核"自动化",财务凭证编制"无人化",打通工程财务数智化管理的"最后一公里"。

参考文献

[1] 邵晓蓓.区块链数据交易系统的设计与实现[D].济南:山东大学,2019.

[2] BECKER G. Merkle Signature Schemes, Merkle Trees and Their Cryptanalysis[R]. Ruhr-University Bochum, Tech. Rep, 2008.

[3] 孔剑平,曹寅,杨辉辉,等.产业区块链行业解决方案与案例分析[M].北京:机械工业出版社,2020.

□ 中国铁塔业财一体的智能化运营

■ 张力沫　中国铁塔股份有限公司财务部高级经理
王　云　中国铁塔股份有限公司信息技术研究院总监
沈盈盈　中国铁塔股份有限公司财务部高级经理
刘梅玲　上海国家会计学院副教授、硕士生导师

■ 中国铁塔　智能运营　单塔核算
智能稽核　RPA

中国铁塔是中国移动、中国联通、中国电信和中国国新共同出资设立的国有大型通信基础设施服务企业,担负着深化资源共享、服务网络强国、助力通信业高质量发展的使命与责任。中国铁塔拥有 202 万座铁塔,总资产超 3 300 亿元,是全球规模最大的通信铁塔公司。"凡有人烟处皆有铁塔",作为重资产管理公司,中国铁塔面临着"点多面广"的巨大运营压力;股东同是客户,须向其提供优质高效的服务,互利共赢。因此,中国铁塔聚焦价值管理和智能化运营,将业财一体化、稽核智能化、核算自动化、决策数字化有机结合,其在行业内率先实现了项目成本自动核算、自动装配、自动转资,覆盖项目 500 多万个,建设成本超千亿元,创造性解决了重资产行业的共同难题,人均管理塔数达 106 个,是美国铁塔的近四倍。中国铁塔的财务智能化建设取得显著成效。

一、业财一体智能化建设背景

（一）中国铁塔的基本情况

中国铁塔股份有限公司(以下简称中国铁塔或公司)是在深化国企改革、促进电信基础设施资源共享的背景下,经国务院批准于 2014 年 7 月由中国移动通信集团有限公司(以下简称中国移动)、中国联合网络通信集团有限公司(以下简称中国联通)、中国电信集团有限公司(以下简称中国电信)三大电信运营商和中国国新控股有限责任公司(以下简称中国国新)出资设立的国有大型通信基础设施服务企业,担负着深化资源共享、服务"网络强国"和"数字中国"等国家战略、助力信息通信业高质量发展的使命与责任。中国铁塔营业范围主要是为电信企业提供通信铁塔等基站配套设施和高铁地铁公网覆盖,以及大型室内分布系统的建设、维护和运营服务。

目前中国铁塔设有 31 个省级分公司和 381 个地市级分公司,拥有 202 万座塔类站址,资产规模超过 3 300 亿元,是全球规模最大的通信铁塔公司。中国铁塔成立以来,坚持价值管理理念,全面实施业财一体化建设,创新企业管理手段,积极推进智能化运营和精益化管理,运营效率效益得到明显提升。

（二）中国铁塔的运营特点

中国铁塔专业化建设和运营通信铁塔,依托所有权、使用权分离和共享商务模式的构建,使得运营商得以以更低的成本部署通信网络,中国铁塔获得部分共享收益,实现"共赢"。中国铁塔具有以下四个显著运营特点。

1. 股东同是客户

三大电信运营商共同出资设立中国铁塔,并把 140 万座铁塔资产注入或出售给中国铁塔,形成中国铁塔的存量铁塔资产,同时中国铁塔也承接三大电信运营商新建铁塔的建设需求。中国铁塔依托存量铁塔和新建铁塔向三大电信运营商提供通信基站及相关服务,即三大电信运营商既是中国铁塔的股东又是中国铁塔的客户,中国铁塔在承担自身价值创造的同时,还承担着为三大电信运营商降本增效的任务,从而形成了一种特有的运营机制。为此,"低成本、高效率、优服务"的企业管理目标客观上成为中国铁塔生存和发展的必然选择。

2. 收益源自共享

中国铁塔的存量资产来源于三大电信运营商,其核心业务是为三大电信运营商提供通信铁塔和室内分布系统的建设、维护和运营服务。中国铁塔的商务模式重在铁塔资源共享,公司给予客户铁塔共享服务费优惠,共享租户越多服务费越便宜,共享带来的边际收益是中国铁塔利润的重要来源,实现铁塔等站址资源边际收益最大化是中国铁塔资产运营的主要目标。

3. 资产高度分散

中国铁塔的资产特点是点多面广、高度分散,"凡有人烟处皆有铁塔"。截至 2020 年年底,中国铁塔拥有202万座铁塔,分布在全国各地,东到黑龙江佳木斯,西到新疆克孜勒苏,南到海南三沙,北到黑龙江大兴安岭,海拔最高的铁塔在西藏日喀则,位于珠穆朗玛峰海拔五千余米。公司1.8万多名员工,人均管理站址数达106座。

4. 业务同质性高

中国铁塔由总部和31个省级分公司、381个地市级分公司组成,但各省级、地市级分公司业务管理内容相同,具有很高的同质性。中国铁塔基于这个特点构建了扁平化和集中化的一级架构管理体制,实行制度、规范、流程自上而下一体化管理,这为建立全国统一的一级架构平台提供了坚实基础和便利条件,通过信息化系统垂直穿透,有助于形成透明、高效、固化的业务流程和作业体系。

从公司的运营特点出发,立足于"低成本、高效率、优服务"的企业管理目标和"集约化、扁平化"的运营要求,中国铁塔在成立初期高起点确立了"以资产管理为核心,以成本管理为重心,以价值链管理为主线,构建价值创造型财务管理体系"的目标。作为国有企业改革的排头兵,要实现这一财务运营目标,客观上不能走传统企业管理的老路,必须"穿新鞋走新路",通过建立扁平高效、一级架构的IT支撑平台,实现业财数字化、运营智慧化、管理精益化,最大程度提升企业运营效率和效益。

(三)中国铁塔的智能化运营要求

随着信息化技术和互联网技术的迅猛发展,大数据、云计算、物联网、人工智能等新技术所推动的智能化转型正迅速融入企业经营,推动企业实现客户、产品、资产、服务等各个要素之间的智能化连接,业财融合深度、财务共享范围进一步加大,为企业实现"低成本、高效率、优服务"的企业管理目标提供了解决方案。中国铁塔的智能化建设和运营之路是公司实现价值管理目标,打造集约化、专业化、高效化、精细化运营模式的必然选择。

1. 智能化运营是"一体两翼"战略目标实现的迫切要求

中国铁塔成立的初心就是"共建共享"。坚持以共享为核心,深化电信企业"一体"业务,拓展跨行业和能源经营"两翼"业务,着力将公司打造成为国际同行中最具潜力的"成长型和价值创造型"的"两型企业"是公司的战略目标。站址资源是中国铁塔赖以生存的核心资源,如何持续提升站址共享水平关系到公司战略目标的实现。这要求中国铁塔必须夯实资产运营基础,实现资产资源的智能化管理。只有通过对全量资源实时动态监控,才能充分发挥公司规模站址优势和专业化运营优势,做大做足共享文章。

2. 智能化运营是低成本、高效率运营模式的迫切要求

中国铁塔作为一家重资产管理公司,一方面面临"点多面广"资产运营成本的巨大压力;另一方面要向股东、客户提供优质、高效的服务,进而达到互利共赢。低成本、高效率的运营模式客观上要求中国铁塔必须推进资产全生命周期智能化管理。在资产形成阶段,从项目立项着手,降低资产造价,把握住投资源头;在资产使用阶段,精准维护,延长资产使用寿命;在资产退出阶段,要对拆站站址合理评估,加强退出资产的二次利用,从而最大限度满足资产高效运营的管理需要。

3. 智能化运营是精益化管理水平不断提升的迫切要求

中国铁塔站址资源既是运营的核心单元,也是收入、成本归集的最小单元,天然具有划小核算的特点,基于单站精益管理为目标的"单站核算"思路应运而生。单站核算既是管理会计理论在中国铁塔的创新应用,也是规范和提升业务管理的重要手段。虽然通过对单站造价、单站收入、单站成本、单站毛利率等信息的全面展现,可精准定位问题站址,提升精益化管理水平,但是要实现 202 万个站址信息的全面展现,离不开智能化的信息手段,更需要构建单站管理的智能化运营体系。

4. 智能化运营是企业规范化管理建设的迫切要求

中国铁塔的资产运营特点决定了其在生产运营过程中面临产业链条长、对外合作关系复杂、资金支付笔数多等特点。公司 202 万个站址每月将产生 190 多万条电费账单、123 万条场租记录以及 2 500 万张资产卡片对应的折旧等琐碎、庞大的工作量。人少事多的矛盾以及由此带来的监管、稽核、资金支付等规范性、风险性问题始终是中国铁塔关注的重点。这就要求中国铁塔必须借助信息化手段规范运营流程、依托智能化运营强化管理标准,以此降低企业运营风险。

二、业财一体智能化建设实践

(一)智能财务建设方案设计

1. 业财一体智能化建设思路

中国铁塔业财一体的智能化建设是一项系统性、重构性工程,建设之初中国铁塔便坚持顶层设计,树立"规划引领、前瞻布局"理念,构建智能化运营平台保障体系(见图 3-1)。中国铁塔依据价值管理循环,搭建并不断完善以"数字化运营承载、精益化一点出报、智能化核算驱动"为核心的具有铁塔行业特色的财务管理体系,围绕"做国际一流的信息通信基础设施服务商"的愿景,落实"成长型和价值创造型"的"两型企业"战略目标。

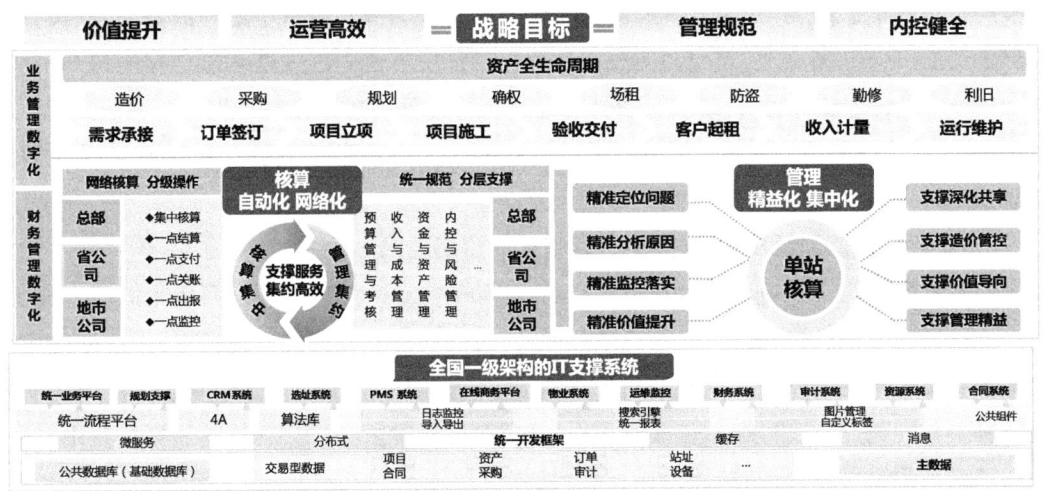

图 3-1 中国铁塔业财一体的智能化运营平台保障体系

中国铁塔基于扁平化的组织结构搭建一级架构的 IT 支撑平台，规范管理制度、优化业财流程、强化权责意识。同时，借助互联网、物联网、RPA（Robotic Process Automation，机器人流程自动化）等智能化技术，搭建资产资源系统和业财一体化体系，创新资金集中管控模式和"互联网＋N"业务运营模式，实现资产流、资金流、业务流、信息流的可视、可管、可控，深度融合业财的同时有效管控风险。IT 支撑平台与资产、资金、业务、信息管理系统共同组成的智能化运营平台成为铁塔公司管理赋能和价值创造的重要载体。

精益管理和自主经营是中国铁塔深化智能财务应用的主线。公司以单站核算为中心，精细归集收入、成本和投资，追溯价值源头。通过构建标准化的管理模板并嵌入生产流程，疏通价值阻塞环节，充分挖掘价值动因，让管理更精益，让决策更智慧。同时，公司致力于激发组织活力和创造力，加强对标管理激励各分公司之间互促共进，优化预算考核体系，将预算达标率与考核脱钩，推进分公司从"任务主导"向"经营主导"转变，强化自主经营、自我管理能力，更好地服务于成为"成长型和价值创造型"企业的战略目标。

2. 业财一体构建一级架构的 IT 支撑平台

推动业财深度融合的基础是统一的业务、财务管理流程，以及规范的数据标准。从这两个方面出发，中国铁塔从公司成立开始就统一梳理了从需求承接、订单签订、项目立项、项目施工、验收交付、客户起租、收入计量、运行维护端到端全业务流程规范，为业务管理智能化奠定了坚实的基础。同时配套建立了包括全面预算、物资采购、工程转资、资金收支、资产管理、会计政策与会计科目等方面的财务管理制度，通过"网络核算、分级操作"实现了财务核算自动化、网络化。按照自上而下实行全公司一套制度、一个流程、业务财务一体化的总体思路构建了具有共享、开放、互联等数字化特点的全公司一级架构的 IT 支撑平台，如图 3-2 所示。

图 3-2　中国铁塔一级架构的 IT 支撑平台

为实现数据标准化管理,中国铁塔省、地市两级分公司分别在财务部内部成立数据管理中心,牵头梳理组织架构、站址编码、项目编码、物资服务编码、供应商、业主、客户等关键主数据,借助主数据信息管理系统明确主数据入口,由主数据系统分发给各业务系统使用,确保系统源到端主数据标准化。

3. 业财一体打造财务共享新模式

考虑到公司资产量大且分散、人员少、业务同质化高等特点,中国铁塔没有采用传统的人员集中的财务共享方式,而是采用逻辑集中的方式,通过"业务财务一体化、会计核算网络化自动化",实现集中核算、一点关账、一点出报、一点结算、一点支付,打造全新的财务共享模式,支持财务人员"走出办公室",主动融入业务,将财务职能通过流程和系统渗透到业务管理领域,在规范中支撑业务发展,在服务中强化价值管理。

(1)财务主动向业务侧延伸。将财务规则融入业务规则,将财务规范融入业务流程,将客户关系管理(Customer Relationship Management, CRM)系统、物业系统、电费系统、运维监控系统、项目管理系统(Project Management System, PMS)等传统意义上的单纯业务系统打造为业务财务融合的系统。收入、场租、电费、运维监控、工程项目等业务明细同时作为财务明细账,财务系统仅记录总账,业务人员在业务系统操作完毕后,业务明细和财务明细数据自动同步生成,不增加业务人员任何负担,业务数据和财务数据天然一致,业务数据就是"财务明细账",实现了真正的业务财务一体化和会计核算自动化。

(2)通过核算自动化提升精细化管理。通过统一的会计政策和会计科目体系、一级架构的IT系统,建立横向协同化、纵向专业化、分类分级操作的核算组织模式;围绕逻辑集中、网络核算、数据共享的建设目标,设计分业务、分场景的系统核算模板,将各类业务规则转化为财务核算规则,初步建成了逻辑集中的会计核算自动化体系(见图3-3);一点出报,统一

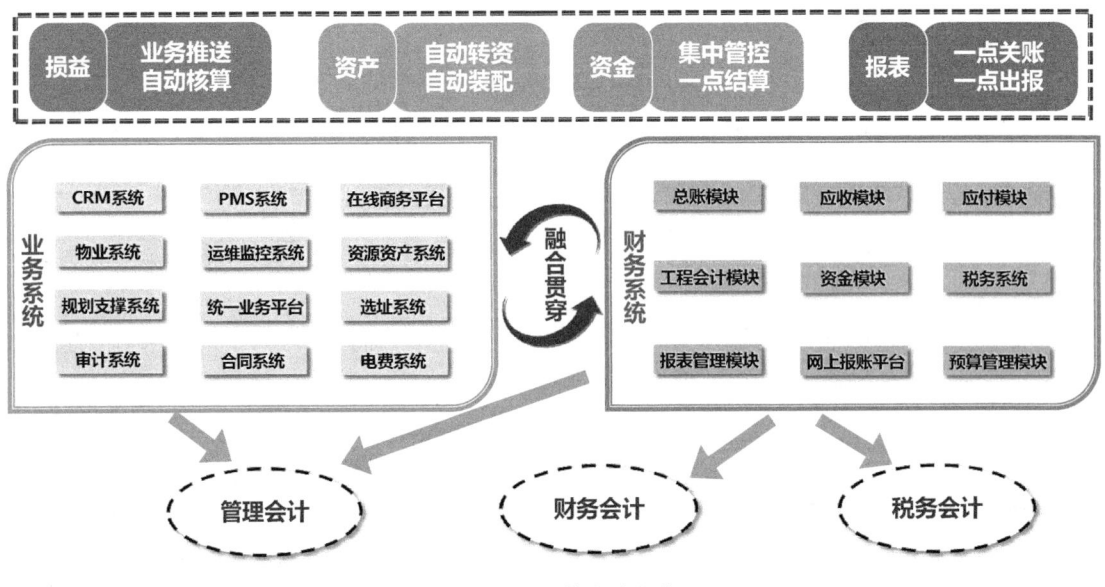

图3-3 会计核算自动化体系

推送给各省分、地市级分公司,保证数据口径的一致性和数据准确性。通过会计核算自动化,减少财务人员手工操作,提高工作效率,促进会计核算工作的标准化和规范化,杜绝人为调节,保证了会计核算及相关财务数据的准确可靠。

(3)通过一点支付加强资金管理。中国铁塔采用总部集中支付模式,各分公司在统一电商平台下订单,总部商务合作部统一对账、统一报账、统一进行资金稽核结算,通过银企直连统一完成付款。具体做法是:从项目经理在 PMS 系统立项、工程设计及设计清单导入电商平台;到商务合作岗勾选下单、地市公司项目经理收货验收,工程财务系统自动完成会计核算,商务合作岗和区域经理完成财务报账的业务稽核,电商平台自动汇总生成结算单并通知供应商开票,地市公司财务人员发票认证及工程会计财务稽核;再到总部结算支付的审核、复核及资金支付,实现运营物资属地业务管理和业务财务稽核与总部一点支付结算的闭环控制与管理。

4. 业财一体搭建智能化应用框架

中国铁塔智能化运营是基于扁平高效、集中管理的运营模式,以资源共享最大化为目标,以财务价值管理为先导,充分利用新思路、新技术、新模式,深化业财一体化建设,推进业务流程、财务流程、管理流程衔接融合,确保企业运营全过程业财数字化同源、一致和共享,升级打造价值创造型财务运营管理模式,有效支撑企业提质增效,保障战略目标落地。中国铁塔业财一体智能化应用框架如图 3-4 所示。

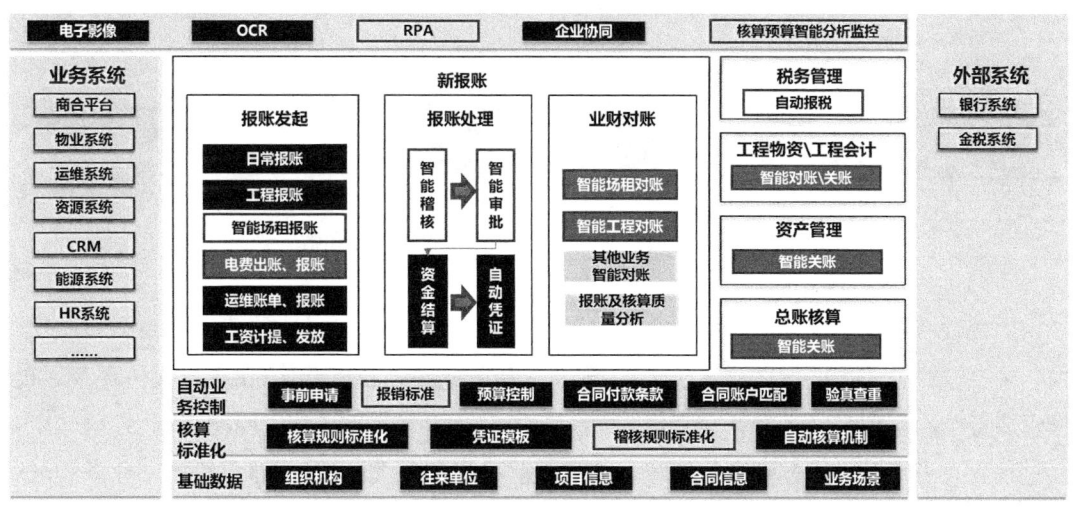

图 3-4 中国铁塔业财一体智能化应用框架

(1)加强业财一体化。可抽取业务系统数据,对关键信息进行对比校验,确保业财一致,确保财务信息准确性。同时,减轻业务部门人员工作量,全面提升工作效率。

(2)强化五大业务系统智能化。对日常工作量大的项目关闭实现智能化处理,减少一线人员的操作工作量,提高工程项目关闭效率。将工作量集中的五大报账稽核业务作为突破点,重点实现工程、场租、直供电、转供电、运维监控支出五大业务的智能化。

(3) 系统融合。财务机器人同现有系统紧密融合,体现在财务系统的各项关键点中,而非独立于财务系统的一个单独的系统。

(二)智能财务应用场景选择

1. 资产管理智能化:一物一码,资产资源一体化

中国铁塔将资产资源一体化,实现资产全生命周期智能化管理。资产是公司运营管理的基础,中国铁塔公司的资产主要包括塔、房、电源、空调、外电、现场监控单元(Field Supervision Unit,FSU)等资产(共性单一),针对这些资产的管理在公司成立之初就确定了"一塔一证""一物一码"的资源资产管理设计思路。通过实行"一码到底",统一采购物料、建设安装、资产运营、资产退出全生命周期信息,实现 202 万座铁塔一塔一个身份证,2 500 万件设备一物一个资产码,如图 3-5 所示。正是资产的标准化和数字化,奠定了中国铁塔数智化发展的基础。

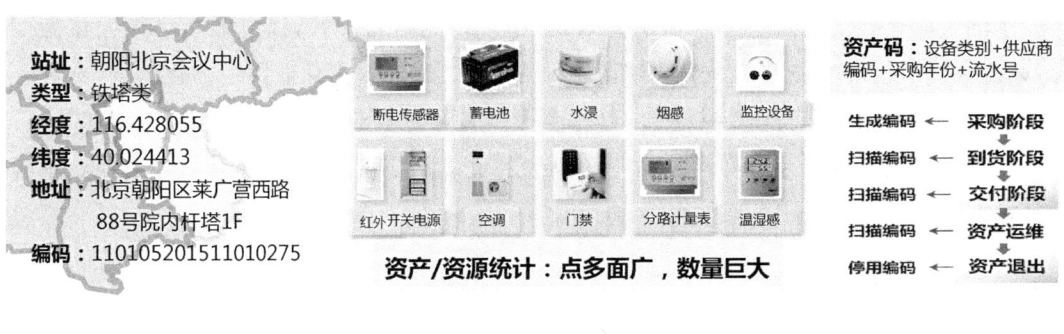

图 3-5 "一物一码""一塔一证"实现资产标准化和数字化

中国铁塔建立了从立项、采购、仓储、建设、转资到审计的端到端的建设体系。在立项、采购环节按照模块化进行立项及采购,实现物资和服务编码的标准化;在建设交付环节通过物资服务编码实现与资产目录、会计科目的映射,进而实现自动核算、自动装配、自动转资,全过程无人工干预。通过资产价值管理的重心前移到立项设计、采购建设等前端业务领域,从源头开始实现资产价值管理业务化。

中国铁塔是资产运营型企业,资产运营管理能力是公司最重要的能力,完善资产全生命周期管理体系(见图 3-6)是中国铁塔作为资产运营公司精益化管理的核心内容。

在系统体系建设上,中国铁塔构建资产资源一体化的资产资源管理系统,资源管理系统负责管理实物信息,财务系统资产管理模块负责核算资产价值,资源与资产实行一个入口、一套编码、一张标签、一个流程、一体化管理。

在数据体系建设上,资源与资产数据统一由项目管理系统一个入口生成,确保数据源头

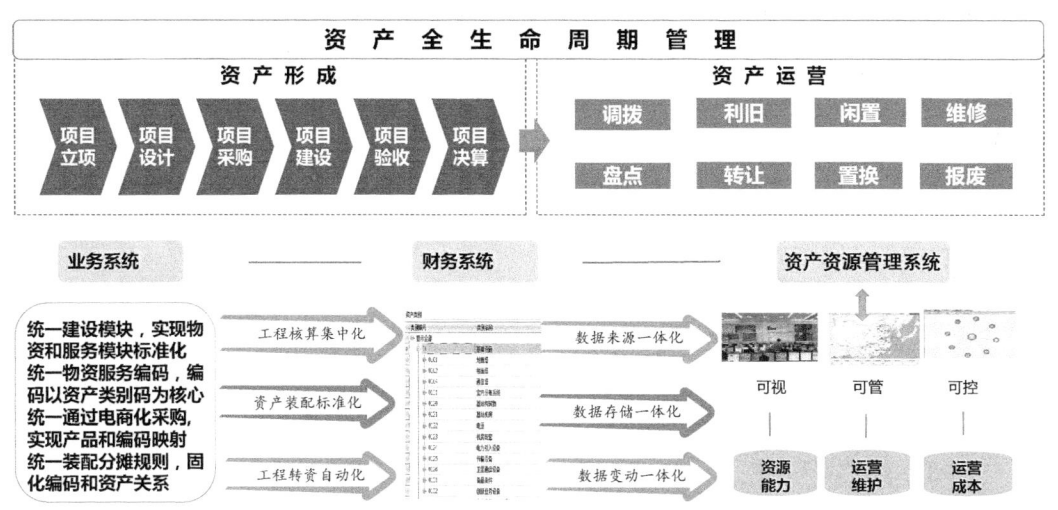

图 3-6　资产全生命周期管理

一致;资源与资产编码一对一映射,共用一套编码;资源与资产共用一张标签,一体化盘点。

在流程体系建设上,完成全量资产与资源的匹配,确保资源和资产颗粒度一致,通过"三个实时",即资源的新增实时触发资产的新增,资源的变动实时反映到资产的变动,资产折旧维护成本实时与资源使用性能进行匹配,实现资源资产管理流程一体化,从流程上保证资产"账、卡、实"一致。

中国铁塔对工程项目实现自动核算、自动装配、自动转资。通过"在线商务平台",实现工程项目采购订单全部数字化;通过模块化的建设模式,实现物资和服务全部标准化;通过构建全系统统一的物资服务编码,实现全部物资和服务与资产的映射。在此基础上,统一工程项目核算、装配、转资自动化规则,从而实现全部工程项目自动核算、自动装配、自动转资,全过程无人工干预。截至 2020 年 12 月,公司累计 500 万个工程项目,近千亿元工程建设成本,全部由系统自动核算、自动装配、自动转资。

中国铁塔通过资源资产一体化的资源资产管理系统,以及一级架构的运维监控平台,实现资源能力的可视化、运营维护的可管理、运营成本的可控制。从工程项目建设开始,采取造价管控、阳光化采购、站址资源主动规划、土地确权、站址租期延长、防盗、勤修、利旧等措施,延长资源资产使用寿命。中国铁塔不断强化资产全生命周期管理,充分发挥资源资产效能,从而降低运营成本,为客户节约租金,为社会创造价值。

2. 单据稽核智能化:引入财务报账机器人,单据稽核自动化

1)具备应用财务报账机器人的数据基础和管理基础

在业务和数据基础层面,中国铁塔基于建立的一级架构的 IT 支撑平台,实现多数业务的数字化转变,业务过程、结果、规划等都能在各系统和数据库中找到数字反映,同时依据标准化的业务流程和规范化的业务财务协同机制,提供高质量的业务财务运行数据,为财务报账机器人的应用奠定了数据和业务基础。

在财务和管理基础层面,中国铁塔制定标准化的财务规则和统一的会计政策,规范管控流程和管控节点,输出多维度管理报告,扎实的会计核算基础和结构化的业务数据为财务报账机器人的应用提供管理和财务基础,如图 3-7 所示。

图 3-7　应用财务报账机器人的基础

2)财务报账机器人的总体思路

传统稽核方式存在诸多难题。稽核规则复杂,单据稽核时需要查看单据的合规性、合理性、合法性等多种业务规则;稽核工作量大,业务单据数量多、稽核规则多,人工处理效率低且极易出错,带来损失风险;稽核过程容易出现管理沉淀,如果出现问题、风险无法及时归纳总结成为制度,未来可能继续出现类似问题。由此可见,财务报账稽核具有规则明确、工作量大、重复性强、制度约束紧的特点,使用财务报账机器人比人工处理更加高效,因此,该业务场景成为中国铁塔应用财务机器人的切入点。

财务报账机器人以严控风险和提高效率为目标,通过数据采集、数据分析、流程定制、智能稽核等技术手段,采集录入(或上传)的数据与系统源头数据进行比对、校验,遵循定制流程,将人工稽核转换为系统自动稽核,推动信息系统的智能化演变,总体思路如图3-8所示。

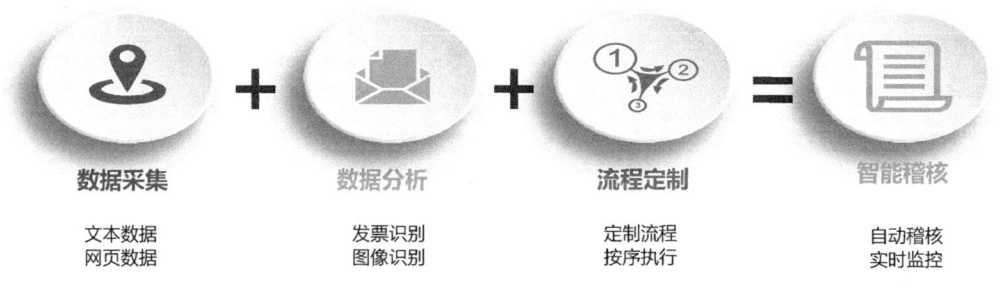

图 3-8　财务报账机器人总体思路

在进行智能稽核之前,员工在系统中发起报账并提交单据,任务分配机器人实时监控并启动下发稽核任务。首先稽核机器人根据单据类型从财务系统中抽取关键的业务数据,同时利用 OCR 识别报账所提交的各种附件如发票等;然后 RPA 机器人模拟人工操作从业务系统如合同系统、物业系统、项目管理系统中抽取系统源头数据;接着解析机器人解析抽取出各类数据,如合同正文中的供应商名称、发票中的发票号码等,并依据预置的稽核检查规则比对、校验数据。按照如上的定制流程,如果数据检查通过,则稽核机器人操作稽核通过;如果出现异常结果,则转为人工稽核,最后稽核机器人自动出具稽核报告,如图 3-9 所示。财务报账机器人自动抓取数据并遵循规定的规则和流程,从下发稽核任务至编制稽核报告全过程自动化处理,能够借助机器学习吸收融合业财规则,不断修正操作以提高稽核准确度,推动系统的自动化向智能化演变。

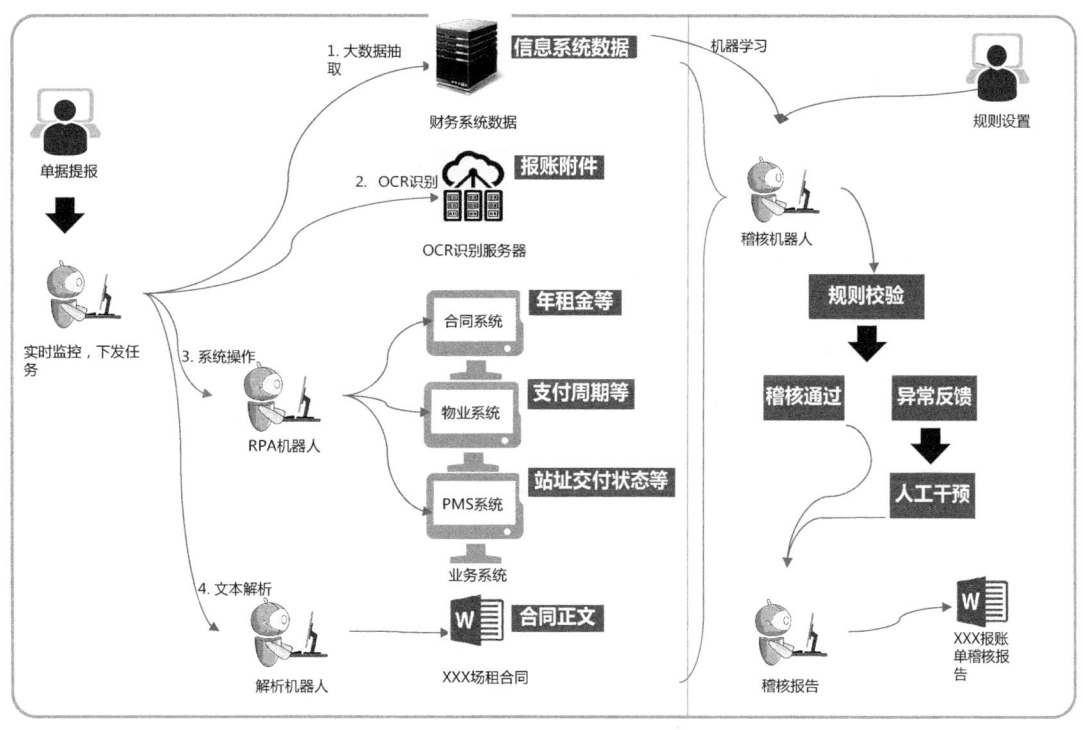

图 3-9 财务报账机器人工作流程

3) 财务报账机器人的工作特点

(1)质量:自动稽核,严控风险。

试点分公司针对工程、电费、场租、运维监控 4 大类报账业务,设定 8 个主要场景,313 个稽核要点全部由人工转向机器稽核。截至 2020 年 4 月底,稽核机器人累计完成 1 293 167 个稽核要点校验,其中,255 640 个未通过稽核,未通过率为19.8%(见图 3-10),后续经人工检验,未通过准确判断率为 100%。系统自动提示未通过原因,稽核机器人发挥了严格把关、严控风险的作用。

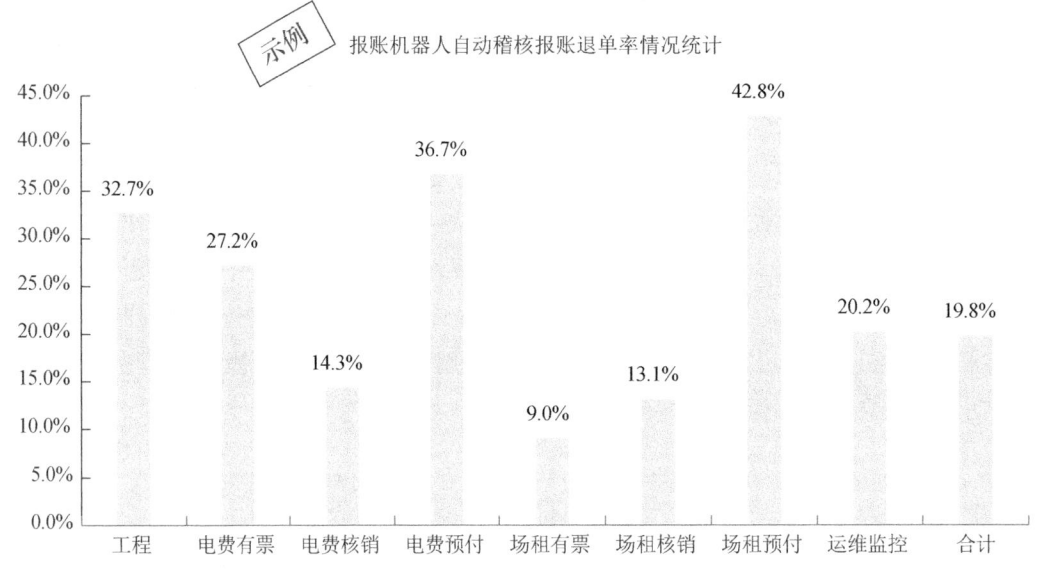

图 3-10　财务报账机器人自动稽核退单情况示例

业务大类	业务场景	稽核要点	单据总数量	校验要点总数	不通过要点总数	退单率
工程	工程	32	1 043	32 333	10 561	32.7%
电费	电费有票	51	18 643	596 576	162 058	27.2%
	电费核销	47	4 834	130 518	18 684	14.3%
	电费预付	6	5 156	36 092	13 259	36.7%
场租	场租有票	25	19 230	442 290	39 859	9.0%
	场租核销	23	148	2 664	349	13.1%
	场租预付	4	149	1 043	446	42.8%
运维监控	运维监控	125	1 913	51 651	10 424	20.2%
合计		313	51 116	1 293 167	255 640	19.8%

（2）效率：简化手续，提高效率。

财务报账机器人可在系统中自动抓取已有数据，报账上传附件由之前的85项减少至43项，其余42项实现系统间数据自动抓取和稽核，报账附件数量减少49.41%（见图3-11），减轻了前端业务部门工作量，提高了报账效率。以电费报账为例，人工报账稽核时需要提供发票、普票验票证明、站址用电明细、电力局提供的用电明细，而财务报账机器人可以从外围系统抓取除发票以外的如合同等业务数据，报账时只需提交发票这一项附件即可，因而简化了报账手续。

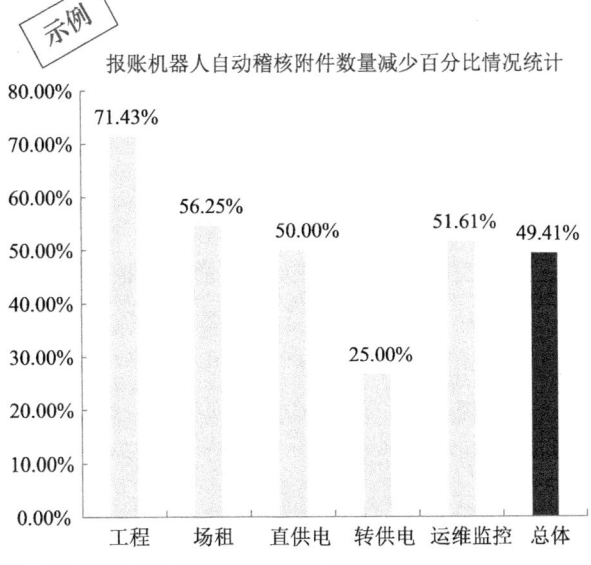

报账机器人自动稽核附件数量减少百分比情况统计

业务大类	业务场景	原报账附件数量	规范后附件数量	系统已有附件数量	附件数量减少百分比
工程	工程报账	14	4	10	71.43%
场租	场租有票支付	7	3	4	57.14%
	场租无票预付	2	1	1	50.00%
	场租无票预付核销	7	3	4	57.14%
直供电报账	直供电有票支付	2	1	1	50.00%
	直供电预付	0	0	0	0
	直供电核销	2	1	1	50.00%
转供电报账	转供电有票支付	9	7	2	22.22%
	转供电无票预付	3	2	1	33.33%
	转供电无票预付核销	8	6	2	25.00%
运维监控	代维、维保、油机发电	18	9	9	50.00%
	监控流量表	5	3	2	40.00%
	单次修理费	8	3	5	62.50%
合计		85	43	42	49.41%

图 3-11 财务报账机器人自动稽核减少附件数量示例

（3）成本：节约成本，解放财务。

稽核机器人有效降低财务稽核人员工作量,解决财务人手不足问题。试点分公司财务稽核人员约29人,稽核机器人上线前每月需审核1.3万张报账单,实现财务机器人自动稽核后,节约审核工作量77%。同时,稽核机器人有效降低了耗材、纸张等成本,试点分公司平均每月节约用纸、耗材等5.8万元,年节约70万元,实现了管理费用的可持续节约。

3. 结算管理智能化:引入智能机器人,电费结算自动化

中国铁塔搭建了端到端全流程的智能电费结算体系。在站址点多面广的背景下,电费传统管理方式粗放、劳动效率低下、抄表数据存疑、电费结算争议多,这些是多年来行业电费管理的痛点和难点,公司通过全面启用电费电子化流程实现了电费管理模式的转变。

针对直供电,公司通过对接国网电力,一点获取数据,按照共享分摊比例直接提交运营商系统,解决了手工录入易出错、人工核对工作量大的难题。针对转供电,一是安装物联网智能电表,实现了供电数据的远程抄表波动预警,解决了抄表不规范、不及时、不准确的问题,规避了支付风险;二是创新开发业主交互程序,实现了抄表数据的线上确认,解决业主实时在线确认及数据沟通的问题;三是推动电子收据的合法化,解决了电费支付原始附件及规范化获票的问题;四是在物业系统实现电费报账的自动分摊、自动记账、一点支付,全面实现了"抄表免上站,报销免填单",解决了电费报账自动化、智能化的问题。智能结算极大地实现了电费管理中抄表、列账、支付的准确高效,实现了电费管理模式的根本转变。智能电费结算系统设计思路如图 3-12 所示。

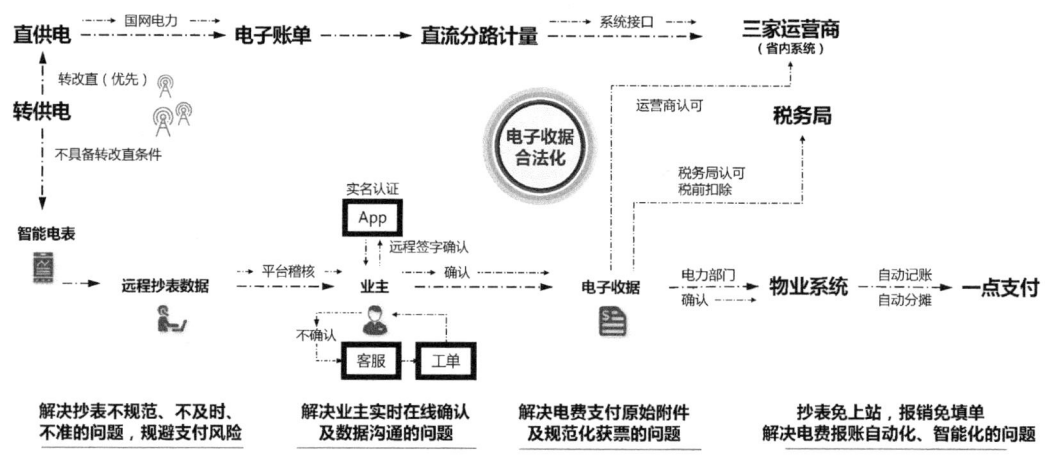

图 3-12　智能电费结算系统设计思路

1) 智能转供电管理总体思路

传统的转供电费管理存在数据散、风险高、效率低、获票少等诸多问题,从抄表到回款占用大量的人力、物力,并且数据不准确、业主不确认、客户不认可的问题普遍存在。为从根本上解决这一管理难点和风险点,公司设计了"自动抄表＋电子票据＋业主确认＋电子签名＋数据平台＋服务监督"的智能转供电管理模式。业务流程如图 3-13 所示。

具体的转供电业务流程:公司将基站电表替换为智能电表,搭建智能电费管理平台(见图3-14),建立企业版微信公众平台,承载业主公众号;业主通过身份证信息进行实名认证并输入电子签名(是指电子格式签名)、设置密码。智能电表每天将电量数据自动回传至智能电费管理平台;智能电费管理平台整合电量数据、业主信息、额定功耗、合同单价等信息周期性自动生成电子收据(见图3-14),并通过企业版微信公众号定期自动推送至业主;业主输入密码在线确认后自动生成电子签名版收据,并在智能电费管理平台全部留档备查。

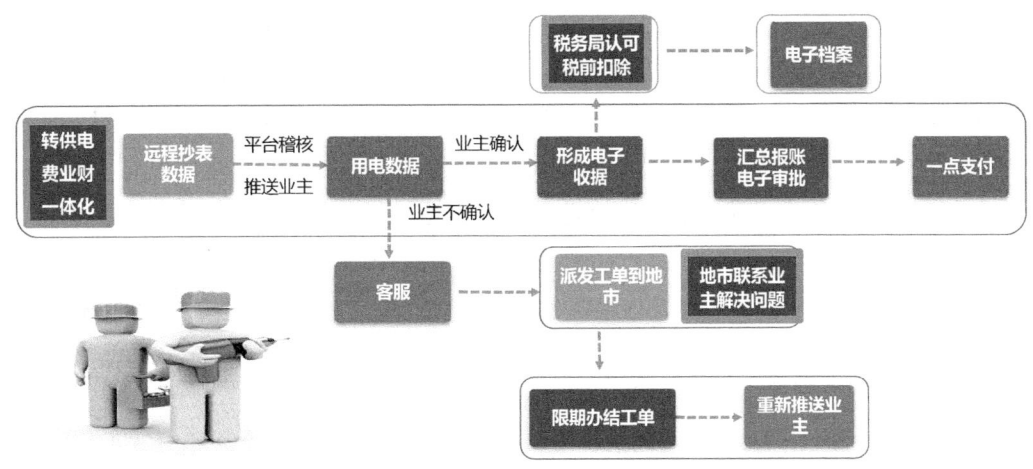

图 3-13　转供电业务流程

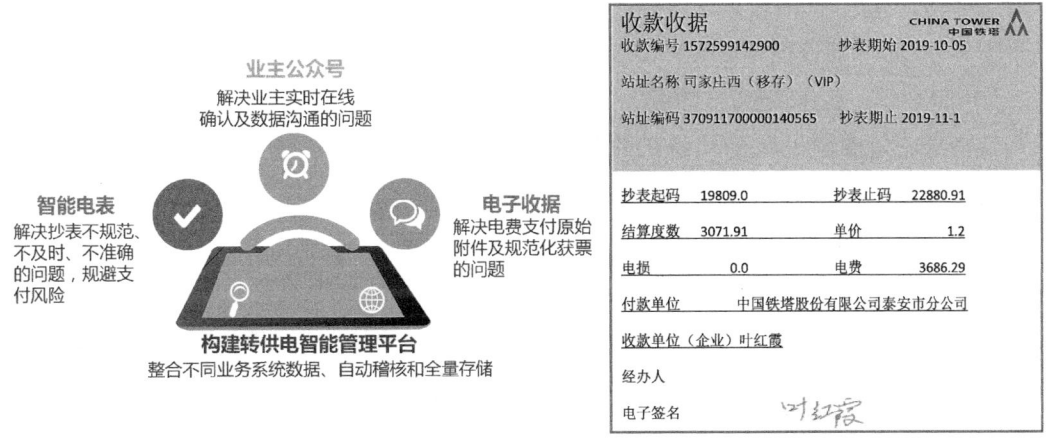

图 3-14　智能电费管理平台与电子收据

整个流程打通转供电费业主和税务侧全流程信息化数字化管理,实现抄表数据自动抽取、业主信息自动匹配、业主签名在线完成、历史数据自动衔接、数据流程可溯可控、传递流程全部简化、预付核销整合为一、客服监督实时嵌入等 8 大流程;同时通过微信公众号将其嵌入公司大服务管理体系,业主问题实时在线沟通,问题闭环处理,实现转供电费从抄表到支付的全流程电子化及业主服务的闭环信息化管理,同时实现全量真实的业主数据库清单式管理。

2）智能转供电管理的特点及成效

（1）高质量:源头规范、数据可控。

通过智慧转供电管理,财务真正做到了融入业务发展。电表数据,一点抄表,全量可控,抄表数据 100% 准确,支付 100% 及时,杜绝核算报账不规范、不及时带来的欠费断站风险;业主信息、业主认证与智能电表同步完成,预留电子签名,系统自动关联合同信息及物业信息,三流(业务流、票据流和支付流)一致方可具备电子收据确认条件;支付数据:电表读数为自动读取不允许手工修改,如有尾差等影响金额较小的情况可在电损中进行修正,电子收据生成时系统会自动读取该账期内的站址标杆耗电数据,如推送数据高于标杆数据20%以上,则视为异常,需备注原因并由地市物业中心主任审批后方可推送,地市可在自定义耗电标杆维护中进行更正。每月三个固定时点自动在微信平台推送至业主,3日内完成业主确认,对3日内未完成确认的电子收据,需要及时与业主沟通确认;对于业主不确认的电子收据,需要及时了解原因,5个工作日内解决存在的问题,业主也可在线通过客服实时闭环解决问题,此举杜绝了抄表照片PS等违规现象,做到三方监督,对数据进行实时全流程闭环管控。

(2)高效率:数字应用,整合流程。

通过业务集中、专业分工、流程合并等措施,不断提高工作效率,代维上站次数减少70余万次,整体工作量减少20%以上,减少业主协调工作量50%,工作效率提高,业主零打扰,实时在线交流问题,即时收款,降低业主纠纷。同时一线人员的核算工作量下降50%,原始凭证下降50%,审批次数下降50%,整体效率大大提升。

(3)低成本:智慧管理,节约成本。

每年为公司节约20%的代维工作量,减少电费管理员30%的工作量,减少稽核会计50%的工作量,节约200万张A4纸,减少100万次报账纸质单据传递,减少70%的原始会计凭证等,预计每年为公司节约成本6 000余万元。

4. 管理报表智能化:搭建单站核算体系,精准支撑运营管理

中国铁塔站址资源既是运营的核心单元,也是收入、成本归集的最小单元,天然具有划小核算的特点,因此中国铁塔以智能化运营为基础,将管理会计理念融入生产运营中,建立了具有中国铁塔特色的单站核算体系,每个站址都可出具一张损益表。

1)划小管理单元,实现单站核算

结合公司业务运营要求和经营管理特点,中国铁塔提出"单站核算、精细管控"的管理要求,主要基于业务系统和财务系统的对接,以物理站址准确归集资产、收入、成本,把业务系统和财务系统的收入、场租、折旧、电费、维护修理费等数据直接对应到单站,把间接费用按设置的规则统一分摊,结合公共数据库中的信息,形成经分数据仓库中的单站基础信息、单站造价、单站收入、单站成本和单站利润,如图3-15所示。

在业务运行过程中,通过单站核算,可以实时洞察业务数据异常,如造价异常、收入异常、成本异常等,进而指导业务部门规范和改进业务管理。

2)建立单站报表,逐站进行诊断

基于经分系统建立单站核算报表应用系统,通过对单站各类指标进行比较、分类、归档、分析、评价,进行单站损益全口径核算与评价,实现一个站址一张损益表、一个经营责任人一张损益表、一个经营主体一张损益表,全面反映每个站址投资及盈亏情况,如图3-16所示。

单站核算主要功能有:通过数据建模搭建单站核算数据模型,实现各类数据的自动归

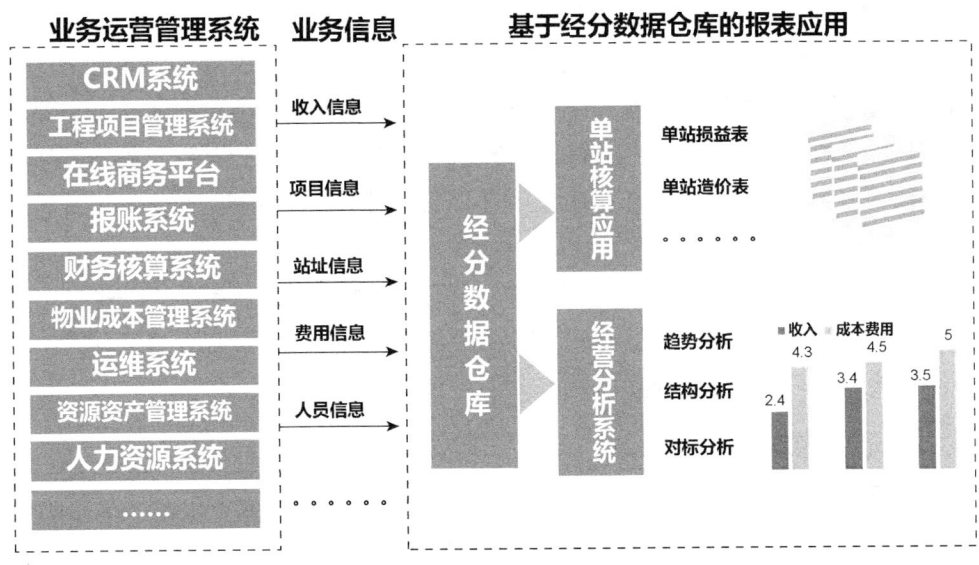

图 3-15 单站核算报表设计

资源信息

站点编码	站点名称	省分	地市	区域	资产来源	年度属性	站址类型	塔类型	机房类型	覆盖场景	……

产品信息

产品配置	共享单位	用户数	塔高/面积	风压系数	挂高	……

单站损益

经营收入
 塔租收入
 场租收入
 维护收入
 电力引入收入
 发电费收入
 电费收入
 其他收入
经营成本
 折旧及摊销
 场租成本
 维护成本
 电力成本
 油机发电成本
 财务费用
 其他费用（统一分摊）
单站利润

单站资产价值

资产类别	铁塔	基站机房	室分系统	机房配套	电源	外市电引入	租赁机房装修	选址费	土地使用权	其他资产	……
资产原值											
……											

■ 单站核算基础表数据取自对应业务系统，收入与CRM账单一致，场租成本与物业系统一致，折旧摊销与财务系统一致等，对于未归集到单站的成本按站址收入占比分配（财务费用按站址投资规模占比分配）

图 3-16 单站投资及盈亏示意

集;通过报表工具快速提取各类业务数据进行站址投资、站址收入、站址成本、站址利润等多维度的数据分析;采用仪表盘形式实现数据的可视化展现,实时展示单站各类数据和关键业务指标;以经济责任主体为对象,建立专题分析模块,从不同应用目的入手支撑单站数据的深入挖掘和分析应用。

3）以单站核算为中心，精准支撑运营管理

单站核算是精细管理的手段，同时也是支撑其他管理工具的重要抓手。单站核算支撑预算编制，提供的单站投资、单站收入、单站成本、单站利润等信息是预算编制的基础，归集到最小核算单元的数据提升了预算编制的精准度。单站核算支撑过程管控，借助单站信息，分公司持续关注起租滞后交付转资、场租收支不匹配、维护费收支不匹配、实际造价超标、资产全生命周期衰退等异常站址情况，定位问题站址督促改进，支撑和配合业务部门向提升管理要效益。单站核算支撑考核管理，通过"一站一张损益表、一个经营责任人一张损益表、一个经营主体一张损益表"，落实经营责任人和经营主体责任，并结合标杆管理，帮助各个责任主体互相促进，持续提升单站效益。

（三）智能技术及其产品的选择

1. 系统架构

基于业务规划和总体设计原则并依托浪潮先进技术经验，中国铁塔构建的智能应用总体技术架构如图 3-17 示。

图 3-17　智能应用总体技术架构

1）支撑环境

系统不仅支持跨平台运行环境（Windows 或 Linux），还能满足多种数据库要求，包括未来的国产化应用诉求；不仅能运行在高配置服务器上，还能运行在普通 PC（Personal Computer，个人电脑）、手机等移动终端和其他智能化硬件辅助产品上。

2）技术支撑

数据操作层通过使用 EF Core 进行封装；在大数据通信时使用消息列队削峰、降低系统耦合性；使用容器技术对微服务进行有效管理；运用机器学习、自然语言处理（Natural Language Processing，NLP）、光学字符识别（Optical Character Recognition，OCR）、RPA 等实际机器人提供服务。

3）智能应用

智能化应用平台中包括已经在用的智能稽核、项目关闭等智能应用,支持定制智能关账、智能云图、智能报税等其他深化的智能化应用产品。

总体架构搭建完成,相当于骨架搭建完成,但是落地实现一个智能化产品还需要相应的技术支撑。结合中国铁塔本期智能化项目建设需求,搭建智能化平台系统架构如图 3-18 所示。

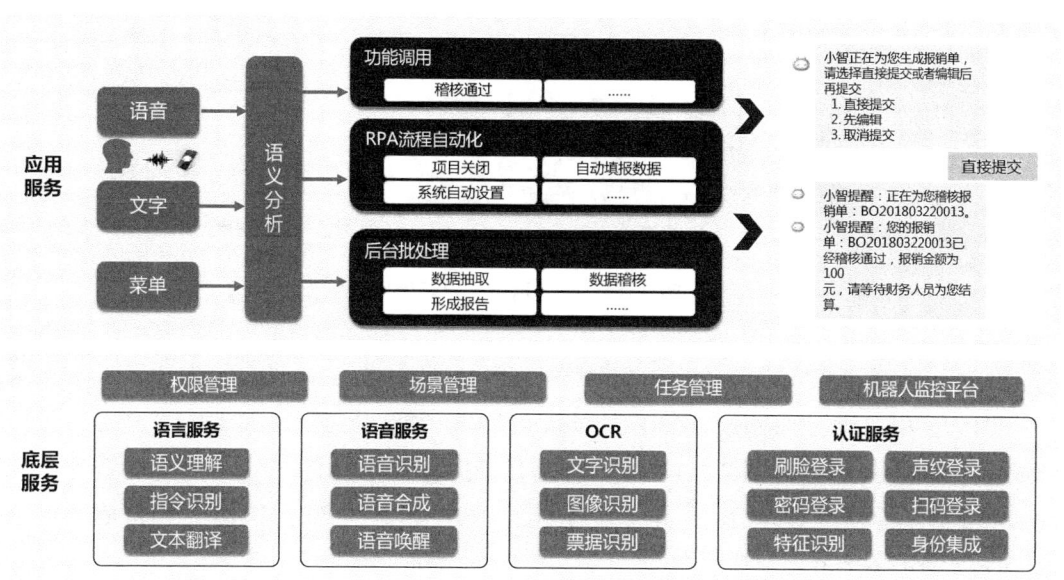

图 3-18　智能化平台系统架构

中国铁塔在应用服务中使用了语音识别、大文本解析技术,并利用 NLP 对语义进行分析,实现关键数据结构化,并通过获取的结构化数据驱动对应的项目关闭、智能稽核等操作;在底层服务中使用了 NLP、OCR、声纹识别等技术,支撑智能应用平台的智能业务处理功能。

下面介绍几个具体的应用实践。

（1）智能稽核平台建设实践。

根据"提升效益、提升质量"的指导思想,中国铁塔首先在会计标准化的基础上,梳理主要报账业务流程,统一规范、标准;其次,搭建智能稽核系统,通过数据采集、数据分析、流程定制、智能稽核等操作环节,将人工稽核转换为系统自动稽核,支撑报账规范检查的有效准确运行;再次,建立系统集成接口,向前同报账系统、合同系统、物业管理系统、PMS 等对接,为稽核平台提供真实的数据支撑,向后形成报账稽核结果及稽核智能报告,用于审计及决策。

中国铁塔智能稽核平台主要新增数据采集系统、影像扫描系统、流程定制平台、规则设置平台、自动稽核平台、运行监控平台 6 个信息化产品,主要涉及 ETL 数据采集、OCR 影像识别、数据计算及对比、计算机规则学习 4 项新技术（见图 3-19）。

（2）财务机器人 RPA 应用实践。

智能稽核平台借助 RPA,模拟人的查找操作,在报账稽核环节对业务系统数据进行查询提

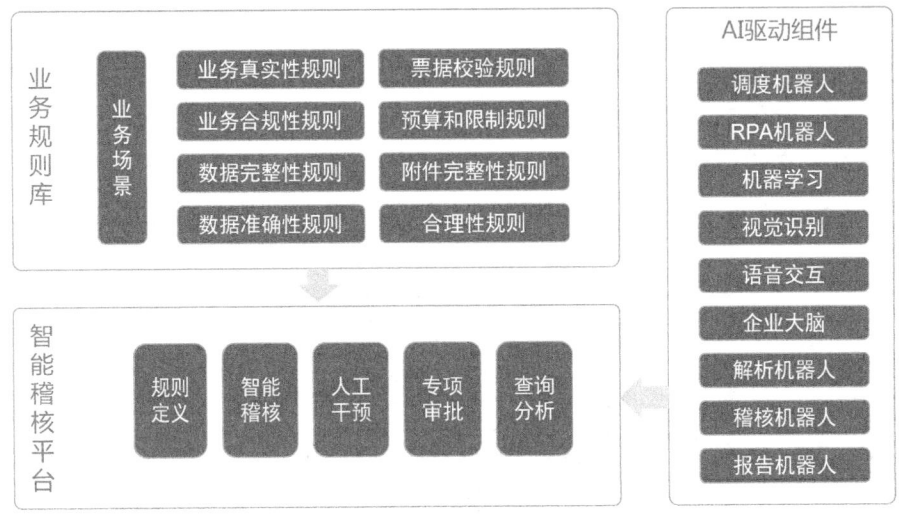

图 3-19 智能稽核平台示意图

取,使自动稽核真正实现以 7×24 的方式代替人工执行数据采集、数据录入、复核等业务操作。

RPA 应用实践,主要新增 RPA 应用系统和 RPA 智能监控平台两个信息化产品,主要涉及微软计划任务、RPA 远程监控技术、RPA 多任务并发技术、RPA 邮件发送命令技术、RPA与业务系统后台集成技术、RPA 异常任务熔断、RPA 异常任务分拣、RPA 异常信息提示、RPA 技术数据查询 9 项新技术。

(3) 自助终端应用实践。

作为自动化智能稽核的前延业务,自助终端解决附件信息上传的规范化、准确性问题,提高报账人感知及异地报账的便利性,很大程度上消除了财务人员与报账人员的矛盾点。中国铁塔建设了智能柜自助报账终端设备,支持对纸质报账凭证的自助接收、自动有效性校验及自主退单功能。

通过自助终端接收并校验单据,既节省了财务人员和报账人员之间频繁交互的工作量,同时,由于做到了投递时即对合规性进行自动校验,可做到当场退单和当场更正,也减少了人机交互次数及人工退单率,提升了报账效率,提高了财务服务满意度。

通过标准的纸质单据管理规程,实现单据流转与归档可记录可追踪,降低了纸质单据丢单的财务风险。随着终端储存能力的增加,纸质单据的调阅管理更加方便,能够完全满足电子档案及纸质档案一体化、自动化管理的业务需要。

自助终端应用实践,主要新增智能单据柜设备、单据管理及单据柜控制系统、与报账和总账系统联动集成、与短信系统集成 4 个信息化产品,主要涉及 OCR 影像识别、机械臂自动控制、文件接收与储存、单据定位与提取 4 项新技术。

2. 关键技术

1）RPA

利用 RPA 技术,能够代替或者协助人类在计算机、RPA 手机等数字化设备中完成重复性的工作与任务。只要预先设计好使用规则,RPA 就可以模拟人工操作,进行复制、粘贴、点击、输入等操作,协助人类完成大量"规则较为固定、重复性较高、附加值较低"的工作。

从应用实践视角出发,RPA 技术具有两大特点:

(1) 非侵入性。企业在进行 RPA 部署时,不需要改变其现有的信息系统,从而可以避开遗留系统冰山。

(2) 灵活配置。RPA 技术具有非常强的灵活配置性,可以非常贴近企业自己的业务,实现无缝结合。

RPA 帮助企业或者员工完成重复单调的流程性工作,减少人工失误,提高运营效率,降低运营成本,是企业开启智能化转型的钥匙,具体应用优势有四个:

(1) 快速实施:数字驱动高效业务创新,快速实施验证业务流程,抢占价值空间。

(2) 降本增效:降低运营成本,提升工作效率,有助于基于数据的决策。

(3) 智慧流程:洞察企业痛点,快速响应交付,快速联结但不干扰底层。

(4) 员工体验:减少重复劳动。

2) OCR

光学字符识别(Optical Character Recognition,OCR)是指电子设备(如扫描仪或数码相机)检查纸上打印的字符,通过检测暗、亮的模式确定其形状,然后用字符识别方法将形状翻译成计算机文字的过程,即针对印刷体字符,采用光学的方式将纸质文档中的文字转换成为黑白点阵的图像文件,并通过识别软件将图像中的文字转换成文本格式,供文字处理软件进一步编辑加工的技术。如何除错或利用辅助信息提高识别正确率,是 OCR 最重要的课题,智能字符识别(Intelligent Character Recognition,ICR)也应运而生。衡量一个 OCR 系统性能好坏的主要指标有:拒识率、误识率、识别速度、用户界面的友好性,产品的稳定性、易用性及可行性等。

3) NLP

自然语言处理(Natural Language Processing,NLP)是计算机科学、人工智能以及语言学的交叉学科,旨在解决计算机与人类语言之间的交互问题,包括对自然语言的分析、理解、生成、检索、变换及翻译等方面。NLP 的目标是让计算机/机器在理解语言上像人类一样智能。最终目标是弥补人类交流(自然语言)和计算机理解(机器语言)之间的差距。

3. 应用场景

1) 智能报账全流程自动化

智能报账全流程自动化主要涉及以下五个智能化应用场景:

(1) 无接触提交单据及自动校验。通过智能柜接收纸质附件后,依托 OCR 影像识别提取附件中的有效信息,通过自动化稽核平台进行规则校验,提前识别所提供附件中存在的问题并及时退单,确保提交资料的准确性,降低财务风险;同时,节省报账人时间,提升整体生产运营效率。

(2) 自动形成表单并提交进入审批流程。报账人将纸质附件放入智能柜,并通过自动化稽核校验;智能柜系统根据接收的纸质附件数据,自动生成报账单进入报账系统,并进入对应的审批流程;审批流程结束后,经最后出纳环节确认,通过银企直联进行付款。减少了报账人提报单据、纸质单据传递、财务稽核人员稽核等多个环节。

(3)自动生成稽核报告。在审批流程中流转的单据,系统自动生成稽核报告,包括本单据适用的稽核校验规则、各校验规则对应的本单据内容,以及校验结果。

(4)自动生成记账凭证。报账单流程执行完毕后,凭证记账机器人自动抓取完成的报账业务数据,生成记账凭证。

(5)主动学习优化规则。机器人通过自动化稽核平台设置的规则,根据采集的信息进行校验检查,对不通过校验的报账单转由人工干预处理。其中,会存在实际发生的情况也符合会计规则,可作为符合项通过稽核。如果机器人按照既定规则执行,会造成大量报账单卡住无法通过。自动化稽核平台引入了规则学习能力,机器人会根据人工干预某种规则的情况,学习并补充规则库,作为后续稽核校验的依据。

2)工程项目竣工自动关闭

由于铁塔建设项目周期短、建设数量多、规则相对固定,工程会计往往会陷入机械、枯燥的工作中。中国铁塔工程会计核算模块,在工程项目交付完成,工程转资及审计工作完成后,工程会计需要根据工程项目资料、审计完成及系统转资进度判断是否将此项目关闭,为项目经理提供项目验收依据。

机器人在这个场景中的应用如下:用户通过邮件发送给机器人关闭项目的指令,指令中包含准备关闭的项目编号信息,机器人接到指令后:第一步,登录工程会计系统,打开项目关闭功能菜单;第二步,根据接收到的项目编号查询项目,并执行项目关闭操作,根据提示内容执行对应的操作。这个过程确保了项目关闭的及时性,同时加快了对供应商的付款进度,维持了良好的上下游生态关系。

3)异构系统数据自动获取

在稽核过程中,除报账表单录入的信息、上传的附件信息,还需要获取其他信息化系统的数据,如合同系统。在项目建设过程中,会受到商务、工期、配合度等原因的影响,无法实现系统间的对接。因而采用当下流行的 RPA 技术,代替人工操作系统,使用系统已有的查询功能查找有用信息,并作为报账稽核的依据。

4. 机制创新

1)非侵入式智能机制

中国铁塔智能稽核机器人采用非侵入式工作处理机制,即数据采集、数据分析、智能稽核、人机互动等具体工作环节,由智能机器人模拟原财务稽核用户使用既有账号访问相关系统,并以前台化工作模式开展业务处理,无须采用接口集成等传统 IT 技术手段,大幅降低业务系统改造风险、解决程序运行黑盒化难追溯问题,同时便捷提供业务规则管理的高扩展支持。

2)无感式人机协作

利用智能机器人非侵入式工作机制,配套自然语言处理技术,对机器人稽核不通过的业务单据,稽核用户无须重新登录其他系统即可在原财务系统便捷调用机器人相关组件,完成人工处理、机器人智能规则完善调优等操作,成功打造人机交互无感新体验。

（四）投入的相关部门和人员情况

中国铁塔智能财务项目建设团队如图 3-20 所示,由总部财务部主持,参与部门为总部信息化部、省及地市各级分公司建设部、维护部等部门。以总部财务部的财务标准化为指引,以各级公司业务部门实际工作需要及管理痛点为重点,由总部信息化部负责智能化系统落地。

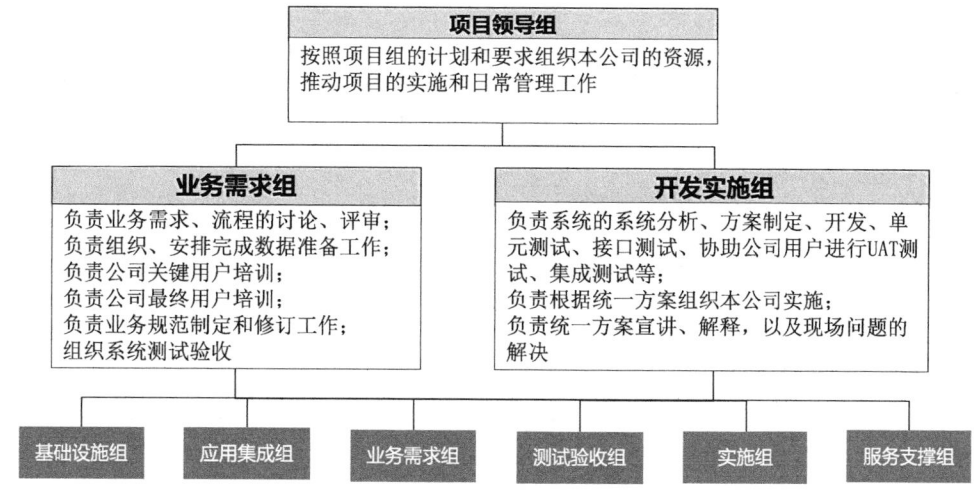

图 3-20 中国铁塔智能财务项目组及职责

智能财务系统建成后,主要由总部财务部进行业务管理,由总部信息化部进行系统管理,依据业务需求的变化对智能化应用进行升级更新,确保智能化应用持续有效。

（五）实践中遇到的主要问题和解决方法

在智能财务项目建设的过程中,使用了 OCR 和 RPA 技术作为底层技术支撑,体现了财务应用的智能化。但是在建设优化过程中也存在如下问题。

1. 业务标准建立和应用困难

在系统建设之初,我们详细梳理了中国铁塔会计核算手册、试点单位的各项业务和财务管理规定,对每一项业务场景进行规则梳理。在梳理过程中,各个单位的执行情况各不相同,表现在规则广度、深度及时间等要求上。因此,需要与各个单位的业务专家充分讨论沟通,明确业务稽核规则、财务稽核规则、标准模板等详细内容。大家求同存异共计梳理了 300 多项规则并在系统中逐一落实,建立了铁塔公司财务四大类八小类业务场景的稽核规则库。

稽核规则库建立之后并在系统中固化,然而在应用执行中也存在困难。虽然要求全部都明确了,但是在执行过程中,因为涉及建设、维护、运营等多层面的报账工作,参与的单位多、人员认知的程度不同,应用期初造成大家的不理解,存在反弹等现象。

针对上述困难,铁塔项目组锚定方向,经过多次退回,坚持标准,经过近半年的使用,单据通过率从期初60%提升到95%以上,极大提高了执行效率,真正发挥了智能稽核的效用。

2. OCR识别精度不高

在使用过程中,存在OCR识别精度不高的问题,造成在财务智能稽核的过程中,对于图像文字的识别不够准确,从而导致稽核结果发生偏差。所以,在项目建设过程中,不能完全依赖智能化技术,需要采用人机合作的模式,采用以机器智能化为主、以人工处理为辅的模式,使智能化技术在财务工作中切实发挥作用。

3. RPA机器人使用风险

RPA机器人应用场景的不断丰富,虽然增强了业务处理效率,但是也存在一定的风险,主要包括以下四个风险:

(1)监管合规风险,包括应用架构不符合监管要求,未对财务机器人执行的情况做全程监控导致异常无法溯源,缺少对财务机器人的复核机制,未能及时向监管机构报送数据或报送的数据不准确等问题。

(2)内部管控风险,包括应用架构不符合企业内部信息管理要求,财务机器人平台不符合公司软件入网要求,财务机器人权限设置过大或权限冲突等问题。

(3)数据准确性风险,包括财务机器人运行环境不稳定或相关信息系统发生变更导致机器人执行异常中断,财务机器人误操作或执行不准确等问题。

(4)信息安全风险,包括财务机器人被恶意攻击,财务机器人数据未加密存储和传输,财务机器人的运行载体未做安全管控导致财务信息数据泄露,财务机器人平台存在信息安全漏洞等问题。

财务机器人作为财务流程运行的载体,应该注重在日志、安全等方面的技术控制实现。中国铁塔项目组在RPA部署中具备初步的日志收集功能,为财务机器人后续的复核与审计工作打下数据基础;此外,考虑到财务流程运行过程中不可避免地会涉及系统登录、敏感信息操作系统事项,因此对机器人账户进行了明确的权限划分,后续将对数据进行加密、脱敏等安全处理。

三、业财一体的智能化实践成效与未来展望

(一)实践成效

1. 业务运营智能化,有效提升服务响应能力

中国铁塔通过一级架构信息系统建设,采用"互联网＋N"的运营平台,在业务、财务系统间高效、准确地传递海量数据,大幅减少繁杂工作量。CRM系统对482万条收入订单准确算费、出账,有效支撑计费结算;资源管理系统记录了2 500多万条资产实物信息,及时了解实物形态与资产状态;物业系统为121万张场租卡片进行自动算费、摊销;主数据系统对全量站址进行唯一"身份"标识,实现了202万个站址的数字化管理,对客户、供应商、业主三类主数据分类管理,实现了200万条主数据的标准统一。

截至2020年年末,中国铁塔通过高效的业务系统运营,实现了1.9万名员工管理202万

座塔类站址,远高于国际同行人均管理站址数;其通过运维监控系统的互联网化管理模式,对 202 万个基站实时监控、精细管理。中国铁塔的 FSU 连接 2 500 万件设备,是迄今为止全国最大的物联网,通过精准的维护管理,2020 年单站维护修理费较上年下降 5.5%;其借助电商平台的统一采购模式,支撑各分公司累计 887 万个采购订单线上流转,打破了传统采购模式的区域市场壁垒,形成了全国统一市场;通过集约化、透明化的线上采购管理,在提高采购效率的同时,有效降低了设备采购成本。

2. 财务核算自动化,有效提升运营服务效率

中国铁塔以业务运营智能化为基础探索了一条有别于传统模式的财务共享路径,依托"业财资税管"一体化的系统支撑,按照网络核算、分级操作、数据共享的原则,用有限的人力支撑了海量的工作,大大提升了会计核算效率。总部财务部以目前 20 多名财务人员的配置,面向 31 个省、381 个地市开展财务职能管理,提供集团一点出报和总部集中支付等财务共享服务。

中国铁塔通过业务、财务系统融合对资产的形成和资产的运营进行自动转资、自动核算,累计对近 894 万个项目进行自动转资,每月初由总部对 31 个省及 381 个地市分公司统一计提折旧和摊销费用,涉及资产总额 3 300 多亿元、资产卡片 2 500 多万张。总部每月初统一为各级省市分公司一点关账,实现全公司核算业务集中统一控制。关账后,30 分钟之内统一生成 31 个省及 381 个地市分公司财务及税务报表,2 000 多个区(县)管理报表。

中国铁塔通过银企直连完成一点付款,中国铁塔在线商务平台从 2015 年 7 月开始下单,截至 2020 年年底,总部一点支付结算金额超过 1 019 亿元,整个在线采购和集中支付流程有序运转,公司资金管控力度进一步加强。

3. 单站核算精细化,有效提高价值创造能力

中国铁塔以单站核算为基础探寻精益化管理思路。总部一点为全国 202 万个站点出具单站损益表,通过对标分析,细化管理颗粒度,精准定位生产运营中的短板,推进各级分公司稳步提升运营管理能力和价值创造能力。

中国铁塔依托单站核算体系支撑预算编制,实现预算精准管理。其以单站核算为基础,区别存量站址和增量站址分别编制预算。对于存量站址据实编制收入、成本预算;对于增量站址,坚持订单驱动,根据收支配比原则动态配置成本和投资,既保证了预算资源对业务发展的及时有效支持,也坚持了收支合理匹配的预算管控原则。

中国铁塔依托单站核算体系加强过程管控,定位问题并督导改进。各分公司通过细化单站造价、场租、维护费项目透视数据规范性,借此督导业务部门规范和改善业务管理,同时依托对标管理,聚焦收支倒挂、收支不匹配、单站亏损等异常站址,摸清差距,找到短板,促进价值提升。

中国铁塔依托单站核算体系支撑考核管理,落实经营主体责任。将管理颗粒度细化到最小单元,通过站址组合对小到责任区域、大到地市的经营损益进行计量评价,落实经济责任,推进责权利统一明晰,实现精益化管理。

4. 资产运营管理智能化，提升资产资源使用效能

中国铁塔借助资产数字化强化资产全生命周期管理，实现了202万座铁塔一塔一个身份证，2 500万件设备一物一个资产码，从设备采购、工程施工、资产转资、生产运营、报废利旧进行全生命周期的数字化闭环管理。通过数字化的场租管理、精准维护、拆站预警和资产调拨、利旧，中国铁塔积极推进资产延寿，促进提质增效，累计节约更新改造投资66.5亿元。

6年来，新建铁塔共享率从公司成立前的14%大幅提升至近80%，一个铁塔从原先只能服务于1.14个运营商提高至目前的近1.8个运营商，实现了运营商建网成本的大幅下降，累计少建铁塔75万座，节约了大量的行业投资和社会资源，实现了企业、客户、社会各方共赢，充分彰显了国企深化改革的成效。

（二）未来展望

中国铁塔积极践行共享商业模式，坚持打造专业化、集约化的运营能力，成立6年以来，大力推动4G网络的规模化、低成本建设，投资2 000多亿元，通信基站建设数量是行业过去30年建设总量的2.3倍，推动我国快速建成全球最大的移动通信网络。特别是5G网络启动建设以来，累计已经交付60多万个站址，97%以上通过共享实现，有力支撑网络强国战略和数字中国建设。

为进一步提升公司精益管理水平，中国铁塔在集团内推行标准化管理模式（见图3-21）。

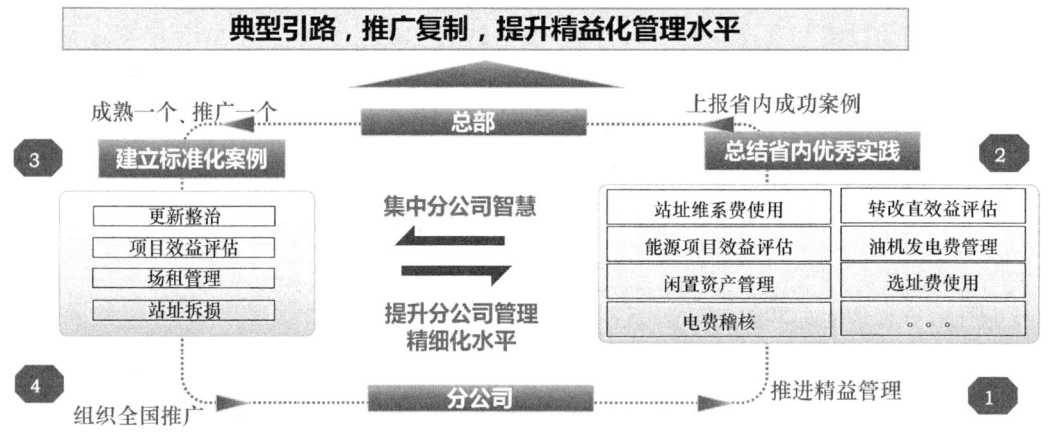

图3-21　标准化管理模式推广路径

将针对项目效益评估、站址拆损、场租管理、更新整治等管理难点和痛点，梳理相关生产流程中的关键环节，结合分公司行之有效的先进经验和典型案例，提炼形成科学量化的标准化管理模型并嵌入生产流程，为合同签署、项目立项、资产处置等关键节点提供决策支撑，按照"成熟一个、推广一个"的原则，在集团范围内普及推广标准化管理模式。未来中国铁塔将在数智化框架下，通过标准化管理、模型化建设，提炼形成科学、量化决策模型嵌入生产管理流程，搭建价值分析、目标测算、决策支撑的全流程智慧支撑系统，实现决策有依据、管理有标准，为中国铁塔数字化时代创造更大的企业价值。

参考文献

[1] 佟吉禄,高春雷,杨晓伟,等.深化业财一体化建设 构建数字化运营体系——中国铁塔财务数字化建设和运营实践[C]//中国企业改革与发展研究会.中国企业改革发展优秀成果 2019(第三届)上卷.2019.

[2] 刘梅玲,余坚,卜照坤,等.中国铁塔的数字化建设和运营之路[J].中国管理会计,2018(03)：33-42.

基于 ODR 的医院智能财务与运营管理信息化建设实践

赵昕昱　中国科学技术大学附属第一医院财务与
　　　　运营管理处副处长、高级会计师

操礼庆　中国科学技术大学附属第一医院党委委
　　　　员、总会计师、正高级会计师

吴忠生　上海国家会计学院副教授、硕士生导师

ODR（运营数据中心）　　智能财务

运营管理信息化　　　　公立医院

随着大型公立医院的发展和信息技术的变革，智能财务建设变得至关重要。中国科学技术大学附属第一医院（安徽省立医院）自 2019 年启动智能财务与运营信息化建设项目以来，全力打造行业标杆。本案例归纳了医院智能财务与运营管理信息化建设的目标与思路，解析了从搭建统一财务处理平台，到重构医院财务管理体系，再到协同内外部数据、驱动智能财务落地的建设路径；阐述了"预算一张网，集中运营管控""智能、便捷、高效的全业务报账"等七大典型应用场景，以及从系统架构到智能技术及其产品选择的支撑体系；总结了实践中遇到的主要问题和解决办法，以期为其他大型公立医院智能财务建设提供借鉴。

一、案例背景

（一）案例单位简介

中国科学技术大学附属第一医院（以下简称安徽省立医院），前身为合肥基督医院，始建于 1898 年，是一所设备先进、专科齐全、技术力量雄厚，集医疗、教学、科研、预防、保健、康复、急救为一体的省级大型三级甲等综合性公立医院。

发展至今，安徽省立医院现由总院（院本部）、南区（安徽省脑科医院、安徽省心血管病医院）、西区（安徽省肿瘤医院）、感染病院（合肥市传染病医院）和生殖与遗传分院组成，正在建设老年医学康复中心和北城医院。目前总占地面积（含规划面积）1 158 亩，总编制床位2 200 张，开放床位 5 450 张，设有 61 个临床医技科室。2020 年集团门诊量 501.3 万人次，出院 26.5 万人次，手术 13.48 万台次。其与 52 家县市级医院和社区卫生服务中心组建了医疗联合体，全面托管长丰县人民医院建立紧密型医联体，托管了包河区望湖城社区医疗服务中心建立社区医疗共同体，牵头成立了 35 个专科联盟，牵头组建了覆盖省内外 50 余家医院的远程医疗协作网。

医院现有在职职工 7 141 人，其中高级职称 1 013 人。有特聘院士 6 人、国家级人才称号 11 人次、国务院及省政府津贴专家 124 人次、"江淮名医"49 人次、省学术技术带头人 47人及后备人选 61 人次、一级主任医师 24 人。医院现有国家临床重点专科建设项目 6 个，省临床重点专科 21 个，其中优先发展 8 个，重点专科 10 个，培育专科 3 个；安徽省"115"产业创新团队 5 支。

2009 年，安徽省立医院成为第一家成功实施医院资源计划（Hospital Enterprise Resource Planning，HERP）管理系统的国内医疗机构；随着院区的发展，2011 年 HERP 系统在安徽省立医院西区（安徽省肿瘤医院）成功上线实施，2012 年按新医院会计制度要求完成系统升级；2014 年，医院全力打造集团财务，建立医院精细化运营商业智能（Business Intelligence，BI）。信息化建设一直是医院从分权型向集中型财务管理模式转变强有力的支撑。2019 年，医院启动财务共享、资金平台、智能财务项目，再次踏上数字化转型的新征程（见图 4-1）。

（二）智能财务与运营管理信息化建设动机

1. 管理现状分析

安徽省立医院从 2008 年开始开发上线运营管理信息化系统，先后上线了 HERP 财务信息系统、医院信息系统（Hospital Information System，HIS）、科研经费系统、SPD（supply-供应、processing-管理、distribution-配送）耗材管理系统等（见图 4-2），实现了以 HERP 系统为核心，以线上接口、线下手工的方式，与外部运营信息系统、医疗信息系统连接，财务信息化框架初具雏形。但是，安徽省立医院财务信息系统建设仍存在以下不足：

（1）安徽省立医院信息系统建设中的财务信息化相对滞后，业务系统众多，缺乏统一规划，业务系统与财务系统相互独立，数据传输受阻，存在大量数据孤岛，从而导致大量的手工

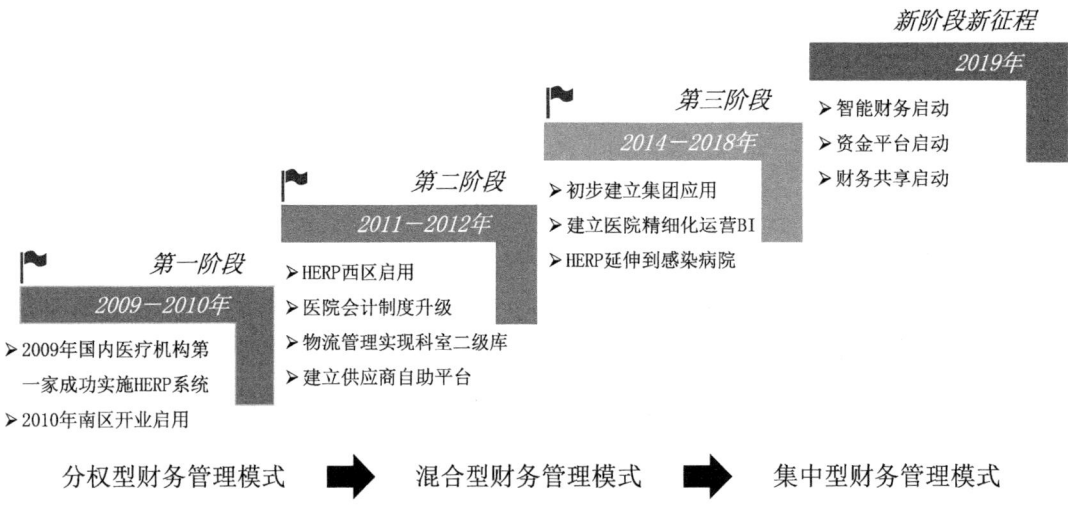

图 4-1 安徽省立医院财务信息化建设历程

安徽省立医院门户网站				
经营决策	数据分析	BI商业智能分析		
财务	财务核算 财务管理	HERP（总账、资产） / HERP成本管理 / 预算控制		

医疗信息系统
- HIS医院信息系统
- LIS实验室（检验科）信息系统
- PACS医学影像信息系统
- 电子病历系统
- 病案系统

HERP财务信息系统
- 支出控制
- 薪酬管理
- 物流管理
- 单机效能

外部运营信息系统
- SPD耗材管理系统
- 科研经费系统
- DRGs（疾病）诊断相关分类系统
- 财政一体化管理信息系统
- 绩效管理系统

业务

人事：HR人力资源管理系统

协同办公：OA协同办公系统

图 4-2 安徽省立医院财务信息系统现状

操作,效率低下。

(2) 医疗行业服务对象众多,包括财政部门、卫生行政主管部门、医保部门、税务部门、审计部门、医院管理者、客户(病人)、员工、供应商等,财务部门要为不同服务对象提供多维度的数据。因此,智能财务的建设至关重要。

对于安徽省立医院来说,智能财务是数字化转型在财务领域的落地实践,旨在逐步形成财务管理专业化、财务核算集中化、财务业务一体化的格局,推动财务管理由核算型向管理型转变,以期为医院的精细化管理和跨越式发展提供支撑。

2. 建设需求分析

1）外部政策导向与发展挑战

我国公立医院管理长期有重医疗而轻运营的特征,新形势下,帮助、指导各级公立医院建立以精细化运营管理为核心,利用信息化手段,拓宽管理应用的广度和深度,结合医院战略管理、全面预算、绩效改革、内部控制等实践,达成战略、业务、财务一体化的管理闭环体系,是推进落实现代医院管理制度的必要举措和重要路径。

2017 年,国务院办公厅发文明确要求建立规范化、精细化、科学化的现代医院管理制度;2020 年,国家卫生健康委发布开展"公立医疗机构经济管理年"活动的通知,要求系统互联互通,数据共享共用;同年 12 月,国家卫生健康委会同国家中医药局联合印发《关于加强公立医院运营管理的指导意见》(国卫财务发〔2020〕27 号)指出,当前,公立医院收支规模不断扩大,经济运行压力逐渐加大,亟须加快补齐内部运营管理短板,向精细化管理要效益。要加强医院内部运营管理信息系统建设,促进实物流、资金流、业务流、信息流四流合一;加强各个信息系统的有效对接,支撑运营数据的统计、分析、评价、监控等利用。

2）医院内部运营的管理诉求

安徽省立医院财务信息化建设除了面对外部政策导向及挑战外,还面临着医院内部运营的管理诉求,包括集团化管理需要、财务转型诉求、支出控制需要、风险及内部控制需求等。

为配合集团化发展需求,安徽省立医院以信息化、智能化、数字化为三大实现路径,着力构建"高效运营"与"智能结算"体系,打造以集团财务集中管控为核心的智能财务与运营管理信息系统。

医院以大数据、云计算、物联网、区块链等新兴技术为依托,对运营管理信息系统的各环节和系统间的相互关系进行考虑,提出适用的管理模式和端到端的解决方案,以满足医院持续发展需求,推动财务管理由核算型向管理型转变,推动公立医院高质量发展,推进管理模式和运行方式加快转变,进一步提高医院运营管理的科学化、规范化、精细化、信息化水平。

二、案例具体实践

（一）智能财务与运营管理信息化方案设计

1. 建设目标

安徽省立医院智能财务与运营管理信息化方案,整体上以建立基于价值医疗的医院中台运营管理体系为战略目标。这一战略所蕴含的价值逻辑是:

（1）业财融合:体现管理会计的思想,以真实发生的临床业务为驱动,通过预算、成本、绩效三大管理工具,实现智能预测、准确度量、合理评价,体现业务财务深度融合。

（2）财务共享:通过对会计、预算、报销、资产、合同等财务相关业务的抽象,建立财务共享资源池,按照财务应用场景抽取相关的业务组件,实现资源的合理分配和任务的有序调度。

（3）智能互联：通过光学字符识别（Optical Character Recognition，OCR）、发票验真、区块链技术、智能语义解析技术、财务机器人等技术实现职能互联，提高工作效率，降低人力成本，加强内部控制。

（4）中台支撑：依托大数据、微服务、智能化技术，形成医院技术中台，构建医院数据中台、业务中台，实现基于价值医疗的医院运营管理体系。

医院财务运营信息化建设，致力于实现四项具体的建设目标：

（1）重塑财务管理模式。推动财务从核算型向管理型转变，从核算过去到预测未来，使财务管理成为新形势下医院价值提升的新动力。

（2）构建智能财务体系。构建医院"战略财务、业务财务、共享财务"的智能财务体系，助力医疗行业持续健康发展。

（3）实现智能财务处理。促进业财深入协同，业务系统与财务系统之间互通有无，数据一点录入，全程共享，实现智能财务处理。

（4）引领数字化转型。科技赋能，推动财务领域与信息技术的紧密结合，运用数字化技术突破财务数据采集计算的边界和效率，引领医院的数字化转型。安徽省立医院作为智能财务运营的践行者，致力于打造大型公立医院财务运营信息化的行业标杆。

2. 总体思路

立足医院实际，结合国内外先进的医院运营管理模式，安徽省立医院智能财务与运营管理信息化建设的总体思路包括经济管理体系、收入管理体系、资源配置体系、财务及资金体系等四个部分（见图4-3）。

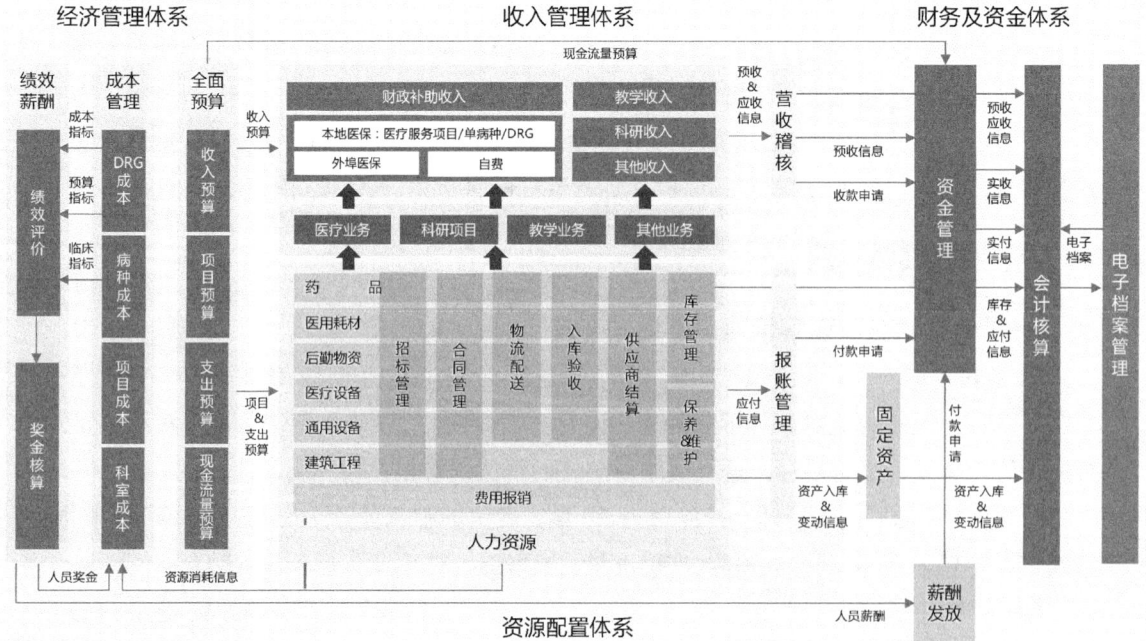

图4-3　安徽省立医院智能财务与运营管理信息化建设总体思路

（1）经济管理体系是整个医院运营管理的龙头和主要管理抓手，由预算、成本、绩效三个业务领域构成。其内涵和价值为：全面预算作为医院运营计划的货币表达，旨在实现对医院整个经营行为进行管控；建设成本管控体系，实现合理资源消耗，从而实现可持续的医疗资源支撑；通过绩效评价，强化人员激励，使其能力充分发挥，从而促进医疗服务能力的增强。

（2）收入管理体系是整个医院运营价值变现的出口，由医疗服务收入、财政补助收入、教学收入、科研收入、其他收入以及营收稽核等六个部分组成。其中，营收稽核作为其中归口管理领域，保障医院运营收入及时、准确地形成医院现金收入，提高医院运营收入核算的质量，是医院业财融合的基础。

（3）资源配置体系是医院运营的基本支撑，是资源管理和过程管理的综合。其中，资源管理包括人力、房屋、设备、药耗、科教等内容；过程管理包括招标、合同、物流、供应商结算、库存等内容。资源配置体系既根据不同类型医疗资源的特征展开专业化管理，又以过程管理保障其合规性；更为重要的是，为了有效控制医院运营支出，资源配置体系整体上由业务报账体系进行收口，实现了对支出合理性、合规性的有效控制。

（4）财务及资金体系主要由会计核算、资金管理、资产管理构成。其中，会计核算定位于真实、准确、及时地记录医院运营业务，是整个运营管理的基础；在全面预算的控制下，资金管理以资金计划为主线，对资金的收和支进行控制和管理，保障医院现金流的健康；资产管理以资产效能为管理核心，对医疗设备、无形资产进行管理。

3. 建设路径与方法

安徽省立医院进行了一期财务、二期运营的两轮现状调研，结合专家意见完成了智能财务信息化建设顶层设计。该设计立足于创新的财务管理理念，生发于新时期集团化管理实践需求，依托于先进的技术工具与智能的系统框架，致力于实现"财务共享＋信息化""业财融合＋数字化""决策支持＋智能化"。

医院智能财务信息化建设顶层设计如图 4-4 所示。

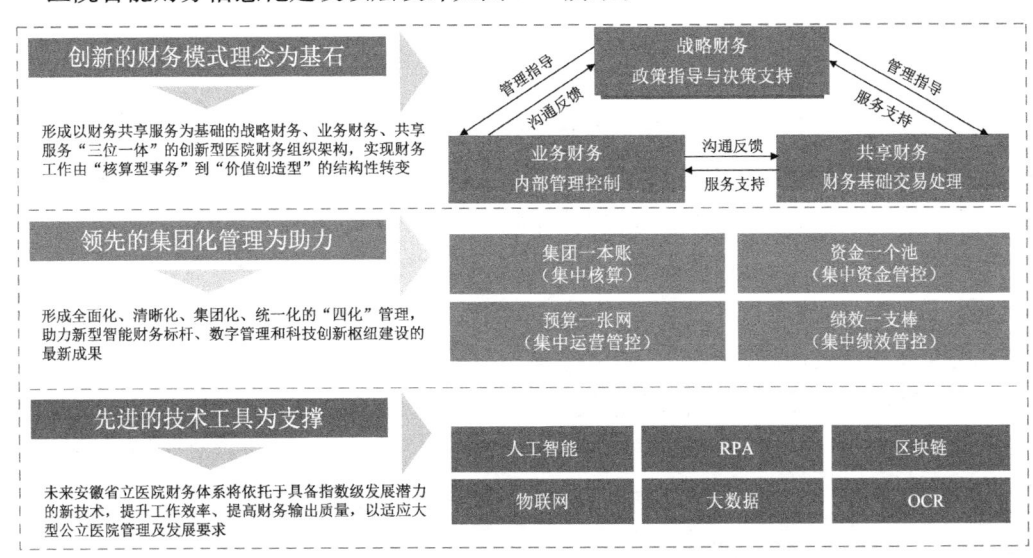

图 4-4　安徽省立医院智能财务信息化建设顶层设计

（1）以创新的财务模式理念为基石。由此形成以财务共享服务为基础的战略财务、业务财务、共享服务"三位一体"的创新型医院财务组织架构,实现财务工作由"核算型事务"到"价值创造型"的结构性转变。

（2）以领先的集团化管理为助力。借此形成全面化、清晰化、集团化、统一化的"四化"管理,助力新型智能财务标杆、数字管理和科技创新枢纽建设的最新成果。

（3）以先进的技术工具为支撑。未来安徽省立医院财务体系将依托于具备指数级发展潜力的新技术,持续提升工作效率,以适应大型公立医院发展要求。

安徽省立医院智能财务信息化建设以顶层设计方案为圭臬,从财务处理平台、财务管理体系和财务数字化三个方面入手,采用涟漪式分步实施策略,分期逐步进行各系统建设、实施,达成智能财务项目落地运行目标(见图4-5)。

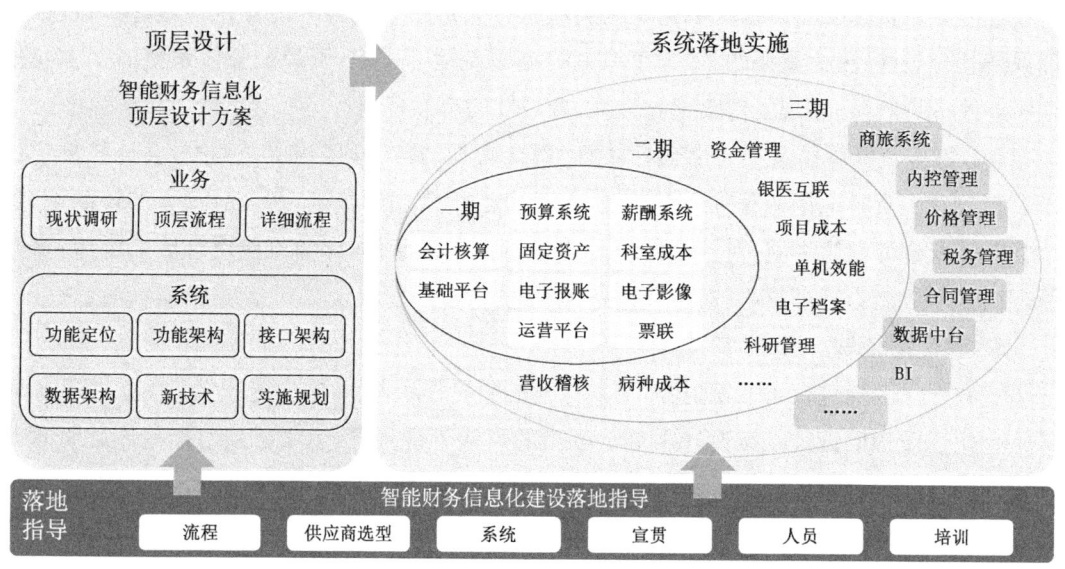

图4-5　安徽省立医院智能财务信息化建设路径

1）搭建统一财务处理平台,实现财务流程标准化

财务活动可划分为交易处理、管理控制、决策支持三个层次,相应的,安徽省立医院的财务信息系统也分为核算层、管理层和决策层三个层次(见图4-6)。医院首先搭建了统一的财务处理平台,实现财务信息系统与HIS医院信息系统、OA协同办公系统、HR人事系统、科研经费系统、SPD系统等业务系统的无缝对接,整合审批流、物流、资金流、信息流,实现财务处理的集中化、标准化和自动化,提升财务处理效率,为智能财务的实现奠定基础。

财务信息系统的内容包括:

（1）核算层信息系统:包括报账系统、采购管理、合同管理、资产管理、营收稽核等信息系统,支持财务会计交易处理、财务报告、资金管理和税务管理职能,主要处理源于医院业务系统与用于财务交易处理的数据,可以提供多种供医院内、外部使用的财务报告和财务信息。

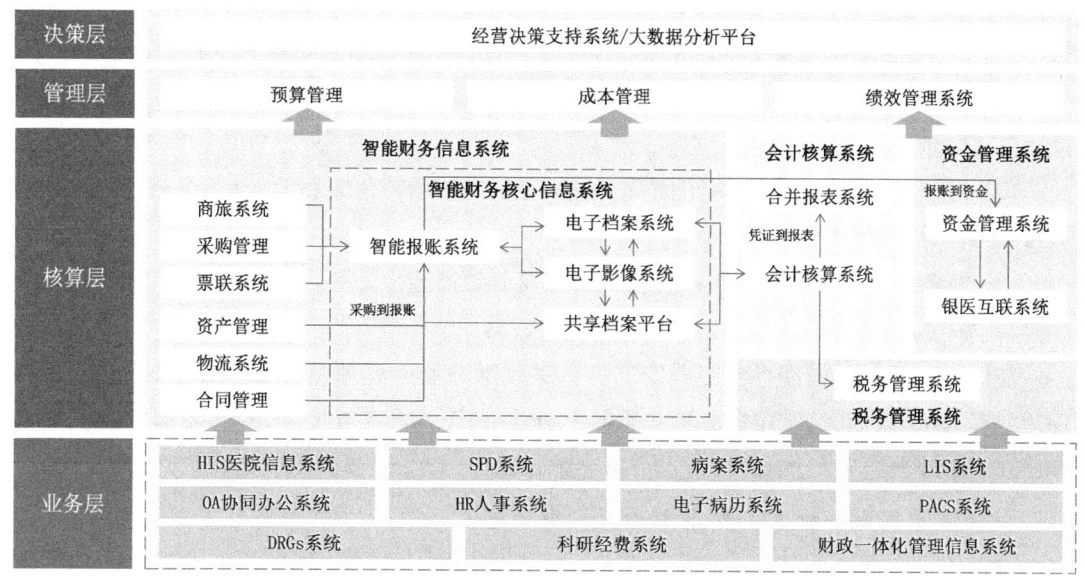

图 4-6　安徽省立医院财务信息系统框架示例

（2）管理层信息系统：包括预算管理系统、成本管理系统、绩效管理系统，其与医院的经营过程及管理要求紧密相关，对核算层的数据加以处理，为管理层提供信息。

（3）决策层信息系统：支持管理决策的财务信息系统，为管理者提供交互式的管理决策支持。

信息系统的建设需要对财务业务流程进行标准化再造。医院再造后的财务业务流程包括：

（1）费用报销与借款流程，包括员工费用报销、采购费用支付和员工借款。

（2）资金结算流程，包括收款管理、财政资金核算、资金调拨流程和票据核算。

（3）收入核算流程，包括医疗收入核算、科教收入核算、财政拨款核算和其他收入核算。

（4）成本管理流程，包括成本主数据核算、成本审核。

（5）账务核算流程，包括账务核算、税金核算、总账核算和对账。

（6）资产管理流程，包括固定资产核算、资产盘点、资产清查和固定资产改造、大修核算。

（7）预算管理流程，包括预算控制和预算编制。

（8）报表编制流程，包括报表编制和报表分析。

（9）薪酬核算流程，包括薪酬核对和薪酬调整。

（10）档案管理流程，包括单据管理、合同管理、档案查询管理和档案借阅管理。这些流程还可以进一步划分为更为细致的子流程。

通过财务信息系统的建设和财务流程的标准化再造，安徽省立医院财务模式已经呈现出集中化、自动化的新趋势，具体表现在如下几个方面：

（1）员工报销无纸化：员工报销差旅费时无须打印行程单、出差申请单等附件，仅需在报账系统中勾选机票和酒店订单信息，关联出差申请单和发票，可快捷完成报销。

（2）领导审批移动化：领导可通过电脑端和手机终端随时、随地完成审批，大幅缩短审批周期。

（3）财务审核影像化：影像扫描系统将所有纸质单据转化为影像，财务审核时调阅影像即可查看单据详情。

（4）账务处理自动化：报账系统预先设置业务类型与会计科目的映射关系，并对接核算系统自动生成会计凭证，保证核算口径的一致性。

应用高效的财务处理平台使得安徽省立医院财务业务处理流程实现标准统一，财务处理质效显著提升；同时，实现财务信息系统和业务信息系统有机集成，各类数据实时流通和共享，数据口径统一、标准规范，数据分析更加可靠，为智能财务的建设奠定了坚实的基础。

2）重构医院财务管理体系，促进医院业财一体化

安徽省立医院智能财务的建设从集团管理的顶层设计入手，构建了一套多层级的组织管理体系，形成了"会计核算＋业务财务＋战略财务"的新型财务管理模式（见图4-7）。借助统一高效的财务处理平台，财务人员的精力将能更多应用于业务财务和战略财务，推动财务管理由核算型向管理型转变。其中，业务财务深度参与医院价值链各个环节，提供全价值链业务财务管理，包括各业务单元的分析、计划、预算和业绩管理，促进医院价值最大化；战略财务则参与战略的制定与推进，将财务提供的信息转化为对医院经营决策有价值的经营信息分析，以此支持战略决策的落地。

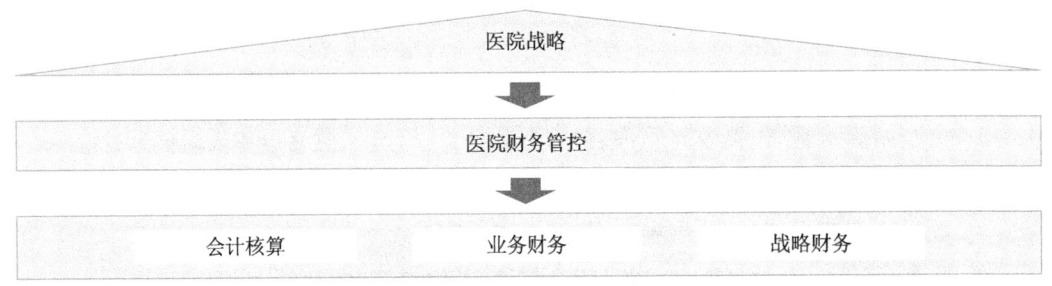

图4-7　安徽省立医院"会计核算＋业务财务＋战略财务"新型财务管理体系

业财一体化的过程中，财务职能的价值从传统的交易处理向管理控制和决策支持转变，从事后控制转变为事中、事前控制，参与预算管理、成本分析、资金管理、绩效管理，管控风险，合理配置资源，优化运营流程，促进医院价值增值，从而为医院经营提供有力支撑。

3）协同医院内外部数据，驱动医院智能财务落地

财务部门要成为医院的数据中心，实现医院内外部各业务要素之间的数字化链接，形成医院内外部生态协同网络。

从医院内部来看，业务数据和财务数据的有机贯通，使得基于价值链的信息得以高效流转，从而实现成本精准、协同联动、全程预算等目标。比如，大型医疗设备的效能、收入、成本、工作状态的多维度统计分析,资产的分布查询、动态监测、安全保障、跨院区调拨、移动App 盘点、内部租赁等,预算、成本、采购实现无缝连接,使得医院可以合理地进行资源配置,强化内部管控。

从医院外部来看,与供应商、病人、财政部门、卫生主管部门、医保局、税务机关、金融机构、审计部门等各方的信息实时交互,使得医院可以对外提供更优质的财务服务,如医保结算更加高效、付款周期缩短、财务报表出具及时、账务处理更加规范等。

借助大数据、人工智能等技术,医院可进一步挖掘数据价值,进而实现管理过程自动化、资金流动可视化、风险管理精准化,从而降低综合运营成本。财务人员或高管可以随时随地用语音或其他交互方式向智能财务工具发出指令,提出各类管理需求,财务人员得以从事更多分析、决策类的财务工作,深度参与医院经营。

4. 具体智能系统框架

安徽省立医院智能财务与运营管理信息化系统主要由业务中台、数据中台与技术中台三大中台构成。

如图 4-8 所示,业务中台主要提供运营管理各信息系统的功能支撑,主要为各具体业务服务及过程管控;数据中台主要是指运营数据中心,提供主数据管理服务、数据集成服务、服务集成,以及基于数据中心的数据分析应用;技术中台融合运营业务和数据,依托大数据、微服务、智能化技术,为业务中台、数据中台的实现提供技术支持。

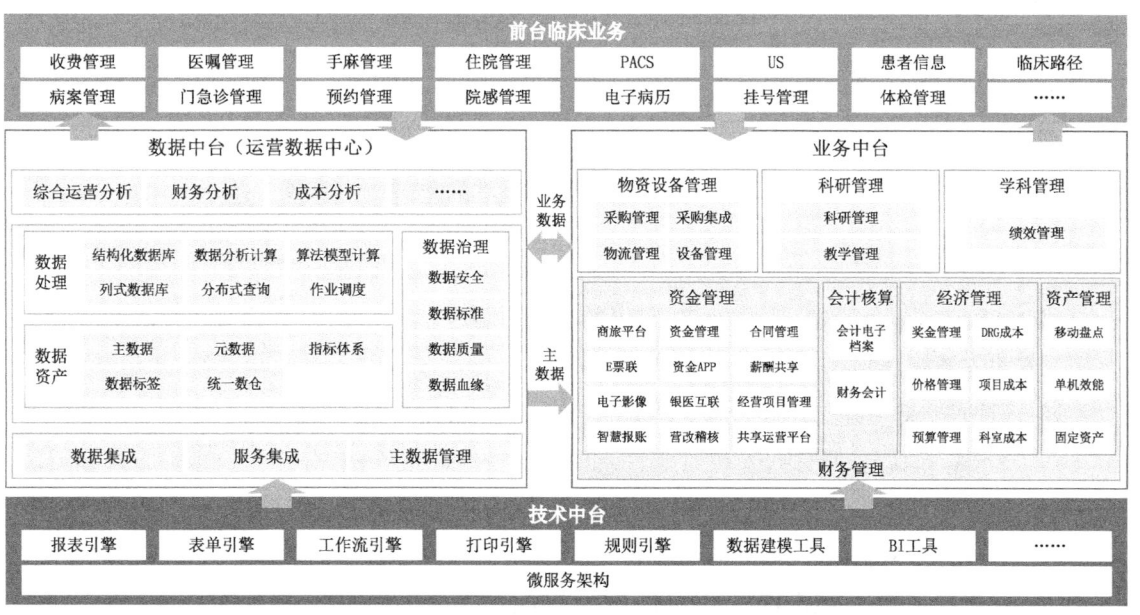

图 4-8　安徽省立医院智能财务与运营管理信息化系统中台框架

(二) 智能财务与运营管理信息化应用场景

以下为安徽省立医院智能财务部分典型应用场景的介绍。

1. 预算一张网,集中运营管控

预算管理是在既定经营目标下,通过预算对内部各部门、各单位的各种财务及非财务资源进行分配、控制、考核,从而有效组织和协调医院的生产经营活动。具体包括管理目标分解、预算编报、预算下达、预算执行、预算调整、分析和考核等环节,以加强和规范各科室、职能部门的预算行为,细化医院战略规划和年度运营计划,实现经济业务的可控、有序开展,对医院经济活动进行管理、控制、分析和监督,配合战略实施和保证日常业务开展完成为目标。

预算管理系统是整个业务管理的源头,安徽省立医院打造了从编制到执行、从调整到控制、从分析到考核的全面预算管理系统,是涵盖预算编制、预算批复、预算执行与控制、考核评价等环节的闭环管理流程,过程中辅以预算的调整功能(见图4-9)。

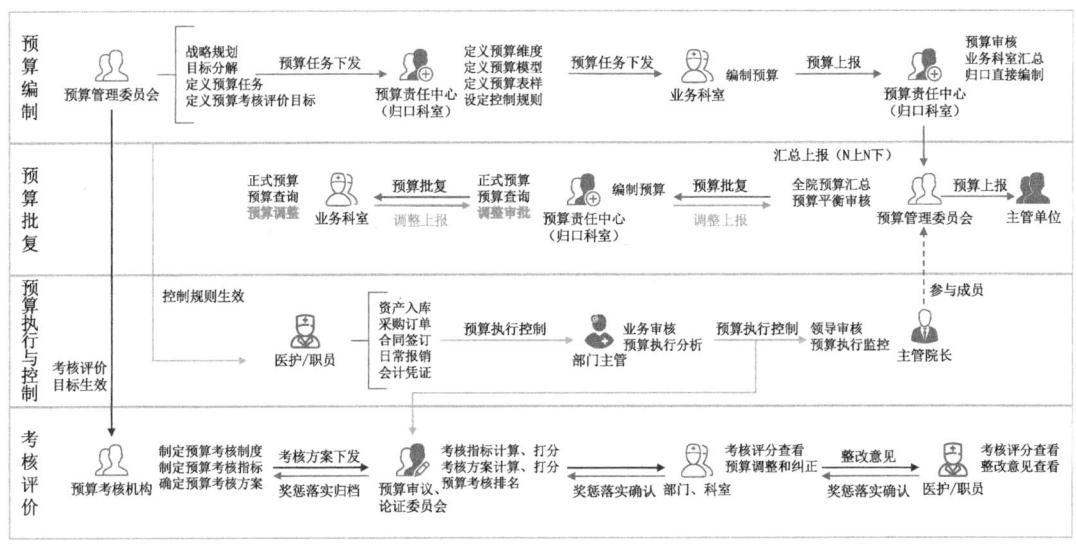

图4-9 安徽省立医院全面预算管理系统整体业务流程

在此应用场景下(见图4-10):

(1)预算编制以政策、战略为驱动,以绩效为杠杆。系统根据历史数据和实际情况,平衡日常收支预算,如在新冠肺炎疫情期间,系统同步调减了3亿元的支出预算;对资产采购预算,预算码支持一键贯穿资产全生命周期管理;对项目预算进行指标细化,加强支出控制。

(2)预算落实归口管理,责权对等。系统构建三级归口管理,分级管控预算管理体系,落实内控管理流程。编制归口事前把关,倒逼归口部门事前筹划;执行归口事中控制,对所负责的事项进行审核控制,做到心中有数,按预算行事;评价归口事后应用,归口部门对所负责的事项执行进度、效果进行跟踪分析,及时采取措施,实现预算责任层层落实。

(3)在预算执行与控制方面,根据医院的管理要求,支持灵活的控制策略;通过控制规则的设置,让医院根据自身管理诉求,对不同的科室、项目、预算指标采取不同的系统在线实时控制策略。

(4)借助运营中台,实现预算系统与采购系统、物流系统、报账系统、资金管理系统、科

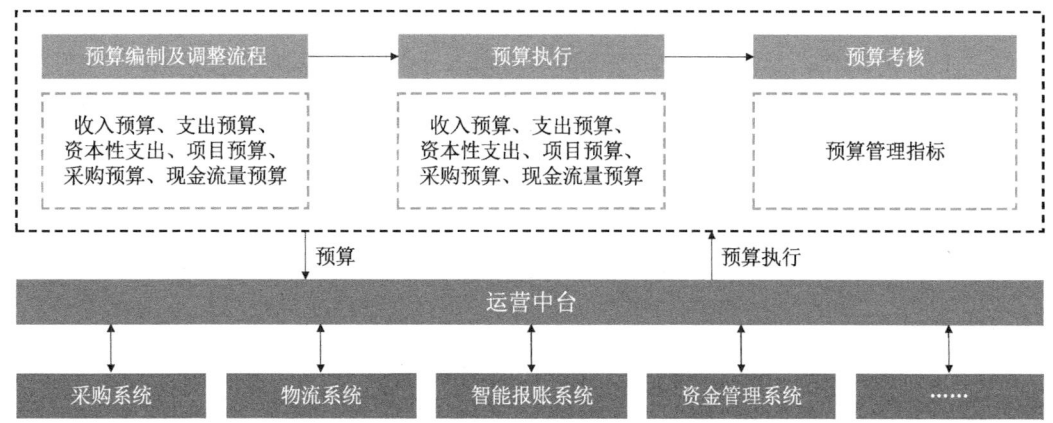

图 4-10　安徽省立医院全面预算闭环管理逻辑图

研系统等业务系统的全面打通,实现预算占用、预算执行、预算核销等流程的闭环管理,完成预算考评分析。

预算管理作为医院管理的重要基础工具,在医院的运营过程中发挥着战略导向、连通传递及优化资源配置的重要作用。全面预算作为医院年度经营计划的货币化表达,向上承接医院最高运营层面的医院战略规划,在预算编制中天然体现着医院战略意志,并以预算下达的方式将医院战略意志及战略目标通过数据中台传导到医院日常医疗业务及运营管理活动中;医院日常医疗业务及运营管理活动以预算控制的形式实时受到战略意志的制约,并将日常业务开展结果以预算执行数的形式通过数据中台实时反馈至预算管理,体现战略规划执行情况;通过预算分析实现对日常业务开展情况的二次监测,由此实现医院战略执行与日常业务开展的贯通,打破以往医院战略规划与日常业务开展两张皮的管理痛点。

安徽省立医院全面预算系统,可以实现从下钻取到最小单元,从上钻取至最大单元获得数据,支撑从科室、预算指标、项目等不同维度进行预算执行的按需分析,可与支出控制及确认情况实时联动,支持图形、表格、文字等多种形式的呈现。

2. 智能、便捷、高效的全业务报账

安徽省立医院全业务报账系统承载了财务与业务的数据联通桥梁功能,将数据获取源头延伸到了前端,实现业财数据转化、数据收集,满足业务、财务、管理等全方位的管理需求(见图 4-11)。

全业务报账系统的功能定位,包括员工提交报销单、供应商付款申请、财务入账,满足业务领导线上审批的需求,通过冻结预算实时监控预算执行数及可用余额,进行预算控制。

1)无接触式员工报账

医院的全业务报账通过智能填单,实现无接触式的全线上流转,化繁为简,促进了医院内控落地,实现了业财融合,提升了内部服务水平。报账系统能够满足医院日常采购报账、差旅报销、借还款、收款报账、科研经费报账、商旅结算等全业务财务工作,特别是在新冠肺炎疫情期间,无接触电子报账,保障了医院经济活动的正常开展。

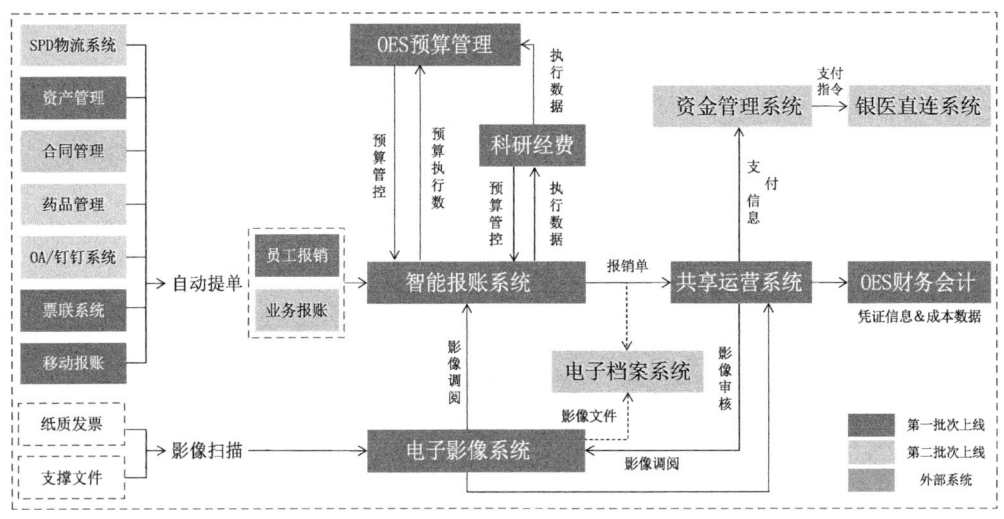

图4-11 安徽省立医院全业务智能报账系统流程图

在此应用场景下:

(1)系统设置贴合医疗行业特色,一点录入,全程共享,员工报销借助 OCR 智能识别全票据,实现验真、防重,最大程度智能填单,实现移动审批。

(2)实现了报账系统与银医直连系统、成本一体化系统、会计核算系统的端到端对接,基于数据共享的各项业务办理变得更为高效(见图4-12)。

图4-12 安徽省立医院报账系统与其他系统实现端到端对接示意图

(3)系统提供项目经费到账、经费认领、支出报销及支付的过程信息化管理,并与预算管理系统、共享运营系统、会计核算系统实现一体化业务与流程融合,实现了项目经费精细化管理。

（4）系统支持预算实时穿透式查询、落实预算指标在线管控。

（5）系统内置内控标准与规范知识库进行合规性检查，由人控向机控转型，让"看不见的财务"更好地服务业务，实现提质增效。

2）基于中台的业务报账，实现全流程管理

围绕医教研防做好业务量大、资金量多的耗材、药品、资产业务报账是医院业财融合的重要路径（见图 4-13）。

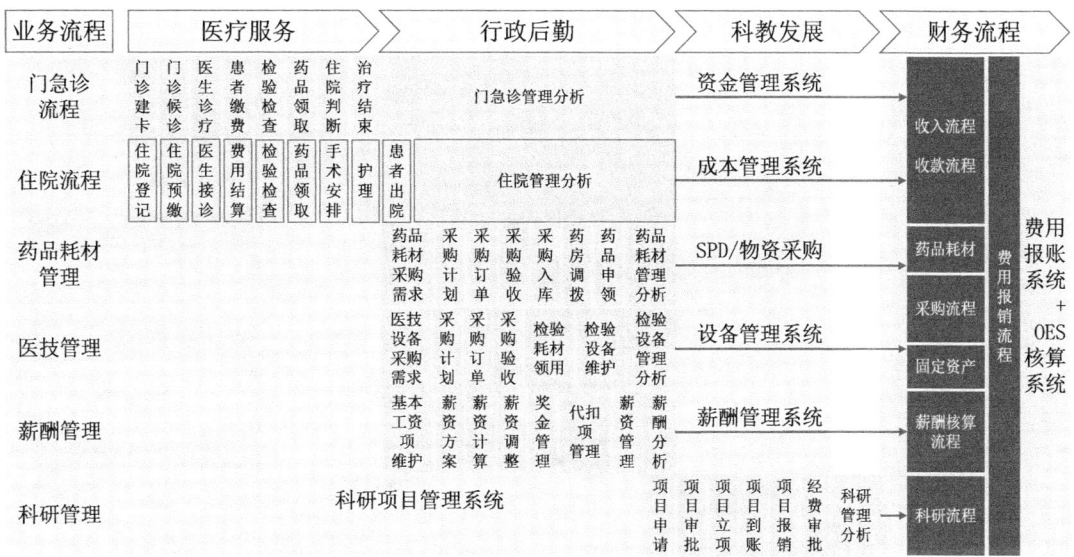

图 4-13 安徽省立医院基于中台的关键资源业务报账流程图

业务财务一体化实现了：

（1）业务上线：线下业务转为线上业务，提高流程自动化水平，最终实现全业务报账的线上化。

（2）全流程监控：从订单到付款全流程线上监控，结果可查看，过程可审计。

（3）预算线上控制：预算线上控制，提升处理效率，最终实现 170 多项支出预算线上控制。

（4）单据直接推送：业务系统可直接推送单据至报账系统，如采购系统可直接推送耗材报账单草稿至报账系统。

（5）支持电子附件：附件可通过电子 PDF 的形式推送，无须扫描。

以耗材为例，医院建立了基于中台技术的耗材从采购到付款全流程管理的业务报账系统，打通了物资供应、采购、提单、报账、资金支付等多个流程，所有数据统一存储和分发，在数据中台进行主数据管理，实现了业务财务一体化。该项目集结 5 个国内一线厂商，联通 13 个重要接口，在日常临床扫码耗材的实时消耗时，可进行预算在线管控、成本实时获取、实现数据直接归集；在财务结算过程中，借助高速扫描仪、OCR 图像识别技术可实现票据信息智能采集、验真防重，并完成三单匹配、影像管理；借助中台技术实现自动提单、一键审批、实时支付、自动生成凭证。中台完成全业务流程集成和在线监控。

基于中台的业务报账,解放了人力成本,提升了流程效率,实现了全业务报账的信息化、数据流转智能化,在采购环节节约人力成本50%左右,在结算付款环节节约人力成本80%左右。

3. 智能结算,提升就医感受

安徽省立医院多元化智能结算体系打通了HIS、财政、第三方支付、商保等多个业务系统,构建了强大的线上线下一体化智能结算体系(见图4-14),全面提升了患者就医感受。

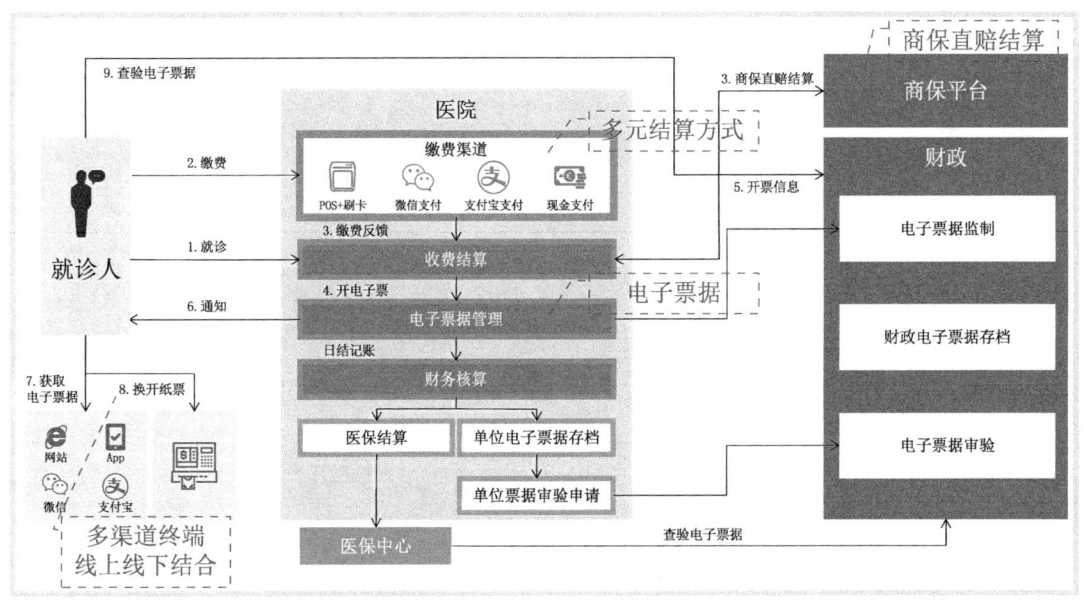

图4-14 安徽省立医院多元化智能结算体系示意图

医院全面推行电子票据,无须排队结算取票,是开具全安徽省第一张电子门诊发票、第一张电子住院票据、第一张滚筒式自助医疗票据、第一张区块链技术住院预交金电子票据的医院。医院还提出了商业保险对接思路,支持商保在线,正在联合开发商保平台,为患者提供一键理赔、无感支付、授信就医的线上服务。在就诊或住院过程中,商保平台通过与HIS的对接获取合理且必需的医疗数据用于商保理赔,其基于区块链的数据传输方式对于敏感数据进行加密等级最高的操作后再进行传输。

最后,通过营收稽核系统,联通业务数据、财务数据、医保数据,实现对账、差异的流程化处理,为医院把好资金关。具体操作上,接入医疗收入相关的多元化结算渠道,包括微信、支付宝、银联、POS、聚合支付等数据,稽核HIS业务数据进行多层级稽核的流程化处理,实现自动稽核为主、手动稽核辅助,实现不同收款方式的差异化稽核,实现差异数据的处理和跟踪,实现在途资金、欠款金额的监控预警。

4. 集团一本账,财务与成本并行核算

安徽省立医院下属核算主体比较多,做到数据同源、统一口径、智能记账、合并报表、成本自动归集等是智能财务的基本功能。为满足精细化管理需求,医院将成本核算和财务核算实现并行核算(见图4-15)。

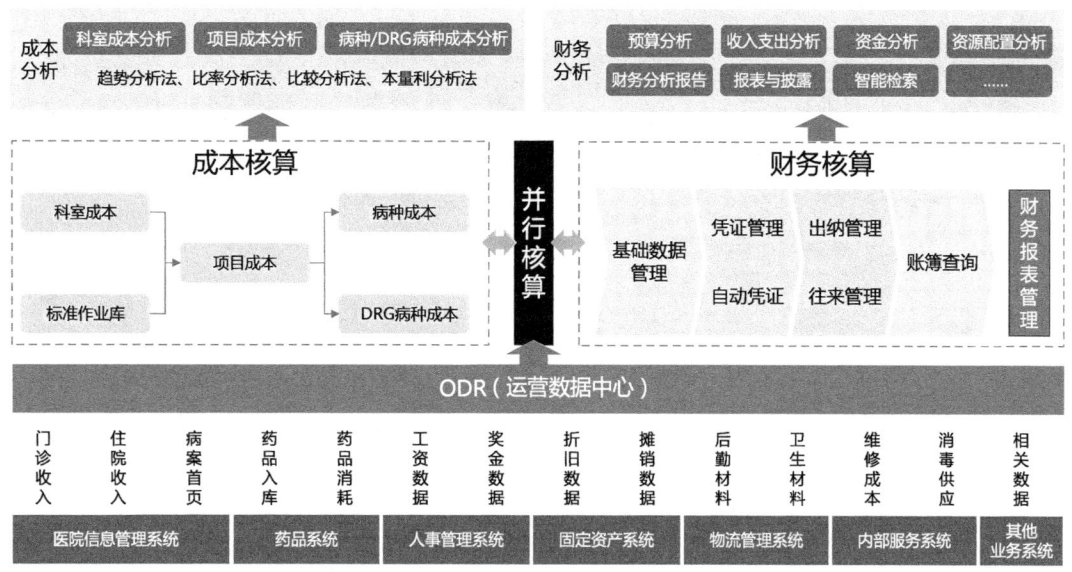

图 4-15　安徽省立医院财务与成本并行核算体系示意图

在以往的成本核算中通常有两种取数方式：

（1）从会计核算系统取数，但因为会计核算成果数据本身具有高度的抽象性与概括性，导致成本核算结果数据颗粒度粗、准确性差，很难满足管理的需要，大幅降低了成本数据价值。

（2）直接从各个业务系统取数，这种取数方式确保了成本数据较好的颗粒度，但往往导致成本数据与会计数据出现较大差异，从而带来很大的核对、校准工作量。

医院通过日常医疗业务及运营活动的开展，实现药品、耗材、设备等医疗资源的采购、仓储、领用、消耗，并承担相关医护人员的薪酬、奖金、福利等人力成本。这些数据都实时同步至数据中台，通过数据中台的建设，成本核算系统与会计核算系统都从数据中台取数，确保了数据同源、数据口径的一致性。这样的设计在避免数出多源导致核对困难的同时，也保证了成本核算数据的颗粒度与准确性。同时，成本核算数据通过数据中台反馈至全面预算管理系统，反映医院日常医疗业务及运营管理结果的预算执行情况。

医院财务与成本并行核算体系满足政府会计制度要求，医院早在 2019 年 1 月 1 日就已实现"双功能、双基础、双报告"的会计核算功能。针对集团医院财务，系统实现了凭证业务单据联查；系统能够自动标注差异项目；满足内部往来协同凭证、内部交易对账，通过调整、抵消分录生成最后完成合并报表。

5. 资金一个池，集中资金管控

安徽省立医院通过构建集团全级次的资金管理系统，打通医院与多家银行的系统直联，完成了账户的全生命周期管理，进而发挥资金规模效应，优化资金配置，提升资金使用效率。安徽省立医院集团资金管理业务框架如图 4-16 所示。

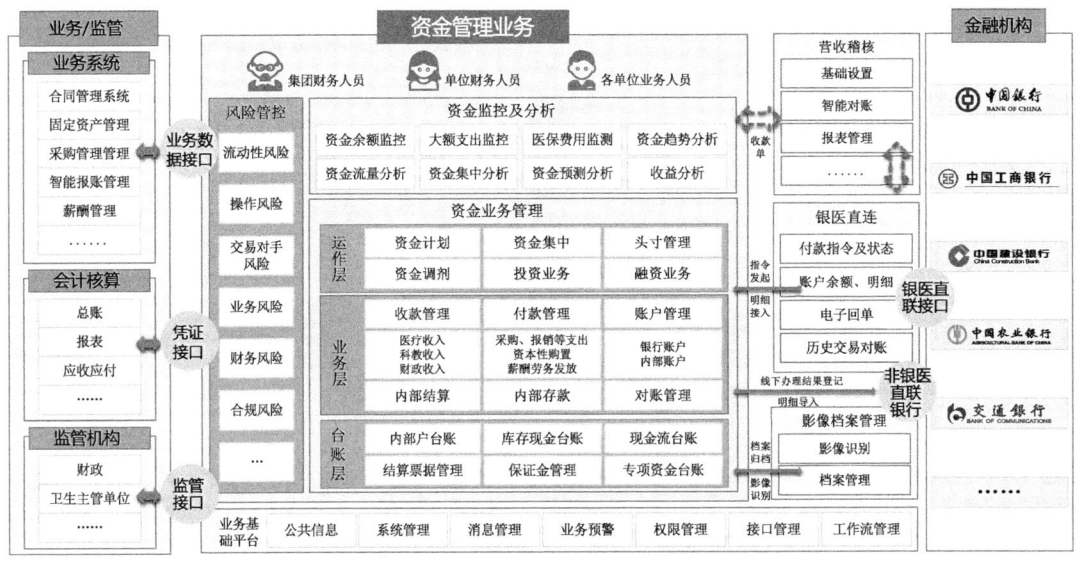

图 4-16　安徽省立医院集团资金管理业务框架图

1）资金账户

在集团账户方面,医院进行统一的全分级、全生命周期管理。为适应医院资金集中的管理的要求,进行总院及下属医院银行账户的全面管理,内容包括:合作金融网点管理、账户开销户操作、账户信息的变更、账户直连开通及账户相关登记;同时支持账户不同维度的查询统计,如账户信息、余额、明细查询,以及按金融机构、医院、归属地统计账户。

2）资金管理

在资金管理方面,资金系统以业务数据作为管理依据,支持自定义预警指标维护,采取对单笔大额资金支付限额、业务重复性检查、账户累计付款检查、大额存单的监控等手段,加强对业务潜在风险的提醒和预警;针对同一供应商、同一金额的付款进行提示,有效控制风险,防止重复付款,实现收款管理应收尽收,实现资金与医疗票据、财政票据、承兑汇票、增值税票的联动管理。

通过对集团资金从编制、调整,到控制、分析的计划、排程,加强了资金使用的计划性、准确性和规范性,降低了资金管控风险。集团资金池实现集团资金归集,在实际应用中,对门户、收支两条线、二级联动、代理行和集中监控等多种资金管理模式进行组合,实现资金管理体系中的多模式随意组合和多种模式自由切换,为各成员单位提供差别化的资金管理服务。

6. 绩效一根棒,激活组织活力

基于ODR的绩效考核与分配系统有效解决了医疗行业绩效考核数据来源、整合、准确、及时的问题,系统通过灵活、全面的核算单元和考核指标设计,以指挥棒的作用推动医院调结构、提效率、控费用、抓发展(见图4-17)。

医院绩效考核的整体思路是落实战略、全员参与闭环管理。一方面,绩效考核作为"预

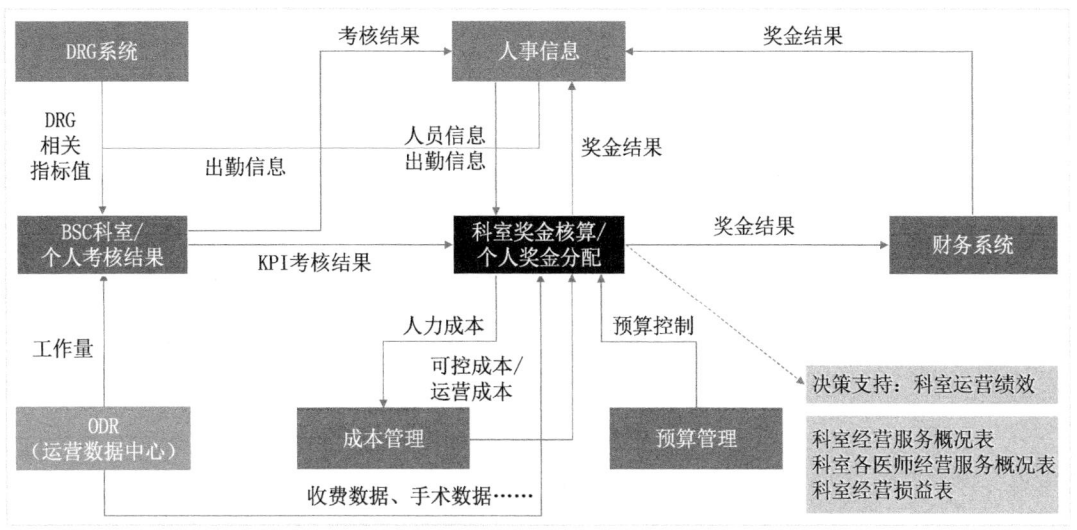

图 4-17　安徽省立医院基于 ODR 数据共享的绩效考核示意图

算管理—成本管理—绩效考核管理"闭环的关键一环,基于数据中台与预算管理、成本管理实现数据实时、同源、共享,有效解决绩效考核数据来源广、数据整合困难、数据不准确、不及时的问题。另一方面,绩效考核直接对医院年度经营计划进行指标量化,并将量化指标通过数据中台传导到日常运营管理活动中,以发挥绩效考核的指挥棒作用,促进医院年度经营计划的贯彻落实,最终促进医院战略目标达成。

　　该绩效考核系统具备精细化的核算单元设计,通过对方案灵活调整的支持和更加高效的模型运算,完成了全面预算管理模式下的绩效考核,支持医院诊疗组等具有医疗特色的管理模式,更为灵活、轻便、全面和实用。

　　站在医院运营管理的角度来看,绩效考核系统主要业务环节包括制定集团战略目标地图,绩效方案的制定与调整,绩效考核数据的采集,绩效考核以及绩效评价反馈。通常以绩效考核结果及评价反馈内容为依据,再对绩效方案进行优化,实现管理的闭环。上游衔接成本核算流程获取工作量等重要指标数据,下游与绩效奖金的绩效核算数据采集流程打通,为奖金发放提供 KPI 数据。绩效考核是完善预算管理的关键。一方面,只有结合有效的绩效考核,才能将预算编制、执行、调整、分析等环节落到实处,确保预算管理工作顺利实施;另一方面,通过绩效考核,将职工的经济利益与预算执行情况挂钩,形成责、权、利相统一的责任共同体,最大限度地调动全员参与预算管理的积极性。

　　绩效考核审核完成后,系统根据设置的绩效报告模板生成绩效报告。职能科室(学科办、医务处等)可对所管理的各科室的绩效报告进行评价,被考核科室针对绩效报告及评价内容进行反馈,并针对评价制订改进计划,职能科室可跟踪查看改进计划的完成情况。

7. 智能分析,数据赋能运营管理

医院运营监测是以 ODR(运营数据中心)为基础,以医疗服务为主线,在一定资源配置下,对资源配置、费用控制、收治病种、医疗服务和经济效益等方面,进行多维度、全方位的监测与分析,实现对相同资源投放下的医疗效率与经济效益的综合效能分析,支撑形成科学化的资源配置体系,助力医院精细化、高效运营(见图 4-18)。

图 4-18 安徽省立医院运营管理智能分析与监控体系

医院建立了经济效益、医疗效率、资源效能等合计超过 400 项指标的分析体系,其中:

(1)经济效益分析以杜邦分析为模型,实现对标分析,横向对比多院区收入趋势以及多级科室服务效率与资源配置。

(2)医疗效率分析重点分析时间效率(平均住院日、术前平均住院),费用效率(门诊次均费用、住院例均费用)等重要服务效率指标,指导医院优化流程。

(3)资源效能分析在一定资源投放的基础上通过对服务效率与经济效益的分析,对收治的不同患者提供的医疗服务以及产出的收益进行横向对比,再通过院区、学科、亚专科、诊疗组等组织维度,年、半年、季、月等时间维度,同比、环比、占比、构成等分析方法进行全方位多口径的投入与产出的效能监测,来评定资源投放的合理性,并进行科学化的资源配置调整,最终形成资源配置与效能监测体系,服务医院精益、高效运营。

医院运营监测与分析主要服务于决策角色与执行角色这两类角色,在不同的职责分工与管理层级下,各角色关注重点不尽相同。智能财务以各层级的决策角色、执行角色分析主题及应用设计,满足决策、执行、监督等多部门的运营管理需要(见图 4-19)。

以日常运营监测为例,针对医疗服务年度运营目标指标,以及其他需要纳入日常监测范围的医疗服务指标,运营管理部门主管领导,通过实现实时、动态、可视化地观察数据指标变化,通过按组织维度的逐层分析,通过各类分析方法清晰定位问题所在,最终通过关联指标的分析找到并佐证可能的原因,形成并积累不同问题的解决路径。运营监测系统可针对医

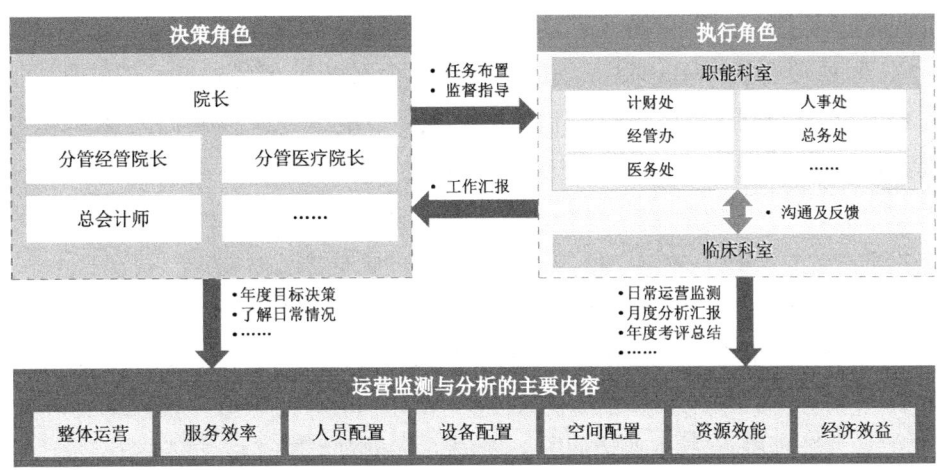

图 4-19　安徽省立医院不同管理视角的分析体系

疗服务关键指标,设置绝对值阈值、波动范围值、目标值、预算值等,在指标分析过程中进行清晰对比,快速定位问题指标;针对部分关键指标,系统提供穿透分析的路径,实现对异常指标的逐层穿透;系统运营管理驾驶舱功能,可实现医疗服务指标数据的大屏展示,实现实时、动态、可视化的监测。

　　整体上,系统通过多维交叉分析,全面透视业务变化,借助在线分析技术和动态可视化大屏技术,满足各级管理部门的管理需要。财务部门和运营融合能更多为运营管理创造价值,实现在现有资源配置下,经济效益与社会效益的双赢。

(三) 智能技术及其产品的选择

1. 系统架构

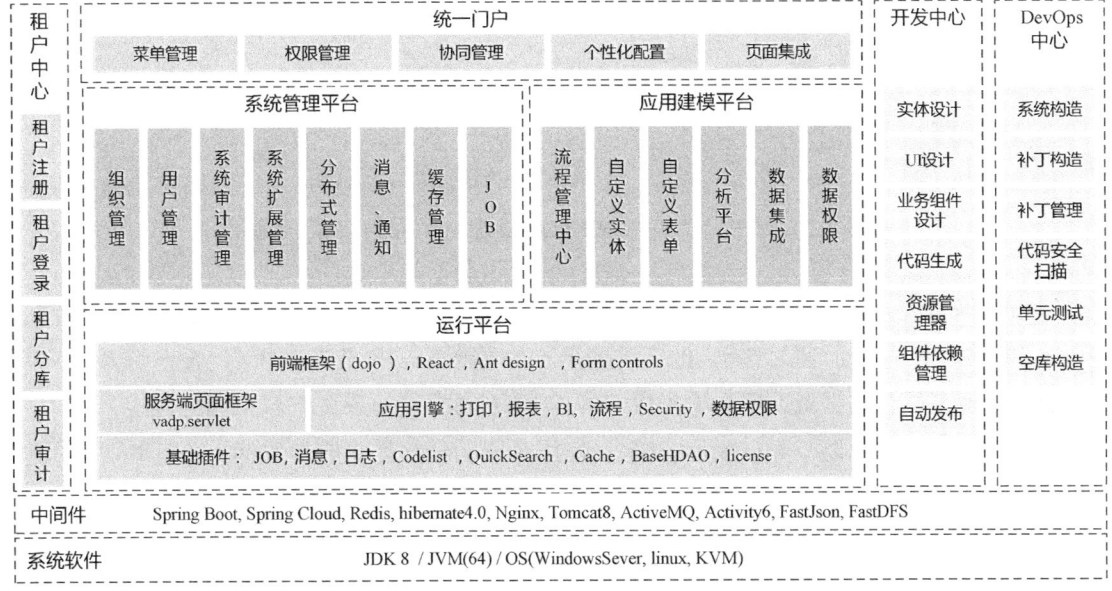

图 4-20　安徽省立医院运营管理系统整体技术架构

在系统架构方面,如图 4-20 所示,项目组采用可扩展的微服务架构体系,支持表单引擎、报表引擎、流程引擎、规则引擎、打印引擎等核心技术能力,系统扩容 6 个超融合节点,部分试用 K8S 容器化部署,实现高并发高性能;集成多个供应厂商,实现高内聚、低耦合;集成中间件采用 ODIN Next 数据引擎,集 ESB、ETL、数据集成服务为一体,满足医疗机构复杂多样的数据服务场景;建立主数据建模、分发、动态调整机制;数据集成平台,完成业务流程集成、数据分发共享,融合数据中台、技术中台、业务中台的部分职能,打造医院专属运营中台。

在安全方面,项目组进行基础架构总体安全规划,利用双机热备、容器集群化实现容灾。基于财务域、物资域、事项域、综合域等各业务数据方案,构建 ODR(运营数据中心);进一步基于运营数据中心,建立安徽省立医院综合运营分析指标数据集,支撑起医院运营监测体系。

ODR(运营数据中心)技术架构如图 4-21 所示。针对安徽省立医院主数据管理目标,构建"一个主数据管理体系 + 一个主数据平台",制定适合医院现状的主数据运营模式,建立主数据管理体系、制定主数据标准规范、形成主数据管理流程和制度、搭建主数据管理技术体系。

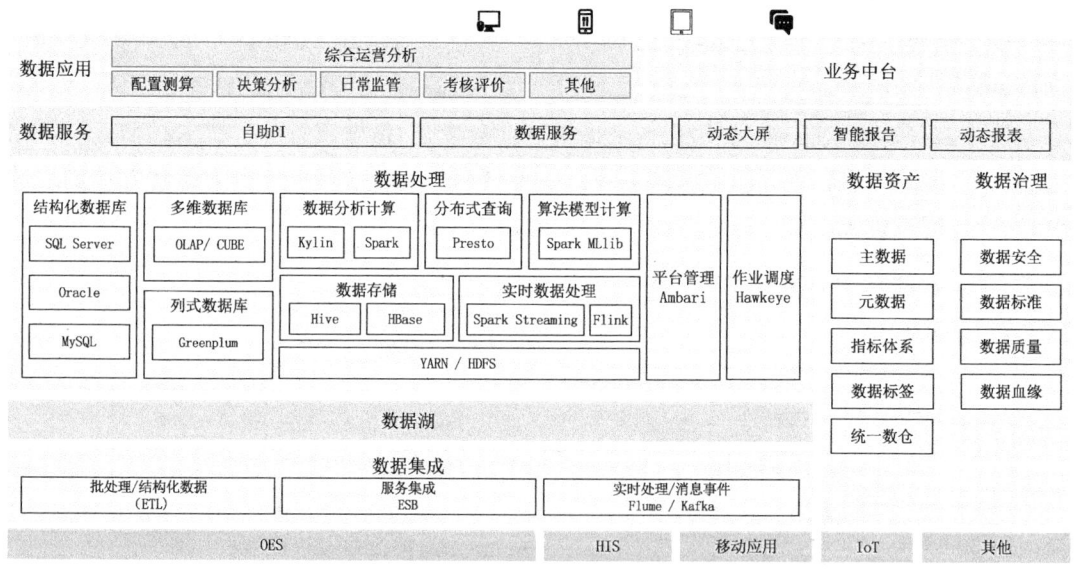

图 4-21　安徽省立医院 ODR(运营数据中心)技术架构全景图

以数据集成为例,数据集成平台采用服务集成、数据集成等方式,使用同步、异步通信手段,支持数据批量移动、实时移动,把医院的异构的数据源以及业务系统(包含遗留系统)连接起来。对于异构数据源采用数据集成方式;对于不同类型的系统有着不同集成接入方式,服务驱动的应用系统以服务集成形式接入;非服务驱动以数据集成形式接入,遗留应用系统则通过定制的适配器完成。

数据集成是以产品形式支持,服务集成、消息集成或自定义适配器等则是以解决方案支持。主要功能包括:

（1）数据采集：支持多种数据源采集包括 Oracle、SQL Server、MYSQL，同时也支持文件采集和文件导入；支持业务数据按照日期字段进行增量采集。

（2）数据处理：对数据进行值的处理、去重、过滤和数据标准化；内置常用的数据处理函数，同时也支持自定义函数的使用。

（3）数据输出：把直接加载或通过视图配置与自定义 SQL 视图配置实现数据结构变换后，把数据加载到数据仓库或者目标系统数据库中，供目标系统消费使用。支持数据输出到 Oracle、SQL Server、MYSQL，同时也支持数据输出成文件。

（4）定时任务：支持通过界面配置定时任务，配置数据 ETL 流程，并自动定时执行 ETL 流程。

（5）全链路监控：对数据 ETL 流程进行的任务、系统消耗的资源进行监控，并记录下详细信息，失败的任务进行报警。

2. 智能技术及其产品选择

大数据时代，医院需将云技术、大数据技术与信息系统结合，做好内部综合框架结构优化，建设信息化系统。医院信息化转变具体表现为基础框架构建、集成平台系统搭建、多样化终端建立，借此实现医院信息服务功能最优化。

在智能技术应用方面，如图 4-22 所示，OCR 票据实现智能采集、票联报账、自动三单匹配；RPA 机器人完成医保异构系统数据采集、智能对账；NLP 实现智能语义、智能提取、审核、比对；同时，提供覆盖患者、医保、商保、医院、银行、供应商的区块链基础服务，支持预交金智能结算、电子票据获取。

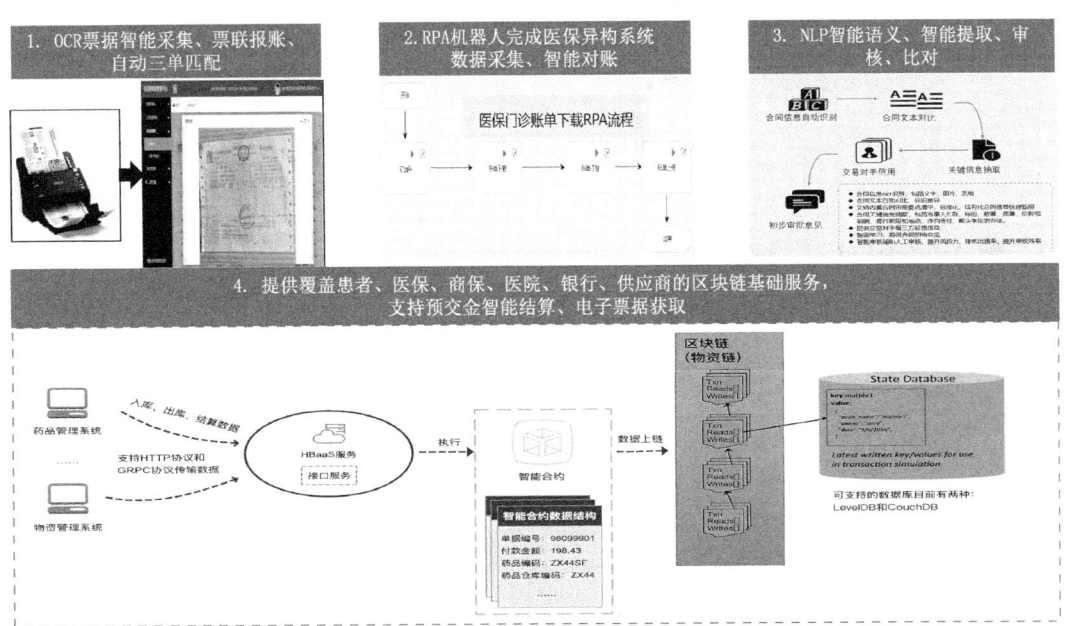

图 4-22　安徽省立医院智能技术应用示例：OCR、NLP、RPA、区块链

以全业务报账系统为例，安徽省立医院借助 OCR、RPA 智能技术，内置内控规则与规范,提升运营效率(见图4-23)。

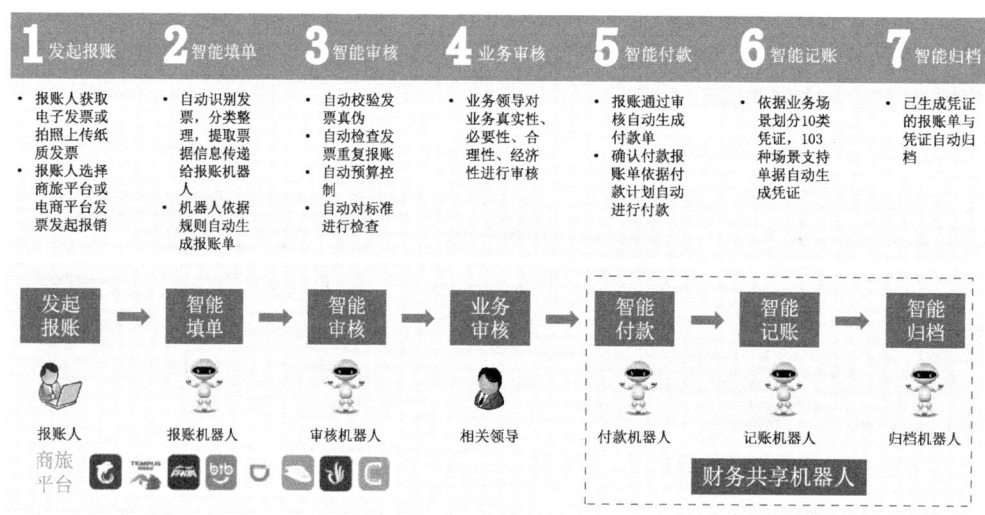

图4-23 安徽省立医院借助OCR、RPA智能技术,助力全业务报账

(四)相关部门和人员投入情况

安徽省立医院基于ODR的医院智能财务与运营管理信息化建设项目成立了联合管理组,构建了多方协同的组织保障体系(见图4-24)。

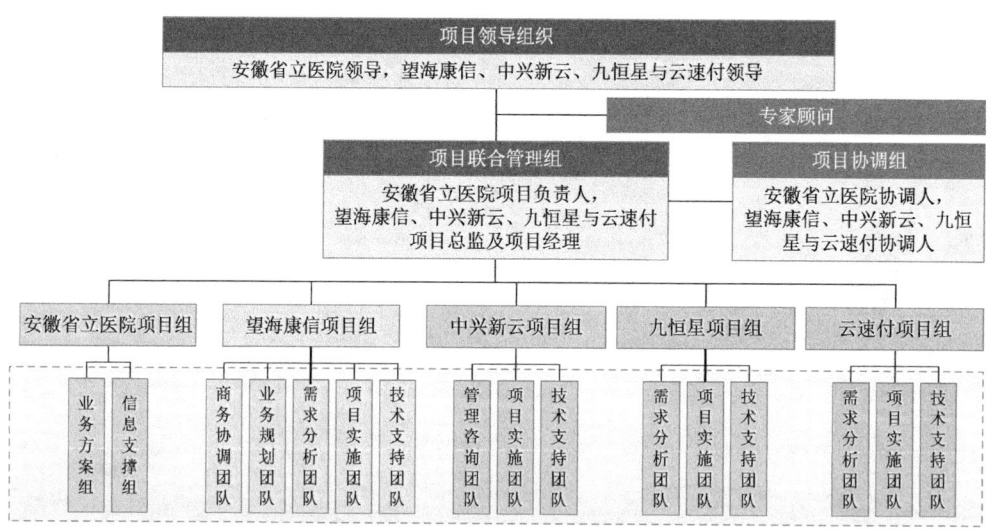

图4-24 安徽省立医院智能财务与运营管理信息化建设项目联合管理组

(五)实践中遇到的主要问题和解决方法

1. 主要问题及解决方法

1)统筹信息系统建设,解决信息孤岛现象

安徽省立医院各类信息系统由不同部门分别建设,存在信息孤岛现象,加之医院行业的特殊性和经营的复杂性,存在大量相对独立的业务系统。因此,要满足医院对及时性、融合性、规范性、集团化、便捷性的管理要求,必须统筹信息系统的建设。

安徽省立医院智能财务建设根据业务现状进行顶层方案设计,在此基础上推动各系统的落地实施,将 HERP 系统升级为医院高效运营管理系统(Operation Effective System, OES),依据财务相关性的强弱,分阶段进行建设:

首先,完成会计核算系统、电子影像系统、电子报账系统、预算管理系统等财务强相关系统的建设,改变传统线下操作模式,将纸面凭证转化为电子单据,实现凭证自动生成,有效提升了财务的处理效率,提高了财务流程质量。

其次,在此基础上,进一步搭建资金管理系统、银医互联系统、电子档案系统、营收稽核系统等财务相关信息系统,业务处理的过程自动触发财务处理,实现各系统的业务集成和数据共享。

最后,搭建商旅系统、税务管理系统、合同管理系统、内控管理系统等信息系统,从而全面促进业财深度协同,数据一点录入,全程共享,实现智能财务处理。

2)减少手工操作,实现财务业务处理智能化

手工操作繁多是医院财务处理效率低下的主要原因。智能财务建设中要尽可能地减少手工操作,实现全面的非接触式线上交易,如员工的自助费用报销、领导移动端审批、管理层自助式报表输出等,进而实现财务业务流程的全面自动化和智能化。

安徽省立医院智能财务建设,通过凭证电子化、票据影像化、移动实时审批、银医直联等实现了集团信息化报账新体验;通过内嵌统一的报表模板、入账规则等实现了内部抵消自动化、财务对账智能化;将预算编制延伸到业务前端,实现了预算从集团、医院到归口科室、业务科室的逐级管控;通过建立资产管理平台,实现了资产的统一管理、集中调配,形成了内部财务协同处理。

2. 经验、教训与注意事项

数据是"大智移云物区"时代下的新型生产要素,可以赋能医院价值创造和管理提升。财务部门是医院天然的数据中心,记录着所有的交易行为和信息往来。但传统财务将交易行为不断压缩,经过"交易—原始凭证—记账凭证—明细账—总账—会计报表"的层层压缩,损失了数据价值,直至成为最小数据集。财务部门要从最小数据集向大数据转变,聚焦数据的分析、预测和预警,成为医院的"数字神经网络",向财务的数字化转型。

智能财务借助现代信息技术的应用,在数据处理方面优势显著,具备更广泛的数据采集能力、更强大的数据分析能力,用可视化的方式支撑领导层做出最优决策。具体包括:

(1)数据采集:利用大数据、物联网、API 等技术实现医院内外部信息数据的汇集,包括业务数据、财务数据、资金数据、外部数据等,搭建医院内外部协同的生态网络。

(2)数据分析:从医院经营决策的需求出发,通过数据建模,对海量数据进行价值挖掘,以实现价值分析、风险管控、信用评估、预算管理等。

(3)数据可视化辅助决策:数据分析结果用可视化的方式呈现,让使用者能够更加直观地感知数据内在价值,形成数据洞察,以支撑管理层做出科学的判断和决策。

三、实践成效与未来展望

(一)实践成效

1. 智能财务带来财务效率的极大提升

智能财务重新定义了财务处理流程,通过财务信息化统一平台的建设,将原先分散的线下流程转变为标准统一的线上流程,实现了数据标准化、业务自动化,极大提升了员工体验和财务处理效率。

以医院智能报账系统为例,该系统的上线极大地缩减了财务人员填单、计算与录入等基础性工作量,推动了财务职能由账务核算型向更具价值的业务财务及战略财务转化。如图4-25所示,以前1笔报销至少需要员工往返3次,只能做到单笔、定时、定点提单、复核、审批,平均历时15天;现在无须往返,多笔报销可以实现移动、随时、随地提单、批量复核、审批,最快历时仅需20分钟。

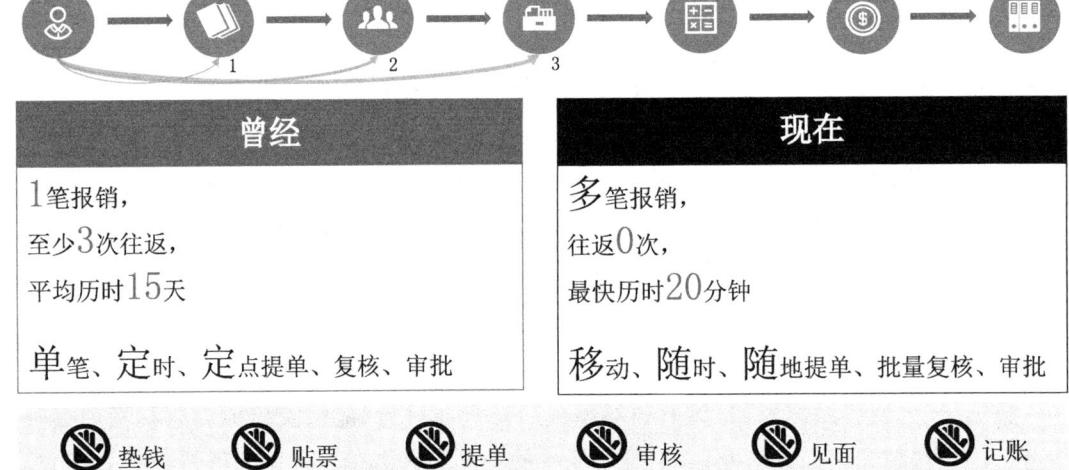

图4-25 智能财务实践成效:数据多跑腿,员工少跑路

2. 智能财务促进医院业务的标准化、规范化建设

以全面落实医院内控为例,2015年,《财政部关于全面推进行政事业单位内部控制建设的指导意见》(财会〔2015〕24号)等文件,推动各级各类行政事业单位开展单位内部控制建设工作。

安徽省立医院通过建设智能财务,有效防范和管控医院的内部运营风险,建立健全科学有效的内部制约机制(见图4-26)。2021年1月,国家卫生健康委会同国家中医药局联合印发了《公立医院内部控制管理办法》(国卫财务发〔2020〕31号),强调公立医院要进一步强化内部控制,有效防范风险,保证医院资产资金安全,提高资源配置和使用效益,建立起维护公益性、调动积极性、保障可持续的运行新机制。

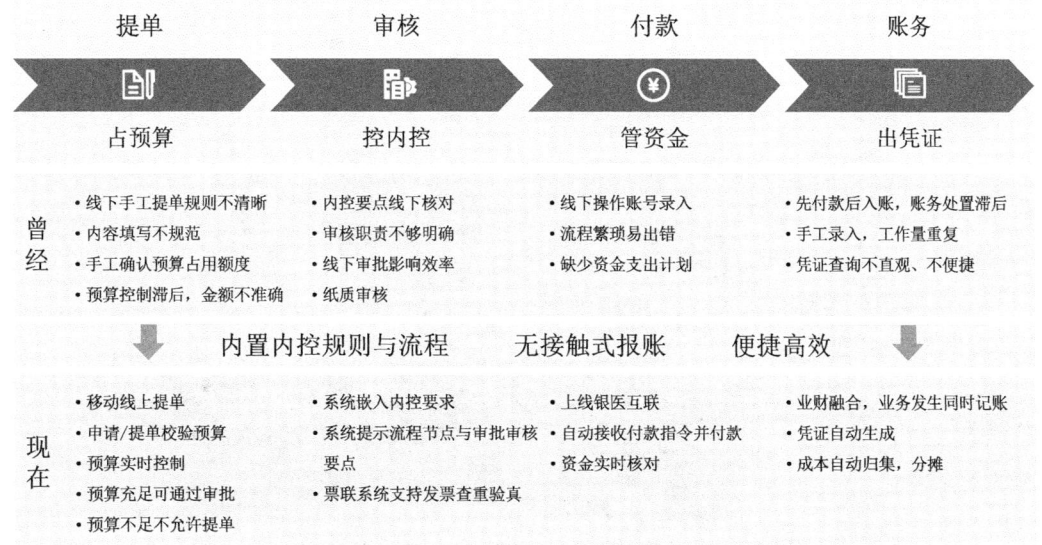

图 4-26　智能财务实践成效：看不见的财务，借助信息化全面落实内控

3. "多触角式"深入业务，业财数据深度融合

医院通过智能财务与运营管理信息化建设，从医教研防各业务信息系统中抽取用于支持运营管理决策的相关数据，经过清洗转换形成运营数据仓库，为运营数据分析展示和运营决策模型构建提供依据。财务信息系统与 OA、人事、科研、教育、物流、药品、合同等业务系统的打通，增强了财务的数据采集能力，实现了财务数据和业务数据的实时交互，从原先采集少量财务所需数据，转变为实时采集业务经营多维度数据，释放了数据价值，深化了业财融合。

医院借助运营数据中心建设，整合各业务子系统数据，为决策提供系统数据信息；针对数据规范和代码进行标准化制定，实现医疗业务、财务信息和管理信息资源的开发规范及使用；挖掘财务和业务信息价值，避免政出多门、数出多源、口径不一致、数据不匹配的情况发生。

以智能会计核算为例，医院通过 ODR 服务，实现了业务系统数据的共享与交换；通过凭证中心，会计凭证自动生成率超 90%（见图 4-27）。

4. 科技赋能推动医院数字化转型与高质量发展

在项目实施阶段，医院建立项目联合管理组、构建多方协同的组织保障体系，建立全程、全方位规范、灵活的项目沟通协调机制，保证项目按既定航向前进，在项目推动上创新采用 OKR 目标管理法，保障项目按质按量完成。

以智谋管，以财为核。财务与运营信息化建设项目助力医院在国家三级公立医院绩效考核全国排名第 31 名，等级 A + 。这一成绩的取得来之不易，未来医院将持续发挥财务信息化建设的重要作用，助力医院高效运营。

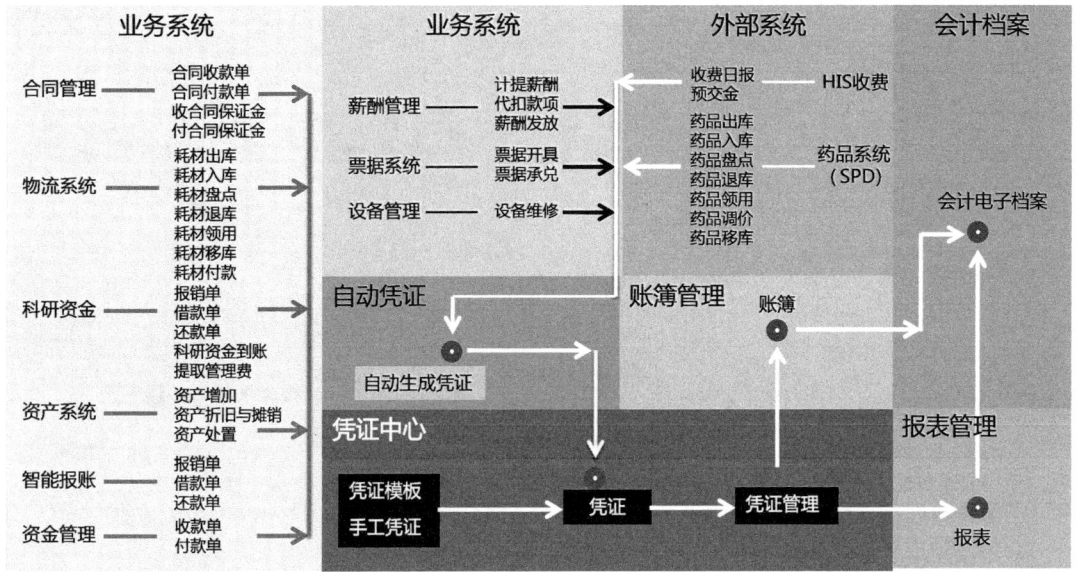

图 4-27　智能财务实践成效：智能会计核算实现会计凭证自动生成率超 **90%**

（二）未来展望

1. 仍需进一步达成的建设目标

如前所述，安徽省立医院于 2019 年启动财务共享、资金平台、智能财务项目，一期以财务建设为核心，包括费用保障、资金核算、收支、资产、预算、报表、薪酬、电子档案等方面，目前仍在进行二期建设。

在项目的深化建设过程中，项目组将在完善现有系统的基础上，进一步发挥 OES 系统平台在基础数据管理、数据互通互联、集中共享、业务规范处理、业务融合一体化构建等方面的支撑作用，推动合同管理、科研管理等其他系统的建设，加快推进安徽省立医院的横向一体化、纵向精细化管理，持续助力医院的精益运营。整体上，二期已经突破财务边界，涉及医院成本、物资、人力、绩效、采购、合同、科研、教学等方面。

2. 未来智能财务发展规划

数据是智能时代的基石，数据分析与应用将是财务人的核心能力。财务管理也已步入了智能财务 4.0 时代。财务工作的重心将从核算过去转变为管理未来，从基于历史数据的传统财务全面转型为基于未来预测数据的现代财务。

（1）智能财务、运营管理系统与数据中心强强联合，实现资源全流程管理。主要围绕人力、财务、物资、基础运行、综合决策等五大领域，医疗、医保、药品、教学、科研、预防等六大事项，迭代升级医院的人力资源管理系统，资金结算、会计核算、预算管理、全成本管理、审计管理等财务系统，绩效考核系统，物资用品管理系统，采购管理系统，制剂管理系统，资产管理系统，内部控制、项目、合同、科研、教学、后勤等管理系统，以及基础平台和运营数据中心等。

（2）促进互联互通，实现业务系统与运营系统融合。项目将依托信息平台，加强信息系统的标准化、规范化建设,强化数据的协同共享,在实现临床与管理系统间的互联互通的同时,通过信息系统应用完成原有工作流程的重新梳理及再造,让信息多跑路,实现业务管理与运营管理的充分融合。

　　未来,数据将成为医院财务的核心资产。在新兴技术支持下,医院将通过对内外部数据的获取,整合相关的海量数据,从数据规划、采集,到数据治理,应用先进的算法和模型,利用高级分析等信息技术,挖掘出对决策有价值的信息。智能财务将转型成为医院的大数据中心,并在科技赋能下继续推动医院数字化转型。

参考文献

[1] 操礼庆,赵昕昱,张泽云.基于内部控制的医院智能报账体系建设[J].会计之友,2020(08):131-136.

[2] 操礼庆,赵昕昱.智慧财务——构建高效医院集团化管理一盘棋[J].中国质量,2020(11):25-27.

[3] 操礼庆.基于 ODR 的医院智慧财务与运营管理信息化建设[N].中国会计报,2021-02-05(013).

[4] 普华永道.智慧财务驱动企业变革与转型[R].2019.

[5] 佘磊.基于 HRP 的公立医院管理会计体系建设研究[J].会计之友,2020(16):38-43.

[6] 张泽云,操礼庆.公立医院预算绩效评价体系构建研究[J].卫生经济研究,2021,38(01):66-68.

[7] 赵小青,孟德浩.云计算与大数据时代医院信息化的转变分析[J].科技风,2020(12):112.

[8] 赵昕昱,操礼庆,操乐勤,等.安徽省立医院智慧财务建设实践[J].财务与会计,2020(05):58-61.

雅居乐集团"基于财务中台的智能共享新财务"建设案例

■ 许　力　雅居乐集团控股有限公司财务中心总经理
苏　获　雅居乐集团控股有限公司财务中心财务总监
吴忠生　上海国家会计学院副教授、硕士生导师

■ 财务中台　智能共享
智能财务　雅居乐

本案例首先对雅居乐集团所处行业及自身情况进行了简要介绍,针对因集团业务多元化的发展及业务由低频次交易转变为高频次服务的趋势而面临的诸多挑战:如人力成本增加、管控难度加大、业务复杂程度不断提升,快速运作需求加紧及业务支持有限、财务共享中心的日常运营过程中出现的人员频繁流动及如何促进作业快速提质提效等的问题,围绕该集团财务共享服务中心"基于财务中台的智能共享新财务"的动机、目标、具体建设规划和建设历程进行了阐述。同时本案例也描述了集团共享中心建设迄今为止所取得的成效以及未来展望。最后,本案例总结了雅居乐集团"基于财务中台的智能共享新财务"建设案例的示范意义,以期能够为其他企业提供良好的建设经验。

一、案例背景

（一）案例单位简介

雅居乐成立于 1992 年，是一家有历史、有实力、多产业的大型综合性企业集团。经过 29 年的发展，雅居乐形成了地产、雅生活、环保、雅城科技、房管、资本投资、商业管理和城市更新的八大产业格局。

雅居乐旗下拥有两家上市企业。雅居乐集团控股有限公司（股票代码 HK3383）与雅生活智慧城市服务股份有限公司（股票代码 HK3319）已分别于 2005 年和 2018 年在香港联交所主板上市。雅居乐股份自 2005 年于中国香港联交所主板上市，现为恒生综合指数、恒生综合中型股指数、恒生港股通指数、恒生沪深港通大湾区综合指数、恒生沪深港中国 500 指数、恒生高股息率指数、恒生中国高股息率指数、摩根士丹利中国指数及力宝专选中港地产指数的成份股。

截至 2020 年 12 月 31 日，集团总资产规模超过人民币 3 000 亿元，净资产超过人民币 700 亿元，下属公司 1 600 多家，业务覆盖国内外 200 多个城市，拥有员工 63 000 人。

1. 八大产业集团简介

1）地产

雅居乐地产是中国颇具实力的房地产开发商。发展迄今，雅居乐地产已于逾 80 个城市及地区拥有逾 250 处人居典范项目。

2）雅生活

雅生活集团业务涉及物业服务、资产管理、公共服务、城市服务和社区商业，下设华南、海南、华东、西南、华中、西北、华北七大区域。目前，雅生活集团合约面积已突破 7 亿平方米，在管面积突破 5.5 亿平方米，服务团队超过 55 000 人，服务业户超过 300 万人，服务项目超过 3 200 个，覆盖全国 31 个省、直辖市、自治区。

3）环保

雅居乐环保集团秉承"净美家园 乐活一生"的企业愿景，践行"一核四驱 N 翼"发展战略，深耕危废处置，择优布局能源发电、生态产业园、环保水务、生态修复领域，紧密关注环保装备制造等轻资产业务板块。

4）雅城科技

雅居乐雅城科技集团承载三十余年精益匠心，构筑智慧装饰家居、大基建、绿色生态景观服务三大主营业务。传承至今，雅居乐雅城科技集团已成为绿色生态人居服务商。

5）房管

雅居乐房管集团聚焦品牌、管理和资金赋能，向市场提供全流程高品质代建服务。截至 2020 年 12 月 31 日，已在粤港澳大湾区、长三角、成渝、京津冀等重点城市群打造了一批多方共赢的标杆项目，储备货值超过 1 100 亿元。

6）资本投资

雅居乐资本投资集团始终坚持"资本＋实业＋投资"的业务模式，持续优化业务结构，以资产管理型投资提升创利能力。

7）商业管理

雅居乐商业集团定位城市商业资产运营服务商,旨在开创行业领先的全产业链管理平台,旗下四大板块:商业管理、酒店管理、高球管理和资产管理,涵盖集合式商业、开放式商业、高端国际酒店、高尔夫等业态的商业综合体投资、运营和资产管理。

8）城市更新

雅居乐城市更新集团始终坚持"城市更新综合运营商"定位,依托雅居乐多元产业板块优势,聚焦粤港澳大湾区,深入华北及中原地区,业务涉及旧村改造、旧厂改造、旧城改造及棚户区改造。

2. 行业地位

(1)地产板块 2020 年预售金额 1 381.9 亿元,雅居乐地产板块 2020 年预售额为 1 381.9 亿元人民币,稳居千亿阵营。

(2)雅生活集团位居 2020 中国上市物业服务企业综合实力 TOP2,为中国物业服务百强企业第 4 名。

(3)雅居乐环保集团危废处置业务资质规模超 350 万吨/年,拥有超 1 900 万立方米的安全填埋场库容,位居行业前列。

(4)雅居乐雅城科技集团在中国同时提供绿色生态景观及室内装饰服务的公司中排名第四。

(5)雅居乐房管集团被中国房地产 TOP10 研究组、中国指数研究院授予 2020 中国房地产代建运营引领企业(TOP2)荣誉,入选观点指数研究院"2021 年中国房地产代建管理 TOP10"榜单。

目前,雅居乐集团对旗下多元化业务的未来发展满怀信心,在充满挑战的市场环境中,稳步推进整体业务的可持续发展。

(二)基于财务中台的智能共享新财务的建设动机及目标

1. 基于财务中台的智能共享新财务的建设动机

伴随集团业务多元化的发展及业务由低频次交易转变为高频次服务的趋势,雅居乐集团面临着诸多挑战:譬如人力成本增加、管控难度加大、业务复杂程度不断提升,快速运作需求加紧及业务支持有限等。同时,财务共享服务中心的日常运营过程中也遇到了人员频繁流动及如何促进作业快速提质提效的问题。为此,雅居乐积极推进"基于财务中台的智能共享新财务"建设,努力打造智慧型企业:一是降本增效、增收减支;二是优化流程、提升效率;三是严控风险、科学管控。

财务共享带来价值的同时,也伴随着系统的风险。雅居乐集团财务共享服务中心由于连接的财务相关系统较多,各个 IT 系统之间通过开发一个又一个接口将各种系统通过接口进行集成,形成蜘蛛网状态,很容易导致各种问题层出不穷。每个接口都需要开发,不仅开发成本过高,而且由于开发人员和技术人员不一样,容易造成规范差、稳定性差的问题。同时,由于几十上百个接口独立运营,也会产生无法统一管理和监控等问题。特别是每个产业板块都用一套不同的 ERP 系统,这更是财务共享建设过程中非常大的难点。

2. 基于财务中台的智能共享新财务的建设目标

财务共享服务中心将帮助雅居乐集团通过财务管理结构的调整及优化,逐步降低财务人力成本,提高财务运作效率,防范财务风险,最终实现"向创新求突破,向管理要效益,做稳财务"的财务发展目标。雅居乐财务共享服务中心以三大中心为目标:会计智能核算中心、财税大数据中心及自动化卓越创新中心(COE),以先进的 IT 技术为手段,并通过标准化且高效的服务来促进雅居乐集团"1+N"战略的有效落地。

二、案例具体实践

(一)雅居乐基于财务中台的智能共享新财务建设历程

雅居乐集团财务共享服务中心的建设历程相对较短,从 2018 年年中至今,历经 3 年,已基本实现了"基于财务中台的智能共享新财务"建设,这也体现了雅居乐务实和高效的企业文化。在控股公司管理层的大力支持以及各个产业集团的协作下,目前整个项目正在有力有序地推进。因此,雅居乐集团财务共享中心建设的快速高效执行或可成为企业建设智能财务的一个参考范本。

以下是雅居乐共享中心"基于财务中台的智能共享新财务"建设的总体历程(见表 5-1)。

表 5-1 雅居乐基于财务中台的智能共享新财务建设历程

发展阶段	核心工作	推进成果
起步期 2018 年 7 月 3 日至 2018 年 12 月 30 日	项目启动及选型	控股财务中心牵头成立财务共享中心筹备小组; 启动财务共享咨询及系统平台招标
	财务共享服务中心 初期人员到位	财务共享服务中心初期各职能组管理岗人员到位
	完成财务共享咨询	完成财务共享服务中心建设咨询(财务共享业务流程、权责分工、管理制度、信息系统、智能应用等规划)
	财务共享平台开发	完成共享平台系统功能开发(试点)
成长期 2019 年 1 月 1 日至 2019 年 12 月 31 日	智能费用报销全 产业上线	完成 8 大产业集团费用报销业务上线; 通过智能付款、影像扫描及传输,实现发票全票面信息的自动稽核,并达到了自动校验重复和真伪的效果
	启动财务中台规划	启动数字化财务中台规划,并出具规划方案及数据中台技术方案
	地产集团全核算业务 全国上线	完成地产集团全核算全国上线,覆盖 300 多家全资公司及联合营公司
	费用报销智能 机器人客服上线	应用智能机器人客服,实现费用报销 7×24 小时在线指导及查询,减少人工操作
	启动财务中台开发	供应商选型及启动财务中台开发
	地产集团智能财务 全国上线	利用 RPA 等技术实现应收楼款与实收楼款实时核对、智能退款、售楼流水码自动认领等十多项自动化应用场景
	无人值守机器人及机器人 编排平台上线	实现新建财务账套、系统授权、自动对账、自动结账等无人自动化操作

(续表)

发展阶段	核心工作	推进成果
突破期 2020年1月1日至今	地产集团财务中台上线	推广应用财务中台上线(费用报销、税金核算、应收、应付)
	启动财税大数据平台上线	应用财税大数据平台,实现可视化分析及展示,并实现了核心指标数据的预警提示
	雅城集团财务中台上线	推广应用雅城集团财务中台上线,覆盖100多家全资公司
	启动跨境资金池及跨境结算	启动跨境资金池及跨境结算项目
	卓雅集团财务中台上线	推广应用卓雅教育集团财务中台上线,覆盖240多家全资公司
	启动其他产业集团财务中台上线	推广应用其他产业集团(商业、环保、房管、资本等)财务中台上线

1. 起步期(2018年7月3日至2018年12月30日,历时6个月)

起步期:以前瞻性的科学规划为基础,以费用报销业务的快速上线推动财务共享服务中心的有效运作。在这一阶段,雅居乐主要上线了传统的费用报销模块,从最简单的业务入手推进财务共享,并快速覆盖8个产业集团及上千家公司。

2. 成长期(2019年1月1日至2019年12月31日,历时1年)

成长期:以智能IT技术为手段,以产业集团为单元开展全核算智能共享。在这一阶段,雅居乐对旗下8大产业集团及合作公司分别上线了全核算模块(包括应收、应付、总账、费用、资金和税金),不同产业集团采用不同的工序流程。同时,通过RPA、OCR、Tensorflow、电子签章等先进技术实现了智能财务应用。

3. 突破期(2020年1月1日至今)

突破期:以财务中台为载体,以业务模块为单元进行全核算整合。目前,雅居乐正在步入财务共享创新深水区,通过搭建"财务中台",全面打通各产业业务壁垒和财务核算壁垒,以业务模块为单元整合各行业业务,横向打通,纵向到底,极大提升了业务处理效率。

目前,雅居乐集团财务共享服务中心拥有超过150名全职员工,不仅为雅居乐集团八大产业集团及关联公司提供完整的、规范的财务会计服务,且作为自动化卓越创新中心(COE),财务共享服务中心也实现了数字化、智能化、自动化的业务处理。

(二)雅居乐基于财务中台的智能共享新财务建设方案

在建设财务中台前,雅居乐各产业板块已具备较为成熟的业务系统、财务系统,并且打通了业务、财务之间的数据接口。同时,也因为多年来持续使用财务系统来进行核算,财务规范化程度较高,已具备数字化核算的基础。目前雅居乐已全面应用了9大财务类信息系统(财务核算、固定资产管理、资金管理、投资管理、融资管理、合并报表、全面预算、税务管理、财税大数据分析平台等）、32 个业务系统（售楼系统、成本系统、工程管理系统、采购系统、SAP 环保生产系统、酒店系统、高球收费系统等）。同时，通过 430 多项 ESP 接口实现了财务系统与业务系统数据的有效集成，为下一步建设财务中台夯实了基础。

1. 雅居乐财务中台建设方案

在目前商业环境下，伴随移动互联、物联网技术的飞速发展，网络的链接可以到实时和点对点，总体的趋势是整个社会越来越碎片化，市场从大众越来越倾向小众化，用户越来越依赖线上化，迭代和更新速度越来越快速化。应对这样的市场趋势，经营面对市场实时调整、组织按需随时而变、运营高度依赖系统将成为企业管理的常态。

在这种情况下，快速灵活多变的业务前端和相对要求稳定的中后端管理就形成了矛盾。例如，传统的企业作业就是工业化时代的一体流水线作业，也就是对外商业活动从业务部门一直到财务部门、会计核算部门、报告部门就像在一条流水线上，这种设置方法是被原来的职能化部门设置所限制的。这样就很容易出现一个问题：业务处理的通道是一个线性的串联式作业模式，其中某一个环节卡壳或者堵塞就会导致后面环节全部停工待机，大家必须是相同口径、相同频率、相同节奏的作业，否则就会出现效率问题和资源浪费问题。

而像今天这样快速的商业环境不能再给我们提供这样的作业环境：客户的需求越来越个性化，是少量多频的，其需求不再是大批量化、均衡、稳定、可预测的，而是随机、灵活多变的；客观上要求企业的业务财务都要变成根据市场可伸缩可调整的。

要想实现这样的操作，构建财务中台就需要采用一种更新的作业组织模式，把水平化的职能制流水线作业改为以作业池方式运行的并行作业，将原有的一个大的职能部门拆分为一个一个服务动作，每一个动作或几个动作配置为一组，根据前端推动的业务量大小通过系统算法去调度资源，分配任务到个人完成作业。这样做的好处就是能够并行处理，快速响应业务的变化，弹性地部署资源，减少人工浪费，而且不会由于某个人或者某个岗位出现问题造成业务停摆。

传统的财务系统是基于关系型数据库构建的，常见的如 MS SQL Server\DBII\ORACLE 等，可以满足百万、千万级数据处理和应用。而处于这样的数字时代，财务部门需要处理的对象已经变成实时流变的、万物互联的、以 PB\EB\ZB\YB 为单位的数据，要想满足企业经营管理和数据分析的需要，依靠人工和传统办公软件来处理已经是不现实的了，所以财务工作就必须改变传统的以单证和汇总报表为核心的手工作业模式，要改为基于交易级明细数据为基础的相对自动化处理机制，人更多是做人机协同的管理工作。因此，要构建的财务中台产品必须是一个能满足大数据存储为核心的数据平台，基于此将业务交易级大数据和人工智能技术相结合，展开财务处理工作和财务分析工作，方能彻底解放人力、指导企业经营、提高企业盈利能力。

目前大部分企业其实已经完成各类基础信息化系统建设，具备数字化分析和处理的数据基础条件，之所以还存在"抱着金饭碗要饭吃"，还在依靠大量人工处理数据的情况，其主要原因还是现有系统在数据处理层面有着诸多限制。

财务中台响应时代对财务管理提出的新要求，采用全新处理思路，通过财务中台把财务工作还原为对"数"的操作,通过各类自动化工具极大简化财务,彻底提高效率。这才是财务系统未来该有的发展前景。财务向智能化的转变正是大势所趋。

传统模式下企业的经营活动会产生大量的业务数据,财务人员需要根据业务数据进行会计核算,并输出财务数据。通过这些财务数据,企业可以进行财务管理、财务分析、业务决策,但会计核算的工作量非常庞大,大多工作也比较基础、简单,可以被计算机替代。企业每年在基础的核算工作上会花费大量的人力资源,在更重要的财务管理、财务分析、业务决策上无暇顾及。为了解决此类问题,财务中台应运而生。

财务中台的复杂程度与企业业务数量和种类、内部数据交换频次和方式、整理与统一规则、业务流程,尤其是要实现的目的有关,并且与涉及的数据指标清晰程度、字段、维度、规则、逻辑数量有关。特别是财务共享中心依托的财务中台不仅要科学地解决业务数据的结构化问题,还要具备由一系列业务能力标准、运行机制、配置管理和执行系统构成的体系,提供能够使各业务快速、低成本构建和创新的能力。财务共享中心的中台可以对接入的流程和模式中的共性进行沉淀,形成可复用的能力。当财务共享中心有一项新的业务需要处理,则财务中台可以将沉淀的共性快速输出并进行相应的财务业务管理。财务中台还可以承担起大部分专业业务系统无法完成的业务财务任务,更好地辅助业务发展。

雅居乐财务中台的建设逻辑是将多元化板块的交易业务制定数据标准及自动化处理规则。通过 Hadoop、Hive、HDFS、DM、DW、OLAP 等数据库技术的应用,不仅将交易业务从数据层面进行了全面的结构化梳理、定义和清洗,还建立了大量的交易业务模型。例如,地产板块的收入类业务及成本类业务抽象后形成 189 项交易业务模型,40 项主数据维度、业务及财务数据颗粒化后达到 500 多项。以售楼业务为例,置业顾问在明源 ERP 系统记录房屋交易信息,该信息经过抽取和清洗后传入财务中台后将业务数据与管理会计有效融合。不管交易业务来自全资公司还是合作公司,甚至上市体系外的体外公司,都遵循一套数据结构标准,这样财务共享中心能够快速的为各类公司提供优质标准化的服务。同时,财务中台的应用也颠覆了传统的不同行业的交易业务需各自独立处理的情况,真正实现了跨行业交易业务的融合。

雅居乐财务中台采用的是主流的 JEE 流行成熟的开源技术框架构与技术平台,采用 JAVA 开发语言。

雅居乐财务中台支持各种前端应用接入,包括 App、小程序、企业微信应用、钉钉应用、web 应用、其他标准的 Restful API 接入的应用。

(1)API 网关:统一对外提供服务接口、提供对外的服务负载均衡处理、提供服务编排服务、提供限流与熔断处理。

(2)统一认证功能:网关统一认证、URL 级权限控制、支持 OAuth2.0 的四种模式登录、支持用户名、密码加图形验证码登录、支持手机号加密码登录、支持 OpenId 登录、支持第三方系统单点登录

(3)统一网关:API 网关的流行得益于近几年微服务架构的兴起,原本一个庞大的业务系统被拆分成许多粒度更小的系统进行独立部署和维护,这种模式势必会带来更多的跨系

统交互,企业或事业单位的业务 API 的规模也会成倍增加,API 网关(或者微服务网关)就逐渐成为微服务架构的标配组件。

(4)数据库技术采取了以下应用举措:

一是数据库查询索引。在系统中使用的搜索尽量能命中索引,我们对平台中的大量的条件数据查询进行索引处理,而组合索引的原则是偏左原则。

二是数据库读写分离。平台中的数据读与写进行不同的库的处理,系统的访问都是 20% 是写入,80%是读取。我们对数据库进行了集群后,可以实现数据库的读写分离,可实现一台数据库服务写入操作,4 台应用服务器实现查询操作,可大大减少数据库的响应时间。

三是数据归档。流程与单据的数据运行一段时间后,数据将越来越多,单表的数据会比较大,这时对数据的写入与查询都会造成很大的性能瓶颈。系统支持手工与自动的数据归档功能,允许隔一段时间进行手工的数据归档处理,以实现历史数据的批量转移。当查询时,需要查询历史数据关联可回历史库中查询,正在运行的单据与流程不会影响。

四是大数据 ES 辅助搜索。随着企业的数据越来越大,关系数据库的查询性能就会慢慢凸显出来,这时我们需要对历史的数据进行归档处理。平台实现了对数据定时迁移处理,可以把数据定时同步与归档至 ElasticSearch 服务器,该应用服务可以满足 PB 级别的数据快速查询。系统同时支持在线配置实现对 ES 服务进行查询配置,生成搜索管理界面的列表,以最终满足对大数据的搜索查询性能需求。

(5)应用拓展技术:财务中台可以通过不断增加应用服务器来实现应用的性能横向扩展,以满足应用上的功能的性能要求;同时也可以进行组件划分,把财务中台系统中的功能模块进行划分,如门户、单据、流程、组织架构均由不同的微应用构建;每个微应用可进行独立与集群部署,支持独立的应用数据库部署管理,以支持更强的性能要求(见图 5-1)。

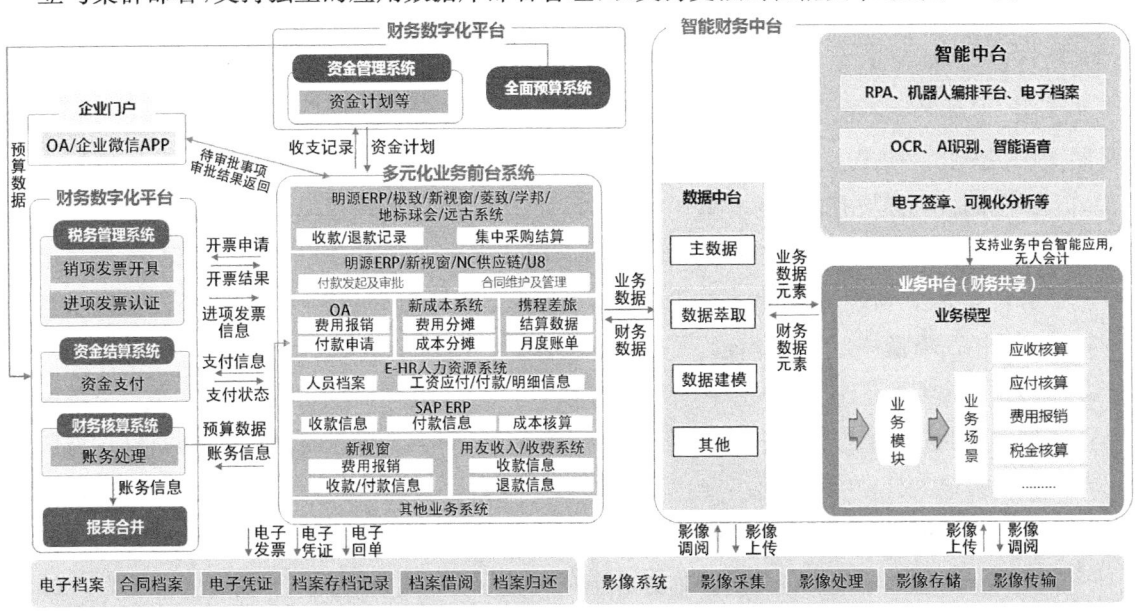

图 5-1 雅居乐"基于财务中台的智能共享新财务"数据结构

财务中台是符合 JEE 技术规范,整合大部分流行的开源成熟的技术,并且经过开源社区的不断验证,以支持企业不断变化的业务需求。系统采用了多层的代码结构,每层次的代码都有自己的规范,因此,可以保证开发系统的质量,同样可以应付不断变化的业务需求。整个系统的应用开发层次结构如图 5-2 所示。

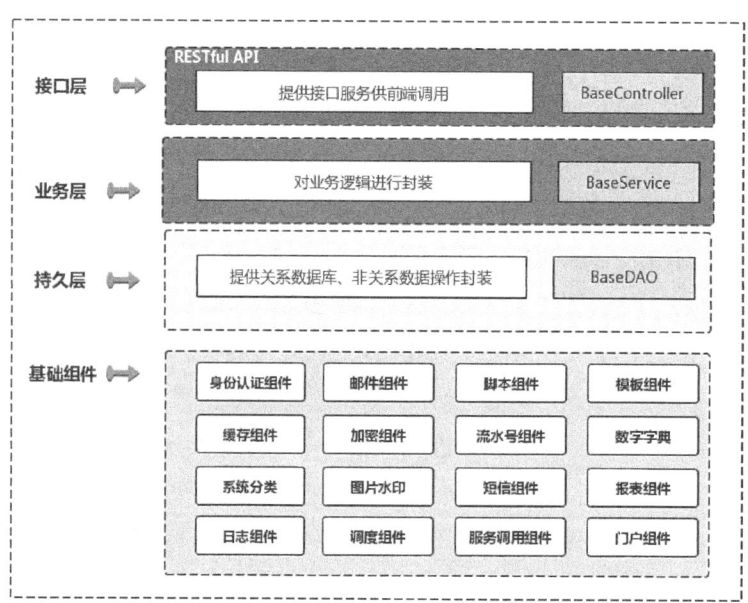

图 5-2 雅居乐"基于财务中台的智能共享新财务"技术架构

(6) 后端开发平台是基于核心框架(Framework)与开发框架 SpringBoot 构建的。后台用来定义整个开发框架的标准、插件、基础功能库,该框架核心采用 Maven 模块项目构建与管理,主要包括五部分内容,分别为服务端、接口层、业务层、持久层和基础组件。服务端分为接口层、业务层、持层以及基础组件层。接口层:提供 RESTful 风格接口服务供前调用;业务层:具体的业务逻辑处理,对业务服务、核心业务进行封装;持久层:提供数据查询和存储操作;基础组件:提供一系列基础能力和业务组件。

平台的核心模块有:数据表单、主数据管理、流程审批、报表管理、权限管理、集成模块。基于以上模块,结合平台提供的基础组件功能,可实现企业的大部分业务的管理,构建具体的业务流程中心、报表中心、数据维护中心、门户展示、处理,同时结合线下的快速开发包,可扩展企业的所有的应用管理功能。

(7) 表单功能设计:表单引擎分为在线表单与外部表单,在线表单主要是实现以表单的所见即所得的方式进行设计表单,并且进行配合使用。平台支持在线进行表单设计,支持使用不同的模板进行表单设计。

经过科学规划,雅居乐财务中台由"业务中台、数据中台及智能中台"三个层面共同构成并互相协作运行。业务中台是各项财务业务的处理层,同时也负责与前端诸多业务系统的数据无缝集成。数据中台是大量业务数据、财税数据的承接层,不仅负责主数据管理,并负责按预设好的系统规则对杂乱的数据进行结构化梳理、清洗、萃取及业务处理等工作,同时也为大数据分析打好基础,支持高效构建全域数据资产、敏捷赋能多类业务、智能服务全流程人员的新型数据智能系统,沉淀、管理企业业财数据,构建业财数据分析模型,提供财务智能化分析和决策支撑能力。智能中台主要应用各项先进的智能IT技术,以"无人会计"为出发点,将智能技术与财务业务的深度融合,用于支撑业务中台和数据中台业务的无人化处理。

财务数据中台,对企业经营信息进行提炼分析,实现企业财务数据能力和数据资产的沉淀、共享。它将采集到的企业内外部财务相关数据进行存储、筛选、加工、分析,通过数据服务实现数据的封装和服务开放,建立企业级数据仓库和数据资产目录。数据中台把经营数据通过模型转化为信息、转化为知识,沉淀下来,根据业务需求可视化地呈现给企业各级经营管理者和利益相关者,实现真正的"数据资产化"管理,助力雅居乐集团融入数字创新时代。

财务共享服务作为组织结构、管理职能的创新变革,已为越来越多的企业所推行采用。虽然共享服务中心不叫"中台",却与中台在职能整合和IT架构方面不谋而合,是实实在在的中台理念先行者,其中财务共享服务中心就是企业集团的财务服务平台,是各成员单位的会计业务运作中心、财务数据中心和服务中心。随着"中台"概念逐渐明晰,在一定程度上,财务共享服务中心实际上就是财务中台:

(1)沉淀、共享财务能力,财务共享服务中心是业务中台。财务共享服务中心将分散于各业务单位的大量、重复的财务工作集中回收,将可靠、通用的财务能力沉淀下来,通过标准化、流程化、信息化、自动化转化成一项项标准服务,成为财务部门的产品,通过一个服务端向多个客户端(员工、供应商、客户等)提供标准规范的财务服务,共享企业级的财务资源。

(2)打通、整合数据资产,财务共享服务中心是数据中台(见图5-3)。通过信息系统的统一重构与数据中台的建设,借助新兴技术的应用,财务共享服务中心有能力整合公司的多

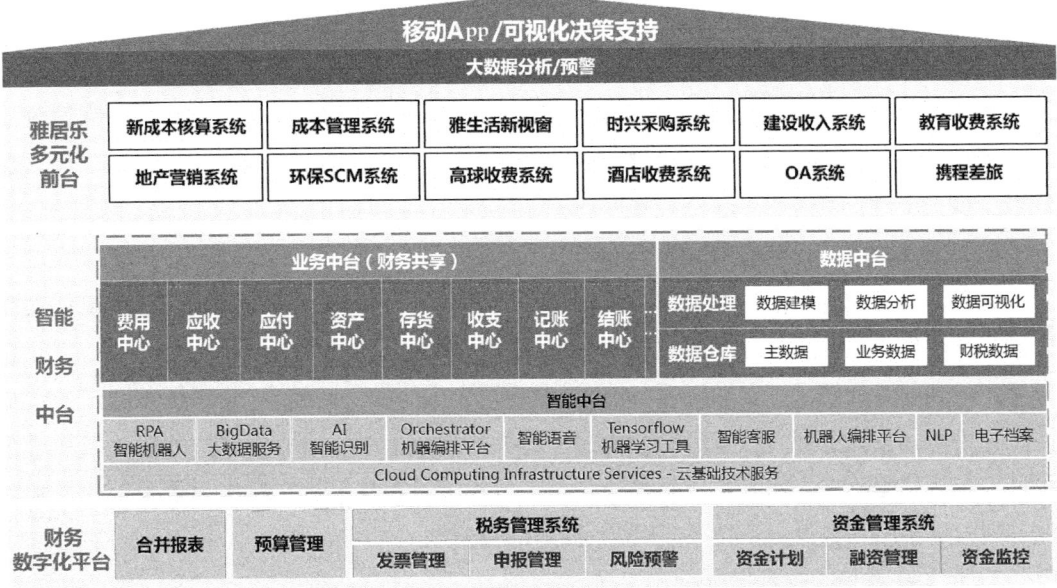

图5-3 雅居乐"基于财务中台的智能共享新财务"系统结构

维经营数据,实现业务和财务数据全面、广泛的连接,形成宝贵的数据资产,通过与大数据分析系统对接,进一步用数据支持经营决策。

2. 雅居乐财务中台建设原则

对于财务中台的设计原则,我们归纳总结为安全性、成熟性、规范化、易用性、开放性、可维护性、高性能、先进性、技术可持续性、可靠性、拓展性和独立性等类型要求,并以此作为本平台设计原则。

1)安全性原则

安全保密是企业信息化建设的关键。财务中台涉及企业重要或机密信息,因此,安全性需要放在首位进行考虑。系统要有完善、周密的安全体系和信息安全支撑平台紧密配合,从物理、传输、网络、应用,采用多层次的安全保障措施。本次项目从分析到设计,安全性的原则贯穿始终。系统的安全性主要应该考虑以下因素:

系统具备严格的等级访问及授权机制。对于认定的关键及敏感数据,只有经过授权的合法用户才能使用、访问及修改,并具有完备的日志及审核功能。系统应该有一套完整的安全机制,保证系统能够抵抗内部和外部的黑客性质的攻击。

完整的身份认证与授权。对关键用户、领导的身份确认进行数字签名,并支持对敏感数据的加密传输。

确保数据的安全性。系统中存在大量的数据,要确保用户不能够直接存取关键数据,只能通过相关的功能模块对数据进行操作,建立完备的数据备份与灾难恢复机制及策略。

保证数据不被非法入侵者破坏和盗用,并保证数据的一致性。对欺诈行为采取多种检查和处理手段;提供对系统各模块的监控手段;防 SQL 注入;提供防病毒、数据加密手段,对敏感数据进行加密存储,掩码展示。系统在设计上充分考虑冗余和备份,保证系统数据的安全性、可靠性和数据传输的服务质量。应具有完善的数据备份及恢复机制,能支持 https 访问。

财务中台系统将提供有效的、严格的分级管理模式。把系统管理员和各级单位的应用管理员的权限分开,按照各自的职责范围划定管理权限;除了系统管理员以外,分别设置平台的管理员、部门负责人以及其他功能模块的专门管理人员。在保证各司其职的基础上,保证数据的安全性。

2)成熟性原则

作为一套庞大而复杂的财务中台系统项目,如何降低项目开发实施风险,避免出现项目失败是在项目分析阶段所必须关注的重要环节。而系统平台和使用技术是否成熟,往往会直接影响到项目的结果。实践证明,过分强调采用先进的平台和技术,是系统不稳定的重要因素。因此,应该选用经过市场考验和用户实际应用验证,在系统稳定性、运行效率和可维护性上都达到国际先进水平的成熟操作系统平台和应用系统平台。本次项目采用的技术路线、操作系统平台、数据库系统、应用服务器等都遵循这一原则。

3)规范性原则

在系统平台、技术等选型时,应符合国际标准、工业标准、行业标准,特别是国家、行业发布的标准和规范。一方面,要使系统的通信环境、软件环境相互间依赖减至最小,使其各自发挥自身优势;另一方面也要强调各种系统之间的通信和信息交换,以信息资源共享为有效的基本出发点。

4)易用性原则

企业信息化是为了帮助企业提高管理水平,因此,在财务中台系统的操作上,需要尽量直观、简洁,操作步骤不能太复杂,让广大用户可以通过主流的 Internet 浏览器访问财务中台系统。

在本解决方案中,根据自身信息化实施的多年经验,我们将吸取以往用户所提出的意见,秉承"把复杂的事情简单化、简单的事情规范化"的设计原则,从用户的实际工作出发设计整个系统。财务中台要彻底改变传统软件单调、烦琐的计算机操作方式,功能要清晰、简洁、友好、易用和一致,注重整体风格布局,精心设计界面中诸如按钮位置、数据表现方式等细节,使操作者能够方便地操作和比较容易地理解界面所表达的信息和内容,便于用户快速掌握系统的使用。各功能模块本身要最大限度地简化操作,用户应无须长时间的训练和磨合,在相当短的周期内就可以熟悉操作,迅速为广大工作人员接受和乐于使用。

同时,系统采取"事务联动"的设计模式,把一个事务中的多个任务有机的组织在一起,用统一的界面反映给用户,以符合用户的日常事务处理习惯。

5)开放性原则

系统开放程度直接影响到系统的生命周期。系统真正符合三层浏览器/服务器(B/S)体系结构,随着应用水平的提高、规模的扩大和需求的增加,无须对系统的体系结构做较大的改变就可以对系统的功能实现扩展。

为保证系统稳定性,本实践采用优秀的框架结构设计本系统,以成熟的软件管理平台作为主框架,基于"平台 + 应用"的架构,采用"平台 + 应用"来安装各种流程功能模块,所有模块的用户都由应用支撑平台来管理,个别模块的添加删除不影响其他模块的运行。这与电脑的"主板 - 功能卡"原理类似。

6)可维护性原则

对于财务中台这样一个涉及范围广、用户数量大的系统,对其可维护性具有很高要求。因此,系统在设计时就充分考虑了系统的部署与配置、业务管理、性能管理等多方面的要求,提供灵活易用的流程设计、格式设计、配置管理、实时监控和详细的日志、审计功能。财务中台产品采用的安全技术符合国家相关政策法规要求。所有访问、配置等操作均有完整的可供审计。对于管理和维护人员具有可管理和易于维护的特点,能够实现各子公司、各部门的分级管理,力求以最少的人力资源和技术要求,就能够很好地维护和管理,并能正常运行。

7)高性能原则

财务中台系统建设的基本意义是提高工作效率,因此系统自身的性能与效率必须非常高与稳定。应用支撑平台系统的强大适应能力和简便实现能力使高性能得以体现。第一,支撑平台系统利用了强大的工作流引擎(BPMN2 标准),并将其处理放在安全可靠的服务器上,系统可以充分利用服务器的先进特性使得系统能够高效运作;第二,平台的软件应用利用了先进可靠的三层次开发模式,所有的信息都由中间层来处理,而且信息的处理也都在服务器上;第三,系统具有强大的自定义功能,包括多个自定义的工具和功能,这使得系统的使用、实施和推广具有高效性。

8)先进性原则

当前的信息技术日新月异,如果只着眼于当前需求而忽视系统技术和体系的前瞻性,系统将不能满足企业日益增长的需求,这会导致系统的生命周期缩短,从而增加企业在信息化建设上的投资。

本方案采用业界公认先进和标准的软件技术,符合信息技术发展的趋势,保证系统在可预见的阶段内有相当强大的生命力。我们将在以下两个方面满足先进性要求:

(1)技术先进性。技术先进性是保证整个系统生命周期的重要环节。在本方案中,我们将使用诸如 J2EE、SpringBoot、SpringCloudXML 等比较成熟而又有发展前景的先进技术,保证整套系统在一段时间内的整体技术领先。

(2)结构先进性。结构先进性是保证系统生命周期的基础。根据我们以往的项目经验,一般一套庞大的系统不可能在短时间内就能开发完善,它往往必须经过一段"使用-修改"的循环过程才能够比较好的满足用户的需要,这个循环过程就需要灵活、利于扩展的系统结构与科学合理的数据结构。结构不合理正是出现所谓"信息孤岛"现象的关键。为了避免这种现象的产生,我们在设计这套系统时,将充分理解需求,并在此基础上对需求进行整合分析,再利用先进的数据建模的方法对系统进行规范设计,保证整个系统的有机完整。

9)技术可持续性

系统平台支持分布式微服务架构支撑体系,前端采用 H5 的 vue.js 技术框架,以及其他统一的前台 JS 标准框架;后端采用 JEE 与 Springboot 微服务架构等当前主流的开发技术。支持扩展 Redis\Memcache 等高速缓存,支持主流的关系数据库,支持升级与主流的 JAVA 流行的开源技术框架整合,以支持集团的未来业务发展,同时保证其技术扩展与升级。

10)可靠性

平台支持分布式集群部署,实现高可用性。当一台或多台机器发生故障时,可有效实现其他运行机器接管,运行的应用数据、文件实现多地备份,有效支持灾难恢复;同时实现数据库能支持集群部署、主从热备、主从切换;系统需要每天 24 小时每周 7 天不间断运行。

11)扩展性

系统能灵活实现功能模块的配置和扩充,能够最大限度地适应业务应用及发展变化的需要。数据库支持业务扩建的同时保证历史数据容量,平台规模动态扩展。

12)独立性

财务中台平台是独立、完整的平台,除数据源依赖于其他系统外,其他功能可完全独立运行,不需要依赖于其他类似平台。

我们围绕着"核算智能化、对账智能化、核验智能化、流程智能化及服务智能化"五个方面研究及应用了 30 多项自动化场景,涉及 10 多项先进的自动化 IT 工具。除了引入 UiPath 有人值守机器人外,还加入了可在后台工作的 UiPath 无人值守机器人及机器人编排平台 Orchestrator;并且通过应用机器学习工具 Tensorflow、RPA、OCR,智能语音,NLP,电子签 章等新技术,引领了地产行业财务智能化发展;创新开发了智能付款、售楼实收款数据智能 核对、月度自动关账及结账、员工借款余额自动核对及通知等多项无人会计应用场景,目前 已逐步进入人与机器人深度协作的发展阶段。

(三)雅居乐智能财务中台应用场景

1. 智能财务应用场景案例一:RPA 智能付款

以 RPA 智能付款为例,通过 RPA 技术的应用,从单据审核、付款排程、付款、支付结果 检查反馈到支付失败的单据重新支付已实现支付全程的 7×24 小时自动化处理(见图 5-4)。 同等单量情况下出纳人数从 5 人缩减为 1 人,极大提高了支付效率、节约了人工。

图 5-4 雅居乐"智能付款"流程

2. 智能财务应用场景案例二:费用报销业务

以费用报销业务为例,智能财务中台共应用了 13 项数字化和智能化技术让报销全过程 如行云流水,使得风险可控,人力得到了释放。例如,智能客服可以提供语音交互咨询,自动 生成差旅平台订单。通过 AI 功能,可以识别发票真伪、重复、连号等问题,并自动核对报销 标准,自动计算差旅发票可抵扣税额、税率。同时该场景可以提供智能审单、智能付款、智能 核算、自动化分析及自动化电子存档等功能(见图 5-5)。

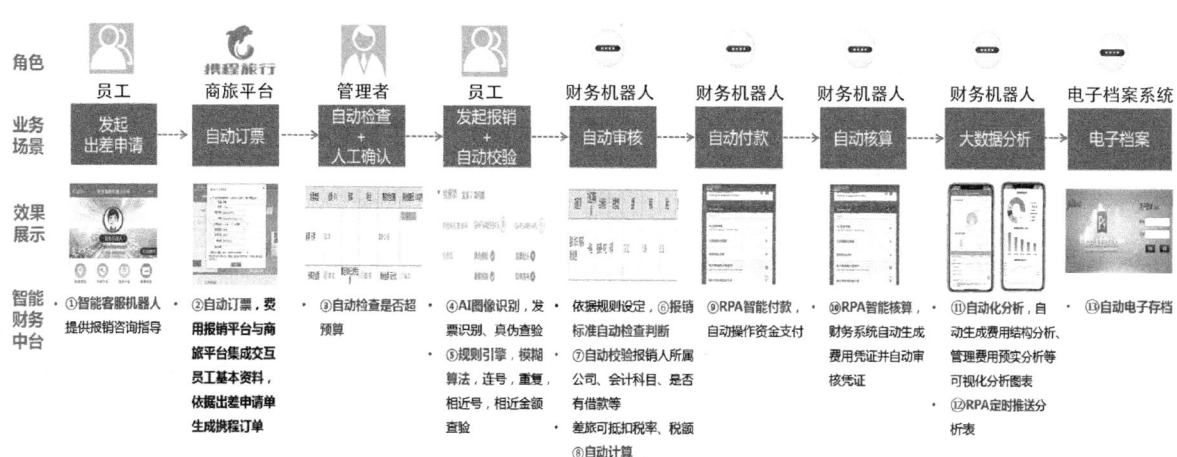

图 5-5 雅居乐"智慧报销"流程

3. 智能财务应用场景案例三：售楼业务

售楼业务除了在明源 ERP 系统（前端业务系统）需人工录入售楼数据，后续流程已全面实现智能化处理，单据处理时效提升80%以上。在应用智能化技术之前，应收核销流程需要经过"售楼系统录入收款数据""核对应收与实收数据""审核收款单""审核收款凭证""应收核销"等环节，并且相关的核对工作都由人工完成。而通过嵌入结算规则、账户规则、流量项目规则以及核销规则之后，雅居乐应收流程已实现 RPA 智能核对、自动审单、自动生成及审核凭证以及自动核销。雅居乐"智能应收"流程如图 5-6 所示。

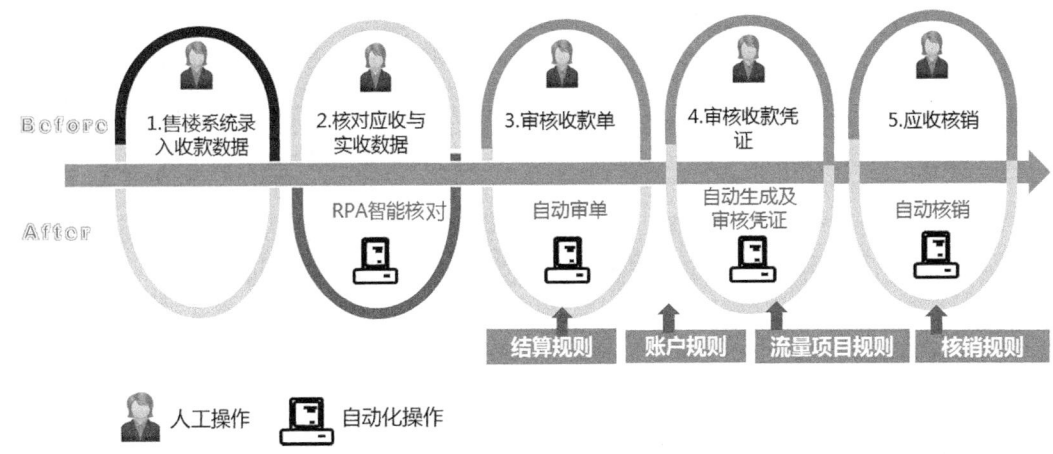

图 5-6　雅居乐"智能应收"流程

（四）智能技术及其产品的选择

在"大智移云物区"等新技术风起云涌的数字经济时代，智能化技术将会对所有行业、所有企业及人类生活带来深远影响，智能财务技术也成为众多企业及财务共享服务中心的优先选择。

智能财务是指将以人工智能为代表的"大智移云物区"等新技术运用于财务工作，对传统财务工作进行模拟、延伸和拓展，以改善会计信息质量、提高会计工作效率、降低会计工作成本、提升会计合规能力和价值创造能力，促进企业财务在管理控制和决策支持方面的作用发挥，通过财务的数字化转型推动企业的数字化转型进程。

智能财务具备以下五个特点：

（1）全面共享。包括整个企业对于智能财务相关平台、智能财务相关数据、智能财务相关人员和智能财务相关组织的共享。

（2）高效融合。在政策、规则、流程、系统、数据、标准统一的基础上，实现企业中业务、财务和管理的一体化融通。

（3）深度协同。在新型财务管理模式下，基于智能财务相关平台，实现财务专业分工、各级财务组织，以及业财管各部门之间的深度协同。

（4）精细管理。借助智能财务建设的契机，采集最细颗粒度的交易数据和过程数据，实现基层业务单元层面和流程环节层面的精细化管理。

（5）力求智能。在智能财务建设过程中，应注重体现智能财务本质特色的智能化应用场景设计（以下简称智能化场景设计）和相应新技术的匹配运用（以下简称新技术匹配运用）。

以人工智能为代表的"大智移云物区"等新技术（以下简称新技术或大智移云物区等新技术），主要包括大数据、人工智能、移动互联网、云计算、物联网、区块链、RPA等。智能财务的实质是对传统财务工作的模拟、延伸和拓展。模拟是指模仿现成的样子，如会计核算软件中记账凭证、账簿和报表的半自动或自动生成，就是对传统会计核算工作的模拟；延伸是指在宽度、大小、范围上向外延长、伸展，如智能财务不受数据收集和整理能力的限制，可以核算到最小经营单元的损益和投资收益；拓展是指在原有的基础上，增加新的东西，是质的变化而非量的变化，智能财务中的大数据分析，更多的是运用数据的聚集效应和数据之间的关联关系来寻找数据本身蕴含的经济规律，是对传统财务工作的大幅拓展。

（五）投入的相关部门和人员情况

面对日益复杂的财务智能化、财务共享化的应用需求，在控股管理层远见卓识的领导下，控股财务中心、财务共享服务中心和控股信息中心共同成立智能财务专项小组，由控股财务中心总经理担任智能财务专项小组负责人，积极研究和发展智能财务技术及应用场景，成功建设智能财务中台，并取得了一系列显著的成果。

（六）实践中遇到的主要问题和解决方法

1. 主要问题

雅居乐集团经过十多年的信息化建设已经完成各类基础信息化系统建设，具备数字化分析和处理的数据基础条件，之所以还得依靠大量人工处理数据，其主要原因还是现有系统在数据处理层面有着诸多限制：

（1）财务与业务不能有效融合。表现在IT系统上主要是目前大多数企业的财务处理是架构在以总账为核心的数据基础上，丢失了追溯业务单据级和明细级的能力，因而无法有效追溯到业务各交易环节，财务处理就成为了无源之水。也进一步会造成会计处理、报表、报告、分析等方面大量需要人工处理的窘状。

（2）内部与外部不能有效融合。主要表现在大部分企业的财务分析还是局限在内部的财务业务数据上，对于外部数据的获取度不足，缺少对标和参照依据，如行业数据、上市公司数据、国外同类型数据等。如果不能解决数据外部对标的问题，通过财务分析为企业提出经营改善的方向上也就缺少了度量。

（3）越来越复杂的财务分析诉求和数据分析工具之间不能有效融合。主要表现在随着商业环境的快速变化，组织越来越倾向于扁平化，业务响应速度越来越快，对于财务管理的精细度、时效性要求愈来愈高，财务分析面对的数据量越来越大，时间要求越来越高，已经非一般OFFICE办公软件所能处理。同时，各类数据分析工具的复杂度也越来越高，对操作人员的要求也越来越高，甚至非专业IT人员或者数据分析人员不能操作。因而，新型的财务中台,必须改变原有的关系型数据库线性结构,依托能够支撑海量数据的数据存储技术,实现对交易级明细数据、外部非结构化数据、海量大数据的存储、处理、利用。然后在这个数据基础之上有效利用各类数据处理和分析工具,结合预测模式和 AI 算法,进行各类报告和展现。

2. 解决办法

雅居乐智能财务中台建设,旨在通过标准化、数字化和一体化建设实现智能化,建设过程中紧抓以下五项重点工作,快速实现了平台的成功上线:

(1)重新业务流程梳理,旨在以智能提效、风控为原则改造优化业务流程。业务流程是指财管一体化的流程。智能财务建设的过程是流程再造的过程,可通过流程梳理实现。流程梳理的基本思路是:首先梳理现有业务流程,其次优化现有业务流程,最后转换为智能财务共享模式下的业务流程(突出智能化场景设计和新技术匹配运用),并在智能财务建设和运营过程中持续优化。流程梳理过程中,可借助业财管一体化的流程图和蕴含丰富灵活信息的流程矩阵,来展现自顶向下划分层级的、业财管一体化的企业业务流程全景图。业务流程节点是表单附件的载体,其梳理是表单附件梳理的基础。

(2)表单附件梳理,旨在改进表单附件,实现表单附件的标准化、电子化和数字化。智能财务建设的重要目标之一,是通过业务驱动财务实现核算自动化。这就需要基于实际业务大类和业务细类,针对具体业务节点,对业务发生过程中产生的会计核算用表单及附件进行详细梳理,包括表单编码、表单名称、表单样式、表单数据项、数据项属性,以及表单对应的附件编码、附件名称、附件内容、附件样式和附件排序等细项。表单附件梳理,可为数据标准梳理和信息系统改造提供依据。

(3)数据标准梳理,旨在调整或新建数据标准。智能财务建设为企业数据标准梳理提供了良好契机。数据标准梳理的根本目的是数出一门、数存一处和一数多用。数据标准梳理的基本思路是从最底层业务流程节点的表单中,以及正在使用的和未来可能使用的内部管理报表中抽取数据项,合并同类数据项,并对数据项的名称、含义、参考来源、使用维度等关键属性进行规范。数据标准梳理为信息系统对接提出内容要求、格式要求和方式要求。

(4)信息系统梳理,旨在改造提升和新建信息系统。智能财务建设是信息系统再造的过程。一方面,需要引进财务共享运营管理平台、影像管理平台、电子会计档案管理系统等全新的智能财务共享专用信息系统;另一方面,需要改造提升与智能财务共享相关的业务系统、财务系统和管理系统,以解决智能财务建设过程中的系统对接问题和系统整体优化问题,从而实现文件附件的电子化和数字化、财务处理的自动化(含自动化稽核和凭证自动生成),以及电子会计档案归集的自动化。

(5)模型算法梳理,旨在新建或优化模型算法。智能财务建设的另一重要目标是通过数据驱动管理实现服务业务经营和辅助决策支持。这就需要根据实际问题、可得数据和备选方案,对大数据分析应用涉及的多维分析模型和数据挖掘模型以及相应算法进行梳理。模型算法梳理的目的是基于企业内部大数据(基础数据、业务数据、财务数据和管理数据)及企业外部大数据(行业数据、经济数据和环境数据等),实现业务、财务、管理方面的多维分析,以及针对典型业务场景的数据挖掘。

三、实践成效与未来展望

(一) 特色及价值

从建立伊始,雅居乐集团财务共享服务中心就开始思考如何以更先进更智能化的方式驱动财务管理模式的创新。探索及实践"基于财务中台的智能共享新财务"让雅居乐集团走出了一条区别于传统财务共享中心的创新之路。

经过不断的摸索及总结,雅居乐集团财务共享服务中心已经逐步形成了数字化、模块化、智能化及国际化为特色的运作体系。并且打造了以"财务中台"为核心,深度应用智能技术的智享财务新平台。在共享、云计算、大数据、人工智能等新技术基础上,借助智能机器和人共同组成的人机一体化系统,可完成繁复的财务管理活动。雅居乐积极开拓新的思路并应用新的 IT 技术取得了较为显著的效益:

(1)推动业财融合。财务人员可更加深入地参与到业务活动当中,更好地为业务提供服务,将财务组织打造成"企业业务伙伴"。

(2)强化数据应用。对财务信息统一治理,避免信息孤岛,加强企业财务数据的分析洞察。

(3)实现降本增效。能力复用,避免资源浪费,降低经营成本,提高综合运营效率。

(4)消除误差:自动付款涉及银企直连账户 1 503 个,付款正确率达 100%。

(5)助力转型升级。将财务人员从传统事务性工作中释放出来,转向从事企业决策辅助等高价值工作。

(6)提升智能化程度。借助业务中台和数据中台的融合,充分考虑人工智能、高级分析等新兴技术的应用,打造智能财务,将财务管理工作推入 AI 赛道。

(7)促进发展。智能财务改变了雅居乐集团的传统财务作业模式,将员工从基础的、机械的事务性工作中解放出来,为全体雇员创造了一个先进智能的工作环境。自动化提升促使雅居乐集团向更高效、更精准的运营管理模式发展。自从应用自动化系统以来,雅居乐集团以更集约的人力成本开拓了更多的新业务,集团的多元化发展更加健康和丰富,资产规模年增长率超过 25%。

截至目前,财务共享服务中心已覆盖雅居乐集团下属 1 000 多间公司,通过智能财务中台的应用将审核及付款效率提升 65% 以上。目前财务共享服务中心累计每年处理 45 万单各类财务业务单据,每单处理时效较共享前提升 80% 以上,人力成本降低 35%。正确率达100%;已 100% 的实现进项发票的自动识别、自动匹配。

同时,随着雅居乐集团业务在全球多个国家和地区的拓展,财务共享服务中心在"基于财务中台的智能共享新财务"的基础上规划并实施了跨境资金管理系统,通过搭建跨境资金池和 SWIFT 技术实现了全球资金的统一集中管理及跨境资金的集中结算。

(二)示范意义

1. 财务管理模式的创新

雅居乐财务共享服务中心以"基于财务中台的智能共享新财务"为核心,以"数字化、模块化、智能化、国际化"为关键能力的财务管理新模式,对于多元化、全球发展的大型综合性企业集团具有良好的示范作用。

2. 智能技术的创新应用

有效运作的财务中台提供了能够使各项业务快速、轻量构建和创新的能力,先进的智能财务技术则提供了低成本、高质量、高效率的财务服务能力。

3. 前瞻性的科学规划及高效执行

雅居乐在 2018 年年中启动财务共享服务中心的建设,在两年多的时间内快速完成了财务中台及智能技术的开发应用。集团的执行力极强,执行速度之快有目共睹。雅居乐的执行力可归功于管理层和实施团队的上下一心。一方面,雅居乐的高层在项目初期时就决定要规划建设业内一流的财务共享服务中心,显示了管理高层们非常大的决心和前瞻性的规划指导;另一方面,财务共享服务中心管理团队也能迅速把高层的愿景一步一步地实现。

雅居乐集团"基于财务中台的智能共享新财务"的领先技术及卓越效果不仅促使雅居乐财务共享服务中心成功服务于雅居乐 8 大产业集团,而且其优质的服务也得到了雅居乐关联公司及合作公司股东方的认可。同时,其在业界也取得了较好的声誉,2019—2020 年雅居乐集团连续获得中国 CFO 协会中国企业财务管理共享中心创新卓越实践奖、FSSC 中心颁发的中国智能财务最佳实践奖、赛迪网颁发的 2020 年智慧财务卓越领军企业奖、CGMA 颁发的最佳机器人流程自动化(RPA)实践奖及 ACCA 最佳雇主、澳洲会计师公会认可最佳雇主等荣誉。并成功入选上海国家会计学院编撰的"财务数字化案例精选"书籍。

(三)未来展望

智能财务建设是财务领域的一场重大变革,其核心任务是规划建设创新型智能财务平台,以及在此基础上探索构建新型财务管理模式,可按业务驱动财务、管理规范业务和数据驱动管理三大逻辑推进,凸显大共享、大集成、大数据和大管理四个建设理念。其中,智能化场景设计和新技术匹配运用是智能财务平台建设的关键所在。

通过财务中台模式,未来雅居乐集团财务共享服务中心可以基于传统财务的实际场景衍生出大量模式创新应用场景。例如:

(1)构建微服务架构。随着企业的不断发展,其信息化覆盖度不断提升,部署了大量的前端业务系统。而这些业务系统由于多种原因,往往同一业务及数据属性(如经营活动、客商、商品等)之间存在差异,如国内某大型集团企业中同类业务系统就多达百套,而企业的后台系统(如核算、资金系统)在通过接口对接前端业务时,就带来了巨大的工作量。但如果强行对企业前端业务系统进行统一替换,又将给企业实际业务经营带来重大的影响,尤其对于新收并购或业态差异较大或未绝对控股的企业来讲,更是影响深远,风险极大。

通过财务中台的映射微服务,建立规则转换中心,将千差万别的"业务语言"转换为统一的"财务语言",就可以实现业务系统和后台系统之间的数据对接和传递,快速低成本地解决这类问题。

(2) 业务元素化。当前企业业务在财务报账处理过程中,多以大量固化的表单及繁多的表单字段来承载各类业务场景。在这种传统的方式下,为了保障覆盖所有的业务场景,用户要面临大量的业务表单和庞杂的表单字段,即使70%的业务都是经常发生且场景相对简单,也依然需要逐个填写业务表单。而且一旦遇到新业务、新事项,增加表单、表单字段、字段下拉项等工作的实施往往需要至少2个工作日。

秉承着"业务数据化"的思想,雅居乐财务共享服务中心创新性地提出业务元素化的思路,通过将实际业务活动拆分为"元素"及元素属性值,实现用元素表达具体业务。通过将实际经营业务涉及的信息拆解为多个元素,并使用标签的方式进行元素标记,之后再根据元素的组合情况进行业务处理,业务处理过程中可以根据模型判断并调取相应的财务中台微服务。通过这种元素化的拆解可以极大地提高对业务的敏捷应对能力。

(3) 控制中心模式。财务是企业经营非常重要的风控官,财务的控制服务涉及预算、资金、支付等企业经营的方方面面。在传统模式下,大量的业务系统、后台系统都需要建立相应的控制服务,不仅会造成控制能力的重复建设,还会导致无法实现精准的控制和执行情况的实时获取。

以预算控制为例,由于业务的分离往往需要将预算分业务切分开并在不同的业务系统进行控制。一旦预算的切分不符合实际经营中的业务情况,整个预算的应对调整都会非常滞后。而通过一个集中的控制微服务,只需要在所有应用控制服务的业务环节调用控制中心,实现集中统一的控制服务,建立财务的控制中心,以中台微服务的形式向前台提供包括预算、资金、合同支付等一系列的控制服务,实现控制的检查申请,就可以实现实时、准确的控制服务。

通过这种微服务的方式,减少了各前端系统针对预算控制、资金控制、合同控制等控制类功能的开发。同时,微服务模式具备良好的扩展性,可以有效地应对未来大量的控制请求,并减少由于服务请求的增量带来系统改造升级的成本。

智能财务建设是企业整体数字化建设的重要组成部分和首要突破口,在助力财务转型和财务变革的同时,有助于推动企业整体数字化的发展进程。

未来雅居乐财务共享服务中心将持续探索及发展更加先进及智能的应用模式,从智能报账、智能核算和智能运营服务、税务管理智能化、财务预测、经营推演、风险量化、价值优化、决策自动化等方面,持续引领财务共享领域的创新研究及发展。

云南烟草商业基于财务共享的智能财务建设

吴践志　中国烟草总公司云南省公司党组成员、副总经理、高级经济师

黄　虎　中国烟草总公司云南省公司财务管理处处长、高级会计师

沙光前　中国烟草总公司云南省公司财务管理处高级会计师

刘　勤　上海国家会计学院教授、博士生导师

智能财务　　信息技术
财务共享

为落实行业高质量发展战略、促进企业数字化转型和提升财务工作水平,云南烟草商业于2019年1月正式启动智能财务建设项目,公司以财务共享平台建设为抓手,综合应用RPA、知识图谱、专家系统、自然语言处理、商业智能、人脸识别、财务云等信息技术,投入大量资金和人力资源,在会计核算、资金结算、资产盘点与对账、税务计算与申报、会计档案管理以及预算编制与分析、预算控制、成本归结与计算、项目管理、税务风险监测等财务会计和管理会计领域进行了智能财务的应用创新,取得了一系列示范性成效,实现了财务"从核算型向管理型转型、服务业务发展、提供决策支持和及时准确有效数据服务"的目标。

一、案例背景

（一）案例单位简介

云南省烟草专卖局（中国烟草总公司云南省公司）［以下简称省公司或云南烟草商业］于 1982 年 3 月 27 日正式成立。近 40 年来，云南烟草商业主要经历了两个发展阶段：第一个阶段是从 1982—2003 年的 21 年，云南烟草工商一体、专卖管理和公司经营一体，云南省烟草专卖局（公司）统一负责全省烟叶种植、卷烟生产、市场营销和专卖管理工作；第二阶段是从 2004 年工商分设改革至今，由云南中烟工业有限公司承担卷烟生产管理职能后，云南省烟草专卖局与云南省烟草公司继续实行"一套机构、两块牌子"体制，负责全省烟草专卖监督管理、烟叶生产和省内卷烟销售等工作。

目前，省公司机关设置 24 个处室（部门），下辖 24 个直属单位，其中，包括昆明、玉溪和曲靖等 16 个州（市）级烟草专卖局（公司），云南省烟草农业科学研究院、云南烟叶复烤有限责任公司等 8 个下属单位。

云南烟草商业现有在岗员工 1.8 万人左右，在岗财务人员 938 人。云南共有 129 个县（市、区），其中 98 个县（市、区）种植烟叶，烟农近 58 万户，烟叶生产从业人员 230 多万人；卷烟零售户 23.7 万户左右，从业人员近 95 万人；此外，还有相关行业从业人员 133 万人。

长期以来，云南烟草商业抢抓发展机遇，加大特色优质烟叶开发，云南已经成为全球最大的烤烟产区，云南烟草商业经济效益在全国烟草商业企业中排名第一。

（二）智能财务建设动机

云南烟草商业财务管理工作多年来不断发展提升，虽然取得了长足进步，但仍存在信息化水平不高、财务管理方式比较传统、财务人员价值发挥不足等问题。当前，以"大智移云物区"为代表的新兴数字技术为财务数智化转型赋能，重新定义了财务的价值。为有效解决财务管理工作中存在的问题，云南烟草商业不断探索先进的管理理念和创新的技术实践，积极谋划科技赋能财务创新工作，注重财务管理与新兴信息技术深度融合，探索推进智能财务建设的思路和方法，从而推动财务工作向自动化、智能化、数字化迈进，大力提升财务价值，服务企业高质量发展。

二、案例实践

（一）智能财务建设方案设计

1. 建设目标

云南烟草商业智能财务建设旨在达成以下三个目标：

财务层面，立足于业务驱动财务，借助智能财务会计共享平台，实现会计核算的标准化和自动化、资金结算的集中化和自动化、资产盘点和对账的自动化、税务计算和申报的自动化、会计档案管理的电子化和自动化，以更好地提升企业财务会计工作效率和信息质量，推动财务从核算型转向管理型。

业务层面,立足于管理规范业务,借助智能管理会计共享平台,实现预算编制和分析的自动化、预算控制的前置化和自动化、成本归集和计算的自动化、项目管理的标准化和过程化、税务风险检测的智能化,以更好地支持业务开展、规范业务管理和强化过程控制,提升企业管控水平。

管理层面,立足于数据驱动管理,借助大数据分析应用平台,通过建立多维分析模型和数据挖掘模型,实现服务业务经营、精细协同管理、辅助决策支持和全面风险评估,以更好地促进企业数字化转型升级,服务企业高质量发展。

2. 总体思路

云南烟草商业智能财务建设坚持"统筹规划、顶层设计、整体推进、分步实施"的工作思路,充分发挥省公司主导作用,紧跟财务管理理念和信息技术革新步伐,积极推进财务管理与新兴信息技术深度融合,规划建设创新型智能财务共享平台;同时,探索构建新型财务管理模式推动管理会计落地,推动智能财务共享平台建设和财务转型探索,以助力企业数字化转型和高质量发展。

3. 路径方法

云南烟草商业采用"统筹设计、研究先行、局部试点、总结调整、全面推进"的发展路径。2019年2月14日,云南烟草商业成立云南省公司智能财务建设领导小组。2019年4月1日,"云南烟草商业智能财务建设研究"作为科技计划重点项目获准立项。2019年7月9日,省公司(局)召开智能财务共享平台建设项目启动电视电话会议,对项目启动及试点工作进行动员。2019年11月,平台在红河州公司上线测试运行。2020年1月,平台在曲靖市公司上线试运行。2020年1月7日,项目组召开智能财务共享平台建设(第一期)中期工作会议,总结前期工作,安排部署下一阶段工作任务,该次会议结束后,智能财务共享平台开发转入全新开发阶段。2020年6月1日,智能财务共享平台全面上线运行。

(二)智能财务建设方案实施

智能财务建设是财务领域的一场重大变革,是运用新技术推动的财务管理变革。其不仅涉及创新型智能财务共享平台的建设,更重要的是,要通过智能财务共享平台的支持实现财务转型,构建新型财务管理模式。

云南烟草商业智能财务建设聚焦智能财务共享平台的建设和新型财务管理模式的构建,主要包括流程设计、平台设计、组织规划和制度设计四项内容。其中,智能财务共享平台的建设,从业务流程梳理和优化出发,落脚于智能财务共享平台的开发和运用,以实现智能财务建设过程中的业务驱动财务、管理规范业务和数据驱动管理三个目标;新型财务管理模式的构建,通过财务组织重新架构、职责权限重新划分、财务岗位重新界定、财务人员改造提升、管理方式重新选择,借助智能财务共享平台和配套制度规定规章的保障,实现会计职能转型和管理会计落地。

1. 规划智能财务总体框架

图 6-1 为云南烟草商业智能财务平台的总体架构,诠释了智能财务平台的内部结构、外部定位、建设逻辑、建设理念,明确了智能财务平台的建设框架和建设过程中的重点工作。

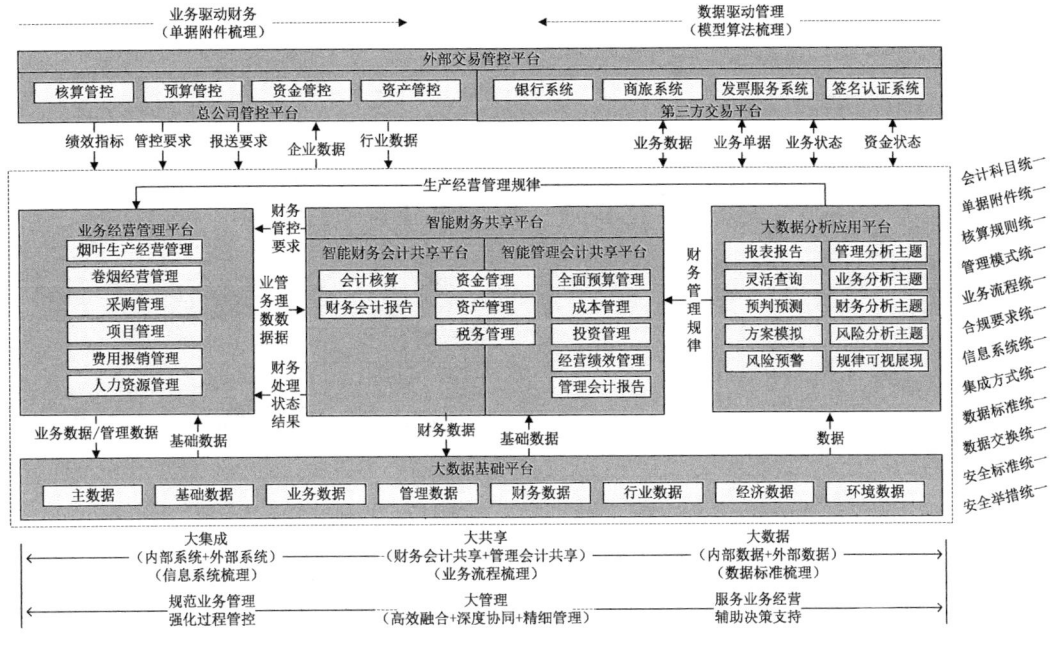

图 6-1　云南烟草商业智能财务平台的总体架构

云南烟草商业智能财务平台的总体架构展现了平台内部的模块要素和模块之间的关系,以及该平台与企业内部及外部其他平台之间的关联关系,反映了智能财务共享平台在企业数字化建设中的基本定位。业务经营管理平台,主要涵盖支持企业日常生产经营管理的信息系统,包括企业业务管理方面的信息系统和基础管理方面的信息系统。大数据分析应用平台,是基于大数据基础平台的分析应用平台,其分析应用的数据来源于大数据基础平台。外部交易管控平台,反映了企业业务、财务和管理方面需要与企业外部对接的平台,包括总公司管控所需的信息系统和与第三方交易所需的信息系统。

2. 建设智能财务共享平台

云南烟草商业智能财务建设秉承大共享的理念,是以大数据共享应用平台为依托,横跨财务会计和管理会计两个财务工作领域的大共享。这种共享既包括会计核算、财务会计报告等财务会计工作的共享,又包括资金管理、资产管理、税务管理、全面预算管理、成本管理、投资管理、经营绩效管理和管理会计报告等管理会计工作的共享。

1)智能财务会计共享平台

云南烟草商业智能财务会计共享,立足于业务驱动财务,借助智能财务会计共享平台,可实现会计核算的标准化和自动化、资金结算的集中化和自动化、资产盘点和对账的自动化、税务计算和申报的自动化、会计档案管理的电子化和自动化,以更好地提升企业财务会计工作效率和信息质量,推动财务从核算型转向管理型。云南烟草商业智能财务会计共享平台的框架如图6-2所示。

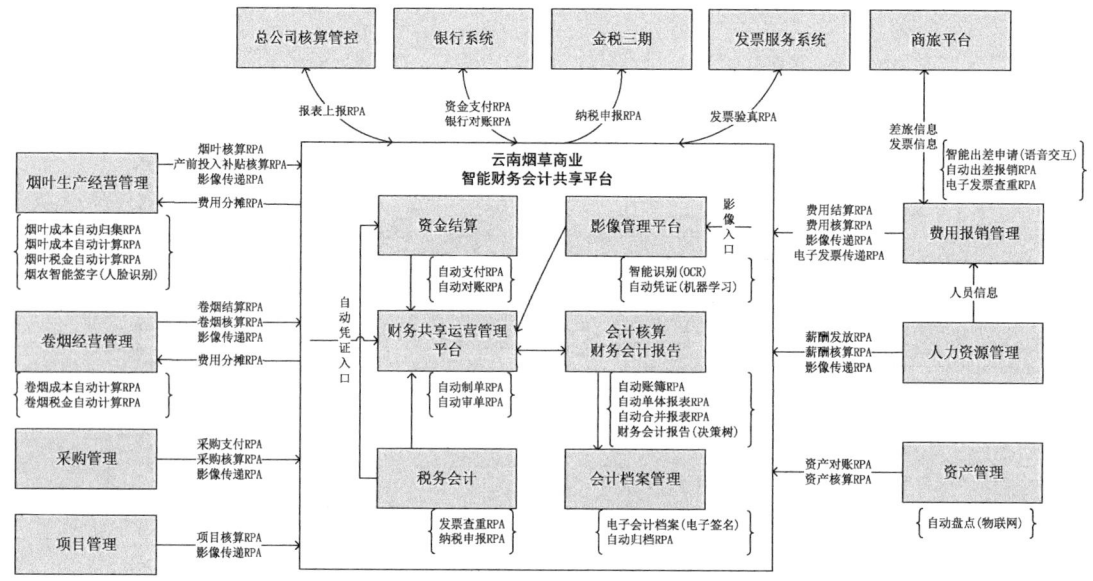

图6-2 云南烟草商业智能财务会计共享平台的框架

该框架中展现了如下四项内容:

(1)智能财务会计共享的核心内容可概括为"两个平台 + 五类业务"。两个平台是指财务共享运营管理平台和影像管理平台,平台中涉及的五类业务是指会计核算、财务会计报告、资金结算、税务会计和会计档案管理。

(2)智能财务会计共享平台与周边系统的对接,打造"1 + 7 + 5"业财融合体系,包括云南烟草商业内部的七类系统(烟叶生产经营管理系统、卷烟经营管理系统、采购管理系统、项目管理系统、费用报销管理系统、资产管理系统和人力资源管理系统)和云南烟草商业外部的五类系统(总公司核算管控、银行系统、金税三期、发票服务系统、商旅平台)。

(3)智能财务会计共享平台中可能实现的智能化场景,涵盖"大智移云物区"等新技术在财务会计领域的单独运用或综合运用,如 RPA(机器人流程自动化)、OCR(光学字符识别)、电子签名、物联网、人脸识别、语音交互等。

(4)智能财务会计共享平台内部,及智能财务会计共享平台与周边系统之间可能传递的信息及信息流向。

2)智能管理会计共享平台

云南烟草商业智能管理会计共享,立足于管理规范业务,借助智能管理会计共享平台,可实现预算编制和分析的自动化、预算控制的前置化和自动化、成本归集和计算的自动化、项目管理的标准化和过程化、税务风险检测的智能化,以更好地支持业务开展、规范业务管理和强化过程控制,提升企业管控水平。云南烟草商业智能管理会计共享平台的框架如图6-3所示。

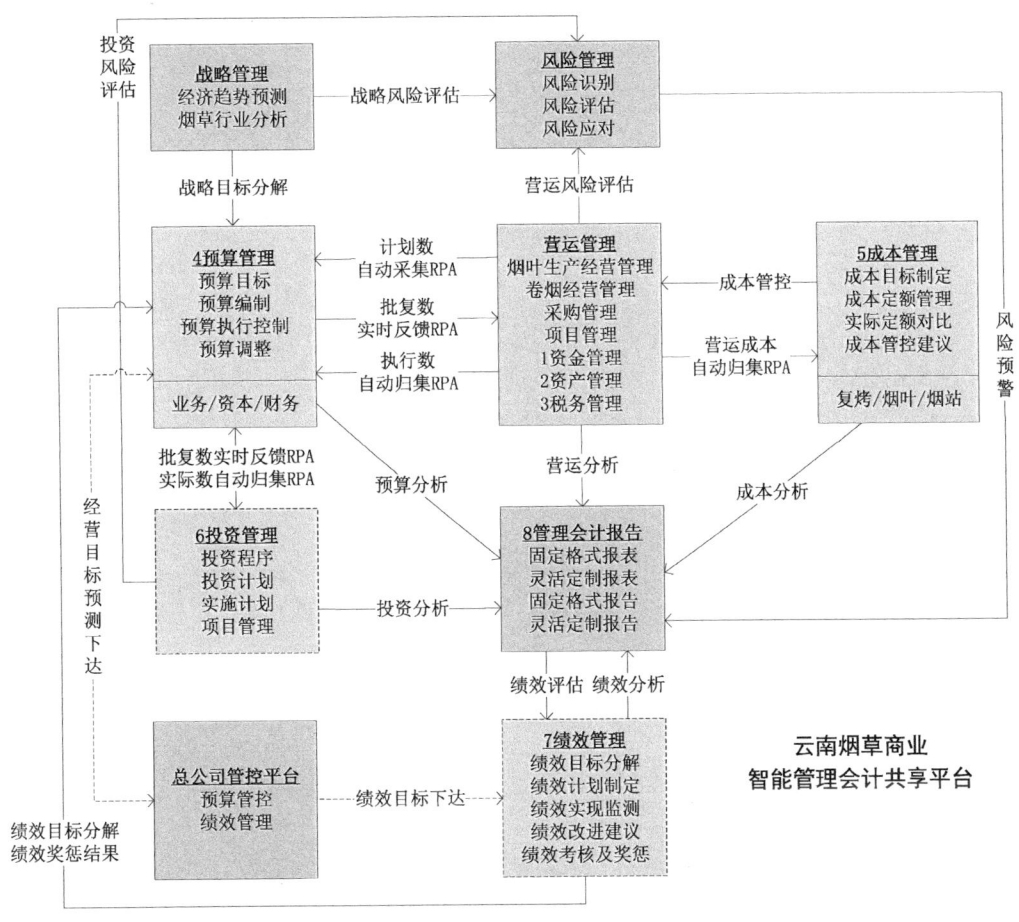

图 6-3　云南烟草商业智能管理会计共享平台的框架

该框架中展现了如下四项内容：

（1）《管理会计基本指引》(财会〔2016〕10 号印发)中涵盖八个管理会计工作领域在云南烟草商业管理会计工作中的落地计划，包括战略管理、预算管理、成本管理、营运管理、投资管理、绩效管理、风险管理，以及管理会计活动形成的管理会计报告。

（2）实务工作中八项管理会计核心工作任务，包括资金管理、资产管理、税务管理、预算管理、成本管理、投资管理、绩效管理和管理会计报告，图 6-3 中分别以序号 1～8 标出。

（3）智能管理会计共享平台中可能实现的智能化场景，涵盖"大智移云物区"等新技术在管理会计领域的单独运用或综合运用，包括与预算和成本相关的 RPA，与报表报告相关的知识图谱、自然语言处理和语音交互等。

（4）智能管理会计共享平台内部可能传递的信息及信息流向。

2）大数据分析应用平台

云南烟草商业智能管理会计共享，立足于数据驱动管理，借助大数据分析应用平台，通过建立多维分析模型和数据挖掘模型,可实现服务业务经营、精细协同管理、辅助决策支持和全面风险评估,以更好地促进企业数字化转型升级,推动企业高质量发展。云南烟草商业大数据分析应用平台的框架如图6-4所示。

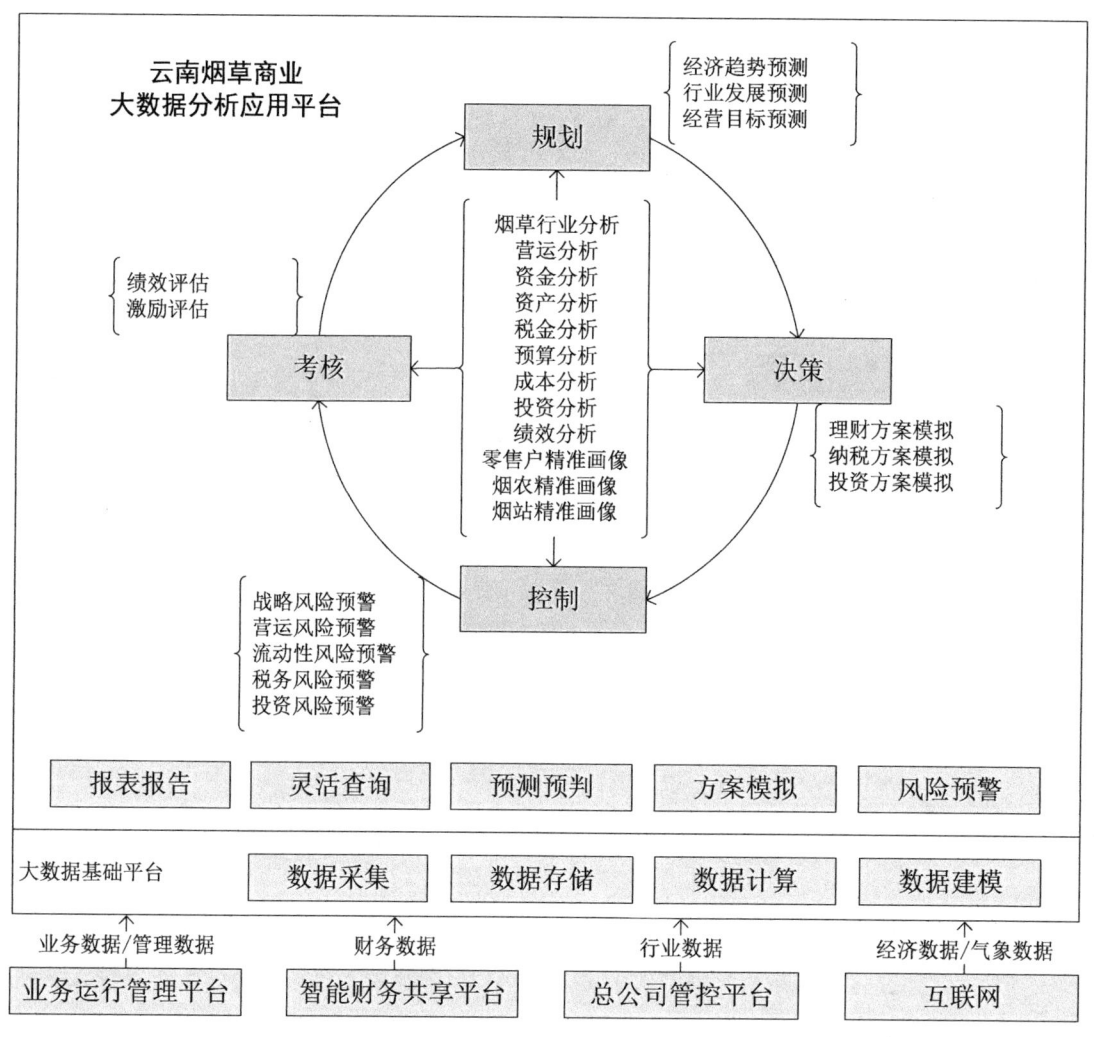

图6-4 云南烟草商业大数据分析应用平台的框架

该框架中展现了如下四项内容:

(1)大数据分析应用平台在企业大数据平台中的定位即其是基于大数据基础平台的应用展现平台,其数据采集、数据存储、数据计算和数据建模有赖于大数据基础平台。

(2)大数据分析应用平台的核心工作,即在各类分析和画像的基础上,紧紧围绕管理工作的四个环节展开工作,包括规划过程中需要的各类业务预测,决策过程中需要的各类方案模拟,控制过程中需要的各类风险预警,以及考核过程中需要的各类结果评估。

(3)大数据分析应用平台中可能实现的智能化场景,涵盖"大智移云物区"等新技术在相对综合性的管理会计复杂工作领域的单独运用或综合运用,即对云南烟草商业经营管理中涉及的业务分析、业务预测、业务模拟、业务预警、业务评估等内容进行方法选择、应用建模和结果展现(可视化)。

(4)大数据分析应用平台内部可能传递的信息及信息流向。

3. 构建新型财务管理模式

(1)新型财务管理原则。在智能财务共享平台开发过程中,同步构建新型财务管理模式,涉及财务组织重新架构、职责权限重新划分、财务岗位重新界定、财务人员改造提升、管理方式重新选择。云南烟草商业的新型财务管理模式总体上可概括为"智能财务共享":一是"集中管控、分级负责,上下联动、协同共享"的十六字智能财务运行原则;二是三级财务组织纵向到底、各类财务专业小组横向到边的矩阵式智能财务管理方式。智能财务共享的运行管理规则主要是:IFC(Inteligence Finance Center,智能财务中心)集中管控智能财务工作的运营管理;二级单位财务科做实管理、人员加强;三级单位财务股(室)职能缩小、人员调减。

(2)智能财务整体组织架构。云南烟草商业智能财务建设秉承大共享的理念,既包括

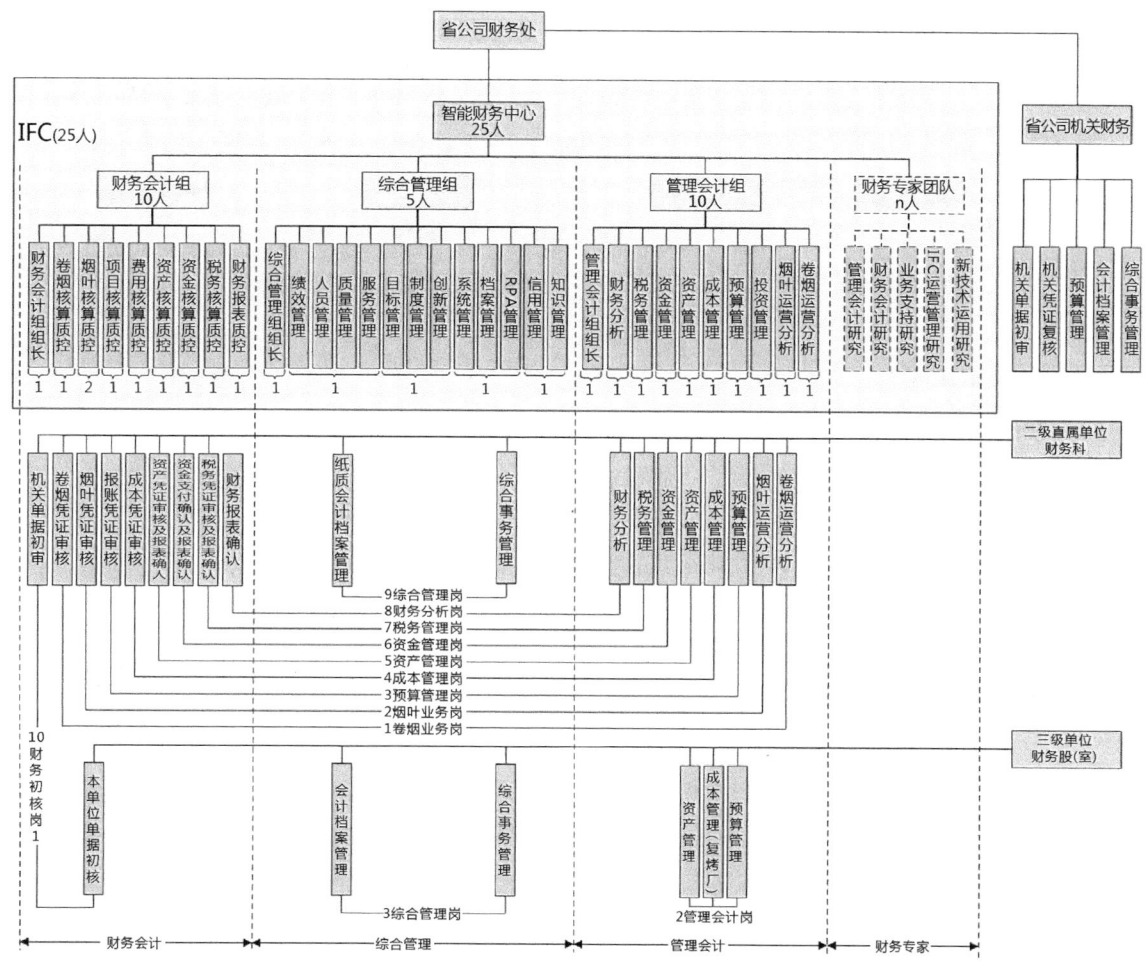

图 6-5 云南烟草商业智能财务组织架构图

会计核算、财务会计报告等财务会计工作的共享,又包括资金管理、资产管理、税务管理、预算管理、成本管理、投资管理、绩效管理和管理会计报告等管理会计工作的共享,是横跨财务会计和管理会计两个财务工作领域的大共享。智能财务组织架构(见图6-5)纵向上为省公司财务管理处(智能财务中心)、二级直属单位财务科及三级单位财务股(室)等三级财务组织,横向上为财务会计工作组、管理会计工作组、综合管理工作组和财务专家工作团队等财务专业小组。财务管理处(智能财务中心)集中管控智能财务工作,三级财务组织分级对本单位(本级)的财务工作负责,上下联动、协同共享运用平台完成云南烟草商业的各项财务工作。

(3)智能财务制度体系。云南烟草商业智能财务制度体系,包括财务会计制度和智能财务运营管理制度;智能财务运营管理制度包括中心运营管理制度和平台运营管理制度。为保障智能财务各项工作正常运营和智能财务共享平台正常运转,公司分批次发布智能财务有关运行规则。

(三) 智能财务共享平台功能

1. 平台总体架构

智能财务共享平台按照"大集成、大共享、大数据"的建设理念,设计"全业务支撑、一体化构建"的平台总体架构。目前平台融合开发了15个工作台、84个二级功能模块、800多个功能节点,覆盖了财务会计、管理会计、财务共享三个方面的工作内容,实现了财务会计、管理会计、共享运营的"全面共享、高效融合"。

2. 核算自动化

核算自动化作为智能财务共享平台的总体功能,其实现目标、实现路径和实现业务类型如下。

1) 实现目标

除少数特殊业务通过特殊业务处理单制证外,会计核算证账表基本全部自动化生成,无须人工干预。

(1)证:会计凭证(记账凭证 + 原始凭证)自动生成(记账凭证、数字化表单)、自动归集(记账凭证 + 数字化表单 + 电子发票 + 电子回单 + 影像附件)。

(2)账:总账、明细账等会计账簿。

(3)表:会计报表(月度报表 + 年度合并报表)、银行余额调节表、纳税申报表等。

2) 实现路径

核算自动化的实现路径如图6-6所示。云南烟草商业以标准经济业务事项为核心,制定一套标准化的会计核算规则,实现会计核算自动化;制定一套标准化的稽核规则,实现人机协同智能稽核。标准业务事项是企业最细颗粒度的业务流程,用业务语言代替财务指标,减少业务人员操作学习成本。

3) 实现业务类型

卷烟业务、烟叶业务、物资管理、资产管理已经实现了较高程度的核算自动化。具有如下共同特点:

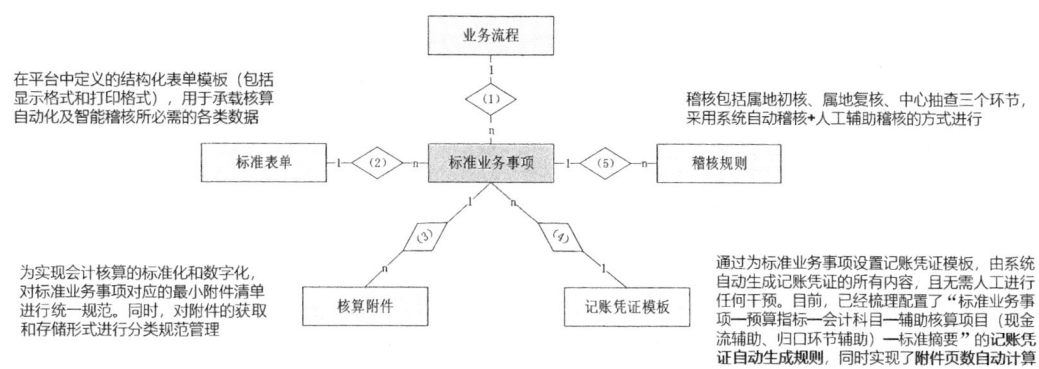

在平台中定义的结构化表单模板（包括显示格式和打印格式），用于承载核算自动化和智能稽核所必需的各类数据

稽核包括属地初核、属地复核、中心抽查三个环节，采用系统自动稽核+人工辅助稽核的方式进行

为实现会计核算的标准化和数字化，对标准业务事项对应的最小附件清单进行统一规范。同时，对附件的获取和存储形式进行分类规范管理

通过为标准业务事项设置记账凭证模板，由系统自动生成记账凭证的所有内容，且无需人工进行任何干预。目前，已经梳理配置了"标准业务事项—预算指标—会计科目—辅助核算项目（现金流辅助、归口环节辅助）—标准摘要"的记账凭证自动生成规则，同时实现了附件页数自动计算

图 6-6　核算自动化的实现路径

（1）业务数据驱动。业务数据传至平台，从基础数据到汇总数据再到凭证数据自动加工，驱动财务进行自动化核算，实现数据及时传输、财务实时进行会计核算。

（2）统一核算单元。以县级分公司作为利润中心管理，会计核算单元统一至县级分公司，业务管理单元为下级各部门，实现的业财联动各有侧重，同时解决实时核算凭证量较大的问题。

（3）减少人工操作。除少量需要上传由外部取得的纸质发票、合同等附件外，不需要其他人工干预核算工作。

3. 平台的主要功能

智能财务共享平台界面如图 6-7 所示，涵盖 15 个工作台，分别是：智能报账中心、智能稽核中心、卷烟业务管理、烟叶业务管理、物资管理、会计核算（NCC）、报表管理、电子会计档案管理、预算管理、资金管理、资产管理、税务管理、智能共享管理、RPA 管理、影像管理。

图 6-7　云南烟草商业智能财务共享平台界面

下面将按业务类别介绍智能财务共享平台的主要功能。

1）智能报账中心

（1）业务场景自动化：包括自动填列表单、自动稽核控制、一键报销，以及移动报账。具体内容如下：

① 自动填列表单。费用报销：申请事项＋发票识别填列＝自动生成报销单；项目付款：项目档案＋合同档案＋发票识别填列＝自动生成付款单；附件张数：自动计算报账单附件张数并自动填列。

② 自动稽核控制。OCR识别技术：可实现发票的识别、查重、验真；智能稽核规则：实现住宿标准、舱位等级、会议（培训）标准、接待标准、合同金额、大额资金等的系统校验控制。

③ 一键报销。差旅费报销：除影像采集纸质附件外，可以实现发票金额自动识别、进项税额自动计算、补助标准自动填列、收款信息自动带出、出差行程自动拆分，基本无须手工操作，实现一键报销。其他报销：除影像采集纸质附件外，报账人员一般只需要填写个别信息，如报账说明等，就可实现一键报销。

④ 移动报账。移动应用提供全业务场景移动报账、移动审批、个人网盘（提供电子发票通过邮箱、微信导入及本地上传）、图像采集自动修正处理等功能，可以实现随时随地通过手机采集附件、报账审批。

（2）会计核算自动化：包括费用报销、项目付款、收款业务，以及薪资业务。具体内容如下：

① 费用报销：报销单审批完成后，从资金支付到会计核算实现全流程自动化；记账凭证摘要、附件张数、辅助核算项等要素全自动生成，不允许人工修改；记账凭证附件完全自动归集。

② 项目付款：包括采购项目、烟基项目、科技项目等。2021年1月以前的项目，人工完善项目档案、合同档案，项目付款审批完成后，从资金支付到会计核算实现全流程自动化。2021年1月以后的项目，与业务系统对接，自动生成项目档案、合同档案，付款审批完成后，从资金支付到会计核算实现全流程自动化。

③ 收款业务：除"两烟"收款业务外，一张收款通知单满足多种收款业务场景需要，审批完成后与银行流水自动匹配，实现自动会计核算。

④ 薪资业务：批量导入薪资数据审批后，自动实现计提及发放核算。

2）智能稽核中心

智能稽核总体思路如图6-8所示。智能稽核模式为"同台共库、人机协同"，采用人机协作稽核的方式，包括三类自动稽核（票据自动稽核、业务自动稽核和凭证自动稽核）和三级人工稽核（属地人工初核、属地人工复核和中心人工抽核）。系统和人工在同一平台同一界面，共用同一稽核规则库协作完成稽核工作，以提高智能稽核效率，强化稽核过程管控。

（1）智能稽核中心的实现基础：包括业财数据的数字化对接、文本文件的数字化转换。具体内容如下：

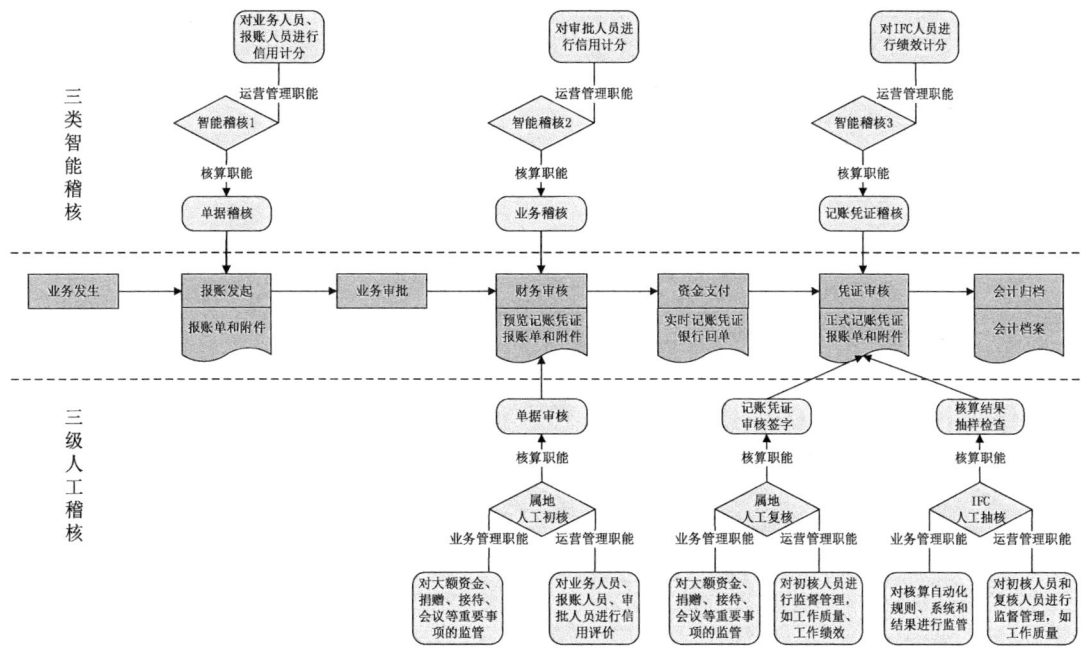

图6-8 智能稽核总体思路

① 业财数据的数字化对接：即结构化数据从业务系统通过数据交换平台直接传递到智能财务共享平台，以结构化数据的形式进行存储和传递，同时按智能财务共享平台中统一设计的标准表单和数字化核算附件进行展示和用于稽核。

② 文本文件的数字化转换：将原始凭证关键信息在业务系统中形成结构化数据，进而传递至智能财务共享平台。在智能财务共享平台中，其以结构化数据的形式进行存储和传递，同时按统一设计的数字化核算附件进行展示和用于稽核。

（2）智能稽核复核工作台界面如图6-9所示。智能稽核操作直观简便高效，采用单屏同时展现稽核规则、稽核对象及稽核结果。智能稽核中心的功能特点如下：

① 稽核规则标准化。梳理了一套稽核规则形成智能财务稽核规则库，目前配置稽核规则366条，其中123条已实现系统自动稽核。

② 稽核过程痕迹化。采用了"向后层叠、逐级递进"的方式，后续稽核环节的稽核内容包括对前续环节的系统稽核结果和人工稽核结果的审核确认，以及本环节的稽核内容；通过一个智能稽核操作卡片，在系统中全流程完整显示所有三类系统稽核、三级人工稽核的执行过程，实现稽核过程"双向追溯"。

③ 稽核结果可视化。使用一套状态标记，即机器和人工同时通过——绿色通过标记；机器待确认、人工通过——黄色通过标记；机器不通过、人工强制通过——红色通过标记。将稽核过程和结果可视化展现，为属地复核、中心抽查实现分类稽核、重点稽核、批量稽核，提供快速查询、精准锁定的便捷操作界面。

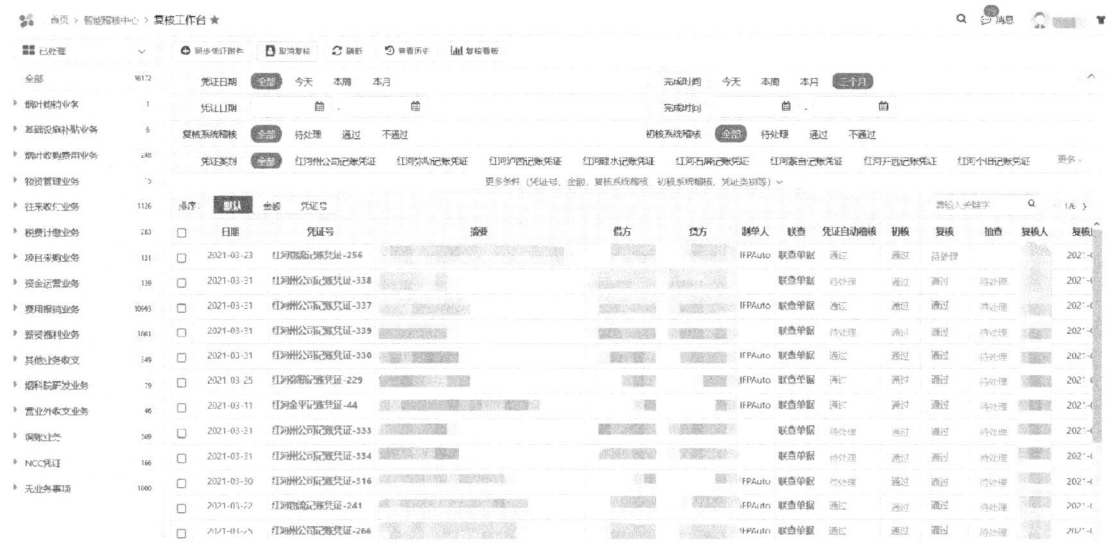

图6-9　云南烟草商业智能稽核复核工作台界面

3）卷烟业务管理

卷烟核算自动化程度最高,包括购进核算自动化、销售核算自动化。平台开发了第一个跨系统RPA(卷烟电子合同自动下载导入)。

（1）购进核算自动化。除上传购进发票、发起主动付款外,其余流程全部实现自动化核算。与中烟商务公司协商,请其提供电子合同数据,利用RPA从中烟电子商务系统自动下载卷烟购进电子合同,自动上传至智能财务共享平台,实现"三单"(电子合同＋发票＋入库单)自动匹配、自动核算。

（2）销售核算自动化。实现"销售订单－销售出库－成本结转－销售收款－银企对账"全流程自动化。

4）烟叶业务管理

（1）核算自动化难度最大:全过程核算自动化。烟叶核算实现了"生产－收购－调运－销售"全过程核算自动化;烟叶业务核算的难点主要体现在"四个最"上:涉及的核算业务最复杂、业务系统最多、业务层级最多、业务数据量最大。

（2）业务部门支持力度最大:统一业务管理模式。由省公司烟叶处、财务处、内管处、信息中心联合开展调研,于2019年研究制定了与烟叶生产有关的6个文件,进一步统一烟叶生产经营管理模式。同时,改造提升业务系统,改造提升烟叶生产经营管理相关业务系统,新建复烤企业生产管理系统。

5）物资管理

制定文件统一管理模式。制定低值易耗品管理办法、通用物资管理办法,并征求意见,统一全省管理模式;统一启用物资业务系统;新开发低值易耗品管理功能,新开发物资管理系统。物资核算中除购进需上传纸质合同及发票外,购进、销售、移库已全部实现全流程自动化。

6)会计核算系统

会计核算系统(NCCloud,NCC),是用友公司应用最新的物联网、大数据、人工智能等技术开发的新一代云 ERP 产品,基于开放、互联、融合、智能的产品理念,服务于大型企业数字化转型。该产品具有云端化、轻量化、角色化、移动化、智能化的特点。智能财务共享系统满足财务共享运营、智能稽核、核算自动化等企业特色的前端财务作业,NCC 则负责凭证、账簿、月末结账等标准统一的后台财务处理。NCC 包括总账、应收管理、应付管理、固定资产、存货核算、财务自助分析模块,同时应用了人工智能技术,包括 RPA 机器人等。

7)报表管理

(1)报表自动生成:聚焦数据洞察,努力为决策提供支持。智能财务共享平台报表管理主要实现快报、月报、年报等各类财务报表的自动生成、自动稽核。财务数据不需要手工填列,报表生成后只需要人工进行审核确认并上报。

(2)报表自动合并:自动采集报表数据、自动生成重分类调整凭证、内部交易自动对账、内部交易自动抵销、外币报表自动折算、特殊事项自动抵销、填报及合并状态查看、合并过程可追溯。

8)电子会计档案管理

电子会计档案管理具有标准化、电子化、自动化、加密化、便捷化、绿色化六个特点。其功能实现包括立卷、归档、利用、移交、鉴定、销毁等操作环节,在传统人工会计档案管理的基础上进行了优化提升。

目前,会计档案采用电子会计档案与纸质会计档案双套制管理方式,日常使用以电子会计档案为主。

9)全面预算管理

全面预算管理系统已融合到智能财务共享平台中,将在管理会计相关系统优化改造中,通过优化全面预算管理系统,支持细颗粒度的预算编制;通过全面预算管理系统与各业务管理系统之间的集成与对接,最大限度实现预算编制的自动化,并把预算下达数传送至各业务管理系统,以便在业务发起时即接受预算约束和资金计划约束,从而增强全员的预算意识,充分发挥预算的资源配置作用和过程管控作用。

10)资金管理

目前智能财务共享平台的资金管理主要是与财务会计相关的资金结算功能,资金运营及其风险管理的内容将在下一步管理会计平台优化提升时完善。

(1)资金结算的功能特点:包括资金结算集中化、资金结算自动化、资金结算智能化。

①资金结算集中化:开发统一的资金结算平台,实现了"统一支付入口、统一支付标准、统一银企专线、统一数据规范";各级法人单位通过平台共享,使用同一个平台进行资金支付、资金收款、资金调拨、银企对账等工作;各级法人单位资金审批权限不变,对本级资金结

算工作负责。

② 资金结算自动化：自动填列付款数据、扫码自动支付(设置收款人白名单后无须扫码自动支付)、自动银企对账,实现简便、高效的资金结算。

③ 资金结算智能化：通过银企联云,采用云计算、云支付等技术,实现企业结算系统与16家银行系统的直联;引入数字签名技术,确保资金支付的安全性。

(2) 资金结算的主要功能：包括一点接入、自动支付、自动对账,以及一单收款。具体功能如下：

① 一点接入：提供资金结算云服务。通过云服务平台一点接入,实现企业所有银行账户的转账支付、流水查询、余额查询和回单下载等功能的云服务。

② 自动支付：兼顾风险控制与支付效率。实行认证扫码支付(Certificate Authority,CA)、批量扫码支付,通过专人扫码认证进行支付风险控制。收款人白名单设置免扫码自动支付,通过限额支付、限量支付、审批流稽核等方式进行支付风险控制。

③ 自动对账：实现实时核算及时对账。通过银行支付报文、银行流水、银行回单之间的自动关联,实现银行回单自动挂载报账单据及记账凭证。"两烟"业务资金结算面广量大,烟叶涉农资金七类、卷烟销售收款一类,共八大类业务,在实现实时核算的同时还实现了自动对账,并自动生成日对账报告,保障资金收支安全准确。在日常及时自动对账基础上,月末快速完成银企自动对账,并自动生成银行存款余额调节表。

④ 一单收款：实现收款业务高效便捷。一张收款通知单同时实现收款确认、收入确认、收据关联、开票关联等功能;实现业务部门收款管理及时提醒、实时办理等功能。

11)资产管理

优化改造提升资产管理系统。完善资产系统基础信息,新增资产移动盘点功能,优化出租资产管理功能,新增账销案存房屋及土地台账,新开发低值易耗品管理功能等。资产核算中资产增加(购置及转固)、折旧计提、内部转移、资产报废已全部实现自动化。

12)税务管理

税务管理工作台可实现发票管理、税务台账、税费计提、自动生成纳税申报表、税款缴纳、企业所得税汇算清缴及税务日常检查等财务会计领域的工作内容,后续将继续探索税务风险管理、税务分析等管理会计领域的工作内容。

(1) 税务管理的平台功能：包括全流程标准化、全过程自动化、全税种覆盖、全业务支撑。

① 全流程标准化：涉税数据标准化,以纳税申报数据需求为标准,细化各业务系统的涉税数据质量及颗粒度;业务场景标准化,以标准经济业务事项为基础,分析归纳企业生产经营业务链条对应的涉税事项;计税规则标准化,以标准化业务场景为基础,梳理标记各税种对应的计税逻辑,固化计税规则,减少人工干预,降低管理成本;稽核规则标准化,建立同一税种间不同数据来源的校验规则和不同税种间的勾稽关系校验规则。

② 全过程自动化：在全流程标准化的基础上,实现"发票管理－税务台账－税务核算－

税务报表－纳税申报"全过程自动化。

③ 全税种覆盖：覆盖云南烟草商业下属 24 个单位涉及的所有税种(18 个税种中涉及 15 个,不含个税、关税、资源税)。

④ 全业务支撑：通过业务系统集成对接,从卷烟营销、烟叶经营、物资管理、资产管理等业务系统自动获取业务数据作为计税依据,实现税金自动计算、自动核算、自动申报、自动缴纳。通过税务管理数据全业务支撑,确保税收计缴数据准确、来源可靠。

(2) 税企直联试点。在全省范围内统一各分子公司的税收征管模式,并推进与云南省税务局开展税企直联试点。通过积极协调,云南省税务局会同省财政厅、省人行、省局(公司)四部门联合印发了《关于进一步规范烟草商业系统流转税和企业所得税征缴问题的通知》(云税发〔2020〕17 号)、云南省税务局印发了《关于统一烟草商业系统税收征管模式的通知》(云税办函〔2020〕13 号),从省级层面统一了全省烟草商业税收征管模式,降低了税收属地管理差异带来的风险,减轻了县级分公司税务工作负担。

13) 智能共享管理

智能共享管理主要涉及智能财务中心的管理工作,对智能财务共享平台运行以及使用平台进行工作人员管理,包括知识共享中心、信用管理、质量管理、系统管理、运营监控等功能。

(1) 知识管理。主要用于发布政策制度、使用指南、培训课程供财务人员学习使用;同时,建立沟通平台,提供提问、回答、反馈的功能。

(2) 信用管理。针对报账人员以及审批人员,通过稽核规则自动计分及单据界面手动计分两种计分方式,设置信用评价指标自动进行信用评价,并在初核、复核任务列表中按照不同信用等级显示经办人信用标识。

(3) 质量管理。对稽核工作涉及的属地初核、属地复核岗位,设立质量管理评价指标体系自动进行质量计分,进行全方位的质量把控,并逐级完善业务操作过程,提升平台操作的标准化,确保会计核算信息质量。

(4) 数据展示。IFC 及分中心主监控屏：税利等经营数据、三级稽核工作看板;专业模块数据监控(实时会计);其他看板：质量管理、RPA 管理、实时财务数据呈现。

(5) 系统管理。主要用于开展平台 RPA、定时任务、平台日常运营维护、平台运行监控、平台安全管理等工作。

14) RPA 管理

RPA 工作台主要包含 RPA 运行监控、RPA 异常处理、RPA 日常维护、RPA 开发。

15) 影像管理

影像管理通过调用高扫仪、高拍仪及手机摄像头等扫描成像设备,为财务核算过程中附件的采集整理、流转审核以及储存归档的全过程提供电子化和数字化的支撑。

4. 平台的主要特点

智能财务共享平台具有系统化、共享化、标准化、自动化、智能化、数字化、精细化、移动化、简约化、云端化十方面特点。

（1）系统化。平台是全业务支撑、全流程覆盖、全财务领域系统化构建,可实现业财一体化深度融合、业财端到端全流程自动化、财务证账表全部自动化生成。

（2）共享化。其包括整个企业对于智能财务相关平台(财务会计和管理会计平台、移动应用)、相关数据(在权限内共享)、相关人员(财务人力资源优化配置)和相关组织(虚拟智能财务中心)的共享。

（3）标准化。平台可实现业务流程统一、管理模式统一、核算规则统一、表单附件统一、信息系统统一、数据标准统一,为核算自动化、智能稽核的实现奠定基础。

（4）自动化。核算自动化包括会计凭证、会计账簿、会计报表的全自动生成,不需要人工干预,在平台运行稳定后将实现自动化率接近100%,核算准确率为100%;RPA实现重复烦琐工作的自动化完成。

（5）智能化。感知智能中将OCR技术应用于发票识别,将语音交互技术应用于出差申请;运算智能中主要是RPA的应用;认知智能中主要是机器学习的应用。

（6）数字化。迅速拓宽数据采集渠道和数据采集能力,获取大量内部和外部、财务和业务、结构化和非结构化数据;数据驱动管理,进行业财管数据分析、辅助决策。

（7）精细化。采集最细颗粒度的交易数据和过程数据;着眼于细节提升,力求通过细节优化,实现更高程度的核算自动化。

（8）移动化。应用移动互联网技术,支持随时随地审批报账,支持随时随地办公;引入数字签名技术,确保移动应用安全。

（9）简约化。平台设计界面简洁、操作简单,达到了"好看好用"的效果。

（10）云端化。使用银企联云技术、税企联云技术,进行平台私有化部署。

（四）智能财务应用场景选择

在云南烟草商业智能财务会计共享建设过程中,共计涉及151个智能化应用场景的设计和22个技术细项的匹配运用,其具体应用场景和产品支持等总体设计情况,如表6-1所示。

表6-1 云南烟草商业智能财务会计共享中的智能化场景设计

序号	技术大项	技术细项	应用场景	场景数量	产品支持
1	AI-RPA	RPA	通用RPA/发票RPA/结算RPA/核算RPA/报表RPA/档案RPA	69	流程规则引擎,NCC财务机器人,小友RPA,开票机器人
2	电子会计档案	电子会计档案	电子会计凭证归集/电子会计凭证签章/电子会计档案组册	3	电子会计档案管理系统
3	电子会计凭证	电子会计凭证	电子会计凭证制作/电子发票导入与入账归档/电子回单下载与入账归档/电子合同对接与入账归档	4	我的发票夹,我的文件夹,智能财务App"邮箱导入""微信导入",银行交易回单下载,业务单据流水匹配,合同档案,项目合同付款工作台

（续表）

序号	技术大项	技术细项	应用场景	场景数量	产品支持
4	物联网	二维码	资产盘点/CA 认证/单据定位/系统登录	4	资产盘点"扫一扫"，系统登录"扫一扫"，付款工作台，初核工作台，复核工作台，中心抽查工作台
5	AI－机器学习	机器学习	发票查验图片机器学习	1	查验机器学习引擎
6	INS－身份认证	身份认证	移动 App 扫码登录/资金结算扫码支付/资金支付审批签名	3	智能财务 App"扫一扫"，系统登录，付款工作台，审批待办
7	可视化技术	数据可视化	运营监控数字大屏/RPA 运行监控/差旅出行轨迹模拟展示	3	核算质量监控，RPA 运行监控，我的差旅
8	商业智能	数据联查	财务报表数据溯源查询/数据分析图表穿透查询/统计报表联查业务数据	3	报表管理平台，图表一体化工具，自由报表
9	INS－数字签名	数字签名	资金数据传输安全加密/资金支付结算签名认证/电子会计档案签名认证	3	E 路签 Plus，CA 移动证书，电子签章
10	云计算	税务云	发票自动查验/发票自动认证/发票自动开具/纳税自动申报	4	税务云，税企直连
11	云计算	私有云	会计核算系统 NCC 私有云部署/YCP 烟草云平台私有云部署/行业财务管控平台私有云部署/智能财务共享平台私有云整合	4	会计核算系统 NCC，YCP 烟草云平台（用友烟草行业云平台，YCP 是其英文名称 YongYou Tobacco Cloud Platforms 的首字母缩写），行业财务管控平台，智能财务共享平台
12	AI－图像识别	图像识别	发票识别	1	发票智能识别引擎
13	移动互联网	移动应用	发票影像采集/文件资料采集/移动智能差旅/移动智能报账/移动资产盘点	5	我的发票，我的文件，我的单据，我的差旅，智能报账，资产盘点
14	云计算	银企联云	单笔支付/批量支付/批量支付账户校验/余额查询/交易明细查询/交易状态查询/电子回单下载/收付款明细版式文件下载	12	银企联云
15	物联网	云打印	电子会计凭证云打印/移动报销云打印	2	云打印助手，我的云打印，智能报账中心，归档打印工作台

（续表）

序号	技术大项	技术细项	应用场景	场景数量	产品支持
16	AI-知识图谱	知识协同平台	知识共享中心/问题反馈答复/稽核反馈协同	3	知识共享中心,问题管理工作台,稽核反馈处理单
17	财务专家系统	智能稽核	票据自动稽核、合同自动稽核、附件自动稽核、预算自动稽核、业务自动稽核、凭证自动稽核、报表自动稽核	20	智能稽核规则库、智能稽核引擎
18	财务专家系统	智能信用评价	员工信用自动评分	1	智能信用评分引擎
19	AI-语音识别	语音识别	出差申请语音助理/报表查看语音助理	2	小友 VPA
20	AI-自然语言处理	自然语言处理			
21	AI-指纹识别	指纹识别	移动智能登录/移动智能签名	2	智能手机指纹识别程序
22	AI-人脸识别	人脸识别	移动智能登录/移动智能签名	2	智能手机人脸识别程序
合计	18	22		151	

（五）智能技术及其产品的选择

在云南烟草商业智能财务共享平台落地过程中,不仅运用了人工智能、移动互联网、云计算、物联网等"大智移云物区"新技术,还运用了电子会计档案、电子会计凭证、INS-身份认证、INS-数字签名、可视化技术和商业智能 6 个技术大项(见图 6-10 和表 6-1)。伴随智

 **AI-RPA**
场景数量69个

 AI-知识图谱
知识协同平台
场景数量3个

 AI-人脸识别
场景数量2个

 AI-指纹识别
场景数量2个

 **AI-机器学习**
场景数量1个

 AI-图像识别
场景数量1个

 AI-自然语言处理
场景数量2个

 AI-语音识别
与自然语言处理同场景

 移动互联网
移动应用
场景数量5个

 INS-数字签名
场景数量3个

 INS-身份认证
场景数量3个

 云计算
税务云、私有云、银企
场景数量20个

 商业智能
数据联查
场景数量3个

 **物联网**
二维码、云打印
场景数量6个

 **可视化技术**
数据可视化
场景数量3个

  电子会计档案
场景数量3个

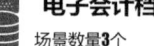 **电子会计凭证**
场景数量4个

 财务专家系统
智能稽核,智能信用
场景数量21个

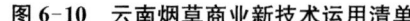

图 6-10　云南烟草商业新技术运用清单

能财务建设的持续推进,特别是智能管理会计共享平台和大数据分析应用平台的落地,云南烟草商业还会将更多的新技术应用于智能财务建设。

智能化场景设计和新技术匹配运用,是智能财务的本质特色。智能财务共享平台运用新技术 18 个大项、22 个细项,对应 151 个智能化应用场景。其中,共设计开发 16 类明细共享业务的 69 个 RPA(见图 6-11)。

图 6-11　云南烟草商业共享业务中的 RPA

(六) 资源投入情况

云南烟草商业智能财务建设项目投入资金、人力资源成本 3 000 多万元,在项目建设过程中,云南烟草商业、上海国家会计学院、用友烟草三方团队前后投入人力 160 多人,其中专家团队 10 多人、公司团队 70 多人、技术团队 80 多人。面对智能财务建设新挑战,三方团队满腔热情、激情碰撞、携手共进、共同成长,创新推进智能财务建设各项工作。

(七) 实践中遇到的主要问题和解决方法

1. 主要问题

云南烟草商业在智能财务建设探索与实践过程中,主要遇到以下四个方面的问题。

1) 对智能财务及其建设路径的认知和探索问题

智能财务是财务领域近两年来出现的新生事物,在理论研究和实践应用两方面都是新课题。"什么是智能财务,如何建设智能财务"是我们在探索智能财务建设时首先面对的两大问题。这需要我们要在深入调研的基础上,对智能财务的理论和应用两个层面进行系统研究,理清智能财务建设思路,创新智能财务建设路径,为企业探索智能财务建设指明方向、提供遵循。

2) 如何高效组织协调以快速推进智能财务建设工作的问题

智能财务建设是一项复杂的系统工程,涉及企业业务、财务管理模式统一,涉及流程再造、系统再造、组织再造、管理再造,涉及企业相关内外部系统集成等各个方面。这既需要企业内部各单位、各部门大力支持,又需要税务部门、银行等外部单位的积极配合,还需要上级单位的支持帮助。如何高效做好企业内外部沟通协调工作,组织做好内外部之间工作协同,对推进智能财务建设而言是一项重大考验。

3) 如何发挥各方优势以高水平研发智能财务共享平台的问题

智能财务共享平台涉及智能财务会计和智能管理会计两个子平台,同时需借助大数据应用分析平台,探索业财大数据在管理会计中的应用。这需要对智能财务共享平台进行全面的系统设计和全新研发。如何调动软件商、咨询团队、公司团队等各方面的积极性,充分发挥各方面的自身优势,对智能财务共享平台研发至关重要,而如何设计多方协调机制是一个难点问题。

4) 如何统一思想转变观念以构建智能财务管理新模式的问题

智能财务是财务领域的一项重大变革,企业在推进智能财务建设过程中,需要构建与智能财务共享平台运行相适应的财务管理新模式。这涉及企业财务组织优化调整、财务机构重新定编定岗、财务人员职责分工重新划分,同时还涉及富余财务人员的妥善安置等诸多问题。对企业各级财务机构和财务人员而言,这是必须面对的一项巨大挑战。这需要大力宣贯财务管理新理念,进一步统一思想认识,转变思想观念,赢得各级财务人员的积极响应和理解支持;同时需要加大财务人员综合素质的提升力度,推动财务人员转型发展,为构建财务管理新模式奠定坚实基础。

2. 解决办法

针对上述难点、痛点问题,云南烟草商业通过创新智能财务建设方式、创新课题研究运作方式和创新平台开发协作方式,积极推动产学研用协同创新、合力攻坚,高水平推进智能财务建设各项工作。有关具体的主要举措有以下几点。

1) 高位部署推动,坚定不移推进智能财务建设

(1) 公司党组织高度重视智能财务建设工作;公司主要领导亲自部署。智能财务建设是省公司党组书记、总经理李光林亲自部署的一项重大课题。2019 年 1 月 25 日,李光林总经理批示强调,智能财务是提升财务管理水平的方向,应以建立省公司统一平台为目标,坚定不移推进。2019 年 2 月 14 日,省公司成立智能财务建设领导小组,李光林总经理亲任组长。分管领导吴践志副总经理亲自带队外出调研,倾心推动项目建设工作,要求站在行业发展全局高度,以打造全国一流示范、行业最佳实践为目标,高起点、高标准推进智能财务建设,在行业财务管理创新方面发挥引领作用。

(2) 上级单位国家烟草专卖局(以下简称国家局)大力支持。2019 年 2 月,国家局财务司司长在听取省公司开展智能财务建设工作汇报时强调,将大力支持和高度关注云南烟草商业智能财务建设,希望通过高水平规划建设,使云南烟草商业财务管理水平与云南烟草"两烟"大省地位相匹配。2020 年 6 月,国家局分管财务领导和财务司司长到省公司调研指导智能财务建设工作时强调,智能财务建设契合国家产业数字化发展趋势,符合大数据中心、人工智能等"新基建"建设战略导向,是行业财务管理升级的必然方向,希望云南省公司站在全行业高质量发展的高度,在智能财务建设创新实践过程中,总结出一套在全行业可复制可推广可运用的行业标准与成功经验。云南烟草商业智能财务建设是行业近年来财务领域一次重大的理论探索与实践创新,对提升财务价值意义深远。

2)自主研究探索,系统创建智能财务建设体系

当前智能财务建设在理论和实践两个方面都是一项崭新课题。省公司决定自主研究、科学规划智能财务建设工作。2019年4月1日,"云南烟草商业智能财务建设研究项目"作为省公司科技计划重点项目获准立项。省公司以开展智能财务建设为契机,按照"课题研究+平台落地+人才培养+管理提升"的工作思路,深入开展智能财务理论探索和实践创新。

(1)深入探求智能财务建设思路。2019年4月至5月,在两次深入开展的内部现场调研基础上,项目组走访考察了一批国内先进企业,从智能财务研究和实践的背景与现状出发,撰写了《云南烟草商业智能财务建设课题研究报告》,提出了智能财务的定义、特点和基本框架,智能财务建设的总体思路、智能财务共享平台的建设思路和新型财务管理模式的构建思路等内容,为云南烟草商业智能财务建设指明了前进方向、提供了基本遵循。

(2)统筹规划设计智能财务共享平台。项目组按照业务驱动财务、管理规范业务、数据驱动管理三大建设逻辑和大集成、大共享、大数据三大建设理念,高起点高标准自主规划设计智能财务共享平台,包括智能财务会计共享平台和智能管理会计共享平台两个子平台。同时,通过大数据分析应用平台探索业财大数据应用于管理会计,进一步拓展丰富智能财务共享平台。

(3)探索构建智能财务管理新模式。借助智能财务共享平台的建设和运用,按照"集中管控、分级负责,上下联动、协同共享"的原则,构建人机协同、财务组织协同、业财管协同的新型财务管理模式,以切实推动管理会计落地,努力实现财务由核算型、价值守护型向管理型、价值创造型转变。

3)三方团队合力攻坚,协同研发智能财务共享平台

按照"专家团队+技术团队+公司团队"运作方式,充分发挥三方团队的各自优势,产学研紧密协同,创新研发智能财务共享平台。专家团队发挥理论方法、案例集成和社会资源优势,总体负责规划方案的设计和落地后的跟踪评估;技术团队发挥产品、技术和实施经验优势,主要负责平台开发落地和运行维护;公司团队发挥人力和业务优势,主要负责业务流程优化、标准规则制定、功能需求提出及现场测试等各项工作。同时,发动省公司各部门、下属各单位关心支持智能财务建设,形成全员参与平台开发、运行的良好工作氛围。

(1)公司团队现场全程主导平台开发。2019年4月11日,省公司组建项目公司团队,公司团队由所属各单位财务部门、信息中心相关人员共76名人员组成。公司团队在专家团队指导下,直接与技术团队开发人员沟通需求,现场主导平台开发,确保平台规划设计方案落地实施。公司团队绘制核算自动化应用流程101张;梳理标准经济业务事项1 921项;梳理业财数据标准7类2 411项;梳理标准核算规则385项、标准表单24张、标准稽核规则365项;撰写核算自动化应用解决方案17个、业务系统集成及优化改造需求分析报告12个等。

（2）省公司各部门、下属各单位积极协助平台开发。信息中心在智能财务课题研究、平台开发、技术保障、业务系统改造、硬件资源匹配等方面全方位给予大力支持；相关业务部门进一步统一业务管理方式、业务运行系统，同时在业务系统改造新建、业财一体化集成过程中主动给予帮助，为业务驱动财务自动记账、业财对接融合奠定坚实基础。所属单位积极配合，积极推荐优秀年轻骨干参与智能财务共享平台开发，共同研讨平台功能需求和研究制定标准规则等。

（3）公司上下协同确保平台全面上线运行。智能财务共享平台是全新开发的平台，坚持边开发边测试边优化。2019 年 11 月，省公司首先安排在中等规模的红河州公司进行初步上线测试。2020 年 1 月，省公司又安排在规模最大的曲靖市公司进行二次上线测试。2020 年 4 月，省公司开始统筹安排平台上线运行各项准备工作。2020 年 5 月，公司团队自行编写培训资料并组织开展平台上线操作培训。2020 年 5 月底，公司团队成员返回各单位协助指导本单位平台上线工作。2020 年 6 月，智能财务共享平台在省公司所属的其他 22 家单位同时上线运行，平台全面上线运行顺利推进。

4）四维深度再造，着力提升企业运营管理水平

（1）流程再造，优化再造业财管一体化流程。智能财务建设过程是流程再造的过程，通过梳理并优化现有业财管流程，绘制信息丰富的流程矩阵图，再转换为智能财务共享模式下的业财管一体化流程图。这既为智能财务建设提供了依据，也为企业管理的提升夯实了基础。公司团队梳理绘制业务流程图 388 张，其中梳理卷烟、烟叶、物资、费用、核算报表、资产、税务、资金、其他共 9 个业务类别，形成 1～5 级共 181 张"两烟"业务流程图，梳理形成复烤业务 1～5 级共 207 张复烤业务流程图。

（2）系统再造，改造新建业财管信息系统。业财管系统一体化集成是智能财务共享平台建设的一大难点。公司智能财务共享平台涉及内部相关 8 大类、27 个子系统，其中，对接相关业务系统 18 个，包括新建对接烟叶生产管理、电子合同管理等 6 个业务系统；改造对接采购管理信息等 7 个业务系统；直接对接烟叶收购等 5 个业务系统。

（3）组织再造，逐步推进智能财务组织变革。省公司结合行业发展和企业管理实际，开展智能财务组织规划，构建分布式的智能财务共享组织机构。同时，建立智能财务中心，加强财务集中管控。2020 年 5 月 28 日，省公司首先成立了智能财务中心（虚拟），配置工作人员 18 人，下设 10 个财务专业小组。按照"属地管理、中心兼职"的组织管理方式，采用"远程办公、虚拟共享"的业务运行方式开展日常运营管理工作，保障智能财务中心各项工作正常组织运营和智能财务共享平台的正常运转。接着成立了智能财务分中心，以加强财务集中管理。其中，二级单位分中心做实管理、人员加强；三级单位财务部门职能缩小、人员调减。红河州公司作为试点单位探索推进分中心组建，原有财务人员 68 人，目前已减少到 48 人，减幅 30% 左右。

（4）管理再造，构建智能财务管理新模式。省公司通过智能财务共享平台、财务专业分工和各级财务组织的深度协同，构建"三三三"智能财务管理新模式。其核心体现在两个方面：一是"集中管控、分级负责,上下联动、协同共享"的十六字智能财务管理运行原则;二是三级财务组织纵向到底、各类财务专业小组横向到边的矩阵式智能财务管理方式。

三、实践成效与未来展望

(一)实践成效

1. 项目理论研究成果丰硕

面对智能财务建设的巨大压力和挑战,三方团队充满激情、大胆探索,理论探索和实践创新相得益彰、彼此相长,取得了丰硕的研究成果。已撰写智能财务建设系列论文 17 篇,目前已发表 16 篇,其中,《智能财务的基本框架和建设思路研究》发表在《会计研究》2020 年第3 期;《智能财务建设的框架与思路研究》在中国会计学会第十八届全国会计信息化年会上获得优秀论文奖;《智能财务建设之智能稽核设计》在中国会计学会第十九届全国会计信息化年会上做研讨交流;核心期刊《会计之友》为反映课题组研究成果,从 2020 年第 7 期到第10 期,开设专栏"智能财务建设系列文章",连续发表课题组论文 7 篇;核心期刊《财务与会计》2020 年第 21 期开设"推进智能财务建设服务企业数字化转型"专题,集中发表课题组论文 5 篇,总结了云南烟草商业智能财务建设中开展的核算自动化、智能稽核、集中结算、智能税务等业务环节的设计和应用。此外,课题组撰写了具有较强借鉴意义的专著《智能财务及其建设研究》,该专著已列为上海市重点图书,由上海立信会计出版社于 2020 年 11 月出版发行。

2. 项目平台实践成效显著

智能财务建设是一场以信息技术赋能为引领、以人机协同共生为路向、以提升财务价值为目标的财务变革。云南烟草商业智能财务共享平台开发了 15 个工作台,覆盖了财务会计、管理会计、财务共享三个方面的工作内容,运用新技术 18 个大项、22 个细项,对应 151 个智能化应用场景,其中设计开发 16 类明细共享业务的 RPA69 个,定时任务 790 多个类别,可以称之为智能财务的"线上工厂",其运行方式为"人机协同"。除少数特殊业务外,会计核算证账表基本上实现了全自动化生成。

平台可推送业财一体化的实时数据,实现财务"服务业务、提供决策支持、提供及时准确有效数据服务"的目标。智能财务共享平台开发水平较高,具有系统化、共享化、标准化、自动化、智能化、数字化、精细化、移动化、简约化、云端化十个方面特点。

(二)未来展望

作为烟草行业智能财务建设的先行者,云南烟草商业正有力推动烟草行业财务共享及智能财务建设进程,有利于提升行业财务自动化、智能化和数字化水平。面对智能财务建设新阶段与新要求,省公司将锚定目标,持续推进智能财务建设。省公司将从以下几个方面发力:

(1)着力提升智能财务会计共享平台效能。协力推进公司数据中台建设,为平台高效运转提供更好的支撑条件,进一步提升平台运行效率和水平。

（2）着力抓好智能管理会计共享平台建设。借助公司推进大数据平台建设契机，探索业财大数据在管理会计中的应用，开发财务专题的智能报告、智能分析、智能预测、智能预警、智能风控等相关功能，为服务业务、支持决策、实现管理会计落地提供有效支撑。

（3）着力推进智能财务组织变革。智能财务建设是财务人员的一场自我革命，机器替代人工实现会计自我解放，必将推动财务职能转型、人员角色变化。为更好地适应平台运行需要，在前期财务岗位专业化分工调整基础上，推动云南烟草商业财务组织调整，省公司将对三级财务岗位重新进行定编定岗，进一步优化配置财务人力资源。

（4）着力加强智能财务人才建设。财务转型本质上是财务人员的转型，对财务人员提出了更高的要求，我们要加大人才培养力度，打造一支精财务、懂业务、会管理、知技术的复合型智能财务人才队伍，为推动财务转型、助力企业高质量发展做出新贡献。

参考文献

[1] 李昕凝,刘梅玲,钱维娜,等.智能财务建设之制度设计与管理[J].会计之友,2020(18)：146-149.

[2] 刘梅玲,黄虎,李文生,等.智能财务建设之业务流程设计[J].会计之友,2020(14)：142-148.

[3] 刘梅玲,黄虎,刘凯,等.智能财务建设之智能财务会计共享平台设计[J].会计之友,2020(15)：142-146.

[4] 刘梅玲,黄虎,杨寅,等.智能财务建设之财务组织规划[J].会计之友,2020(17)：141-146.

[5] 刘梅玲,刘凯,黄虎,等.智能财务建设之新技术运用设计[J].会计之友,2020(16)：141-149.

[6] 佟成生,刘梅玲,王总胜,等.智能财务建设之风险管理[J].商业会计,2020(14)：8-12.

[7] 吴践志,刘勤.智能财务及其建设研究[M].上海：立信会计出版社,2020.

[8] 杨寅,刘勤,黄虎,等.智能财务共享服务中心运营管理研究[J].会计之友,2020(19)：143-147.

[9] 杨寅,刘勤,黄虎.企业财务智能化转型研究：体系架构与路径过程[J].会计之友,2020(20)：145-150.

□ 管理会计视角下南粤交通智能财务创新实践

林　楠　广东省南粤交通投资建设有限公司财务
　　　　管理部部长、正高级会计师

陈　丽　广东省南粤交通投资建设有限公司财务
　　　　管理部主管、高级会计师

杨　寅　上海国家会计学院副教授、硕士生导师

■ 智能财务　　服务云平台
　　创新　　　　管理会计

　　南粤交通是广东较早建立智能财务并唯一通过国家档案局会计电子档案管理验收的省属国企。公司致力于推动财务转型，积极引入智能财务新型管控模式，结合自身特点建立了集"战略财务、业务财务、共享财务和专家队伍"于一体的智能财务服务云平台，构筑了"九位一体"的共享职能体系，搭建了集成化、业财一体的信息系统，精准应用人工智能、云计算、移动互联等新技术设计并实现了会计核算、财务报告、档案管理、预算管理、资金管理等智能化应用场景，助力财务从"监督者"转向"军师参谋"、从"价值守护"迈向"价值创造"，有效推动管理向信息化、数字化、智能化转型升级。

一、案例背景

(一)案例单位简介

1. 南粤交通概况

广东省作为全国高速公路大省,政府还贷高速公路的建设与发展显得尤其重要。省政府于2012年年底授权省交通运输厅出资组建广东省南粤交通投资建设有限公司(以下简称南粤交通或公司),负责全省政府还贷高速公路建设、经营和管理。2017年10月,按照省政府关于省属高速公路板块企业重组改革方案精神,调整为广东省交通集团有限公司履行出资人职责。

南粤交通目前党委会、董事会和监事会负责经营班子的指导和监管,设置职能部门9个,分别为综合事务部、投资经营部、基建管理部、资金财务部、人力资源部、党群工作部、安全生产监督管理部、监察审计部和营运管理部。目前公司直接管理的单位共有35个,其中,13家为负责政府还贷高速公路的法人单位,14家为分段管理单位,余下3家为能源公司;此外,公司分设机构4家,均为负责政府还贷高速公路前期工作的临时性机构。南粤交通的组织架构如图7-1所示。

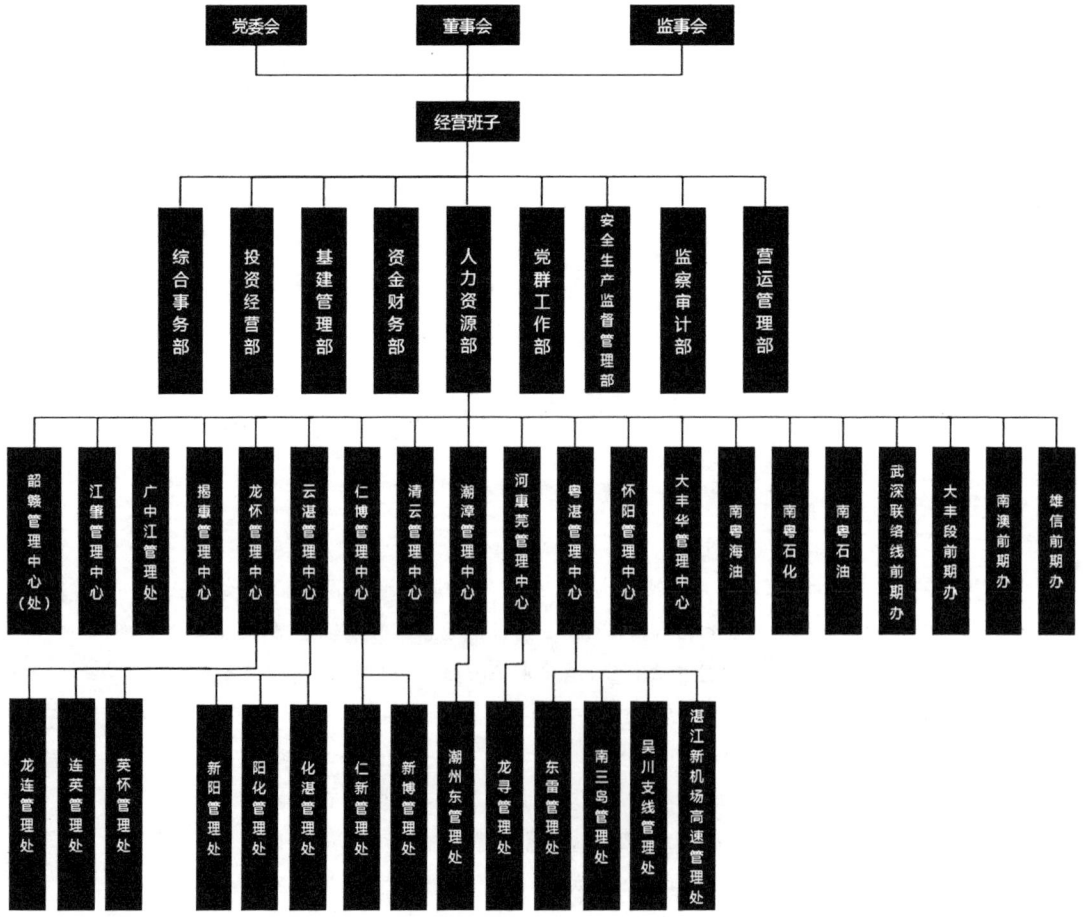

图7-1 南粤交通组织架构

2. 南粤交通的鲜明特点

经过多年的发展,南粤交通业务具有资金密集型的鲜明特点,主要呈现以下特征:

(1) 主业较集中,项目多而散。公司负责高速公路的建设、经营和管理,所属项目共22个(段),且散布于粤东西北地区,项目财务存在相对独立的自主权,总部财务管理难度较大。

(2) 投融资额巨大,风控要求高。公司负责的高速公路里程总长约2 000公里,总资产近2 500亿元,投资额超3 000亿元,员工超7 000人,是广东省高速公路建设营运的主力军。高速公路行业属于资金密集型,投资建设周期长,资金占用额度大,投资回收期较长,资金管控挑战较大。

(3) 政策敏感度高,社会关注多。高速公路投资企业主要依据国家和省高速公路建设路网的中远期规划进行投资,对国家宏观政策、法律法规的变化具有较为敏感的反应;同时,公司负责的高速公路为国家和省规划投资,四成资金来源于财政支持,面临着来自政府等部门的广泛监督,受到高度关注。

综上,经过多年的快速发展,从成立之初的注册资本仅1亿元,到发展成为拥有超过2 000亿元资产的高速公路经营主体,南粤交通作为典型的资金密集型企业,必然对其自身财务管理水平和资金运营效率提出更高的要求,其迫切需要引入新型财务管控方式驱动财务转型升级。

(二) 智能财务建设动机

1. 顺应公司发展战略的需要

伴随着人工智能、大数据、移动互联等新技术的快速崛起,管理创新成为企业的战略核心。而随着新冠疫情的突发与不确定性因素的增加,数字化转型更是被提到战略高度,企业亟待通过数字化转型服务整体战略规划,为企业的战略顶层设计和规划提供财务决策信息。

2. 实施资金集中管理的需要

南粤交通属于资金密集型行业,目前公司资金存量大,且资金沉淀于各项目,散落于各银行,资金状况无法被有效监控;再者,公司未能打通项目间资金使用、调拨通道,造成部分资金闲置,增加了公司的资金成本;与此同时,公司及项目可用资金没有完全形成合力,无法充分发挥协同效应。因此,公司通过智能财务的规划、设计与建设,建立统一的智能资金财务管理系统,实现实时、全面、准确地监控公司及项目账户资金存量、流量及流向等信息,可充分发挥资金的规模优势和协同效应,提高资金使用效率和对外融资能力。

3. 强化资金财务管控的需要

南粤交通项目分布于粤东西北,区域跨度大,所配备的独立财务机构执行工作相对自主、灵活,导致项目的资金财务工作可能在某一时间段或某一方面脱离公司总部资金财务工作的要求;同时,多层级的财务架构使得公司总部无法对项目资金财务工作进行实时充分的监管。公司通过实施智能财务建设,将按照统一的标准规范,流程化和智能化地处理公司及所属各项目的资金财务工作,从而可获得高效的执行力、强大的管控力。

4. 增强项目财务人员独立性的需要

南粤交通各项目财务人员隶属于所在项目,固定为该项目提供财务相关服务,并由所在项目领导进行直接管理,一定程度上降低了财务人员在业务处理过程中的独立性,削弱了财务人员在内部控制中的监督作用。公司实施智能财务建设,并实现财务共享智能化,将财务人员统一集中到资金财务共享服务中心(以下简称中心)进行管理和考核,有助于提高财务人员的独立性,充分发挥财务的监督职能。

5. 提升内部管理效能的需要

南粤交通已基本实现信息化管理,各业务板块均建立了相应的信息系统,如合同管理方面的建设管理系统、人力资源方面的 NC 人力资源管理系统、财务方面的集中财务管理信息系统。然而,各系统之间相互独立,尚未实现互联互通,出现"信息孤岛",极大地限制了内部管理效能的发挥。公司实施智能财务建设,将推动公司开展主数据建设并建立系统连接通道,实现数据实时、高效地交互,提升管理效能。

6. 实现资源整合和提升核心竞争力的需要

依照《收费公路管理条例》修订要求,南粤交通可能逐步接收收费到期的经营性高速公路,在资金财务方面快速吸收和融合该类项目,并实现统一、规范运作。随着后续公司所属项目的不断增加,公司实施智能财务建设将极大地增强公司的资源整合能力,有利于快速服务于公司吸收及合并的同行业项目,提升核心竞争力。

二、南粤交通智能财务建设实践

(一)智能财务建设方案设计

1. 智能财务建设的目标

1)提高会计信息质量,搭建开放的信息公开平台

实施智能财务,财务人员在统一智能财务服务平台对所属各单位的经济业务按照"同一制度、同一标准"进行账务处理,可避免理解偏差等原因导致相同业务处理迥异等问题,财务工作操作的流水线特点也将提高会计核算的准确性。同时,智能财务建设可以打破财务系统与业务系统的孤立状态和"信息孤岛",实现数据信息在智能财务服务平台共享,确保按照统一口径实时汇总和统计相关数据和信息,使得数据和信息可靠、标准、规范,从而真正建立适应政务公开的信息公布平台,确保公司的经营管理行为更加透明。

2)强化财务管控,提高财务人员独立性

实施智能财务,将打破财务工作的地域限制,有利于对公司业务进行全过程、全方位的监测,从而强化财务管控;同时,财务人员直接隶属中心,与所属单位分离,并且业务审核人员随机确定,一定程度上可以减少人为感情、单位领导压力等因素的影响,大大提高财务人员的独立性,增强单据审核的客观性、公正性,从而有效控制业务前端违规的风险。

3)切实保障资金安全,提高资金使用效率

实施智能财务,将对散落于各银行、各单位的资金进行归集,并将其集中于总部进行统一管理,切实强化资金监管,确保公司资金安全;同时,通过实时、全面、准确监控所属各单位账户资金的存量、流量及流向等信息,智能化实现公司资金的实时、统一调配和管理,充分发挥资金的规模优势和协同效应,提高资金使用效率。

4)实现向管理型财务转型,助力公司战略

实施智能财务,由中心统一处理基础资金财务工作,使大量的财务人员得以专注于财务分析、经营分析等高附加值的管理型财务工作,切实发挥财务的决策支持作用;公司组织架构的扁平化,使信息传递速度快、失真少,同时,数据处理能力大幅提升,在短时间内将完成数据的分析、处理,有利于快速掌握外部形势及各单位的全面运作状况,从而为公司领导及各单位提供更高质、高效的基础信息和更为科学合理的管理改进建议,为公司的资源整合等决策提供有力支撑,真正实现财务从核算型向管理型转型。此外,当公司新成立下属单位时,无须单独设立财务机构,中心能迅速为新单位提供支持服务,使新单位的融合更为简单、快捷,满足公司业务快速扩张的需要,有助于公司战略的实现。

2. 智能财务建设历程

为顺应"大智移云物区"时代的发展趋势,响应国家深化会计领域改革的号召,主动适应外部监管新常态、行业整合新要求、内部管理新挑战,切实强化管控,有效提升内部管理效能,公司经过充分研究、多轮调研、反复论证建设智能财务的必要性和可行性,积极引入了管控新模式驱动财务转型升级。2016 年年初,公司启动智能财务前期研究,并于 6 月设计初步方案;2017 年开展实地调研,并相应完善了方案,同年 6 月,方案获董事会审批通过;2017 年 10 月,全面开启智能财务系统建设,并于 12 月完成建设;2018 年上半年,系统整体试运行,并自 2018 年 7 月起正式上线,使公司成为广东省属国企中第一家建立具有智能特征的资金财务共享服务中心单位。南粤交通智能财务建设历程如表 7-1 所示。

表 7-1 南粤交通智能财务建设历程

阶段	时间	具体事项
第一阶段前期准备 (2016 年 1～12 月)	2016 年 1～6 月	文献研究、理论学习和专题研讨
	2016 年 6 月	初步方案设计
	2016 年 7～12 月	业务流程梳理并修改方案
	2016 年 12 月	向公司主要领导汇报初步方案
第二阶段方案设计 (2017 年 1～6 月)	2017 年 1～4 月	实地调研
	2017 年 5 月	根据调研结果完善方案
	2017 年 6 月	实施方案经董事会审议通过并定稿
第三阶段系统实施 2017 年 7～12 月	2017 年 7～9 月	开展需求调研,再造业务流程
	2017 年 9 月	根据审议通过的实施方案进行系统招标
	2017 年 10～12 月	招标选定的供应商正式进驻建设系统

(续表)

阶段	时间	具体事项
第四阶段系统上线 (2018年1月至今)	2018年1~6月	系统整体试运行
	2018年7月起	系统正式上线

1）前期准备阶段

2016年年初,南粤交通正式组建智能财务研究小组,综合采用文献研究法、理论学习和专题研讨等方式探索研究智能财务,结合实际于6月设计了初步实施方案。在此期间,结合实际情况,同步开展了业务流程的全面梳理,并相应修改完善了实施方案。

2）方案设计阶段

采用实地调研法进一步深入研究智能财务,对中兴通讯、中交二公局、中铁十四局、浪潮集团开展智能财务调研工作,组织邀请国内三个主要供应商进行演示交流,参加学术协会等举办的前沿专题培训。在持续的前期调研学习基础上,结合公司具体实际,调研小组最终于2017年6月形成《广东省南粤交通投资建设有限公司关于实施资金财务共享服务的方案》定稿。

3）系统实施阶段

2017年7月起,开展需求调研,再造业务流程。9月,根据审议通过的实施方案进行系统招标。10月,经公开招标选定的智能财务系统供应商正式进驻。在全面梳理公司全部财务流程和业务流程的基础上,以90天为限,智能资金财务共享服务中心共建设了6大基本系统(电子报账、电子影像、电子发票、电子会计档案、资金管理、移动审批)、2个创新的特色系统(大屏展示系统、公务卡管理系统),成功对接合同管理系统等业务系统,并完成了系统功能的测试工作,按照计划节点在2017年12月31日成功攻克了智能财务系统的建设高地。

4）系统上线阶段

智能财务系统搭建完毕后,系统运行的有效性、稳定性亟待实践检验。从2018年年初开始,中心便以决战的心态投入系统试点战斗中,毫不松懈,随即于2018年年初前往两个所属项目开展系统培训工作,针对系统具体操作进行全面、详细演示,探讨了实际的业务需求,并直面项目诉求,提出精准的解决方案。此后,公司不断扩大试点上线的范围,并持续改进完善系统功能,丰富报账单据类型,有效满足实际业务需求。

试点上线项目全面稳定运行后,2018年6月启动公司范围内所有单位的正式上线工作。正式上线后,系统按照前期设计方案规范运转,公司及所属各单位业务报销、会计核算、资金支付、预算管理等集中至智能资金财务共享服务系统统一处理。针对正式上线阶段业务处理范围广、种类多等特点导致的临时性问题,公司采用了"敏捷实施"策略。公司积极应对正式上线后的变化,领导主动参与组织和流程变革,实施人员不断更新完善系统配置以提高处理效率,以确保正式上线。

3. 智能财务建设的系统框架

南粤交通通过对系统进行再造,以最新技术"云"的方式运作,对各项功能进行模块化设计,整合原有财务信息子系统,并搭建新的财务信息子系统模块,形成集成化的智能财务信息系统体系。南粤交通智能财务信息系统架构(见图 7-2),主要由报账业务前端、共享作业平台和财务管理终端三部分构成,融合影像系统和电子会计档案系统,集成连接合同管理系统和商业银行网银系统等异构信息系统。

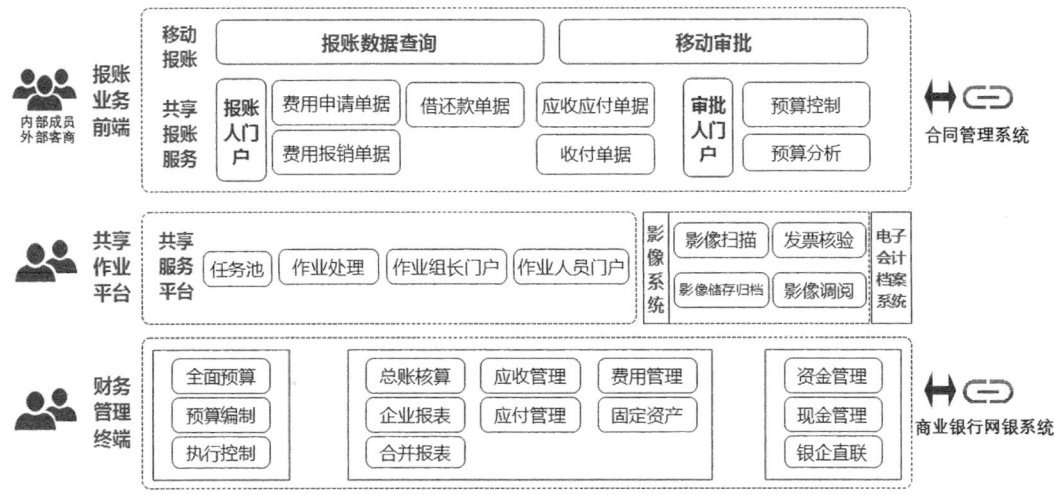

图 7-2　南粤交通智能财务信息系统架构

报账业务前端直接对接智能财务系统服务的各类用户,包括移动报账和共享报账服务系统。共享作业平台为智能财务的作业端,主要包括智能财务共享服务平台,集成影像系统、电子会计档案系统,为中心集中作业提供任务管理、作业管理、绩效管理、质量管理等。财务管理终端主要由财务核算系统、资金管理系统和预算管理系统构成,提供费用管理、应收管理、应付管理、固定资产管理、总账核算、企业报表和合并报表、资金管理、现金管理和银企直联、预算编制、全面预算和执行控制。南粤交通智能财务信息系统特色功能模块如表 7-2 所示。

表 7-2　南粤交通智能财务信息系统特色功能模块

主要模块	信息系统功能特色
报账系统(含预算控制)	自动化完成日常审核及会计核算,预算控制
影像系统	自动化完成线上基础资料的生成,智能化识别、核验发票等
电子发票	智能化实现电子发票的验伪、查重等功能
电子会计档案	有效归纳各类电子档案,从初始凭证资料到各类报表文档
资金管理系统	将资金计划内嵌到系统中,做到资金使用有"计"可循,智能化实现对资金风险的监督和对资金收支的实时控制
大屏展示	结合已有历史及实时数据,进行财务数字化高清展示,实时滚动播报
银企直联(CA 证书)	对各操作员权限进行有效控制;形成财务系统与银行系统有效连接
移动审批	实现移动互联端审批功能

(二)智能财务应用场景

在南粤交通智能财务建设实践中,智能财务的应用场景主要有会计核算场景、财务报告场景、档案管理场景、发票查验场景、预算管理场景和资金管理场景。

1. 会计核算场景

会计核算是会计最基本和最重要的职能。同时,会计核算工作又具有机械重复性强、工作量大的特点,传统的手工账务处理往往会耗费大量的人力与时间,而RPA(机器人流程自动化)可以执行数据检索与记录、图像识别与处理、平台上传与下载、数据加工与分析信息监控与产出等任务,适合处理规则明确、业务量大、重复性强、容易出错以及设计结构化数据、异构系统的业务。南粤交通智能会计核算的目标是提高核算工作过程中的规范性和效率性,核算结果的准确性,以及核算的真实性和合法合规性。

2. 财务报告场景

财务报告作为反映企业财务状况和经营成果的书面文件,也是为企业决策提供支持的重要依据。南粤交通除了负责列报总部报表外,还负责下设项目报表的列报。为提高列报的及时性和准确性,在建立健全会计核算的基础上,有必要实现财务报告的自动生成与自动合并,不再进行手工填列,快报、月报、年报等各类财务报表可在NC系统中自动生成并自动稽核,财务人员只需要人工审核确认并上报。此外,上报的报表可在NC系统中实现自动抵消与合并,财务人员可将重心放在数据分析等需要人工决策的高附加值财务工作中。

3. 档案管理场景

传统的纸质档案存在占用空间大、浪费纸张与人力、查阅较为烦琐等问题,且保存条件较于电子档案更苛刻,档案电子化、数字化已成为档案管理的必然趋势。南粤交通利用电子会计档案管理系统实现电子会计档案的全生命周期的管理,将档案立卷、归档管理、档案保管、档案利用、鉴定及销毁全面电子化,实现电子会计档案从出生到消亡的全程电子化、自动化。

可用性、完整性、真实性和安全性的四性检测标准使电子会计档案的处理比纸质档案更严格;基于四性检测标准和归档管理的电子化、规范化,电子会计档案在利用价值上与纸质无异,而且由于电子化特性,会计档案的借阅、查阅检索等均比纸质档案便捷快速,且信息系统的权限管理还能跟踪规范电子会计档案的使用行为。

4. 发票查验场景

电子发票系统包括纸质发票影像查验和电子发票核验两部分。南粤交通将电子发票系统嵌入影像采集系统,同时,将其直接与税务机关发票查验系统关联。电子发票系统嵌入影像采集系统后使发票查验环节移至业务前端,业务人员在影像采集环节即可一键查验发票,缩短业务人员的纠错时间。

同时,电子发票系统直接联通电子发票云数据库,业务人员将获取的电子发票上传到电子发票系统中,系统调阅电子发票云数据库自动核对电子发票信息,实现上传电子发票和查验电子发票同步运行。

由此,发票查验结果在影像采集和电子发票采集环节即可得到保证,同时也提高了财务人员审核经济业务的效率。

5. 预算管理场景

南粤交通实施全面预算管理,利用预算对公司内部各部门、所属各单位的各种资源进行管理、分配、控制、考核,要求公司及所属各单位的综合部门、工程部门、计划部门、收费部门等各业务部门全面参与预算编制、执行和控制,并将所有会计科目纳入预算收支项目管理,利用智能技术对全员、全业务、全过程、全科目的预算进行自动化管理和智能化分析,有助于提升公司的全局把控能力,整合公司优势资源,优化资源配置。

6. 资金管理场景

南粤交通大量资金的需求使得资金管理成为中心的一个非常重要的环节,必须在智能化的条件下做好对资金的动态监管和分析。

在资金计划阶段,南粤交通通过建立智能资金信息系统,将公司资金计划内嵌到系统中,做到资金使用有"计"可循;在资金融通阶段,南粤交通发挥合力作用,拓宽融资渠道,提升融资效率;在资金沉淀阶段,南粤交通实施资金集中管理,发挥协同效应;在资金支付阶段,中心严格防范风险,将资金的收付情况、相关政策等信息自动化的录入系统中,严格按规定收付,并与资金计划相钩稽,实现对资金风险的监督和对资金收支的实时控制;最后,提供更为强大的自动化报表查询功能,建立企业全面资金决策支持调度平台。

(三)智能技术及其产品的选择

1. 依托集成化的共享平台,实现数字化闭环

首先,多个业务系统借助OCR等智能技术将信息以电子的形式传递至智能资金财务共享服务中心,实现跨地区的业务信息收集;其次,财务审核和编制凭证依托智能财务作业平台,将线下制证审核转移至线上,实现无纸化办公,达到数据的实时传递和取用;再次,资金收付从网银模式转换为银企直联模式,出纳通过查阅结算单据进行资金收付,同时银行流水、银行对账等财务工作自动化定期执行;再次,会计账簿、会计报告和预算报告通过总账管理系统自动汇集计算,并自动化生成相应的报告;最后,以月为频度,通过系统接口技术同步的方式,实现会计档案的电子化归档,归档范围涵盖原始凭证、记账凭证以及账簿报表等。

2. 精准运用多种新技术设计智能化应用场景

南粤交通积极探索并充分运用大智移云物区等新技术和电子会计档案、电子会计凭证、可视化、商业智能等技术,设计智能化应用场景(见表7-3)。

表7-3 南粤交通运用新技术设计智能化财务应用场景

序号	技术大项	技术细项	应用场景	应用场景描述
1	AI-RPA	RPA	核算RPA/报表RPA/档案RPA	通过梳理流程并设计RPA实现账务处理、报表编制,档案管理自动化、智能化

（续表）

序号	技术大项	技术细项	应用场景	应用场景描述
2	AI-图像识别	图像识别	发票识别	通过影像系统实现发票信息的 OCR 智能识别,进而实现自动录入和审核,将影像信息形成结构化数据
3	AI-机器学习	机器学习	发票查验图片机器学习	通过电子发票功能实现电子发票的一键自动验伪、查重等
4	AI-知识图谱	知识协同平台	知识共享中心/问题反馈答复	① 共享智能财务知识,用户可查看相关政策制度、使用指南、培训课程,或搜索相关问题的答复反馈,从而获取到有用的信息,助力工作高效开展。 ② 当用户操作系统遇到问题时,可发起提问,财务人员将对问题进行反馈回复
5	移动互联网	移动应用	移动智能报账和审批	提供从申请、审批到报销的全业务报账应用,借助手机、平板电脑等智能设备即可随时随地报账、审批,有效提升工作效率,打破时空限制
6	云计算	税务云	发票自动查验	通过税务云将不同类型发票数据发送到相应验证机构进行查验,验证成功后自动获取全票面结构化数据
7	云计算	银企联云	单笔支付/批量支付/批量支付账户校验/余额查询/交易明细查询/交易状态查询/收付款明细版式文件下载	通过银企联云实现单笔支付资金及其支付状态查询,批量代发工资及其支付状态查询,批量代发账户状态校验,银行账户存款余额查询,银行账户交易明细查询,收、付款明细数据查询,收付款明细版式文件下载
8	电子会计档案	电子会计档案	电子会计凭证归集/电子会计凭证签册/电子会计档案组册	广东省属唯一通过国家档案局会计电子档案管理验收,通过南粤交通智能财务档案系统实现: ① 对从初始凭证资料到各类报表文档等各类电子档案进行有效归档管理。 ② 对自动归集的电子会计档案 PDF 版式文件进行企业电子签章,以防数据被篡改。 ③ 根据会计档案盒实际情况,自动完成电子会计档案组册,并据此完成实体会计档案库房的上架工作
9	电子会计凭证	电子会计凭证	电子会计凭证制作	将业财数字表单、会计凭证、资产卡片、会计账簿、会计报表等自动生成 PDF 版式文件
10	可视化技术	数据可视化	资金、预算等经营管理数据监控数字大屏	通过 BI 智能与大屏展示等,结合已有历史及现时数据,实时进行企业经营管理数据高清展示,打造数字决议厅

序号	技术大项	技术细项	应用场景	应用场景描述
11	商业智能	数据联查	财务报表数据溯源查询/统计报表联查业务数据	① 报表管理平台提供从财务报表、账户余额、明细账到记账凭证、原始凭证的数据追踪溯源查询。② 通过自由报表灵活配置的统计报表，可方便联查业务数据，自动推送业务数据报表通用版和定制版
12	INS-身份认证	身份认证	资金支付结算	资金支付结算时，资金结算岗员工通过CA证书进行身份认证及数字签名后，调用银企联云完成资金支付
13	INS-数字签名	数字签名	资金数据传输安全加密/资金支付结算签名认证/电子会计档案签名认证	① 部署银行前置机，对从企业端到银企联云之间的数据传输进行安全加密，以防数据被篡改。② 资金结算岗员工通过CA证书进行数字签名认证。③ 为需要进行实物会计档案属地保管的基层单位颁发数字证书电子签章，对自动归集的电子会计档案PDF版式文件进行企业电子签章，以防数据被篡改

（1）通过专家系统、规则引擎等技术，设计核算RPA、报表RPA、档案RPA，实现会计核算标准化、自动化和智能化，会计报表生成自动化，会计档案管理的电子化、自动化和无纸化。

（2）通过影像系统实现发票信息的OCR识别，进而实现结构化数据自动录入和审核。

（3）通过移动互联技术在友报账App实现移动审批，用手机、平板电脑等智能设备即可随时随地报销、审批，有效提升工作效率。

（4）通过云计算技术，构建税务云平台对发票自动查验，实现电子发票的一键自动验伪、查重等。

（5）通过商业智能（BI）与大屏展示等技术，结合已有历史及现时数据，实时进行企业经营管理数据高清展示，打造数字决议厅。

（6）通过商业智能、数据挖掘等技术实现财务报表数据溯源查询和统计报表联查业务数据。通过利用新技术设计智能化财务应用场景，为智能财务提供强有力的支撑，有利于提升会计信息质量、提高会计工作效率、降低会计工作成本、提升会计合规能力，实现向管理会计转型升级，助力公司战略决策和战略落地。

3. 智能财务特色功能模块

基于智能财务的信息系统是联接公司及所属各单位的重要纽带，它以新技术为手段，实现业务与财务的交互，具有实时、准确、高效、智能等特点。其中，银企直联系统和电子档案系统作为智能资金财务共享服务中心运营过程中新增的特色功能模块，其具体的建设情况如下。

1)先行先试：电子会计档案管理系统顺利验收

智能资金财务共享服务中心积极依托智能财务平台优势先行先试电子会计档案管理，于2019年4月建立了规范的电子会计档案管理制度，构建了健全的包括应用、存储、网络、巡检等各方面的安全体系，成功研发并建成了南粤交通资金财务共享档案系统，具备系统采集后数据同步化、操作界面轻量化、操作流程简单化等创新点，已于2020年7月通过国家档案局验收，成为广东省属国企中唯一通过国家档案局电子会计档案管理验收的单位。

南粤交通资金财务共享档案系统(见图7-3)，通过将南粤交通建设管理系统、收费管理系统等业务信息系统以及通过影像系统采集的相关电子会计资料上传至档案管理系统中，形成电子会计档案库。

图7-3　南粤交通资金财务共享档案系统

南粤交通电子会计档案管理系统通过归档管理、档案管理、归档利用、系统管理等各模块功能，实现对会计核算系统中原始凭证、记账凭证、账簿报表等会计档案进行电子化在线收集归档和后续查询、调阅、移交等全过程规范化、系统化、智能化的管理。南粤交通智能财务共享服务模式下电子会计档案管理的应用如图7-4所示。

南粤交通资金财务共享档案系统已在公司总部及所属各项目全面上线，实现了会计档案从生成到最终归档的全生命周期合法合规管理，从技术层面确保了电子档案具有与纸质档案同等的效力和可利用性，规避了纸质档案在转移过程中的丢失风险、遇灾害时的灭失风险，解决了纸质载体档案无法接受多方调阅、利用效率较低、调阅流程难追踪等弊病，便于公司接受上级单位强化的监管；同时为公司节省了大量时间、人力和耗材成本，助力公司实现降本增效。

2)银企直联系统

银企直联系统是资金管理平台中最重要的子系统，其主要功能就是将网上银行系统与

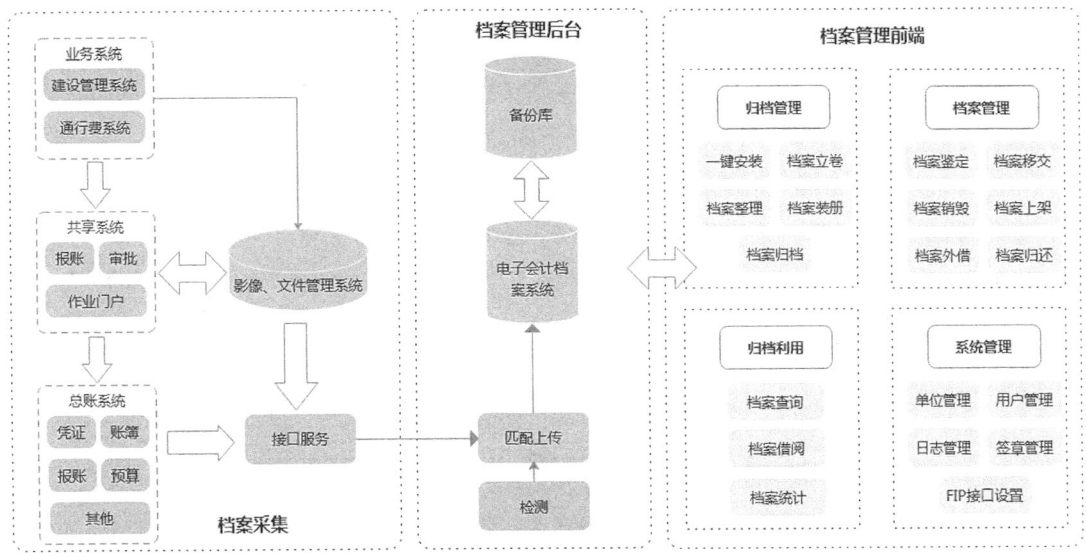

图7-4 南粤交通智能财务共享服务模式下电子会计档案管理应用

企业财务系统连接在一起,从而实现在封闭的通道内进行支付数据交互的系统。银企直联系统(见图7-5)由共享系统、资金管理系统、银企直联(网银适配器及银行前置机)组成,通过公网或专线和银行后台交易系统联接。智能资金财务共享服务中心通过应用银企直联系统,有机地将企业财务系统与银行业务处理系统联接,有效整合银企信息,解决了银行和企业之间账务信息不一致的问题,为企业经营决策提供实时准确的资金信息。同时,中心财务人员无须在银企之间来回奔波,无须在不同网银系统中频繁切换,避免了原先需要重复录入指令信息的问题。所有指令只需要在系统中录入一次,一经审核批准,立即进行对外支付并自动更新公司账务信息,极大地减少了财务人员手工操作的工作量,降低了操作风险。最后,中心通过银企直联系统集中管理企业银行账户,实现对资金的统一管控,降低了资金使

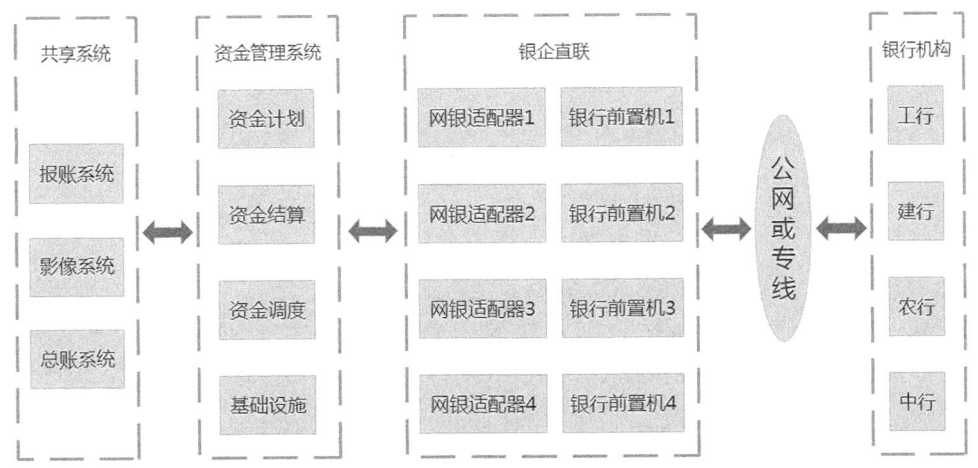

图7-5 南粤交通智能财务共享服务模式下银企直联架构

用风险,提高了资金效率和收益。

3）可视化决策：建立智能财务数据大屏展示系统

南粤交通智能财务数据大屏展示系统是以用友 NC 总账管理系统、智能财务服务平台、文档数据库为数据源,通过数据中心的关联关系、血缘分析和影响分析等方式进行管理,再传输到自由报表、仪表盘、多维分析、智能报告、语义模型、多维模型等不同模块进行分析,最后由实时大屏进行呈现。此外,智能资金财务共享服务平台还定义了不同的分析维度、分析量度、分析方法和分析层次,以达到对数据的多角度处理。南粤交通智能财务数据大屏的技术框架和分析逻辑如图 7-6 和图 7-7 所示。

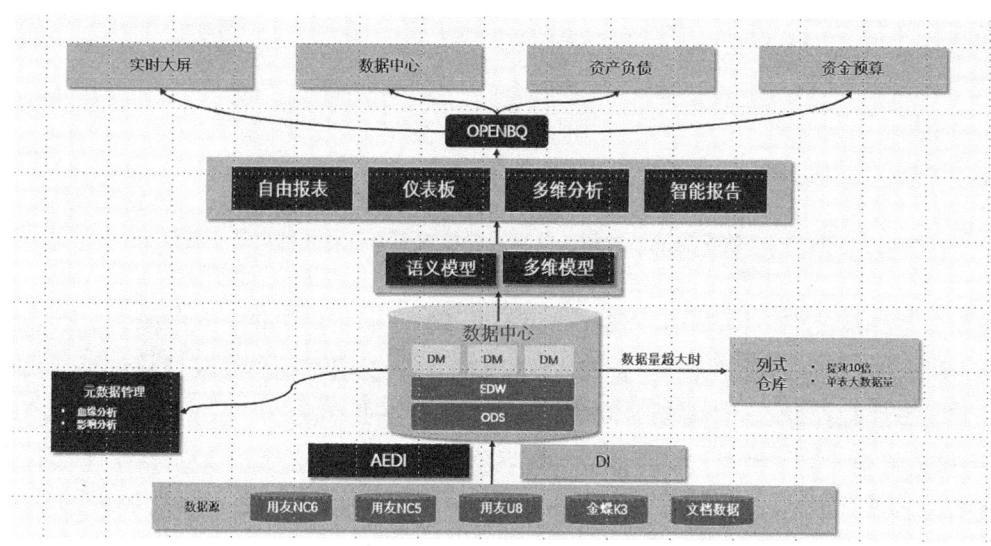

图 7-6　南粤交通智能财务数据大屏的技术框架

分析维度	分析量度	分析方法	分析层次&粒度
• 会计主体 • 会计账簿 • 科目 • 公司 • 业务员 • 币种 • 会计期间 • 产品类别 • 产品 • 产品线 • 地区 • 客商 • 业务类型 • 项目 • 销售组织 • 土地 • 销售大区 • 楼盘 • 账户……	• 本期实际数 • 本年累计数 • 计划数 • 预算数 • 同期数 • 上期数 • 同比增长（数额） • 环比增长（数额） • 同比增长率 • 环比增长率 • 预算执行差异（数额） • 预算执行差异比率 • 预警数（最大、最小） • 行业数（标准、优秀、良好、较差等）	• 结构/构成分析 • 趋势分析 • 增长趋势分析 • 同环比分析 • 组织间对比分析 • TOP N排名分析 • 预算执行分析 • 因素分析 • 关联分析 • 敏感性分析 • 行业对标分析	• 时间 • 年 • 季度 • 月 • 旬 • 周 • 日 • 组织 • 集团 • 战略业务单元 • 利润中心 • 业务单元 • 成员公司 • 部门 • ……

图 7-7　南粤交通智能财务数据大屏的分析逻辑

（四）投入的相关部门和人员情况

1. 智能财务项目建设过程中的人员投入情况

为落实公司整体信息化规划,有效推动公司资金财务管控转型升级,切实提升核心竞争力,南粤交通于2017年决定实施智能财务。智能财务作为一种全新的管控模式,实施智能财务涉及对公司原有流程的优化、对原有组织的变革、对陈旧观念的重塑,将从上而下对公司造成影响,涉及范围广、影响面大,势必会产生一定的阻力。因此,公司高层实施智能财务的坚定决心及对其的高度重视和大力支持是成功实施智能财务的前提与关键。

为确保各阶段工作按照整体目标稳步、有序、高效推进,公司成立了智能财务建设领导小组,在实施智能财务的全过程中始终提供强有力的支持,主动统一公司上下思想,铸就坚不可摧的统一战线,多次在大、小会议等各种场合上宣贯智能财务理念及实施的重要性,必要时采取行政手段推动智能财务的建设工作,确保智能财务顺利实施。同时,下设智能财务建设工作办公室,对智能财务建设任务分解与智能财务建设进度进行整体把控,汇总上报整体工作进度,并负责验收智能财务建设各期成果。

为推进智能财务的建设,检验智能财务系统的功能性,为智能财务正式全面上线奠定基础,智能财务试点在部分项目进行试运行。公司安排专门的财务人员与项目进行对接,听取项目关于智能财务系统的建设意见,并对系统进行完善。公司财务部门不断与各部门、所属各项目加强沟通协调,贯彻落实服务理念,宣贯培训智能财务理念,不断扭转公司全员的固有思想和习惯,以赢得各级员工的理解、配合与支持,再造全员的观念,扭转各级工作人员思维方式和工作习惯,齐心协力参与智能财务建设工作。

结合公司智能财务整体建设及实际情况,南粤交通首先在部分项目正式实行智能财务管理模式。为确保现有财务管理模式与智能财务管控模式实现高效转换,公司资金财务部将业务类别分为筹融资管理、核算及报表税务、预算及资金管理、合同及OA管理、技术支持等,部署财务人员对项目进行专项指导。

南粤交通组织智能财务部分关键用户进行培训,形成智能财务实施团队,落实智能财务各项工作顺利开展;提高关键用户对公司智能财务的认识,熟悉目前系统使用的整体流程,加快资金财务服务共享中心工作的落地。智能财务的实施团队主要由财务信息化带头人及财务业务工作骨干组成。实施团队既要负责协调与系统供应商及业务部门之间的关系,又要对信息系统涉及公司的所有使用者负责。智能财务实施团队还需要识别、引导业务部门的真实需求,并将其转换为信息系统功能需求,使业务需求通过信息系统得到快速解决。智能财务实施团队不仅需要熟悉各部门业务活动流程与核心业务活动节点,还要充分了解信息系统的功能以及作用机理,同时也要熟悉业务信息转换为财务信息的过程与信息系统中业财信息传递转换过程的契合度。智能财务建设中需要具备一个拥有业务、财务、IT等复合知识和经验的实施团队,智能财务才能得以成功实施。

南粤交通将所属各项目的会计核算及报表编制业务均纳入智能财务的建设规划中,有步骤地实现全业务类型、全范围内实施智能财务管控模式,并在项目中逐步推进资金结算业务的智能财务工作。同时,为保证财务人员的独立性和确保资金智能化的高效实施,安排各项目部分财务工作人员至公司总部进行集中办公。经过不断地征求智能财务运行情况反馈意见及业务交流需求,最终形成了目前较为健全和完善的智能财务系统。

2. 智能财务项目建成后的人员分工及职责

南粤交通智能财务的相关工作在资金财务部办公,集战略财务、业务财务、共享财务、专家队伍于一体,并执行公司总部和所属单位所有资金财务职能。智能资金财务共享服务中心人员编制为 100 人,设主任 1 名(由公司资金财务部部长兼任),负责中心全面工作,主管政策研究组。设副主任若干名,内设会计核算组、报表税务组、内部稽核组、管理会计组、政策研究组、资金结算组、筹资融资组、技术支持组、综合管理组共 9 个小组(见图 7-8),构筑了"九位一体"的智能财务职能体系,覆盖了所有资金财务业务。每个小组设组长 1 名,指导监督各组成员高质、高效完成规定事项,保证智能财务平台的有序运作。其中,最具特色的是在智能财务中心设立政策研究组,该研究组致力于宏观金融、财经政策、法律法规、财会理论等研究,为南粤交通持续改进经营管理提供决策支持和建设性建议,能较好地适应南粤交通对国家宏观政策、财经法规反应敏感的特点。

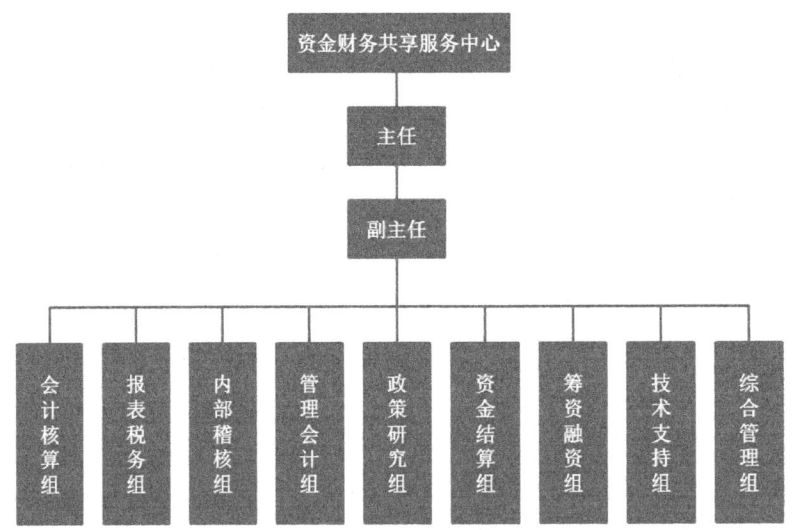

图 7-8 南粤交通智能资金财务共享服务中心组织架构

实施智能财务前,公司总部及各层级单位均设财务部门,总部和各层级单位财务存在隶属关系;实施智能财务后,智能资金财务共享服务中心承接公司总部及各层级单位财务职能,管理扁平化优势凸显,战略得到快速传递和高效执行。

智能资金财务共享服务中心各小组职责及人员配备具体如下。

1)会计核算组——"财务根基"

会计核算组严格按照国家法律法规及公司各项规章制度,对各单位传递至中心的原始单据进行严格查验审核并进行会计核算;承担固定资产账务核算工作,登记固定资产财务卡片,根据固定资产变动情况,及时做好固定资产账务及卡片的调整,配合资产管理部门做好对账盘点工作；配合工程竣工财务决算工作；督导拟通车项目营运筹备财务业务相关工作，监督收费站财务业务工作等。目前，会计核算组编制为 11 人，设组长 1 名，会计核算人员 10 名。

2）报表税务组——"数据仓库"

报表税务组负责编制公司及所属单位财务会计报表及财务情况说明书；根据不同单位的实际情况进行合理的税务筹划；办理纳税登记、变更登记等工作；负责各类税费的申报与缴交工作；负责税务相关报表的上报工作；负责与税务机关沟通协调。报表税务组统筹各种财务票据的申领、保管、调拨、登记及核销等日常业务，负责各种财务票据的相关监督事宜。目前，报表税务组编制为 13 人，设组长 1 名，报表人员与税务人员各 6 名。

3）内部稽核组——"内部卫士"

内部稽核组负责对原始单据进行复核，并针对会计核算组编制的准记账凭证进行审核，对不合格、不合规的单据和凭证予以退回；对审核通过的凭证，生成正式凭证；定期和不定期检查资金收付情况。目前，内部稽核组编制为 6 人，设组长 1 名，内部稽核工作人员 5 名。

4）管理会计组——"决策参谋"

管理会计组负责公司及所属单位财务预算的编制、审核、汇总上报、预算执行、预算调整、控制及分析等工作；负责公司月度、季度、年度管理会计分析工作；负责撰写公司定期管理会计分析报告及各项专题管理会计分析报告；负责公司财务数据对外提供工作；负责审核公司及所属单位合同及其他经济文件。目前，管理会计组编制为 16 人，设组长 1 名，预算管理人员、财务分析人员及合同审核人员各 5 名。

5）政策研究组——"最强大脑"

政策研究组负责牵头财务战略制定；负责财务风险防控；负责动态跟踪会计准则及财政政策、法规变化，深入、全面研究政策变化对公司业务、财务的影响，并提出有效的应对策略和建议；负责公司管理会计报告编报规则的拟定与修订工作；负责牵头编制和修订完善智能财务制度，并监督实施；负责财务转型升级行动纲要的督导实施工作；负责公司财会类科研工作；负责为公司及所属单位提供财会、税务政策解释和培训。目前，政策研究组编制为 10 人，设组长 1 名，设置相关工作人员 9 名。

6）资金结算组——"内部银行"

资金结算组依据手续完备的会计凭证办理资金收付等结算业务；及时跟踪统计各类资金收付情况；负责对账管理、账户管理、建设资金监管等。目前，资金结算组编制为 8 人，设组长 1 名，设置相关工作人员 7 名。

7）筹资融资组——"内部财厅"

筹资融资组根据各单位资金需求等开展贷款、发债等筹资融资工作；负责与广东省财政厅沟通协调高速公路项目资本金及通行费拨付事宜；负责银企关系沟通、协调与维护；对公司进行资金集中管理，依据各业务部门提供的资金计划与资金沉淀情况及时进行资金安排和调拨。目前，筹资融资组编制为 8 人，设组长 1 名，设置相关工作人员 7 名。

8）技术支持组——"服务窗口"

技术支持组负责智能财务相关信息系统的管理与维护；提供系统服务支持；通过电话热线、微信平台、QQ平台等多样化方式进行业务支持，对接总部各业务部门和所属各项目，以确保所属单位在有效时间内获得最便捷、最有效的帮助；对内沟通其他各小组。目前，技术支持组编制为10人，设组长1名，设系统维护员3名，平台支持（电话、微信、QQ等）人员6名。

9）综合管理组——"内部管家"

综合管理组负责与公司各部门及所属各单位及时沟通，了解业务需求，实现业财融合；负责中心合同管理工作；负责中心档案管理工作；负责中心微信公众号管理；负责中心宣传工作；组织开展系统及专业培训。目前，综合管理组编制为13人，设组长1名，业务沟通人员5名，档案管理员2名，中心合同管理员1名，后勤管理、党团工会3名，微信公众号管理、宣传1名。

实施智能资金财务共享服务前，基础会计与财务分析人员的比例为7∶3；实施后，中心财务人员通过智能财务系统的自动化、规范化、集约化和智能化业务处理，实现集中办公，基础会计、财务分析和预测、政策研究的财务人员比例为3∶6∶1，财务组织岗位结构从"金字塔型"向"橄榄型"转变，集中办公带来的规模经济效应大大释放了传统核算会计人员，使得大量的财务人员得以专注于财务分析、经营分析等高附加值的管理型工作，推动了公司财务向管理会计转型升级，为公司战略决策提供了支持。

（五）主要问题、解决方法和成功经验

1. 主要问题与解决方法

1）财务人员的综合素质能力要求提高

建立智能资金财务共享服务中心以及应用智能财务实践后，大量从事基础性财务工作的人员得以释放，转向从事财务分析、财务预测、数据决策等难度偏高的管理会计，对人员的综合素质要求提高了。一方面，除了具备财会专业知识和技能，财务人员还需要具备适应转型升级要求的新兴知识和技能，如数据挖掘能力、数据信息集成能力、知识整合能力和信息展示能力，更需要具备管理能力、分析能力及沟通能力等。另一方面，财务人员需尽快适应目前数字化、智能化管理转型，不断增强数字化思维，既懂得利用信息技术手段提高当前的工作效率水平，又能将传统的思维转换为数字思维。

为解决这一问题，南粤交通高度重视人员管理及人才培养工作。一方面，根据智能资金财务共享服务中心的岗位设置选拔人才，并对其进行差异化管理，全面调动人员的积极性和能动性；另一方面，高度重视对人才的培训，制定了"广东省南粤交通投资建设有限公司员工综合素质提升行动实施方案（2019—2021年）"，综合采用交流学习、继续教育、岗位轮换、专题讲座、共读共享、知识竞赛等多种方式对财务人员进行锻炼和培养，定期或不定期组织对中心人员的学习培训，助其尽快熟练运用新技术、新工具，鼓励财会人员积极考取注册会计师、高级会计师、中级会计师和审计师等相关会计职称，实现财务人员综合素质全面提高，锻

造适应公司发展的财务人才智库,打造一支充满活力、专业过硬、战斗力强的财务队伍,提升智能财务在公司应用实践的价值。

2)智能财务相关系统的使用推广需要沟通疏导

为实现各项财务信息和数据通过集成化的信息系统实时高效地交互,提高财务人员的工作效率,南粤交通决定实施智能财务的应用实践。然而,多年的工作经验使企业内部各部门、所属各项目之间易形成具有自身特点的思想观念及行为习惯,从而形成了"习惯就是标准"的思维定式和工作方法,对"共享"和"智能"理念接受程度参差不齐,观念转变尚需时日,推广智能财务和共享中心并不完全一帆风顺。

在实施过程中,财务部门始终坚持与各部门、所属各项目加强沟通协调,宣贯培训智能财务和共享中心理念,不断扭转公司全员的固有思想和习惯,还设置了智能资金财务共享服务中心开放日,专门为各部门与所属各项目集中服务,以开放、耐心的心态,始终坚持服务宗旨,提高公司员工对智能财务系统的接受度;此外,南粤交通还组织智能财务系统使用培训,对各部门和所属单位的人员进行培训,安排专人进行答疑与技术指导,以保证智能财务系统进一步顺利推行。通过多种途径宣贯培训后,赢得了公司各级员工的理解、配合与支持,成功再造公司全员参与和使用的观念,实现公司各级工作人员思维方式和工作习惯的转变,使"标准成为习惯",各级工作人员齐心协力参与智能财务的建设工作。

2. 成功经验

1)注重加强智能财务实施和应用的过程管理

智能资金财务共享服务中心的建设和智能财务的应用实践,不仅仅是配置一套信息系统,而是集战略定位、组织变革、人员培训、流程再造、信息系统与内外部协调等关键要素于一体的系统性工程,其涉及范围的广泛性、实施周期的长期性、组织变革的彻底性、流程再造的繁复性等问题,均将影响智能财务的应用实践效果。因此,加强智能财务的过程管理是确保智能财务成功围绕智能财务服务目标进行建设的关键。智能财务实施和应用的过程管理至少应做好以下几项工作:

(1)明确智能资金财务共享服务中心建设和智能财务应用的总体目标,并将目标层层分解,便于执行。

(2)做好建设过程的总体计划,特别要在总体计划中设定里程碑,同时根据总体计划和目标分解结果做好具体实施计划。

(3)严格按照具体实施计划推进实施,建立"计划—执行"的动态反馈机制。

(4)确定财务与业务过程之间的联接方式,持续优化业务处理过程节点。

2)对主数据、服务器及接口进行前瞻性设计

(1)同步启动主数据建设。企业整体的信息化由不同的信息系统组成,模块间的信息传递使得企业形成一个高效运行的整体。为确保所传递的信息在企业范围内具有一致性、完整性、相关性和准确性,须建立一致、标准的主数据。因此,南粤交通在智能资金财务共享服务中心建设和智能财务应用时,同步启动公司全系统的主数据建设工作,提高业务系统与财务系统之间的信息交换速度和准确性,从而有效避免各系统之间的信息传递障碍,减少不必要的手工重复录入数据,打破"信息孤岛",最大限度地共享和维护数据的一致性和完整性,提升数据质量,从而为决策者提供更及时、准确的信息,最大化实现公司信息化建设。

(2)预留相应接口,以拓展智能财务的平台作用。在"大智移云物区"时代下,万物互联成为常态。在建设智能资金财务共享服务中心和应用智能财务时,公司应积极拓展智能财务的平台作用,将智能财务打造成一个综合性的系统平台,不仅涵盖会计核算、资金管理、全面预算管理的内部财务系统,还涵盖其他相关业务系统。南粤交通已将相关业务系统(如合同管理系统)成功接入智能财务平台,同时考虑到未来管理需求,预留了相应接口以接入第三方系统,如固定资产实物管理、商旅服务、办公用品网络采购、个人银行服务系统等,使各业务系统与财务系统互联互通、相互融合,进一步利用互联网技术拓展智能财务的平台作用。

3)关注数据安全与存储工作

智能资金财务共享服务中心是基于信息化、数据化、网络化、智能化而建立的综合管理系统,整个系统的运作都依赖网络信息平台。信息系统是把双刃剑,在使财务管理更高效的同时,也使得存储于网络系统平台的大量数据存在着巨大的泄露风险。

南粤交通高度关注加密保护工作,在关键环节设置数据安全控制节点,保障网络通信系统的安全;同时,做好数据的备份工作,有效防范系统瘫痪和数据丢失的风险,并在条件允许的情况下设立灾备中心,制定系统应急管理制度。

三、实践成效与未来展望

(一)实践成效

1. 实现向管理会计转型升级,助力公司战略决策

南粤交通依托智能财务专家团队及各职能小组的协同作用,建立起以"业务数据报表—管理建议书—宏观政策解读报告"多层次的政策导向管理报告体系:

(1)主动推送业务数据报表通用版和定制版。公司以业务和预算数据报表为基础,依托智能技术,每月根据需求自动生成业务数据报表,同时每月自动生成预算执行报表并执行横纵向对比,形成描绘公司业务价值数据图谱,并通过大屏实时、动态展示,揭示生产经营过程中可能存在的风险,并结合业务层面为所属各项目提供切实可行的改进建议。

(2)形成内部管理建议书为主要形式的主动咨询机制。南粤交通针对每季度项目公司的业务活动、预算执行和战略推动进度进行深度的统计分析和对比,并对公司相关业务信息和数据进行挖掘、比较、分析,按照季度自动出具管理建议书,形成财务视角的管理建议,并动态跟踪建议的实施情况,确保公司及所属项目业务开展和业务执行的规范性、合规性,为公司及所属项目提供高效、高质的基础信息和科学合理的经营管理建议,发挥决策支持作用,有效提升公司的内部管理效能。

(3)跟踪宏观产业财经政策,形成宏观政策解读报告。鉴于公司对国家宏观政策、财经

法规反应敏感,智能资金财务共享服务中心充分发挥人才智库作用,积极追踪和解读最新宏观产业金融政策、会计准则等变动,建立政策数据库,截至目前,已经形成《政策解读周报》41期、《政策解读月报》16期、专题研究报告2期,研究政策变动对公司及所属项目产生的影响,并提出应对策略和合理建议,为公司及所属项目决策和管理改进提供有益的政策咨询和支持,助推公司高质量发展。

2. 提高财务沟通效率,加速战略传递与执行

南粤交通建立智能资金财务共享服务中心以及应用智能财务实践后,财务人员全部集中至中心办公,中心承接公司总部及各层级单位的财务工作,使得沟通效率迅速提升,管理扁平化优势凸显,使得战略能得到快速传递和高效执行。

在面对所属各单位出现的共享或个性化财务问题时,中心可立刻组织资深财务专家开展头脑风暴和专题研讨,并快速形成最优解决方案,改变了传统模式下逐层汇报的沟通成本和时间成本,可确保突发事件和问题快速解决。

3. 保障资金安全,提升资金使用效能和筹融资能力

(1)在资金管理方面,智能资金财务共享服务中心通过对所属各单位散落于各银行的资金进行统筹集中管理,对账户资金的存量、流量及流向进行实时、全面、准确的监控。

(2)在审批支付方面,中心实施三级审核与随机派单,采用银企直连的支付方式,实现资金划转和归集,提高资金利用效率,减少财务人员手工操作环节和工作量,降低差错率,提高工作效率。

(3)在融资管理方面,公司发挥统筹集中管理资金优势,实施"筹融资一盘棋"的战略,从而降低融资风险、增强对外融资筹码和能力,这在落实各项目贷款、存量贷款利率下浮中得到充分体现。例如,促成公司443.85亿元存量贷款按基准利率下浮10%,预计使每年减少利息支出约2亿元,有效缓解项目的还本付息资金压力,实现降本增效,促进公司健康可持续发展。

4. 加强财务管控,有效防控风险

公司建立智能资金财务共享服务中心以及应用智能财务实践后,可更有效防控风险:

(1)财务人员独立性增强,由从属关系转换为服务关系。

(2)审核随机派单、交叉互审,增强审单客观性、公正性。

(3)通过全方位的横向、竖向对比监测,可及时发现异常,并进行必要督导。

(4)分工更加细致化、专业化,提供更多的决策支持。

5. 实现资源整合,建立开放的信息平台

在新组织架构下,智能资金财务共享服务中心各小组在同一平台对所属各单位的经济业务按照"同一制度、同一标准"进行账务处理,提升会计的信息质量,实现信息口径统一、信息报送快捷、信息查询自主等功能。同时,中心平台坚持"公开为常态、不公开为例外"的原则,主动开放给各个监管单位,主动接受监督。

中心财务人员沟通效率迅速提升,管理扁平化优势凸显,战略得到快速传递和高效执行,不仅覆盖了公司及所属项目原所有财务职能,并且实现了资金集中和财务共享。一方面,对资金进行集中统筹管理,并由筹资融资组承担该职能,契合了公司资金密集型的特点;另一方面,基于公司主业集中的特点,战略财务、业务财务、共享财务、专家队伍均由中心承担,分由不同的组承担相应职能(如由政策研究组牵头财务战略制定,承担战略财务角色),打破了传统财务共享服务中心作为"会计工厂"和"大出纳"的固有模式。

6. 规模效应显著,实现降本增效

信息技术的支撑和流程的优化带来规模效应,为公司节约近 40 名财务人员,人力成本节约超过 1 000 万元。建立智能资金财务共享服务中心并进行智能财务实践后,会计人员在设定好的系统平台上进行账务处理,复杂的财务工作变得流程化、标准化、精细化、自动化、智能化,大大提高了会计核算的工作效率。

(二)未来展望

智能财务的应用实践和建设探索,使南粤交通未来更加有信心、有能力、有决心拥抱数字化转型,将数字化推广至更多的业务场景:

(1) 将数字技术和管理下沉到政府还贷高速公路业务一线,在基建、收费、养护、路政、监控等业务领域实施数字化转型,推动业务和财务全面数字化融合发展。

(2) 不局限于资金和财务,将智能财务服务范围和应用理念从单一的财务领域拓展到IT、审计咨询、行政管理、法务服务甚至党务、后勤等多个区域,建立全方位集团层面的商业智能体系和应用,以全面数字化管理推动企业核心能力提升,重塑数字经济时代的竞争优势。

南粤交通未来将积极探索和建设以数据共享为核心的数智化财务体系,承载智能共享服务、智能管理会计、智能数据分析等功能,并结合政府还贷高速公路投资企业具体运营管理的特点和实践进行针对性的专题研究,不断加以改进和创新总结提炼智能财务实践经验,并在未来对外输出智能财务理念和成果,完成向市场化方向发展的转型,使财务部门从成本中心转向利润中心,真正实现从价值守护迈向价值创造,锻造公司的核心竞争力。

1. 整合新型信息系统

随着信息技术的不断发展,智能资金财务共享服务中心需要不断对信息平台进行优化升级并整合新型信息系统,充分利用智能技术发展奠定智能资金财务共享服务中心的基础性平台作用,实现各个信息系统互联互通,数据和服务的共享,发挥协同效应。其中,公司整合新型信息系统的核心在于实现业财系统的互联互通。例如,与 OA 系统联通,实现报账系统—OA 联查政策文件;与收费系统联通,实现收费系统自动和实时联动对账收费业务功能;与人力资源系统联通,实现直接获取人力资源相关信息辅助报账审核;与商旅服务系统对接,通过整合公司报账系统和银企直联系统,实现公司员工报销的完全信息化和智能化。公司整个报账流程如图 7-9 所示。

如图 7-9 所示,公司员工出差前需先提交出差申请,经由部门负责人审批后,使用商旅平台进行订票,订单会受企业的预算标准控制,如果金额超标,则会显示是否需要特殊审批,

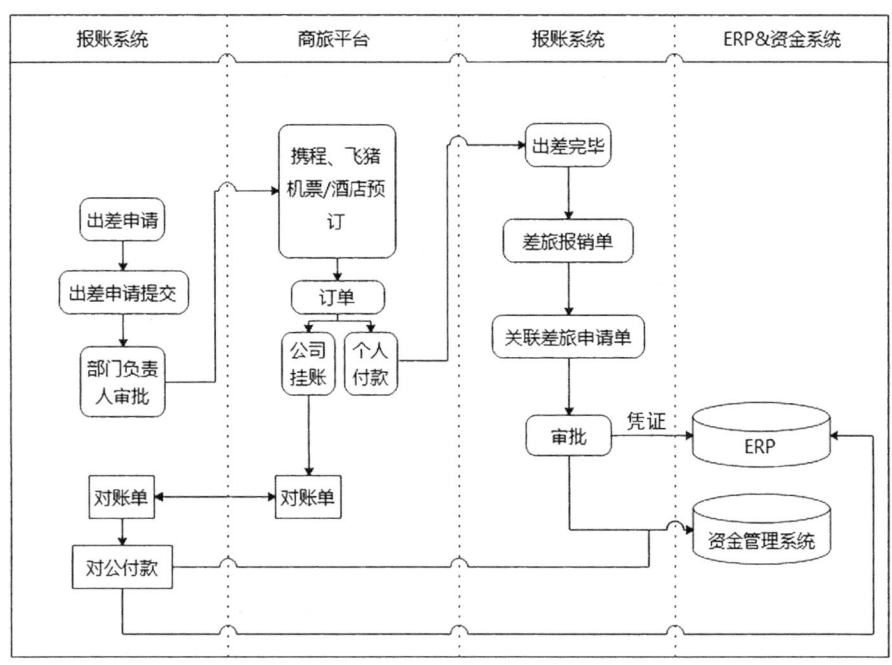

图7-9　南粤交通智能资金财务共享服务中心商旅管理系统报销流程(预)

如果选择"是"则进入审批流程;若选择"否",则回到机票查询界面。对于不超过预算的订单,系统会自动检索是否有票,自动出票,进入支付状态。支付方式主要分为公司挂账和个人付款两种方式。公司挂账是公司定期与商旅服务商进行费用结算,由商旅服务商向公司开具已完成状态的票据清单,公司根据票据清单统一完成支付;个人付款的方式是在员工出差完成后,通过报账系统进行费用报销,差旅报销单将关联差旅申请单一同传送至相关审批人手中,审批人可通过客户端或移动端对报销申请进行审批,审批通过后,商旅系统向银企直联系统发送资金支付指令,银行将报销费用支付至员工的银行账户,报销流程结束。整个报销环节不再需要员工提供实物发票和纸质报销申请单,商旅服务系统通过对报销全过程进行数据监管,保证差旅费的真实性,简化审批流,加强对员工费用报销的管控,打造透明度更高的办公维度。

2. 从用户角度出发,提高系统操作便捷性

南粤交通为了提高用户对系统的体验感,从用户角度出发,深入了解用户的操作习惯和使用方式,尽可能满足用户的需求和期望,使用户在实际操作过程中体验到系统的便捷、高效和友好。

1)打造智能报销系统

积极运用数字技术改善网页端和移动端报账系统的功能,打造智能报销系统。智能资金财务共享服务中心将配套制度、报销指引提出的附件要求、易错的注意事项等融入智能报销系统中。根据"一站式服务、自助报账"理念,改变报账操作模式,系统上增设报销指引网络版"窗口"说明,让用户能直接在系统上按照指引提示流程按步操作,如在"影像扫描"环节界面注明扫描相关要求、报销所需扫描的附件种类和添加显示影像示例供报账人参考等窗口提示,用户直接按提示扫描,实现脱离纸质报销指引的自助报账功能,提高了财务报销指引的使用程度,同时减少了用户反复提交报销资料的可能性,从而在降低"退单率",提高用户满意度的同时也提升报销业务效率。

2)新增智能语音助手

公司采用自然语言处理技术新增智能语音助手等常用功能,便于用户按照语音提示快速便捷地办理报销等业务,同时实现语音问答,增加了用户解决问题的处理方式。智能语音助手可以接收用户发出的语音指令,将声音语言转换成机器语言,通过自然语言处理技术进行文本意图分析,之后转换成计算机可执行的命令,并将命令执行成果转换为文字,最后通过自然语言理解等智能技术将计算机中的文本信息转换为声音信息,回答由用户发出的问题或指令,实现人机的语音交互,提升用户体验感。

南粤交通作为第一家建立智能资金财务共享服务中心以及智能财务应用实践的广东省属国有企业,不断深耕财务服务,以高标准、严要求专注资金财务精益化管理,力争成为智慧交通行业在智能财务工作方面拥抱数字化浪潮的先行者。未来,南粤交通将以智能财务应用实践为基础,财务数字化转型为先驱,引领公司整体的数字化转型,实现数字化转型的优化升级。

参考文献

[1]付建华,刘梅玲.财务共享——财务数字化案例精选[M].上海:立信会计出版社,2019.

[2]陈虎,郭奕.财务数字基建赋能企业转型[J].财会月刊,2020(13):15-21.

[3]刘梅玲,黄虎,佟成生,等.智能财务的基本框架与建设思路研究[J].会计研究,2020(03):179-192.

[4]林楠,陈丽,谷夏.大智移云时代下政府还贷高速公路投资企业构建资金财务共享服务中心探究——基于广东省政府还贷高速公路投资企业财务共享实践[J].交通财会,2019(09):4-12.

[5]林楠,陈丽,谷夏.新常态下交通运输投资企业实施财务共享服务的探讨[J].交通财会,2017(02):61-67.

[6]贾小强,郝宇晓,卢闯.财务共享的智能化升级:业财税一体化的深度融合[M].北京:人民邮电出版社,2020.

[7]陈虎,孙彦丛.财务共享服务[M].北京:中国财政经济出版社,2014.

□ 蒙牛财务共享智能化实践

■ 张　平　蒙牛乳业集团 CFO、财务副总裁

李秀丽　蒙牛乳业集团财务共享服务中心高级总监

张　媛　蒙牛乳业集团财务共享服务中心高级经理

吴忠生　上海国家会计学院副教授、硕士生导师

■ 财务战略　　财务转型

财务共享　　智能财务

蒙牛集团财务部的愿景是成为具有持续推动公司价值增值的国际化专业水准的卓越财务团队，其使命是规范作业、控制风险、服务业务、提升价值。在智能财务转型的进程中蒙牛集团提出战略财务、运营财务、共享财务三位一体的财务战略。财务战略规划的驱动也在不断促进蒙牛集团的智能财务转型。财务共享建设是财务转型的必经之路，推进财务转型也契合集团国际化、数智化、生态圈的发展战略。借助于 RPA 和 AI 技术，财务共享中心、预算管理系统、资金管理系统、发票管理系统、税务共享中心以及合并报表系统得到了协同贯通，并以此构建了互联互通的智能财务体系。

一、案例背景

（一）案例单位简介

1. 公司介绍

蒙牛集团(以下简称蒙牛)是中国领先、世界知名的乳制品企业,位居全球乳业八强。公司 1999 年成立于内蒙古自治区,总部位于呼和浩特市。2004 年在中国香港上市(股票代码 2319.HK),是恒生指数、恒生中国企业指数和恒生 ESG 50 指数成分股。

蒙牛专注于为中国和全球消费者提供营养、健康、美味的乳制品,形成了包括液态奶、冰淇淋、奶粉、奶酪等品类在内丰富的产品矩阵,拥有特仑苏、纯甄、真果粒、未来星、冠益乳、优益 C、每日鲜语、蒂兰圣雪、瑞哺恩、贝拉米等明星品牌。除中国内地外,蒙牛产品还进入了东南亚、大洋洲、北美等区域的十余个国家和地区市场。2019 年,公司营业收入 790 亿元,净利润达 41 亿元。

蒙牛在中国建立了 43 座生产基地,在新西兰和印度尼西亚共建有两座海外生产基地,全球工厂总数达 68 座,年产能合计逾 1 000 万吨。2016 年以来,蒙牛在澳大利亚陆续收购原料乳加工商 Burra Foods、知名有机婴幼儿食品生产商贝拉米等企业,海外产业链日益完善。

蒙牛着力整合全球优质资源,先后对富源国际、现代牧业、圣牧三家大型牧业集团进行战略投资,同时积极布局海外高品质奶源。目前,生鲜乳已 100% 来自规模化、集约化牧场。蒙牛与国内外多家知名企业、科研机构达成战略合作,联手开展养殖与加工、乳业基础科学、创新产品等领域研究,在智能制造、原奶保鲜、益生菌、质量控制等领域实现长足进展。

蒙牛持续完善"从牧草到奶杯"的全产业链质量管理体系,用数字化、智能化手段覆盖养殖、加工、物流等各个环节,全封闭监控生产、全流程动态检验,确保每一包牛奶的质量过硬、品质上乘。

蒙牛的产品品质与品牌价值在国内外得到广泛认可,是奥林匹克全球合作伙伴、FIFA 世界杯全球官方赞助商、中国航天事业战略合作伙伴、金砖国家领导人厦门会晤指定产品、中华人民共和国第十四届冬季运动会官方合作伙伴、中国足球超级联赛官方合作伙伴、上海迪士尼度假区官方乳品合作伙伴、北京环球度假区官方乳品及冰淇淋独家供应商。

蒙牛成立二十余年来,建立了完善的社会责任发展体系,积极投身营养扶贫、应急救灾、乡村帮扶等多个领域。新冠肺炎疫情中,蒙牛在武汉捐建"中华慈善总会(蒙牛)疫情防控应急物资中心",并先后投入 7.4 亿元为全国医护工作者和其他抗疫一线人员提供营养支持。作为行业龙头企业,蒙牛全力参与国家奶业振兴行动,积极倡导"强乳兴农",持续从资金、技术等层面对广大农牧民给予充分支持。蒙牛是"营养普惠计划"的主要参与者,已为全国 18 个省区市的近 200 所学校捐赠 500 多万盒学生奶。2020 年,集团总裁卢敏放被中华慈善总会授予名誉副会长称号。

蒙牛积极参与全球乳业合作共建,首倡构建"全球乳业共同体"。集团总裁卢敏放是国际乳品联合会(IDF)、全球乳业论坛组织(GDP)中唯一来自中国的董事会成员,他为全球乳业的可持续发展持续发出中国声音、贡献中国智慧。

2. 团队介绍

蒙牛财务共享服务中心成立于 2015 年 11 月,目前成员 300 余人,主要为蒙牛集团在国内外业务范围涉及 200 余家法人,45 000 余名员工提供财务交易处理服务,实现了全球化。

蒙牛财务共享服务中心是一步建成的全业务流程共享服务中心,包含 8 个业务循环:采购到付款、订单到收款、投资到资产、资金结算、费用报销、总账到报表、单据流转和主数据维护。应用 9 个二级流程、51 个三级流程、128 个四级流程。

运营四年来,蒙牛财务共享服务中心已达到核算业务标准化、规范化,通过持续的流程再造优化实现了降本提效,有效提升了公司内部风险管控能力,为管理层提供了更精准的经营分析数据支持。

蒙牛财务共享服务中心致力于成为国内一流、国际领先的财务共享服务中心,秉承规范、协同、高效、创新的理念和服务于心、专业于行的服务宗旨,乘风破浪,一路前行。

(二) 智能财务建设动机

1. 管理现状及需求分析

全球化经济及信息技术迅猛发展,越来越多的集团公司应运而生,企业在实行集团化经营之后,管理层级日益复杂、组织行为逐渐僵化,直接导致管理成本急剧增加。除此之外,随着企业经营范围扩大,公司内部管理层级增加,核算主体也分散在全国各地,且由于各地经营业务差异,会计主体核算原则、核算方法及标准不同,集团内部的财务数据没有可比性,同时由于财务报告层次多、流程长、速度慢,会计数据分散,上级领导和下属信息不对称,造成财务数据易错且透明度低,集团决策层对公司的控制力减弱,易形成管理失控风险。而且财务人员将大量的工作精力投入到财务核算当中,对业务支撑、决策支撑的时间及能力有限,导致企业无法适应快速发展的市场。如此严峻的财务管理问题制约了企业集团战略目标的发展和落地,因此,企业的数智化管理转型已迫在眉睫,企业要发展,必须转变财务管理模式,对业务财务和支持服务进行整合,实现财务核算及支持服务的标准化、流程化、集中化,从而降低运营成本、提升服务质量、创造更大价值。

财务共享服务中心建设是转型的开端与基础,承载着财务专业知识和公司业务基础的业务标准化、系统智能化、办公无纸化、服务全球化、体验无感化、共享无人化的职责与使命。财务会计工作转型就是将会计工作划分为日常核算职能和管理会计职能,让财务人员通过财务共享,把分散的、能够统一标准的基础核算工作进行集中,利用信息技术及流程梳理等手段,让财务人员释放更多的时间去进行预算分析和资金、税务、财务的筹划及风险的控制等更有价值的工作,通过共享中心这样的内部组织建设,实现财务有效支持与承接企业战略落地。因此,财务共享服务中心是企业管理转型的第一步。

蒙牛集团自 2009 年开始提出建设财务共享服务中心的构想,2012 年提出具体建设思路,并在财务战略中明确了路径规划,之后财务团队从信息系统、业务流程、职能划分、团队整合等方面完成了大量的标准化、规范化的基础建设工作,如集团内核算单元全部实现按法人核算,并整合成立会计核算中心,奠定了共享中心实施的良好基础。2013年,蒙牛集团CFO张平升华财务共享服务中心推进思路,将其清晰定位为集资金管理共享和会计核算共享的统一财务共享服务平台FSSC;2014年4月,蒙牛组建项目团队,开始深入项目的探索与研究,经历了基础建设、交流学习、内部宣导等系列工作;同年,蒙牛集团SAP-ERP/CRM系统试点上线成功,并向旗下49家子公司推广,打下了财务业务一体化的良好系统基础;时机成熟下暨于2015年3月18日正式立项启动,历经7个月12天的建设,于2015年11月正式揭牌运营,一步建成了全业务循环交易处理的同步共享,快速推动了战略财务、运营财务、共享财务三位一体组织职能转型的落地,开启了蒙牛智能财务转型的新篇章。

蒙牛集团的五年战略目标中明确了以共赢生态圈为导向,明确了巩固核心业务,推动成长业务,培育萌芽业务的战略格局以及未来五年的战略发展目标和实施路径,从更有效支持公司战略发展出发,财务组织持续的效率提升和推动业务价值增值势在必行。

2. 财务业务一体化的信息系统基础

公司的信息化推进经历了数据离散、集中融合、构建平台、数字转型阶段,现已进入高效协同、延展起飞的新时代。

蒙牛财务共享服务中心的建设是基于高度集成的信息系统,以SAP-ECC为基础的共享系统平台(综合管理报账平台+影像传输管理系统+共享操作平台),并接口集成了资金EAS资金管理系统、peoplesoft人力系统、hyperion预算系统、MDMMDG主数据、SAP数据仓库系统,实现六大系统互联互通,以此为重要基石搭建了一套完整的支持业务财务数据流转的信息化平台(见图8-1)。

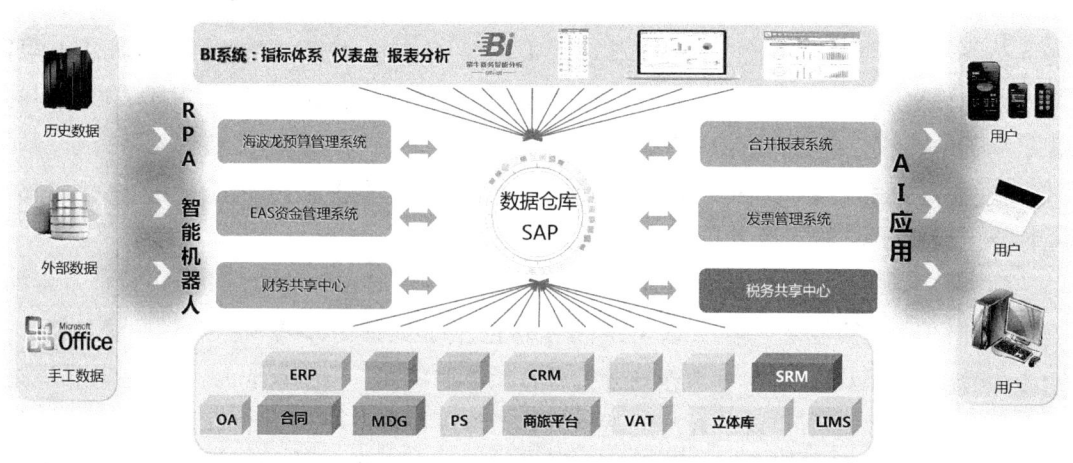

图8-1 财务业务一体化信息系统

蒙牛财务共享服务中心在系统搭建的同时,对系统间数据、流程及单据的标准化也做了大量的精进。例如,资金的共享及系统的升级给财务共享带来了收付单据的集中处理及全面自动化;BPM审批流程的固式化给业务财务审批带来了快捷性及流程的可追溯;单据的标准化设计及表间的勾稽控制,强化了流程的衔接及内控的自动化;项目管理与业务的数据集成,满足了公司管理层对投资项目管理的内控管理及数据的快速分析;主数据的统一管理,实现了各系统间接口数据的无差别传输,以及各系统间数据传输的无缝连接。

共享报账平台促进了各系统间的高度互联互通,并持续引入新技术,如 RPA、AI 等智能应用,很大程度上助力业务系统实现了基础智能化。

3. 迭代历程

蒙牛财务共享服务中心建成后的运营匹配了系列运营管理体系,突出的是以质量、流程、绩效构成的铁三角运营管理机制,并持续推进运营优化。2016 年 6 月蒙牛启动采购结算协同项目,历经 19 个月的立项、开发、试点,于 2017 年 8 月 1 日原辅料、化学药品类供应商全面上线应用。2019—2020 年持续推广至备品备件供应商、原奶供应商、工厂自采供应商上线应用,目前已有 1 718 家供应商上线应用。此平台实现了发票全程可视化、三单自动匹配入账、专票异地集中认证等三大功能,整体提升了供应商财务结算效率,改善了公司内部运营效率,实现了产业链上游供应商与蒙牛的共赢。

2016 年 12 月,销售大区行政费用、集团职能部门和生产工厂的共享顺利完成,率先实现了运营财务、共享财务的组织转型。在此过程中通过流程整合、NetWeaver CE ＋ Open Text ＋ SSF 系统架构搭建、人员规模效益在运营初期实现 241 人承接 323 个 FTE 工作量,提率 25%,业绩可观。在资金方面实现了信用证国际结算业务、4 家银行电子商业汇票、9 家银行电子回单、银行扣划等银企创新业务。

2017 年 12 月启动蒙牛销售公司共享,2018 年 5 月顺利完成试点,至 2019 年 7 月成功推动 72 家销售型公司财务组织的转型升级,完成中国蒙牛下全资分子公司共享,并在控股公司实施收费机制,开启向利润中心转型,届时累计提效 38%。

2018 年 12 月启动 RPA,2019 年 5 月一期 8 条自动化流程已全部上线,实现整体效率提升 12.81 FTE,涉及月结准备流程、月结、报表出具、物料付款申请及审核、自动清账、质量稽核、资金账款付款等多个环节及流程。2019 年 10 月启动二期,将自动化应用从财务延伸到了业务,提升集团整体自动化应用能力。同时通过项目参与知识的沉淀形成了内化团队,用于自动化流程的运维与开发,为财务共享自动化应用持续发展提供能力保障,至 2020 年年底,通过内化实现的自动化流程已达 20 条,并持续提效中,届时累计提效 45%。

2019 年 5 月启动 BPC 合并报表,于 2020 年 7 月 1 日正式单轨成功上线,实现了蒙牛集团数据同源出具不同核算及管理报表并结果一致,进一步提升了数据质量、工作时效,为上市披露、税务申报、财务 BI 报表、内部管理分析提供数据支持和效率,支持单品损益分析,支持集团财务管理数字化、分析精准化、流程标准化,可更有力支持集团分析决策。项目起点高、目标高、配置高,设计模型复杂,是业内首家管理、法定报表同时上线的标杆项目,至此,蒙牛财务圆满完成"海波龙预算、EAS 结算、SAP 核算、CE 共享报账、BPC 合并报表、BI 财务分析"全链条的信息化建设,将更好地支持集团未来业务拓展,为数智化管理决策奠定坚实基础。

2020年4月启动报销云AI报账,于10月23日试点上线,2021年1月4日全面上线。蒙牛报销云的上线,提升了集团费控管理水平、优化了员工出行及报销体验。应用AI技术,将OCR与RPA完美结合,一拍、一选、一提、一比、一控,实现集智能识别、查重验真、实时提交、信息比对、风险预控的全流程智能化升级。一拍:多票同拍,自动识别、切分、验真、存储。一选:填单勾选、提交查重,发票信息自动生成。一提:移动端实时提交、审核,填单提效50%。一比:信息依次对比,结果亮灯提示,审单提效30%。一控:合规审核前控,业务自主整改,降低换单风险。推进应用AI技术赋能,开启了蒙牛特色的业财一体化的费控管理新篇章。

2020年11月11日,共享平台对海外贝拉米的资金推广正式验收上线,以海外资金管理平台为范本可以快速覆盖集团全球化布局的其他地区和国家,通过境内外资金业务统一管理,规范海外公司资金结算业务流程,加强海外公司资金监控,有助于实现集团对全球范围内资金的实时可视、可管、可用、可预测及智能化管理,进而为集团的国际化战略布局提供先进的管理手段,保障资金安全,提升集团资源配置的能力。

二、智能财务案例具体实践

(一)智能财务建设方案设计

基于全球大数据迅速崛起的宏观背景,财务行业也迎来了数字化、智能化的新时代。为顺应时代发展的大潮,蒙牛集团及时制定了既满足公司各方财务数据需求又可以推动公司由传统财务向智慧型财务迅速转型的战略规划。公司信息化发展战略为蒙牛跨越式发展持续注入数字化动力,通过建机制、定规范、提能力实现集团数智化转型。通过流程自动化技术的应用,围绕核心信息系统SAP,与其他外围系统建立连接,打造智能化财务流程生态体系,从而实现财务共享流程自动化。

1)建设目标

流程自动化是智能化时代财务共享中心建设和运营的一个重要内容,它对提高财务共享中心的运营效率和防范操作风险有着重要的价值。为实现蒙牛财务共享服务中心业务标准化、系统智能化、办公无纸化、服务全球化、体验无感化、共享无人化的总体发展目标,基于流程标准化程度高、系统集成化程度高等特点,通过流程自动化软件实现高度重复、规则明确、大批量和跨系统操作等特点业务流程的自动化,从而解放财务人员的"双手",提升业务处理效率,提升业务处理准确率。同时有利于运营财务人员履行财务数据报告职能,还有利于业务财务人员、战略财务人员收集、分析相关决策数据。

通过财务共享流程自动化项目的建设,吸收流程自动化知识、培养流程自动化人才,打造具备"互联网+会计"能力的复合型人才团队,为流程自动化应用的全面推广、持续应用及集团数字化转型奠定基础。

2)推进策略

2016年,集团推行"SRM供应商关系管理系统",为推进"供应商采购协同结算"奠定基础条件。SRM 系统将实现供应商的准入、招标、比价、采购订单和收货协同等主要功能,财务共享推行"供应商采购协同结算"符合立项契机,通过系统高度集成及供应商有效配合,势必对现流程采购结算带来颠覆性变革。

2018 年,蒙牛财务共享中心引入财务机器人技术,事前进行大量的学习与交流,与一些已经应用了财务机器人或具备财务机器人实施能力的企业进行充分的沟通,对财务机器人的特点、优势、工作原理及应用场景进行更加全面、深入的了解,坚定在财务共享中心引进"机器人"的决心。

2019 年启动 BPC 合并报表项目,通过建立统一的财务合并管理报告平台,实现可以支持多准则多架构合并、数据同源、支持单品损益分析的功能,达到附注一键式出具、集团下国际国内准则报表自动化的目标,从而进一步提升数据质量和效率,降低人力成本,最终将智能财务平台赋能业务的蓝图,变成蒙牛集团智能财务建设中里程碑式的一项创举,推动蒙牛财务的数智化转型,助力业务分析,支持业务拓展。

人工智能技术(AI)是引领新一轮科技革命和产业的重要驱动力,深刻改变着人们的生产生活方式,不创新、无未来,2020 年蒙牛适时引入和应用 AI 技术,更好地帮助员工实现远程报销,在取得票据时及时拍照,识别数据自动填单后生成报销工单,存储时即可发现假、错、重、失控发票,实现实时监测企业财税风险,形成财税预警。实现人机交互审核提效,全流程持续优化财务报销的用户体验。

(二)智能财务应用场景及产品选择

1. VAT(Value Added Tax,发票管理平台)

整体工作通过统计工作量、参与先进企业应用调研、系统选型、项目立项、项目实施、推广评价 6 个阶段,VAT 平台将实现与 SRM 供应商关系管理系统、ECC 系统、CE 报账平台、MDG 主数据系统、OpenText 影像系统、金税系统、电子签章、RPA 等 8 个系统集成。

财务共享全面上线运营的供应商采购协同结算,以前一直是手工处理的,存在以下痛点:

(1)三单匹配流程长。三单匹配即采购订单、收货单、发票三单匹配入账。而且三单匹配的流转过程复杂,导致三单匹配效率低下,即供应商按工厂收货数量开具发票后,邮寄给各工厂统计,再由各工厂统计手工做好三单匹配后,将发票抵扣联交给当地工厂,同时将发票记账联邮寄给共享中心发票校验会计手工校验。共享中心发票校验会计手工校验后,月底由工厂税务会计做发票核对及认证。次月共享中心发票校验会计将校验凭证与发票记账联做一一对应后交给档案扫描岗做影像扫描归档。整体流程长,发票出现问题所影响的逆流程,较正常发票处理流程更为复杂。

(2)公司与供应商协同度低,双方整体效率不高。上线前,供应商分工厂邮寄发票,发票是否入账、是否付款都不能实时查询,经常要与各工厂会计核对发票;线下与供应商对账过程复杂,从对账单手工打印、邮寄、供应商核对、供应商扣章邮寄,到公司收单后核对并归档,整体链条长。

（3）发票认证属地化，公司内部运营效率低。上线前，每个工厂的发票认证都由当地税务会计在SAP核对进项税后，再将手中收集的发票进扫描抵扣，整体核对和抵扣效率都比较低。

结合上述情况，随即针对流程作如图8-2所示的规划。

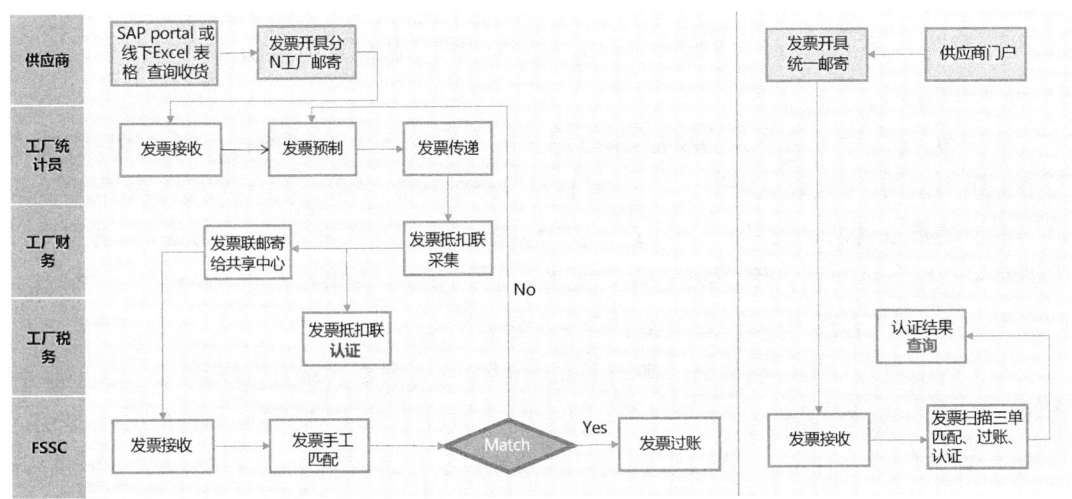

图8-2 VAT上线前后流程对比图

基于上述背景，采购协同结算变革势在必行。蒙牛团队先后走访调研上海宝钢、益海嘉里、永辉超市、百威英博等企业，最终确定VAT平台方案。方案设计主要结合运营提升、系统效率、税务管控三方面展开。在运营提升方面重点提升发票预制、校验、开票、记账、认证流程自动化水平，并对现有多个系统实现互联互通；在系统效率方面打通税务官方认证通道，实现进项税统一认证管理；在税务管控方面实现跨地域、跨行业数据共享，并实现统一管理、分析、筹划。

2. RPA(Robotic Process Automation，机器人流程自动化)

蒙牛财务共享中心RPA应用的系统架构由"调度平台＋运行设备＋监控工具"三层架构组成。其中，首先是调度平台负责所有自动化任务的统一管理，包括自动化流程的配置、任务下发及相关配置数据的维护等，实现了自动化任务的排布以及"手动＋自动"下发；其次是运行设备，顾名思义就是流程自动化软件真正运行的设备，目前由"实体机＋虚拟机"组成，主要负责自动化任务的接收、运行以及流程、业务文件的存储，相当于流程运行的载体；最后是监控工具，通过FineReport大屏展示工具的应用，实现了流程自动化程序及设备运行情况的可视化展示，主要负责自动化任务运行状态的监控，便于运维人员及管理人员对自动化设备及任务运行情况的实时掌握。

项目共涉及8条自动化流程，分别包含报表出具、月结准备、生产工厂月结、销售公司月结、自动清账、物料付款暂存提单及审核、资金转款付款及财务质量稽核，覆盖财务共享和金融共享服务中心。流程全部由数字化员工自动执行，并在发生异常错误时，以邮件的形式将错误信息反馈给业务用户，后由业务用户进行异常的处理跟进，从而实现高效的人机交互、人机协同，释放人工工作量，提升整体工作效率。

为保证项目顺利高效地推进，项目组抽调各业务部门及技术部门核心人员作为项目的关键用户，负责项目过程中业务流程的梳理，参与业务蓝图设计，以及专业的信息技术支持，为整个项目的推进提供人员与技能的保障。

由于当时市面上存在多种流程自动化软件，其中，国外的软件主要有 Automation Anywhere、Uipath、Blueprism 等，国内的软件主要有 IS-RPA、令才机器人、Uibot 等。这些流程自动化软件的界面风格、开发风格、功能特点都存在一定的差异，给产品选型带来了一定的困难。经过讨论，从功能完善程度、开发难易程度及可实施方能力等纬度，最终选择了 Uipath 作为实施产品，并在项目正式开始前邀请具备实施能力的厂家进行 POC 验证，保障需求落地的可能性。

通过项目启动、需求梳理、蓝图设计、迭代开发、测试验证、上线运行、不断优化等过程完成了项目整体目标的实现。其中，在需求梳理阶段，我们结合流程自动化软件的特点和优势，将所有四级流程进行全面梳理，从中选择了自动化优先级最高，自动化可能性最高的 8 条流程作为本次项目的实现范围。围绕这 8 条流程进行自动化蓝图设计，还对原流程进行了梳理优化，从而在满足业务实际要求的前提下最大化的便于自动化流程的落地。在开发阶段，基于自动化流程开发频率快、周期短等特点，选用敏捷开发的模式，不同的敏捷团队负责不同的业务流程，分组开发、快速迭代提升项目开发进度。流程全部上线针对问题实时监控、不断优化，以提升自动化流程运行效率及稳定性。

流程自动化的深度应用需要操作人员既懂财务又懂 RPA 开发，因此，"互联网＋会计"中 RPA 复合型人才的培养成了非常重要的环节。在复合型人才培养方面，通过关键用户全程参与，并分配具体的流程梳理及流程开发任务，让其亲身实践。最终通过整个项目过程的学习与知识沉淀，财务共享组建了内部的自动化运营团队，团队主要包含自动化流程开发顾问、自动化流程梳理顾问及自动化流程运维顾问，负责财务自动化流程的日常运营及自动化需求的内化开发，大大提升了资源应用时时效性及灵活性。

本次项目需求范围包括共享五大业务循环及资金管理部门，其中共享五大业务循环需求主要以日常工作、月结工作及稽查类工作为主，资金管理部门需求主要以资金日常收、付、转为主。具体流程涉及往来清账、物料付款审核、财务月结、报表出具、质量稽核、资金转付等。项目共用时 5 个月，历经流程调研、系统开发、测试上线，2020 年 5 月 8 条流程全部上线，大大提升了日常工作及月结工作的效率。

Uipath 作为一款较为主流的流程自动化管理软件，有着安装便捷、界面友好、流程清晰等特点，加上软件本身基于控件拖拽的方式实现自动化，代码量相对较少，使得学习与使用的门槛降低，非 IT 人员也能相对较快入门上手，这大大增加了其用户使用的群体。同时，借着项目的机会在共享内部培养一批自动化管理人才，从而灵活满足后续自动化需求。再结合上述 Uipath 软件的功能特点，最终决定选择它作为业务流程自动化实现的主要工具。

3. BPC(Business Planning and Consolidation,合并报表系统)

以 SAP、ERP 核算系统、会计科目体系为基础,同时立足于对合并报表的业务需求,通过分析和梳理其流程与合并报告体系,对合并报表业务流程、体系进行设计。

BPC 合并报表系统(见图 8-3)在 BW 740 SP11 (BW on HANA)HANA 1.0 环境下,通过运用脚本语言、SAP ABAP 语言开发技术,在兼顾考虑原有系统衔接问题的同时,考虑原系统承受能力及扩展性的前提下,在项目的不同阶段进行了 5 次压力测试,进一步优化了数据仓库模型,实现了高效、稳定提供基础数据的目标。

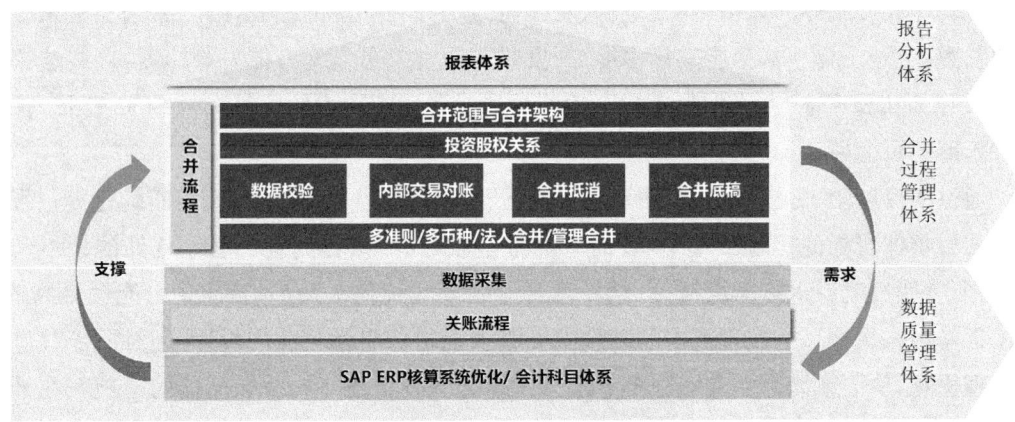

图 8-3 BPC 合并报表系统

BPC 实施路径步骤如图 8-4 所示。通过科目主数据维护、开发 HANA 视图、创建数据存储对象、最终建立合并模型、所有权模型、汇率模型,并且以 ECC、EAS 数据采集平台为数据支撑,使用"BW + HANA"混合建模的方式进行模型搭建,将所有基础数据传输至 BW,形成数据仓库。通过抽取层、转换层、汇总层、BPC 专用模型,对数据进行加工处理,最终实现BI 系统数据的输出。

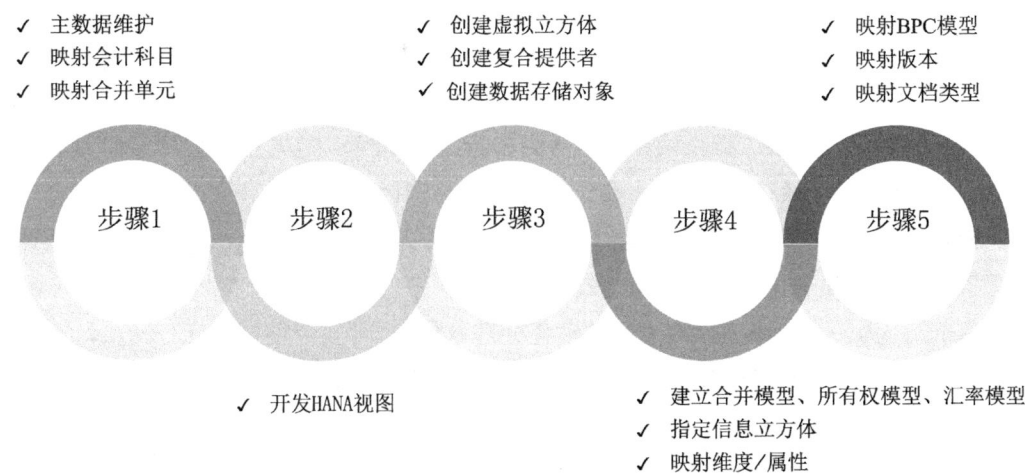

图 8-4 BPC 实施路径步骤

BPC 系统中的组织架构,既可以按股权投资关系描述,用于法定对外会计报表编制的组织架构;也可以是内部管理定义的组织架构。

系统组织架构范围包括 200 多家公司、多个利润中心,最小合并单元为"公司代码 + 利润中心"。合并分为中国准则法定合并、国际准则法定合并、分部合并、管理合并四类,其中,分部合并要区分中国准则与国际准则。合并方式有逐级、平行两种。

数据来源是从 ERP 抽数到 BW 数据仓库,经过加工、关联交易的核对及抵消、货币的转换传输到 BPC 进行抵消调整合并,最终生成展示表、管理分析报表。BPC 合并流程如图8-5所示。

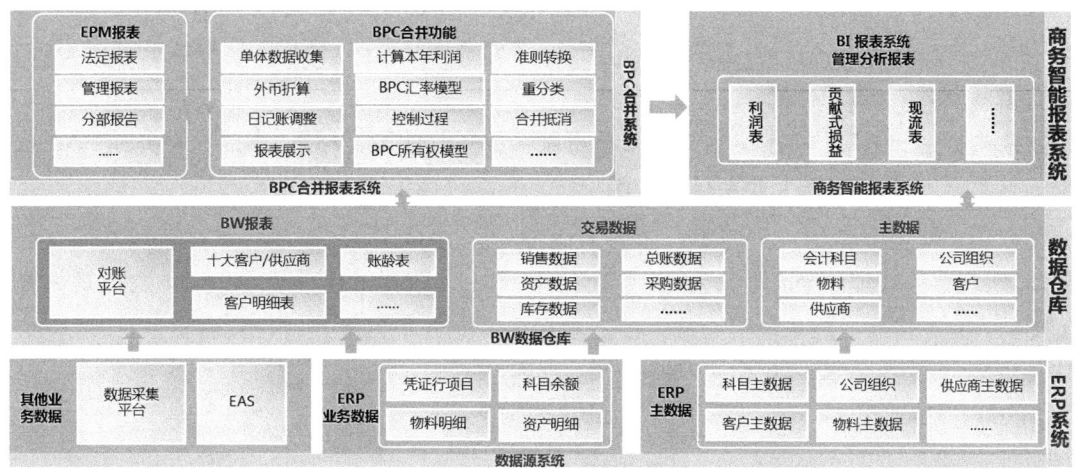

图 8-5　BPC 合并流程

基于财务战略规划要构建集团统一的报表合并平台,实现蒙牛集团下国际和国内准则报表自动化,并在集团财务管理数字化、分析精准化、流程标准化方面起到推动作用;同时通过对架构、科目体系、模型、流程等梳理,实现同一数据源出具不同管理报表,提升工作时效,为上市披露、税务申报、财务 BI 报表、内部管理分析提供精准的数据支持及科学的管理决策。

BPC 合并项目,旨在通过无缝集成的方式打通合并报表系统与 SAP、ERP 系统,构建集团层面统一的合并报表平台,促使 SAP、ERP 系统前端财务数据更加规范化、标准化,同时提升蒙牛集团关联交易对账及合并报表出具的效率,且能够满足法定、管理合并报表的及时性、准确性以及数据可追溯性。

4. AI(Artificial Intelligence,费用报销云)

蒙牛报销云 AI 报账项目以全面提升费用报账全流程财务各类信息处理的效率、效益以及智能化应用为目标,通过"一提一降两优化",实现财务效能产业化升级。

"一提"即利用新工具、新技术提升业务与财务效率。通过接口对接电子发票文件上传、自动识别、后端推送实现自动系统传输,减少报销人员打印纸质票据;纸质票据报销人员拍照后通过勾选直接填单,共享会计审核单据依据拍照的资料,提升全流程提单效率;财务审核环节 RPA 与会计人机协同审核,提升效率,降低差错。

"一降"即降低财务风险。报销人员拍发票储存票据时,自动进行查重校验,避免重复使用、重复报销;同时实现直联国税系统,及时查验票据真实性;前端对于发票引擎维护植入校验规则,包括敏感字、供应商黑名单、票面校验规则等,保存或提交时系统自动对发票合规性进行管控。

"两优化"分别指优化业务体验、优化企业管理。体验方面实现移动填单,业务提单不受时间、空间的限制;实现自动填单,识别发票结构化数据智能填单,减少人工录入;加速单据流转,业务自主上传更换影像,物流信息实时跟踪实物档案,无须等待实物票据扫描后再完成报销。企业管理优化,通过发票信息结构化,保证精准数据源;积累数据形成数据中心,提供数据基础,助力管理决策。

蒙牛报销云 AI 报账使用新方法、新技术结合原系统的设计理念,不改变财务原 SAP 系统的基本流程,从而升级实现整体系统的稳定、可靠、可拓展。

应用 OCR 识别、RPA 和机器学习等新技术,结合现有流程与系统,进行费用管控方式创新,实现财务处理的全流程自动化;基于规则引擎、BI 数据挖掘等技术为管理决策提供深度支持。最终搭建成为从消费终端管控到管理决策支撑覆盖费控、报销、商旅预订、资金结算全流程、全链条的"蒙牛报销云"智能系统(见图 8-6)。

图 8-6 "蒙牛报销云"智能系统

AI 智能财务主要应用于会计核算中的费用管控场景,包括从员工发起的企业消费,到过程标准与规则管控、报销入账,再到员工报账与支付流程,最终到管理报告输出。从消费

终端到管理报告,全流程覆盖。基于原流程痛点进行针对性优化:

(1) 原流程业务报销体验欠佳,亟待优化。填单方面通过 PC 填单,缺少移动填单功能、报销便捷性差;填单速度慢,手工填写字段多,发票信息无法自动识别填充,效率低;财务审核需要等待实物单据扫描;单据流转周期长、缺失物流跟踪信息。

(2) 会计审核仍采用传统人工稽核方式。人工稽核,审核关注点多,出错率高;发现错票情形多,整改耗时;错票情形多,更换耗时烦琐;对于增值税电子发票,查重困难,缺少线上管理。

(3) 风险管控滞后。无法第一时间发现错票、假票、失控发票;需人工登录网站输入相关信息逐笔查验、耗时耗力;受业务量大限制仅做到部分抽查验真、未实现全覆盖。

(4) 缺少统一、便捷的大数据平台。缺少结构化数据,分析困难,无基于费用发票的大数据分析平台。

基于以上流程上的待优化点,我们分别引进了 OCR 识别、RPA 自动审核技术,利用数据识别、数据校验、数据转化、自动审核、数据挖掘实现效率提升、管理优化。

(三) 投入的相关部门和人员情况

蒙牛财务共享服务中心智能财务的自动化项目均由财务共享服务中心发起,由 IT 部门参与并提供专业技术支持,部分项目还需要加入部分业务伙伴及第三方供应商,以项目组模式进行工作开展。财务共享服务中心作为主导部门,中心各业务循环在整个项目过程中负责业务流程的梳理、需求的提报以及程序功能的测试,IT 部门在整个项目过程中负责流程开发,过程中涉及外围系统接口及数据库相关技术的支持,两者相辅相成,共同推进。项目组内部细划多个小组,通过分析现状痛点、调研业务伙伴需求建议、设计系统框架流程方案、系统开发测试、试点上线运行、验收推广应用等,过程中各小组各司其职、密切沟通确保按项目计划高质量完成。系统建成后,还会组织多层级的知识转移和培训工作,提升内部团队的系统综合运用能力,为顺利完成系统后期支持运维工作奠定坚实基础。

项目成功上线后,财务共享服务中心和 IT 部门通过项目的全程参与知识沉淀,分别组建了流程自动化管理团队,负责集团后续流程自动化应用的管理与推广。其中,财务共享中心的流程自动化团队,主要负责共享中心内部新需求的对接及日常流程的运营维护,极大提升了内化效率及应用的便捷性;IT 部门的流程自动化团队,主要负责除共享中心外其他各部门的流程自动化需求对接及管理。

整体项目组织架构分成项目指导委员会、项目领导小组、业务支持组、开发技术组、项目支持组,各司其职,协同推进工作。项目指导委员会定期沟通与监督项目执行,并协助解决本项目日常管理层无法解决的项目相关问题,负责定期听取项目管理工作汇报,解决项目总监管理权限之外的问题,并组织管理层做出相应的领导决策;项目领导小组负责项目的日常管理与协调沟通,制订项目计划,推进项目实施按时上线,制定整体质量控制策略、方式和质量管控流程,协调项目人员,确保质量控制的实施,管理项目各个阶段交付件的收集、签署、批准等的整个流程,定期向项目指导委员会进行工作汇报;业务支持组配合项目团队完成调研与访谈,负责协调供应商相关的上线配合工作;开发技术组负责确认具体的开发计划与具体的系统功能点,实施具体开发与测试工作,组织系统上线,及时解决上线过程中的问题;项目支持组配合项目调研与访谈,为项目实施提供专家协助。各组间高效协作和发挥项目管理能力,保障工作有序开展。

(四)实践中遇到的主要问题和解决方法

智能财务是能够赋予企业强财务能力的系统,它能帮助企业应对各种不确定的环境,实施灵活快速的价值创造决策,抢占市场先机从而获取企业价值和竞争力。但在智能财务的建设过程中,却面临着各种各样的问题,例如,如何打通流程和数据两条通路,如何推动深度业财融合,如何推动企业打造全局数据仓库并应用数据挖掘工具,如何真正参与企业价值创造等。这些都是企业智能财务建设过程中需要思考和解决的。

同时,系统升级切换对于原有流程、操作方式也会发生很大变化,切换后系统的稳定性也会给项目组带来很大的挑战,需要提前准备多场次培训、建立多个沟通渠道,以确保平稳过渡。

财务共享中心流程自动化项目建设过程中,遇到的主要问题主要有以下两点:

(1)基于流程自动化开发的特殊性,流程自动化软件完全是模拟人工操作的操作方式对电脑或应用进行操作,因此,在流程开发及测试时必须确保涉及相关的系统在配置及数据方面需与正式系统保持一致,否则很难保证程序开发的准确性。

(2)进行功能测试时的测试用例必须包含业务可能涉及的所有情形,否则很难保证程序运行的稳定性。基于以上问题,经过业务方、技术方及实施方共同论证后确定基于业务正式系统进行自动化流程的开发及验证,同时选择各需求部门业务骨干担任关键用户,全面参与业务蓝图设计及测试,确保流程设计的全面性。最终提升了开发过程的一次性正确率,同时也减少了反复测试的次数,大大提升了项目的整体推进效率及程序质量。

另外,在自动化流程选择方面有以下几点需要注意的事项:

(1)在项目开始前有必要进行一轮细致、全面的业务流程梳理,从而保证最终所选流程的合理性。

(2)一定要选择系统化程度高的、数据校验规则明确的、人工操作工作量大的、业务逻辑及规则变化频率较低的流程,避免出现为了自动化而自动化的结果,给后续的应用及运行维护带来过大压力。

(3)选择最适合的流程而不是选最复杂的流程。

以上三点可以避免初次应用流程自动化工具时所带来的失败风险,大大提升流程上线成功率,为后续应用推广的持续开展打下良好基础。

在 VAT 供应商采购结算协同项目的实施过程中也面临着相应的挑战:

(1)业务支持决策协调成本高,调研需求、方案确认、选择试点等事项时,需分别与多个采购部门协调、汇报,取得方案统一的支持和确认。

(2)供应商应用系统培训资源成本高,供应商辐射 1 000 余家,需分批分多场次进行培训,同时协调 IT 部门做好演练系统数据同步、供应商登录及密码重置、办公网络、浏览器兼容等问题,确保供应商现场理论和实操的学习效果。

(3) 蒙牛采购结算模式多,收货后再开票、票货同行等多方式,需匹配不同的操作规则和流程完成三单匹配和发票认证。

BPC 项目面临法定管理合并同步实施数据精细化要求高和大量 ERP 改造与数据治理两大挑战。项目实施范围广,需要两套准则、法定加管理合并同时上线,BPC 部署在原有 BW 系统之上,需考虑原有系统的衔接、对原系统压力及保留后续扩展性等问题。最终项目设计了"公司代码 + 利润中心"的最小合并单元,多套架构下数据共享,整合了直连与非直连单位数据源;同时,保证 SKU 级别的数据精细度和架构的灵活性,满足下钻追溯和历史重溯;在项目不同阶段进行了 5 次压力测试,优化了数据仓库模型,进行了大量改造及数据治理,奠定了高效、稳定提供数据的基础。

三、实践成效与未来展望

(一) 实践成效

时代在飞速前进发展,高新技术不断推陈出新,经济全球化的步伐已经不可逆转。集团型企业在这样的新形势、新时代中想稳步前进,势必需要做出诸多变革转型和升级。蒙牛财务部秉承规范作业、控制风险、服务业务、提升价值的使命,其愿景是成为具有持续推动公司价值增值的国际化专业水准的卓越财务团队;同时,通过组织能力建设、人才培养、财务业务一体化信息系统、规范化的财务流程及制度管理体系,保障财务部愿景、使命的达成。财务共享服务中心作为财务管理变革转型的基石,为财务变革及职能转型奠定了数据基础、组织基础以及管理基础,其运用信息技术平台实现会计核算标准化、规范化,强化风险控制;通过持续的流程优化实现降本增效,及时、精准地提供数据支持服务。

1. VAT 实践成效

VAT 上线后的流程框架如图 8-7 所示。VAT 平台年均处理采购发票量为 28 万张,共有 1 718 家供应商上线应用。该平台有三大功能:

(1) 可视化:供应商发票全程可视化(开票信息、邮寄状态、记账状态、付款状态、付款到期日、线上对账),供应商能实时地查询发票走到哪里、蒙牛是否记账、发票付款日、到期是否付款等信息。

(2) 自动化:三单自动匹配入账,并且实现远程完成全国法人增值税专用发票集中认证。

(3) 集成化:VAT 平台实现了 7 个系统集成,提升了增值税专用发票开具、邮寄、分拣、扫描、OCR 识别、记账、影像集成、集中认证、归档等全业务流程管理水平和专业服务能力。

VAT 平台上线后,为广大供应商和蒙牛公司带来两大价值:

(1) 提高了供应商财务结算效率,彻底改变了原有的分散式发票传递管理模式。

上线前:由供应商线下确认可开发票量,再将发票分别邮寄到各工厂,由工厂统计在

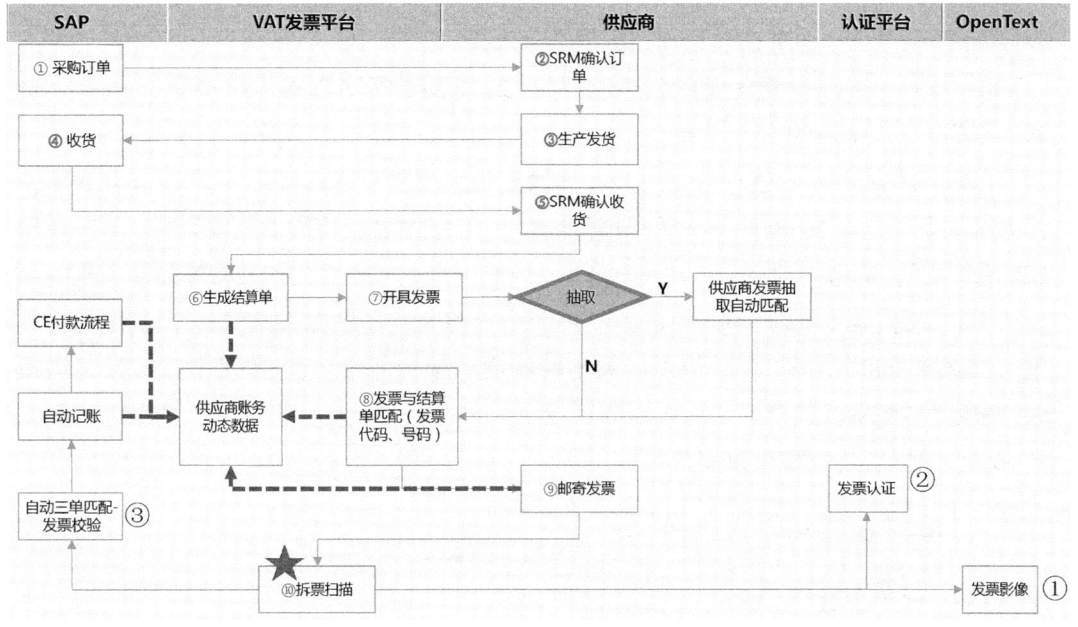

图 8-7 VAT 上线后的流程框架

SAP 预制发票,再传递到共享中心发票校验会计做发票校验。上线后:供应商在 SRM 根据蒙牛收货信息开具发票,统一将发票打包邮寄给共享中心处理,优化了工厂环节,节约邮寄费的同时还能降低发票传递成本和丢票风险。

(2)改善了集团运营效率。

解放了各工厂统计人员的发票预制、对账、用款申请等 37 个 FTE,每年节约人力成本 364 万元。上线前,发票校验时长 2.5 分钟/单;上线后,发票校验时长 20 秒/单,效率提升7.5倍。

正值全面落实《优化营商环境条例》,深化税收领域"放管服"改革推进,加大推广使用电子发票的力度,2021 年增值税专用发票电子化开始在部分地区新设立登记的纳税人中逐步推进。

国家税务总局推行电子专票,蒙牛 VAT 发票管理平台也要跟随政策变化而升级。针对电子发票推行政策对平台进行改造,在保持现行纸质发票应用的基础上,已经在 2021 年 6 月完成平台功能增强的任务,以此更好地发挥优势,促进蒙牛与供应商搭载"国家数字化红利"实现共赢。

2. RPA 实践成效

1)标杆引领

财务共享中心流程自动化项目的超目标实现,成功掀起了集团业务自动化应用的浪潮,越来越多的业务部门看到了流程自动化工具带来的效率提升,纷纷提出了流程自动化需求。其中,计划调度、资金、营销财务等部门陆续提出了 40 多条自动化的需求,为此 IT 部门组织启动了流程自动化二期推广项目,意在帮助更多业务部门应用流程自动化工具,提升日常工作效率,助力集团数字化转型。内化形成标准管理体系如图8-8所示。

影响力:基于财务共享服务中心8条流程成功上线运行,RPA的应用范围从财务领域推广到全集团有迫切自动化需求的领域

辐射范围:二期项目中,其范围将辐射至常温营销财务、常温上海大区、计划调度处、财务共享中心、资金管理部等部门

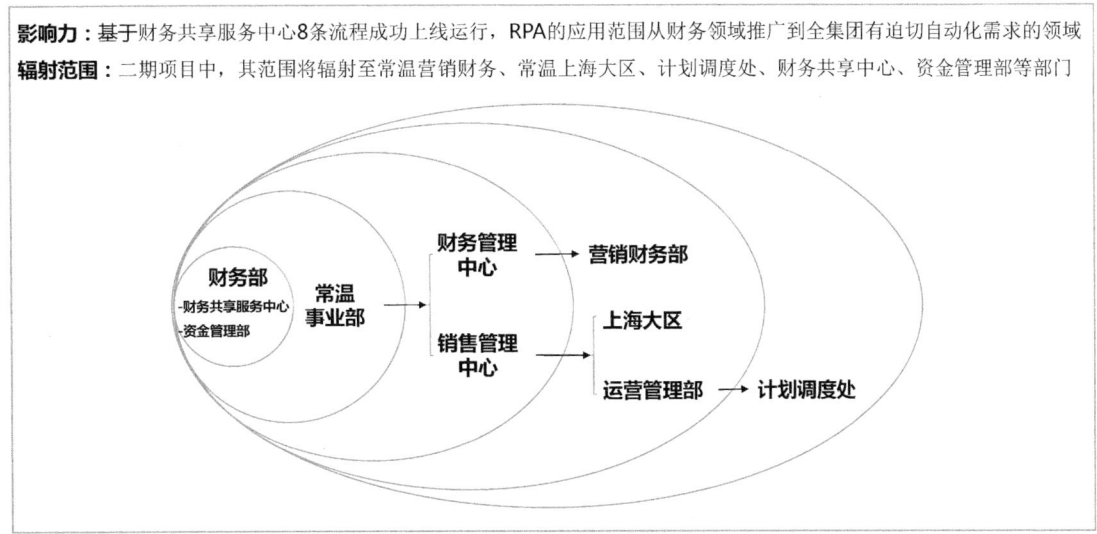

图8-8　内化形成标准管理体系

2)管理规范

根据项目经验及日常运营管理总结,再结合自动化流程的特殊性,共享中心分别制定了一系列的管理规范,目的就是能够更好地应用和管理数字员工。其中,数字员工工作室管理规范,主要用于规范数字员工工作环境的管理,让数字员工能够处在独立、整洁、安全的环境下运行;数字员工设备管理规范,主要用于规范数字员工所在机器设备的使用、设备中软件的安装及设备中日常文件的管理,让数据员工能够在稳定的设备环境下运行;自动化流程开发及管理规范,用于规范自动化流程的开发标准、修改标准及管理标准等,让自动化流程开发能够有统一的开发标准、有标准的变更流程及依据、有规范的管理办法,使中心的流程自动化管理工作能够持续稳定的运营。

随着数字员工的应用及自动化流程的不断增加,数据员工及自动化流程的管理变得越来越重要,如何才能及时地,更加直观地看到数据员工及自动化流程的运行情况呢?在日常流程运维方面,通过任务调度管理平台的应用,实现任务的"手动＋自动"下发,提升任务调度的便捷性、准确性、灵活性。

同时,选用大屏展示的方式,用于监控和管理。其中,月结进度通过大屏展示技术实现月结任务驾驶舱可视化管理,便于管理者实时关注月结进度。RPA大屏展示如图8-9所示。

机器人运行情况通过大屏展示技术实现流程及运行状态的实时显示,便于监控管理;通过大屏展示技术的应用,大大方便了运营人员及管理人员对数字员工的管理。小牛人工作进度监控如图8-10所示。

3)效益产出

本项目是集团首次引进并应用机器人流程自动化技术,且项目实现的月结流程自动化

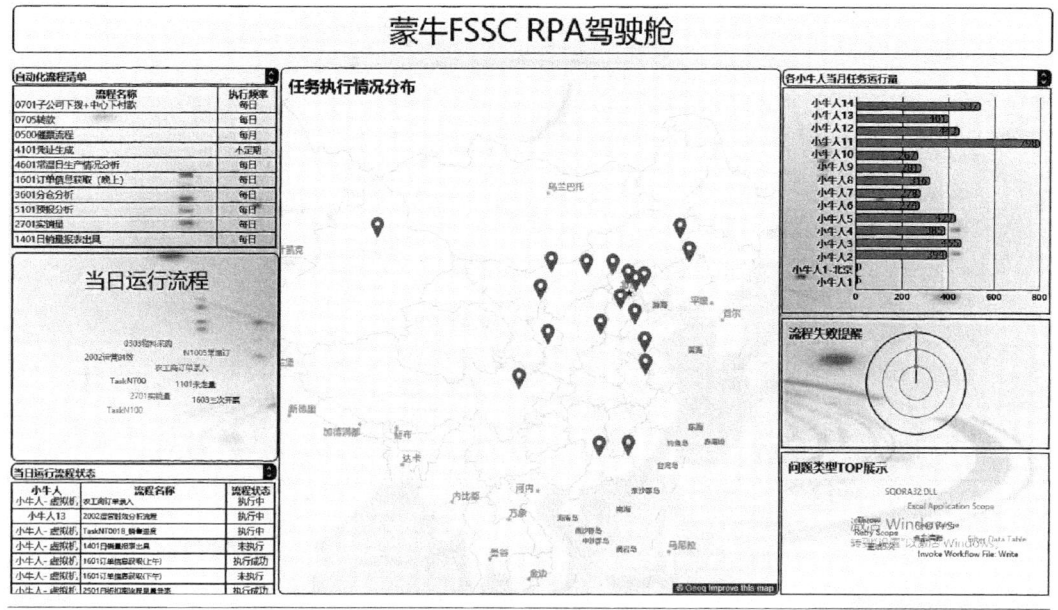

图 8-9　RPA 大屏展示

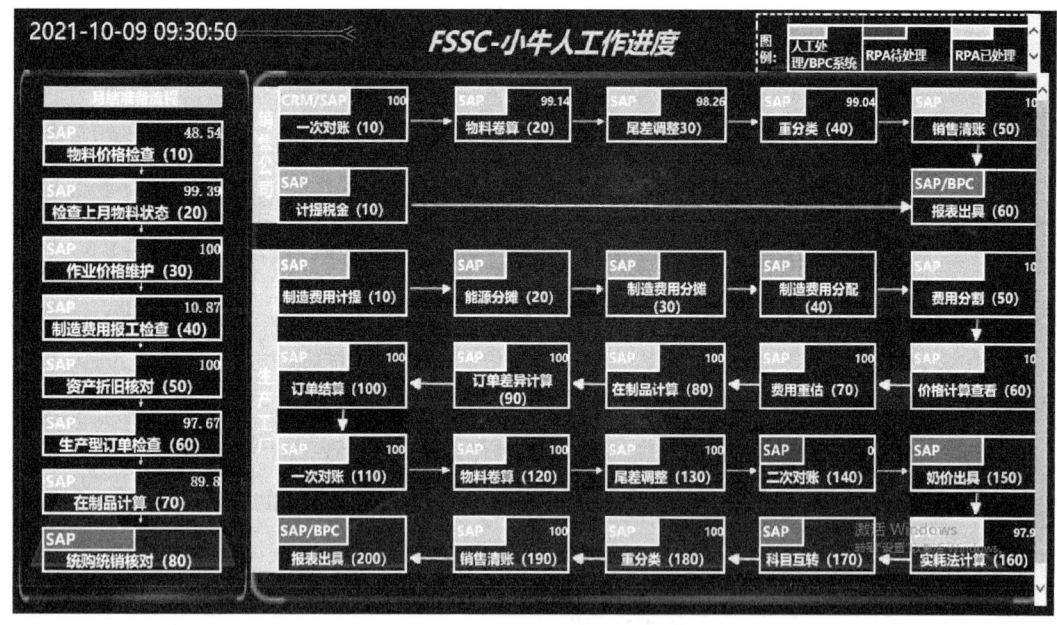

图 8-10　小牛人工作进度监控

更是行业首例,完成月结全流程 80% 的自动化,实现月结"削峰"的效果,极大减少了员工的加班现象。

同时,在月结任务稳定运行的基础上,又创新性地提出了月结任务的人机协作机制,即在已经实现了自动化的节点基础上选取 20% 的节点用于实现人机抢单机制,即员工在空闲时间可以按照机制既定的规则与数字化员工进行任务"抢单"的操作,极大地提升了人员空闲时间的利用效率,同时也缓解了月结高峰期数据员工的工作压力,最大化助力月结提效（见图 8-11）。

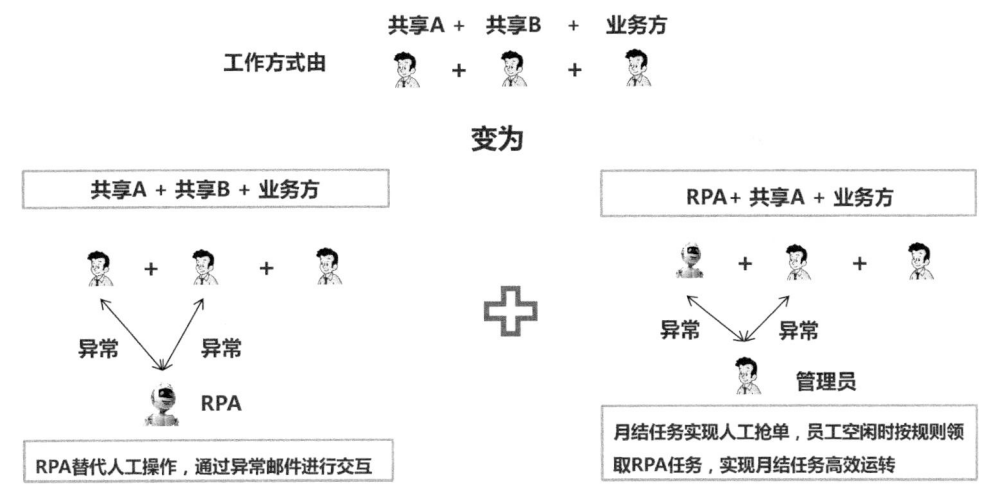

图 8-11 月结提效

4）管理优化

数字员工管理方面,建立统一的数字员工工作室,用于数字员工的集中监控与管理,为数字员工营造安全、独立的办公环境,打造了首个"无人财务工作室"。

通过项目过程的参与,财务共享服务中心内部打造了自己的流程自动化管理团队,包括:业务流程顾问,主要负责自动化流程的挖掘与梳理;流程开发顾问,主要负责自动化流程的实施落地;流程监控管理员,主要负责已上线自动化流程的日常监控与管理,大大提升了流程自动化工作开展的灵活性与自主性,为财务共享中心自动化应用的持续发展提供能力保障。截至 2020 年年底,通过内化实现的自动化流程已达 20 条,实现效率提升近 3 个 FTE,并仍在持续梳理挖掘中。本项目也实现了日常工作替代、月结任务削峰的目的。其中,日常工作替代部分节约 5.21FTE,月结任务削峰部分节约 7.6FTE,并且已上线流程在预设逻辑条件下程序稳定运行时对应的错误率为 0,真正地实现了人工效率的释放、助力日常及月结工作的提效,同时也降低了因手工操作带来的质量风险,实现了共享业务运行效率提升、人员投入成本降低、员工价值提升。

3. BPC 实践成效

BPC 项目的实践成效主要体现在以下几个方面:

（1）报告出具保质增效。根据法定的披露报告与管理的分析需求开发报表,自动化率提升至 89%;关联交易核对实现质的飞跃,对账事项 150 个,明细粒度到 SKU 级别,差异精准定位至凭证级;月度、附注报表一键生成,让员工有更多的时间投入更有价值的财务工作,实现企业和用户双受益;流程可视、透明,BPC 系统面向用户的引导式流程,可由财务用户自行开启、重启,流程可视、透明、操作简便;报表基于 Excel 界面,便于进行多维度的报表查询和分析;业务规则转换自如,实现了币种换算、准则转换、合并抵消、架构划转的一键式切换;助力财务数智化转型,关联对账与单体账面数据独立,可并行核对;通过校验实现对账不平在系统强管控,通过 BPC 应用,进一步优化财务体系流程并促进财务转型。

(2) 存货未实现毛利自动抵消。统一计算规则,实现自动抵消,有利于推进集团信息一体化;系统自动计算,全面覆盖所有内部交易,减少了手工计算的遗漏,提升了数据的可靠性;简化了财务人员每月手工计算的重复工作,提高了报表出具效率。

(3) 合并架构灵活,快速应对股权变化。单体数据同源、抵消数据共享,灵活的权益抵销支持多种股权变化的场景;同时能根据最新的规则、架构重溯管报历史数据,满足集团对绩效管理、财务分析的需求。

(4) 账务数据精准,抵销数据清晰可追溯。配置 45 条抵消规则,审计线索维度成员 496个,从单体到合并的所有调整和抵消数据均通过 BPC 系统审计线索维度,实现快速追溯和查询。

(5) 提升财务管控力度。统一平台管理,提升集团财务管控力度,采用三级审核机制,分级审核,可批准或返回报表,定稿后数据锁定;国内准则、国际准则、管理合并权限区隔,权责清晰;数据同源,实现核算、管理报表的自然勾稽,提升单体报表数据规范性,关联交易对账可以根据不同场景设定不同的阈值;差异超过阈值,报表强制无法提交;提升管理报表数据精度,细到 SKU;法定与管理报表一致;抵销规则是基于明细报表项目层面,更加精细,主表与附注强制勾稽,支持更深层次的数据分析,提升整体财务分析能力。

(6) 行业对标成果显著。实现同一数据源、一套科目体系同时生成双准则法定与管理两套报表且数据结果一至,自化动率实现 92%,由于组织架构变化可实现历史数据的自动调整,对审计数据可追溯。以上经第三方评估认可为行业标杆。BPC 行业对标图如图 8-12 所示。

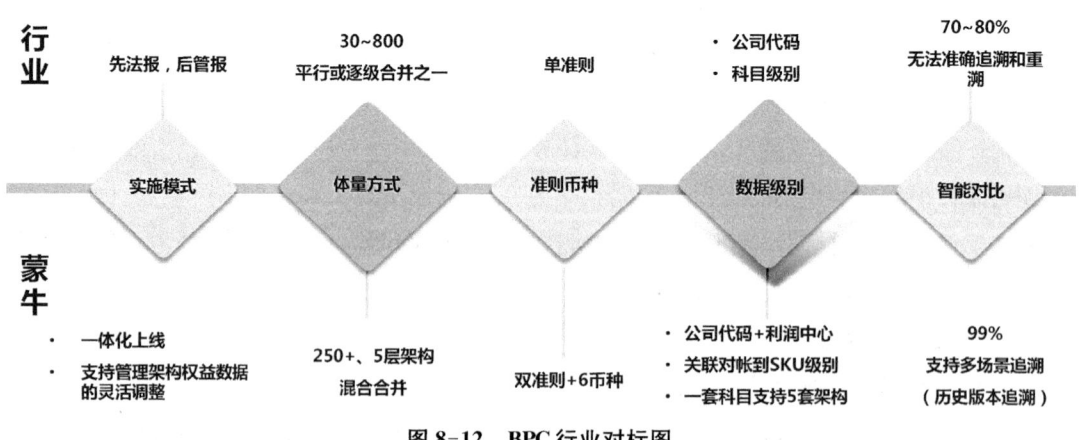

图 8-12 BPC 行业对标图

未来,蒙牛将从以下几个方面进一步拓展 BPC 应用范围、优化应用体验进行改善:

(1) 中国蒙牛下所有法人全部推进上线合并。梳理雅士利业务,实现中国蒙牛下业务全部上线,实现海外事业部承接并推广合并,针对新控股公司的业务数据,做到使新增数据与 BPC 无缝衔接,完美融合。

(2) BW 系统优化。业务数据量极为庞大,导致现有的 BW 系统运行压力极大,需优化提升时效。

(3) 报表扩展、丰富展现。输出全方位、面向各个层级的管理分析报告,进一步发挥数据的价值。

4. AI 实践成效

通过 AI 与 RPA 技术应用最终实现从业务到财务的自动工作流程,实现效率与成本最优。AI 上线流程对比如图 8-13 所示。目前 RPA 机器人在财务审核前进行审核,标准且完全通过的内容直接通过,标准但未完全通过的加签会计审核。非标准的复杂业务由会计审核。

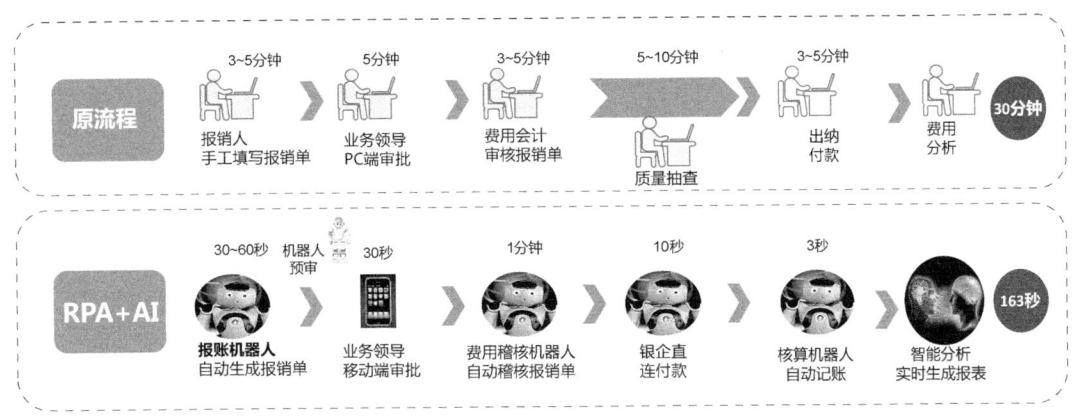

图 8-13　AI 上线流程对比

随着新技术的不断运用和技术的更新迭代,应用将拓展到快递、用餐、用车等场景的对接,打造更好的费用报销生态圈。同时拓展技术的可使用范围,如实现 AI 三大能力中的人机对话能力,让智能平台和人进行自然语言交互。最终,让人工智能成为财务费控最给力的伙伴。

(二) 未来展望

2021 年,集团提出"再造一个新蒙牛"战略规划,要用 5 年时间,让蒙牛向着消费者至爱、数智化、国际化、拥有强大文化基因、更具责任感的企业转型升级。财务共享服务中心的建立、预算海波龙系统的升级、BPC 合并报表及 RPA 人工智能技术的应用等,为未来数智化转型打下了坚实基础。未来,财务信息数智化从原来后台基础建设向配合公司数智化转型,如建立业务中台、数据中台、前端消费者洞察数据收集、精准化营销、营销方式、广告精准化投放等,通过数字化手段更精准、更及时地掌握客户、消费者信息和需求。财务共享服务中心也将继续秉承初心,努力探索新技术应用,不断推进优化"战略、运营、共享"三位一体的智能财务管理模式,持续提升数字化运营能力,利用智慧赋能构建数字化战略、注入数字化动力,通过信息化、数字化、智能化打造业务标准化、系统智能化、办公无纸化、服务全球化、体验无感化、共享无人化。财务共享服务中心也将与业务伙伴形成"共生"强链接,致力于价值共创,推动更多的"人机"协同共生的新型业务模式应用,让数字化技术和智能化工具成为运营的得力助手,更好地分析业务状况、防控内外部风险,充分提高作业效率和价值,夯实统一、规范、成型、可复制的共享模式,支撑集团国际化的业务扩张。

□ 中兴新云智能财务实践：技术驱动变革，数据赋能未来

■ 陈东升   深圳市中兴新云服务有限公司高级副总裁

刘雅琼   深圳市中兴新云服务有限公司事业部总经理

黄仁芬   深圳市中兴新云服务有限公司事业部总经理

屈伊春   上海国家会计学院高级工程师

■ 智能财务   智能技术

     数据赋能   财务数字化

中兴新云是中国财务数字化领域领先的管理咨询、信息技术及知识服务机构。本文基于中兴新云智能财务建设内容及其丰富的实践积累，包括打造 FOL 财务云信息系统构建智能财务应用基础，利用 RPA、OCR、机器学习、NLP、知识图谱和大数据等智能技术与财务相融合，充分采集数据、挖掘价值，推动了收入收款、费用报销、采购付款、工程资产、资金结算、税务核算、总账报表、档案管理等管理场景的智能化建设，并总结了智能财务的建设方案与实施路径。

一、案例背景

(一)案例单位简介

深圳市中兴新云服务有限公司(简称中兴新云)是中国财务数字化领域领先的管理咨询、信息技术及知识服务机构,以"改变会计,再造财务"为使命,以"帮助中国企业拥有世界级能力"为愿景,专注于财务转型、财务共享服务、财务信息化及财务数字化领域,为中国企业提供咨询方案和信息系统等服务。

作为中国财务共享服务领域的创新先锋,中兴新云的核心团队在财务共享服务与财务信息化领域,拥有多个创新的"第一"。比如,1999年,中兴新云主导研发了中国第一代网络报销系统;2000年,中兴新云上线了国内第一个银企直联系统;2005年,中兴新云建立了中国企业第一家财务共享服务中心——中兴财务云,并以共享服务为基础,在2006年率先提出了一套战略财务、业务财务、共享服务及专家团队"四位一体"的财务管理模式;2013年,中兴财务云发展成为中国第一家全球财务共享服务中心,负责全球100多个国家和地区分支机构的财务业务。

在自身多年探索和实践的经验基础上,通过财务流程的不断优化、业务风险的持续管控、财务质量的有效提升、管理职能的协同发力,中兴新云帮助了国内很多大中型企业集团实现了财务的专业化、标准化、流程化、信息化。而随着"大智移云物区"等信息技术在财务领域的不断发展与变革,财务需要面对全新的转型以及转型突破带来的契机和挑战。中兴新云积极拥抱变革,主动探索智能财务的道路与方向,通过充分把握和利用以机器人流程自动化(Robotic Process Automation,RPA)、光学字符识别(Optical Character Recognition,OCR)、自然语言处理(Natural Language Processing,NLP)、机器学习、知识图谱等为代表的新一代信息技术,实现财务智能化和数字化。

凭借着全球化的视野、前瞻性的IT规划能力、创新的产品架构、先进的技术应用,中兴新云致力于中国企业财务"工业化革命"和"数字化革命"的实现,至今已为国家工业和信息化部、中国石油、一汽集团、中信银行、招商银行、南方航空、东方航空、中广核、万科集团、中铁建等100多家政府机构或大型集团企业提供财务转型、财务共享服务、财务信息化、财务智能化与数字化整体解决方案,引领了管理创新及共享服务在中国的发展,与中国企业携手开启了数字化新时代。

(二)智能财务建设动机

技术变迁带给财务领域无限的生机与可能。以政策的指导引领、技术的突破变革、企业的管理诉求为驱动力,中兴新云积极开展实践,探索数字经济时代下财务的全新未来。

1. 政策指引

2015年,党的十八届五中全会提出实施"国家大数据战略",推动数据资源开放共享,释放技术红利、制度红利和创新红利,促进经济转型升级。2017年,国务院印发《新一代人工智能发展规划的通知》(国发〔2017〕35号),将人工智能的发展上升至国家战略层面,指出人工智能作为新一轮产业变革的核心驱动力，为我国经济发展注入新动能。2020 年，党的十九届五中全会提出要发展数字经济，推动数字经济和实体经济深度融合，坚定不移建设数字中国。国家政策在技术环境及应用上的指导与引领，为探索智能化、数字化的中兴新云指明了航向。

2. 技术变革

技术的不断革新在各个领域迸发出创新活力，促使财务产生了巨大的演变。从最早使用的算盘和账本到会计电算化、ERP、共享服务的普及，中国企业实现了更加广泛的业财连接。随着新一代科学技术的发展，传统的财务管理模式已然发生了变化，技术成为了系统的"眼睛"和"大脑"，帮助系统"看得见、看得懂、能思考"。中兴新云通过部署财务机器人实现全天候不间断作业，代替财务人员完成基于明确规则的重复性工作，使得财务的工作效率和工作准确性得到大幅提高；通过 OCR + 卷积神经网络、NLP、机器学习等智能技术的应用，实现信息智能采集、财务智能审核、文本智能管理，打造信息全方位采集、审核全方位高效、风险全方位管控、质量全方位提升的新模式；通过知识图谱等技术描述供应商和客户，以及他们之间的关联关系，实现更智能的"情报"分析、反欺诈等应用，提升企业风险控制的全面性和可预见性。在中兴新云，财务部门正逐步从幕后走到台前，发挥其作为天然数据中心的优势，以智能技术驱动数据洞察，以数据洞察驱动经营决策，实现数字化赋能。

3. 管理需求

在业务高速增长与规模不断扩张中，中兴新云立足于管理需求和未来发展，对财务智能化和数字化探索提出了两点核心要求：

（1）充分发挥数据价值。财务部门内部沉淀了海量的公司业务及财务数据，财务应当通过探索和利用安全高效、便捷智能的采集与分析工具，使宝贵的数据价值得到高效激活与利用，有效支持与满足领导层的管理需求，达到"从数据到价值"的目标。

（2）培养财务综合型人才。财务转型不仅仅只是技术的转型，还应当包括人员的转型。因此，企业需要培养出一批"懂财务会计 + 懂信息技术 + 懂数学或统计"的综合型人才，以支撑大数据时代下的财务转型，为企业长远发展奠定充足的人才基础。

二、案例具体实践

（一）智能财务建设方案设计

1. 智能财务建设方案与实施路径

智能财务是智能技术在财务领域的应用，是现代科技对财务基因的再造。而智能财务的建设不仅仅是财务一个部门的工作，而是全公司从上至下统一理念、统一目标、统一行动后才可以实现的成果。因此，中兴新云总结出"1234"智能财务建设方案，从战略层面推动方案落地，即实现财务的一项驱动，建立财务的两个中心，发展财务的三项职能，打造财务的四项能力，如图 9-1 所示。

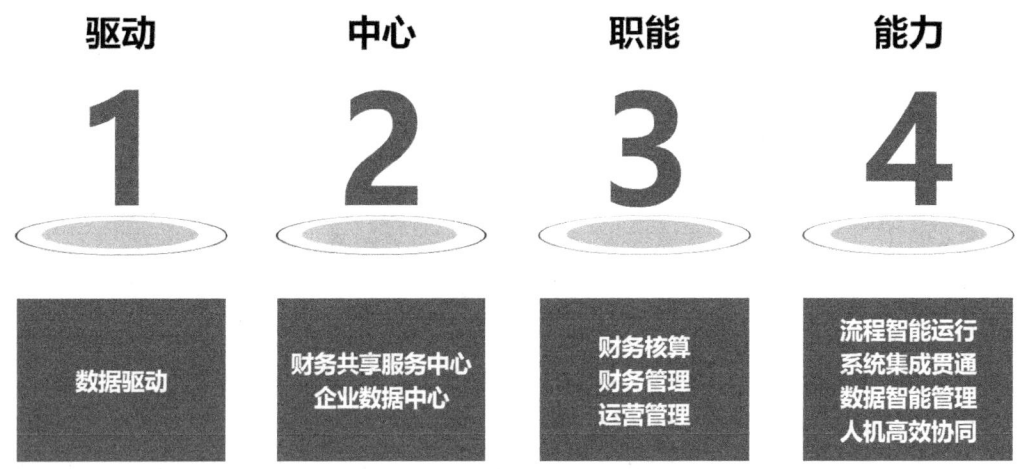

图9-1 中兴新云智能财务建设方案

（1）实现财务的一项驱动，即实现数据驱动财务。在财务信息化建设中，中兴新云将企业价值链拆解为一个个流程，通过精细化、标准化的流程管理提升组织运营效率。而在数字化建设过程中，中兴新云以数据为基础，在对企业现有数据资产进行全面梳理后，进行集成、共享和挖掘，利用数据分析发现企业经营管理中存在的问题，实现从流程驱动到数据驱动的转变，进而基于具有客观性的数据，洞察复杂业务流程背后的本质，辅助管理者的经营决策，驱动企业转型与创新。

（2）建立财务的两个中心，即打造"财务共享服务中心 + 企业数据中心"。财务共享服务中心的建设实现了财务的信息化转型，达到了降本增效与风险管控强化的目标。而随着DT(Data Technology，数据技术)时代到来，数据已然成为中兴新云的核心战略要素。中兴新云未来将通过财务共享服务中心转型为企业数据中心，发挥"财务共享服务中心 + 企业数据中心"双中心的作用，促使公司盘活数据资产，实现智能化和数字化转变，用数据提供更优质的产品及服务。

（3）发展财务的三项职能，即发展财务的财务核算、财务管理和运营管理职能。在以往传统财务管理模式下，财务具备核算和管理的职能，通过会计核算与报表分析进行事后总结。中兴新云智能财务项目建设方案利用智能工具实现运营实时监控，通过对财务服务进行设计、运行、评价和改进，对价值链上各项活动进行设计与分析，凸显财务运营管理职能的重要性，发挥协调财务组织活动的作用，提升财务工作的效率和效益，形成具有前瞻性的数据分析和洞察，为领导科学决策提供建议与支持。

（4）打造财务的四项能力，即打造财务的流程智能运行能力、系统集成贯通能力、数据智能管理能力、人机高效协同能力。中兴新云通过智能技术在财务业务流程节点的运用，加强财务业务流程的智能化能力，大幅优化企业流程运转，提升组织运行效率；通过业务与财务信息系统的集成化、一体化、网络化建设与改造，实现业务与财务信息系统的集成贯通；通过数据流和信息流在各个信息系统中的畅通流动和智能采集运用，为数据的智能管理打下坚实的数据基础；通过智能机器的部署与运用，综合人才的培养与发展，实现人机协同、共创价值。

2. 智能财务建设基础：中兴新云 FOL 财务云信息系统

随着市场环境及企业管理需求的发展，传统以核算为主的财务管理模式已经逐渐无法适应公司的发展要求。智能财务建设依托于信息系统的部署与构建，并随着信息技术的不断发展而逐渐走向成熟。经过不断的探索与实践，中兴新云打造了 FOL 财务云信息系统平台，完成了"三个实现"：实现了对业务与财务流程的有力承载，助力组织高效运营；实现了信息与数据在企业内部的高效流通，打破企业的"信息孤岛"，显著提升公司的敏捷反应能力；实现了业务与财务数据的智能采集、分析及可视化展现，推动财务智能化与数字化的建设和发展。

FOL 财务云信息系统平台以财务共享为核心，集成了费用、采购、销售、核算、资金和税务六大体系，采用成熟、主流的 IT 技术框架，通过各个系统的互联互通实现了业财数据的智能采集与财务业务的智能处理，帮助公司充分激活和发挥数据的潜在价值。FOL 财务云信息系统平台采用了"微服务＋接口平台＋数据中台"的架构，其架构特点有：

（1）FOL 财务云信息系统所采用的微服务架构替代了传统的 ERP 信息系统架构，实现了信息系统的组件化和服务化。系统服务因此拥有了独立的可扩展性，保持了独立的可升级性，如同积木一样可灵活插拔。

（2）中兴新云借鉴通信行业网规网优的实践经验，建立了大型企业的接口平台作为业财数据的统一交换入口，通过贯通业务与财务信息系统打破了公司内部的"信息孤岛"。

（3）FOL 财务云信息系统建立了基础数据平台以进行统一的主数据管理，同时数据中台作为财务价值数据的沉淀池，可帮助公司运用大数据技术分析挖掘公司数据价值，助力财务从"小数据"核算向"大数据"治理转型。

中兴新云 FOL 财务云信息系统划分为 8 个模块（见图 9-2）：通过业财连接模块，打通业财数据的线上通道；通过财务控制模块内嵌管控规则，保障业务规范可控；通过共享核心模块，提升运营效率和质量，沉淀经营数据和信息；通过发票税务模块，实现发票高效管理，沉淀发票价值数据；通过会计核算模块，实现账务处理的自动化，充分披露财务信息；通过资金管理模块，提高资金使用效率，防范资金风险；通过税务管理模块，实现税务全流程统一管理，支撑税务筹划决策；通过财务云图可视化展现数据及信息的挖掘分析结果，支持经营管理决策，助力数字化创新。各信息系统之间的互联互通实现了财务管理的高效运营和价值创造。

下面对部分模块进行详细介绍。

1）业财连接

业财连接模块通过智能化采集前端业务信息，实现关键利益相关者之间的连接，涵盖员工报销、采购付款、销售收款、资产报账、人力薪酬等领域。业财连接模块包括票联系统、财务云小程序、智能票据箱、采购系统（主要包括采购共享—智能应付云、采购共享—线上采购

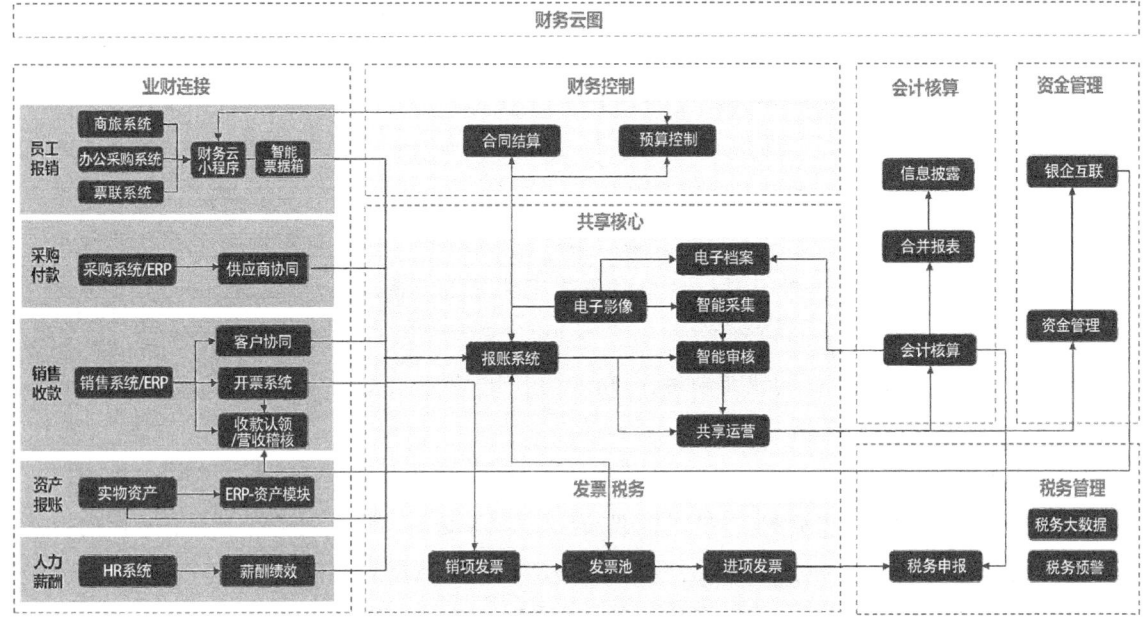

图 9-2　中兴新云 FOL 财务云信息系统平台框架

商城)、收款认领/营收稽核系统。

(1)票联系统：为解决员工发票归集和验真验重问题,中兴新云开发了票联系统,可通过微信卡包获取、混合拍照识别、分类拍照识别、手工录入等方式采集各类票据信息,归集所有发票信息形成发票池,集成税局系统,实现自动验真验重,无缝对接报账系统,减少企业人力成本,提升员工工作效率。

(2)财务云小程序：为解决员工个人费用移动报销问题,中兴新云开发了财务云小程序,实现事前申请、发票归集、费用报销、业务审批、费用分析等功能,打通业务与财务之间的壁垒,为员工提供个人费用移动报销的全流程、一站式高效服务。

(3)智能票据箱：为解决移动智能报销中实物单据流转的断点问题,中兴新云开发了票据收集的一体化自助服务终端,通过票联系统、财务云小程序与智能票据箱之间的协同,使员工仅凭一部手机即可轻松完成发票采集、在线填单、单据投递的报销全流程,并可实时追踪票据流转状态,显著提升员工的报销体验。

(4)采购共享—智能应付云：在上下游企业协同方面,中兴新云以采购过程中的应付管理为聚焦点,以贯穿采购交易的结算/开票、对账/付款、认证/报税全流程为主脉络,以供应链上下游企业围绕支付的线上智能协同为手段,解决企业采购和财务业务部门的结算难、开票难、付款难以及支付数据难等问题,有效提升应付管理效率,管控涉税合规风险。

(5)采购共享—线上采购商城：在采购共享方面,中兴新云通过线上采购商城聚合采购资源,实现办公用品、低值易耗品、固定资产、会议服务等商品的电商化采购,通过公平、公开、公正的线上竞争和便捷高效、易于管控的采购流程,实现更优惠的价格、更可靠的商品和更高效的服务。

（6）收款认领/营收稽核系统：在收款稽核环节，中兴新云开发了收款认领系统，对银行收款流水及票据进行清分认领，根据对账规则自动进行银企对账，提高企业财务核查能力，有效确保企业收入的及时、准确认领与入账。

2）财务控制

财务控制模块（主要包括合同结算系统和预算控制系统），通过与报账系统紧密连接，进而有效规范合同执行管理，对预算进行过程控制和事后分析。

（1）合同结算系统：在合同结算方面，中兴新云对合同收付款计划实施统一管理，实时、全面监控合同执行阶段的收支情况、发票进度等，关联合同数据与业务数据，从而高效安排收支计划，防范管控资金风险。

（2）预算控制系统：中兴新云通过预算控制系统实现预算执行管控功能，包含预算模板定义、预算导入、预算复核、预算调整、控制规则、预算分析等，保证业务部门的各项开支均在预算范围内进行。预算控制系统可以在费用发生前后，实时反馈预算执行情况；可以根据特殊需求个性化配置预算维度、科目等；也可以进行预算调整，自定义配置预算审批流，提高财务预算管控效率。

3）共享核心

共享核心模块承接前端系统传递的数据，对任务进行加工、处理，规范业务流程和操作，提升运营效率和质量，并记录财务交易事务产生的数据，进行统一管理。共享核心模块包括电子影像系统、电子档案系统、智能采集系统、智能审核系统、共享运营系统、报账系统。

（1）电子影像系统：为满足无纸化办公、票据扫描成像、建设电子档案管理需求，中兴新云配合报账系统搭建基于影像的电子审核模式，实现将合同、报账、核算等环节的各类实物单据转换为电子影像，实现电子信息采集、影像传输、集中存储和调阅管理。

（2）电子档案系统：为保证会计档案的电子借阅和实物借阅管理，提升档案管理效率，保障档案管理安全，中兴新云开发了电子档案系统，将财务与业务相关系统产生的各类信息、纸质单据转化为电子档案，从而减少实物档案的邮寄成本和保管成本，并对电子档案的生成、整理、归档、借阅、销毁全流程进行规范管理。

（3）智能采集系统：在财务单据采集方面，中兴新云开发了基于机器学习的智能采集系统，为各类影像建立分类模型，利用 OCR 技术将单据影像信息转换为结构化数据，辅之以自定义的手工录入模板数据，实现全方位电子信息采集、全单据价值数据整合，为智能审核提供强大的数据资源，为智能分析奠定坚实的数据基础。

（4）智能审核系统：基于结构化数据，中兴新云的智能审核系统可以依据审核规则智能校验数据逻辑的一致性、合规性，推动从报账到审核、支付、记账的全流程智能处理。智能审核系统的应用，可以极大减少财务的人工作业，防范人工审核的遗漏和失误。智能审核系统发挥着降低财务运行成本，提高审核效率质量的作用。

（5）共享运营系统：为了便于共享中心的运行管理，中兴新云将共享中心作业平台、财务业务统一处理平台、共享中心运营管理平台整合为一个统一的共享运营系统。该系统包括任务管理、运营监控、凭证管理、付款管理、质量管理、绩效报表多个功能模块,标准化、规范化财务审核流程,实现过程跟踪、监控和绩效管理,使财务处理更高效规范、助力员工满意程度的提升。该系统内置三级任务调度机制、绩效管理机制、信用管理机制、运营监控机制及统一会计引擎等,促使共享中心的运营更为高效、合理、合规。

(6)报账系统:在解决财务报账业务一体化处理方面,中兴新云把财务流程分为员工报销域、采购付款域、收入收款域、资产报账域、薪酬报账域、财务记账域、资金票据域等核心报账域。报账系统与基础数据平台、数据中台、预算控制系统协同发力,加强了财务对各类开支的合理性、合规性管控,并提高了业务流程效率。报账系统还会与资金管理系统、采购管理系统、商旅系统、核算系统等企业业务、财务系统建立起连接,实现业务、财务系统的互联互通,打破企业内部的"信息孤岛",助力数据的高效及通畅流动。

4)发票税务

为解决税务发票的进项管理、销项管理到纳税申报、税务大数据分析和税务预警问题,中兴新云开发了发票税务模块,包括销项发票管理系统、发票池、进项发票认证系统。

(1)销项发票管理系统:中兴新云销项发票管理系统通过管理平台或数据接口获取开票数据,从而实现自动开票、生成报税数据、完成增值税调节表等功能,使发票管理流程实现自动化,在保证数据一致性的同时实现数据效用最大化。

(2)发票池:中兴新云通过发票池将生产经营过程中涉及的全类型发票进行集中管理,基于汇集的全票面信息、发票状态、报账信息、合同及关联信息等,深度挖掘发票价值,实现发票管理便捷化、智能化,辅助企业经营决策。

(3)进项发票认证系统:中兴新云开发了进项发票认证系统对接税局系统和企业发票池,满足进项发票查询、认证、抵扣、统计、确认等需求。

5)资金管理

为了提高资金使用效率,防范资金风险,中兴新云通过资金管理模块(主要包括银企互联系统和资金管理系统)实现资金可视、可控、可调的集中运营管理,通过系统直联技术与各银行系统对接实现银企互联,同时又能对资金计划、资金调度、资金结算进行运作管理。

(1)银企互联系统:通过银企互联系统,中兴新云实现了银行账户的集中管理、资金不落地支付以及银企自动对账。由于直接对接资金管理系统和外部银行,因此减少了支付和对账的手工工作量,降低了差错率,提高了资金支付和管理效率。

(2)资金管理系统:建立资金管理系统的目的是实现全公司内的资金集中,以提高资金使用效率、降低资金使用风险,从而实现中兴新云资金计划、调度、结算和投融资管理等活动的统一管理。

6)财务云图

为解决海量数据的可视化展现问题,中兴新云开发了独有知识产权财务云图,汇集来自企业内部和外部的大量数据,通过挖掘数据中有价值的信息,结合大数据分析模型及算法,为企业数据管理、分析、应用提供"武器"。财务云图通过搭建分析模型、深度挖掘数据价值进行价值分析，洞察数字背后的业务逻辑，实现从会计科目的小数据向多维分析的大数据转变；通过设计贴合业务实际的多样化预警模型以及实时监控业务与财务的重点数据，及时识别数据异常，敏锐捕捉经营风险，实现企业经营风险预警；通过建立预测模型进行趋势预测，探析数据中隐含的关联关系和内在规律。

（二）智能财务应用场景选择

1. 成熟应用的智能技术

信息技术在财务领域的发展与应用革新了财务的工作模式。智能技术的出现和应用实现了业务财务流程的智能驱动、业务财务系统的智能贯通。以下为财务领域应用较为成熟的几种智能技术。

1）RPA

RPA（机器人流程自动化）是一种应用程序，它通过模仿最终用户在电脑上的手动操作方式，使手动操作流程自动化。RPA可以模拟并增强人与计算机的交互过程，执行基于一定规则的重复性任务。RPA的技术特点主要包括对任务进行机器处理、需要基于明确规则进行运作、可以以外挂形式部署、可以模拟用户操作与交互行为。

2）规则引擎

规则引擎是一种嵌入在应用程序中的组件，使用预定义的语义模块编写业务决策。规则引擎在接收到数据后可以根据业务规则作出业务决策，可用于自动审核、自动结算、自动拦截等财务业务场景。

3）机器学习

机器学习通过使用算法来解析数据，是指机器通过已有数据进行训练，在经验学习中不断改善具体算法的性能，对事件进行预测分析和决策的技术。机器学习是人工智能的核心，可广泛应用于数据分析与挖掘、模拟识别等多个领域。

4）NLP

NLP（自然语言处理）是将单词分解成最简单的形式，并识别它们之间的模式、规则和关系的技术。NLP用计算机算法来解析和解释书面及口头的自然语言，赋予机器理解并解释人类写作与说话内容的能力。NLP可用于翻译、语言生成、语言分类和聚类、情感分析以及其他信息提取。

5）OCR

OCR（光学字符识别）是指对输入图像进行处理、分析和识别，从而获取图像中文字信息的技术。基于深度学习技术的OCR智能识别引擎，可以通过深度学习大量的数据样本不断提升识别准确率，实现图像特征的自动及准确获取。OCR技术的本质就是利用光学设备捕捉图像并识别文字，将人眼的能力延伸到机器上。

6）大数据技术

大数据技术是从各种各样的海量数据中，快速获取有价值信息的数据管理技术，包含可视化分析、数据挖掘算法、预测性分析能力、语义引擎、数据质量和数据管理、数据存储六大方面。

7）知识图谱

知识图谱是指用可视化技术描述知识资源及其载体,对不同种类信息进行挖掘、分析、构建、绘制,显示它们之间的相互联系,得到的一个关系网络。知识图谱能够表达、组织、管理以及利用海量的大数据,让搜索更具深度和广度,更接近人类认知思维。

2. 智能财务的应用场景

财务管理作为企业价值保持与价值创造的重要举措之一,对于企业在激烈复杂的市场竞争中占据一席之地具有重要作用。在实践中,中兴新云将财务的职能主要划分为收入收款域、费用报销域、采购付款域、工程资产域、成本核算域、资金结算域、税务核算域、总账报表域。智能技术可以被应用于每个领域中重复性高、业务量较大的节点,借以实现业务财务流程自动化、智能化运作,具体的财务应用场景如图 9-3 所示。

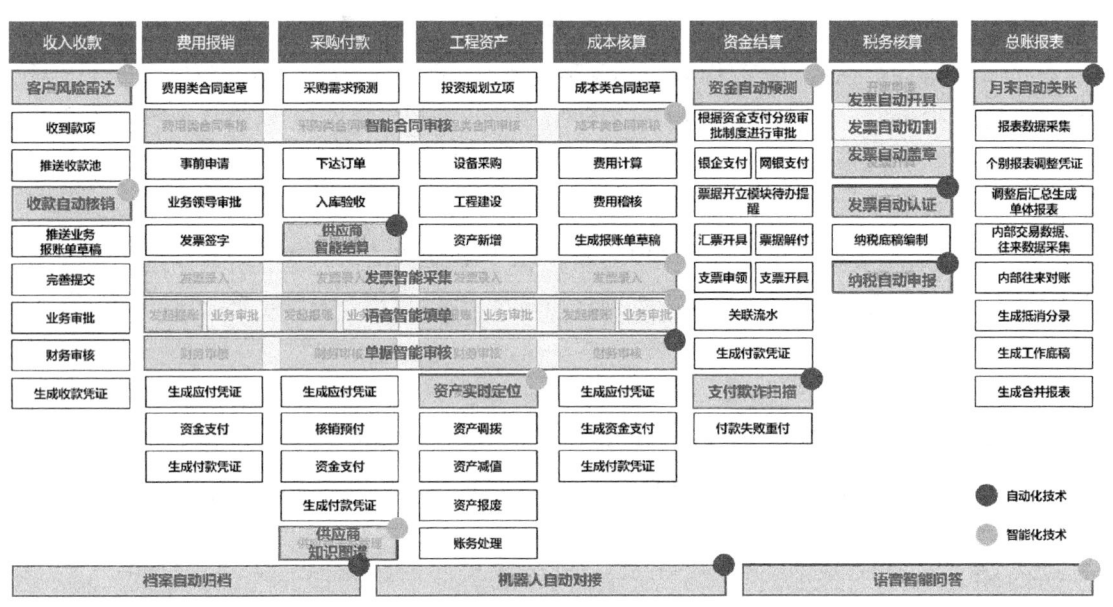

图 9-3　中兴新云智能财务应用场景

1）收入收款域

面临众多销售业务,财务人员每日需要处理大量的资金流水,耗费大量的时间及精力进行收入的确认及核销。收入收款域的智能化改造可通过规则引擎的运用实现收入的自动确认;通过 NLP 技术的使用提取交易对象的关键信息,匹配流水完成清分,从而实现收款的自动核销,提升财务的工作质量与工作效率;还可以通过"客户风险雷达"的建立搜集客户相关财务、法律风险数据,从而识别可能存在收款风险的客户并作出预警,为公司的客户管理与资金安排提供支持。

2）费用报销域

传统财务管理模式下,发票采集、员工填单、单据审核以及合同审核依托人工方式开展,工作效率不高且工作准确性有待提升。费用报销域的智能化改造通过 OCR 技术实现发票信息的智能采集，提升发票管理效率；通过语音识别技术实现员工语音提单，大幅缩减员工提单时间，优化员工报账体验；通过"规则引擎＋机器学习"实现单据与合同的机器审核，有效提升财务服务水平。

3）采购付款域

供应商风险管理对采购业务众多的企业的重要性不言而喻，但信息不对称加大了企业判断供应商风险性的难度。中兴新云通过供应商智能结算平台，大幅优化面向供应商的财务结算流程；通过知识图谱技术和大数据技术的结合使用，搜集供应商及其关联方的海量数据并进行分析，可以有效掌握供应商的真实资金实力、技术水平和产品质量；通过厘清供应商关联关系，有助于企业掌握议价优势；通过对供应商历史交易数据比对分析，筛选信誉良好的供应商，保证企业供应安全。

4）工程资产域

传统的资产盘点方式是通过手工或电子表格的形式记录跟踪资产信息，这种模式下资产信息的更新依赖资产管理人员的维护，难以实时反馈、更新资产信息。中兴新云通过RFID（Radio Frequency Identification，射频识别技术）等技术的使用，实现资产从购置（或建造）、领用、维修、盘点、清理、报废（或出售）全生命周期的管理，提升资产使用效率，为资产管理保驾护航。

5）资金结算域

为保证持续经营目标得以实现，公司需要对未来经营活动和生产活动所需的资金进行预测，通过大数据技术实现对资金的自动预测，帮助管理层根据企业预计现金流进行科学性规划与决策。中兴新云依托大数据技术充分分析交易方相关数据信息，确认交易方的真实性以及经营现状；比对合同条款与支付数据，确认支付金额的准确性；通过算法模型的建立实现 7×24 小时全天监控，评估、识别、拦截存在风险的支付行为，为资金安全构筑坚实的"防火墙"。

6）税务核算域

传统财务管理模式下，财务人员采用手工方式进行开票申请、发票开具、发票认证和纳税申报，占用财务人员大量的时间与精力。中兴新云通过 API（Application Programming Interface，应用程序编程接口）的运用打通发票管理系统与税局系统，实现企业发票的自动认证，降低企业发票风险；通过 RPA 助力财务实现自动计税以及纳税申报启动、审核、审批、归档的全流程管理，助力公司纳税申报自动化。

7）总账报表域

公司财务人员需要每月从各分支机构催收当月报表，通过手工汇总及合并抵销处理完成当月公司合并财务报表。这一工作流程劳心费力，历来是财务工作中的传统痛点之一。中兴新云通过 RPA 实现数据自动汇总和合并抵销，自动生成财务报表，释放财务人员精力，降低财务人力成本，缩短财务报表生成周期，使财务能够更为迅速地响应公司管理层使用报表的需求。

8)其他

除了以上方面,档案管理也是财务工作的重点。而伴随着公司业务规模的扩张,财务部门保管的会计资料与日俱增,传统纸质会计档案管理在财务日常运营管理工作中表现出人力成本较高、调阅效率较低、存在安全隐患等问题。对此,中兴新云通过电子档案管理系统的使用,实现自动化档案电子分册和电子归档,完成财务档案的电子化、集中化管理。

(三)智能技术及其产品的选择

智能技术的应用简化了传统财务工作流程,大幅提高了财务工作效率和质量,并且让数据在企业发挥了更大的价值。智能技术将财务数据采集、数据加工、数据分析融入企业经营管理决策流程,诸多财务智能产品在各财务业务运行环节中应运而生,推动财务部门成为发挥价值的"数字神经系统"(见图9-4)。

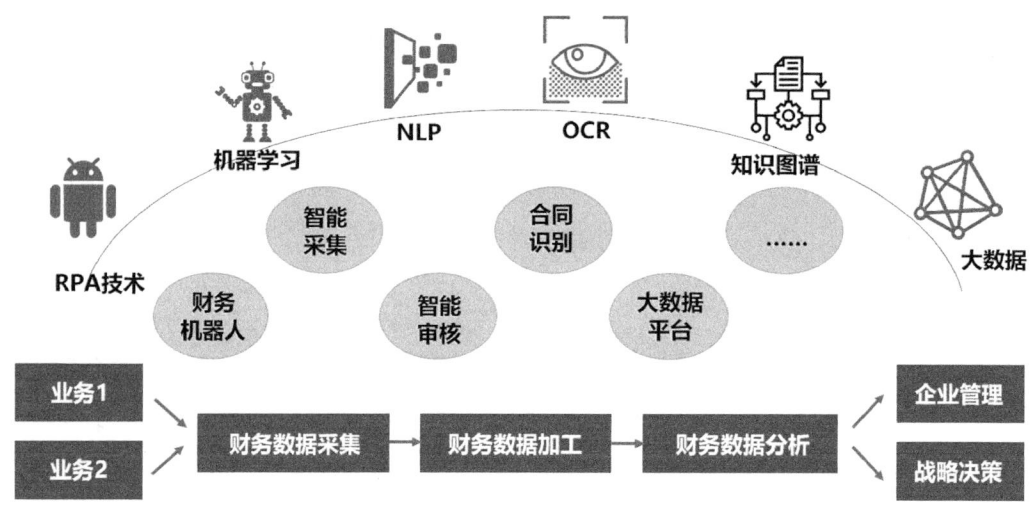

图9-4 中兴新云智能财务主要应用技术

中兴新云智能财务建设内容覆盖了从数据和信息的采集、处理、加工到分析的整个过程,实现了更为广泛的业财连接,提升了财务处理的智能化水平。下面以五个智能财务应用为例具体介绍中兴新云的智能财务技术实践,包括财务机器人、智能采集、智能审核、智能合同管理以及算子平台。

1. 财务机器人:RPA 的实践应用

RPA技术适用于存在大量既定规则的交易活动。财务业务流程中大量重复性较高、规则较为明确的工作采用手工的方式进行处理,工作效率难以得到保证。这些工作的业务特点与RPA技术的应用条件高度匹配,为财务机器人的运用提供了充分的条件。中兴新云财务机器人实现了RPA技术特点和财务业务特点最大限度的匹配,保障企业财务流程的高效运转。

1)传统财务业务痛点

传统财务流程中的诸多财务环节存在大量重复的低附加值工作,需要财务人员耗费大量人力成本。依靠人力完成工作耗时较长且效率较低，往往使得信息无法及时流通。人工作业的模式出错率较高，财务工作质量无法得到保证。此外，重复机械的工作内容降低了员工的工作积极性与满意程度，增大了财务团队的管理难度，不利于公司集约化管理，阻碍了效益提升目标的实现，如图9-5所示。

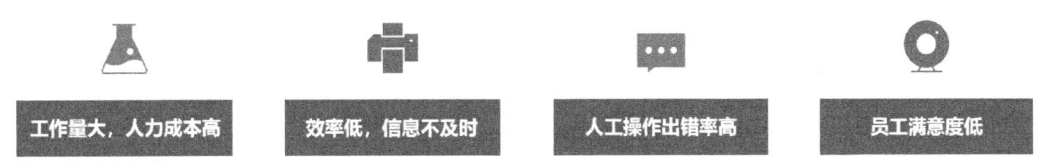

| 工作量大，人力成本高 | 效率低，信息不及时 | 人工操作出错率高 | 员工满意度低 |

图9-5　传统财务业务痛点

2）基于RPA的财务工作流程

财务机器人的应用场景需要符合两大要点：大量重复（让RPA有必要）、规则明确（让RPA有可能）。中兴新云的财务机器人适用于具有清晰定义和极少例外情况下的重复和确定性过程，即应用于存在大量既定规则的交易活动，利用特定的软件算法，与多个应用程序交互，自动完成各类管理任务，进而在用户界面执行事务流程。其可适用于如图9-6所示的财务流程中，例如，费用报销流程中的报销单据接收、智能审核、自动付款、账务处理及报告出具；采购到付款流程中的请款单处理、供应商对账、供应商资质审查等；订单到收款流程中的销售订单录入和变更、发票开具、客户对账与收款核销等。

01 费用报销	**02 采购到付款**	**03 订单到收款**	**04 固定资产管理**
报销单据接收	请款单处理	销售订单录入和变更	资产卡片管理
智能审核	采购付款	发票开具	资产变动管理
自动付款	供应商对账	返利管理	资产账龄分析
账务处理及报告出具	供应商主数据维护	客户对账与收款核销	
	供应商资质审核	客户信用审核和主数据维护	
05 存货到成本	**06 总账到报表**	**07 资金管理**	**08 税务管理**
成本统计指标录入	关账	银企对账	纳税申报准备
成本与费用分摊	标准记账分录处理	现金管理	纳税申报
账务处理及报告出具	关联交易处理	收付款处理	增值税发票开具
	对账	支付指令查询	发票验真
	单体报表和合并报表出具		涉税会计入账及提醒
09 档案管理	**10 预算管理**	**11 绩效管理**	**12 管控与合规**
扫描	预算的编制和生成	产品效益分析	管控合规报告出具
电子归档	预算执行情况监测	客户收益分析	财务主数据管理
电子档案查询	预算报告创建	资本收益分析	
票据接收和快递管理		经营分析标准化报表	

图9-6　中兴新云财务机器人可应用业务场景

以银企对账机器人为例来说明RPA运作流程及效果。传统财务模式下的银企对账，需要财务人员按照银行账户逐个手工对账，效率低下且存在遗漏风险。中兴新云银企对账机器人可以实现银企对账流程的自动化处理。每个账期期末，机器人登录网银系统抓取银行对账单数据,随后登录会计核算系统抓取企业账单数据,自动进行对账操作,并将生成的数据记录到余额调节表。待不断重复上述操作直至完成所有银行账户的对账操作后,财务机器人可以根据公司需求合并汇总对账单并将相关结果保存至指定位置,同时发送邮件通知财务人员,如图9-7所示。银企对账机器人对账单有效回收率达98%以上,可以大幅提升银企对账流程的工作效率。

图9-7 银企对账机器人工作流程

3) RPA 在财务领域的实践价值

财务机器人在大量重复、规则明确的财务场景里,以其7×24小时不间断工作的能力、机器工作严谨循矩的优势,发挥着提高财务工作效率、保障财务工作质量、节约财务运行成本、增加企业价值的作用,如图9-8所示。财务机器人的使用,释放大量基础交易操作的人力,为财务转型奠定坚实的人力基础。

图9-8 RPA 智能应用的实践价值

2. 智能采集:OCR 技术的实践应用

基于机器学习,智能识别技术助力企业实现财务单据的智能采集。中兴新云智能采集系统对各类单据影像建立分类模型,利用OCR技术将单据影像信息转换为结构化数据,从而实现全方位电子信息采集、全单据价值数据整合,为财务的数据分析提供基础。

1) 传统采集业务痛点

在日常报销报账过程中,财务人员需要对各类票据的多种基础信息进行采集,传统财务流程通过手工的方式录入票据信息,操作烦琐且效率较低,获得的数据质量较差,难以满足数据分析的需求,企业数据管理水平整体较弱,如图9-9所示。面对财务数字化转型需求,优化数据采集"第一公里"的问题急需得到解决。

2) 基于OCR 技术的智能采集流程

中兴新云财务小程序或电子影像系统将大量单据影像推送至智能采集系统的任务池。如图9-10所示,任务池将沉淀于自身的包括发票、合同、附件等在内的多种类型的会计资料

数据质量差
数据离散无结构、数据源多种多样；各财务前端系统之间数据不同步，存在交叉重复且不一致，数据缺乏完整性
痛点
数据管理弱
数据校验缺失，在数据源头无有效防范，无字段长度校验、特殊字符校验、关键字段的唯一性校验等。数据采集工作不被重视

图 9-9　传统采集业务痛点

影像推送至图像预处理模块进行处理和优化；经过强化和修正的高质量单据影像被推送至OCR 模块，该模块内置多种单据模板，通过自动获取图像特征匹配相应模板，最终输出单据的影像结构化数据。

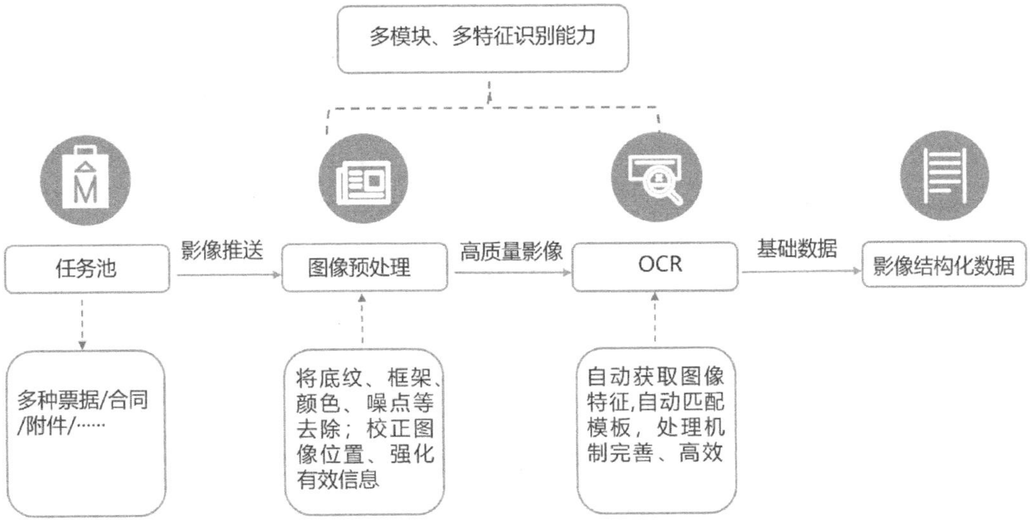
多模块、多特征识别能力
任务池
影像推送
图像预处理
高质量影像
OCR
基础数据
影像结构化数据
多种票据/合同/附件/……
将底纹、框架、颜色、噪点等去除；校正图像位置、强化有效信息
自动获取图像特征，自动匹配模板，处理机制完善、高效

图 9-10　OCR 技术智能识别工作流程

OCR 技术应用后的中兴新云员工费用报销流程具体如图 9-11。员工以拍照的方式将纸质附件转化为影像上传至票联系统，系统通过切分分类引擎对单据影像进行切分和分类，通过 OCR 识别引擎进行智能识别，一秒钟即可获得单据的结构化数据。票联系统打通了与税务局的接口，可以实现发票的验真与验重，随后员工即可发起报销流程。

中兴新云智能采集系统实现了票据信息的高效、准确、智能采集。智能采集系统支持员工快捷填单，显著优化员工报账体验。此外，票联系统与税局的打通可以实现发票自动查重验真，从而规避企业财务风险、沉淀企业数据价值。

考虑到现有技术水平下，OCR 技术的识别率虽然已经突破 95%，但仍旧未能达到100%，因此我们需要对机器无法识别的单据进行人工补录，“双管齐下”，为公司的财务安全构筑一道坚实牢固的“长城”。

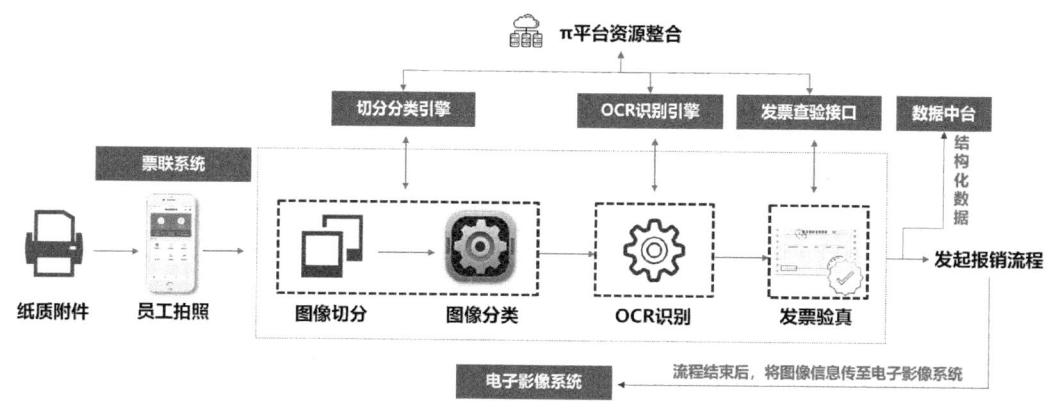

图 9-11　基于 OCR 技术的员工费用报销流程

3）OCR 技术在财务领域的实践价值

OCR 技术在财务领域的应用实现了全类单据信息采集,助力中兴新云实现降本增效控制风险,并为实现智能审核提供强大的数据基础。OCR 技术智能应用的实践价值如图 9-12 所示。具体而言,OCR 技术的运用突破了企业多种类型单据数据的采集瓶颈,实现全方位电子票据结构化信息采集;OCR 技术和人工补录的结合,可以提高财务工作效率、降低组织成本、助力风险控制,推动数据的安全高效经营;数据的智能采集也为智能审核提供了强大的数据基础,有助于财务数据分析质量的提升。

全类单据采集	增效降本控风险	大数据平台
突破多种类单据采集瓶颈,实现全方位电子票据结构化信息采集,全单据价值数据整合	依靠7×24小时智能采集,辅助人工补录模式,降低内容风险,同时降低企业在标准化工作中的人工成本	为智能审核提供强大数据基础,为智能分析打造坚实的数据平台,提高分析质量

图 9-12　OCR 技术智能应用的实践价值

3. 智能审核:"规则引擎+机器学习"的实践应用

中兴新云智能审核模块基于前端智能识别获取的结构化数据,依据审核规则进行数据与规则的智能校验,并对审核结果进行可视化展示,助力财务人员高效完成单据审核,协助财务管理者有效管理审核团队。智能审核系统可利用算法进行机器学习和模型预测,不断优化审核能力,提升全方位审核的智能化水平。

1）传统审核业务痛点

在传统财务审核工作中,财务人员需要基于业务真实性、票据合规性、报销规范性、金额合理性、付款合规性等审核规则和要点,进行烦琐细致的人工审核,面临较大的潜在风险。

基于人工审核的传统模式需要财务人员投入大量的人力和时间。一方面，这增加了组织运营成本，不利于公司实现精益管理；另一方面，人工作业无法保障财务审核的效率和质量，导致财务部门容易遭到业务人员的投诉，不利于公司人才一体化发展，如图 9-13 所示。

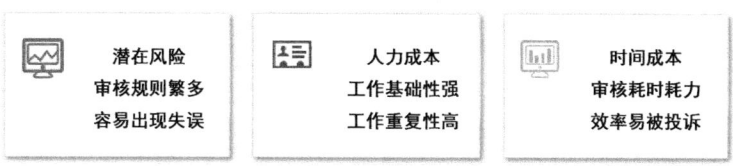

图 9-13　传统审核业务痛点

2）基于"规则引擎十机器学习"的智能审核流程

中兴新云智能审核系统从智能采集系统中获取单据影像数据，从其他系统获得其他所需电子数据。相关数据被推送至智能审核模块，通过触发规则引擎对相关单据予以规则审核校验，审核通过的单据将被推送至共享运营系统后再流转至会计核算系统进行记账、流转至资金管理系统进行付款；审核未通过的单据将被退回，系统会给出审核不通过的原因以提醒提单人。对于机器无法识别的非常规单据，智能审核系统会把单据推送至共享运营系统进行人工审核。智能审核业务流程如图 9-14 所示。

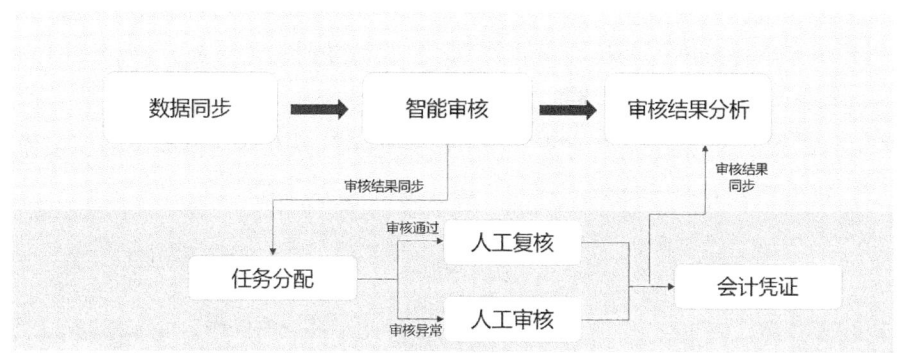

图 9-14　智能审核业务流程

智能审核系统支持扩展应用机器学习技术，可以对不合规单据进行文本挖掘和特征处理，通过海量单据的训练学习总结出不合规单据的特征与规律，通过算法模型的构建事先识别出不合规单据并予以拦截和预警，可更好地保障财务审核的安全与质量，如图 9-15 所示。伴随技术的发展与成熟，智能审核系统能够覆盖更多类型的单据，能够提供更高效率和更优质量的审核服务。

中兴新云通过智能审核系统可以对财务审核业务数据进行可视化展示与分析，使得财务负责人能够准确、实时掌握财务的日处理单据量、日处理金额、日处理平均耗时，以及每位审核人员的工作质量与效率，助力领导对财务团队的高效监控与运营。智能审核系统能够自动统计归类违规单据的违规原因，助力财务人员更好地在公司内部开展财税知识宣贯工

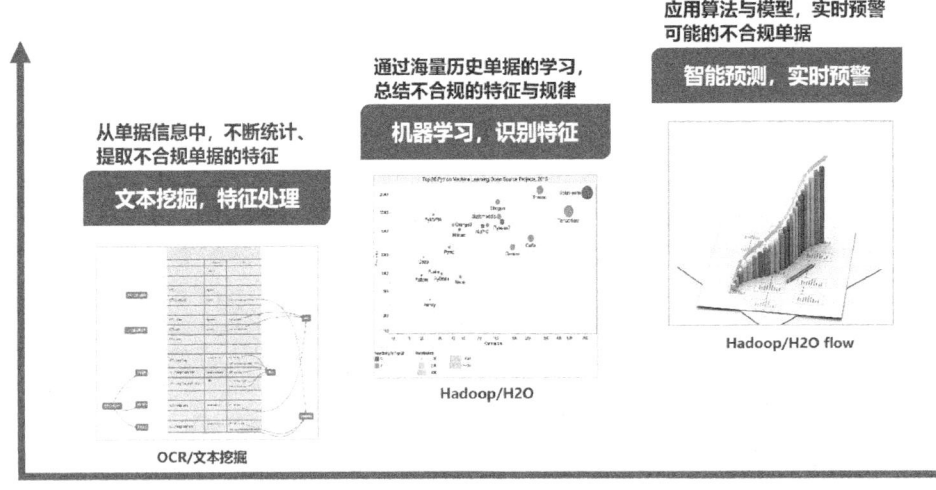

图9-15　智能审核系统中的技术扩展及应用

作,为企业财务的安全运营提供支持。

3)"规则引擎＋机器学习"在财务领域的实践价值

财务工作中可标准化、结构性强、重复性高的单据审核任务所占比重较大,"规则引擎＋机器学习"的应用可以提升财务审核系统的智能化水平,通过针对智能识别结构化数据的全方位审核,形成审核标准固化,使"人机协作"状态不断得到优化与提升,业务处理质量提升至99%;同时,还可以极大减少财务人工作业,有效防止人工审核的遗漏和失误,大幅减少人为因素产生的审核失误,减少基础财务工作可以使更多财务人员从事高附加值工作,起到提高审核质量、提升审核效率、强化费用管控、解放财务人力、促进人员转型的作用,如图9-16所示。

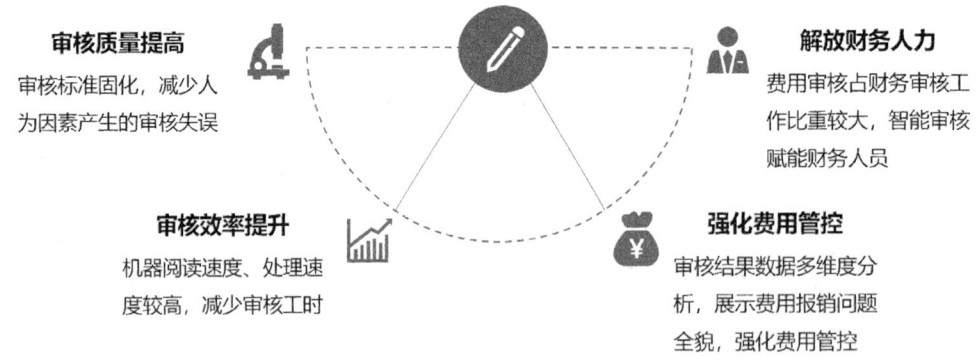

图9-16　"规则引擎＋机器学习"技术智能应用的实践价值

4. 智能合同管理：NLP 技术的实践应用

合同管理系统服务于公司合同管理及合同结算工作,需要满足公司管理层对于合同签订的合规性、合同执行的可视化的要求,通过合同的全生命周期管理保证合同管理安全。中兴新云开发了合同管理系统，并基于 NLP 技术进行关键信息提取，依托智能审核、文本差异对比技术，提高合同信息提取及审核的效率和质量，实现合同风险的智能化管控。

1）传统合同管理业务痛点

在传统合同签订流程中，财务人员需要从冗长的合同文本中提取并录入关键信息，需要对合同范本使用及对合同内容编写的合理性、合规性进行审核，需要比对线上线下文本内容差异。传统模式下的合同审阅工作内容烦琐、工作效率低下，耗费大量人力资源，且无法对审核准确性提供保证，无法降低企业合同管理中的潜在风险，如图 9-17 所示。

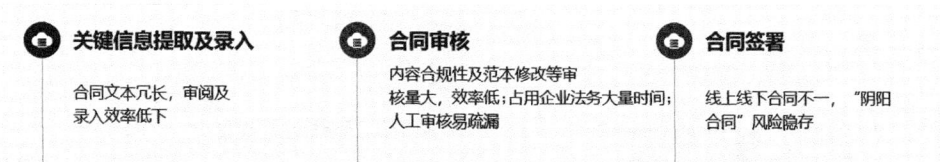

图 9-17 传统合同管理业务痛点

2）基于 NLP 技术的合同管理流程

中兴新云合同管理系统融合 NLP 等智能技术，实现合同文本信息智能提取、文本智能审核、文本差异对比，如图 9-18 所示。合同管理系统从电子影像系统、智能采集系统中获取纸质合同的影像数据，也支持直接上传合同电子文档。

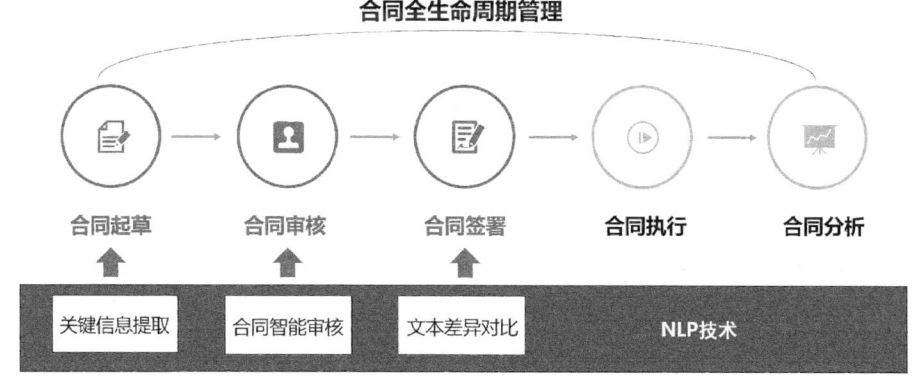

图 9-18 基于 NLP 技术的合同管理流程

在合同起草阶段，系统通过 NLP 技术对合同进行文本拆分，自文本中提取关键信息，诸如交易双方名称、标的物、交易金额、付款方式、付款条件等，实现合同要素的快速剥离。

在合同审核阶段，系统通过 NLP 技术识别和标注合同关键信息，基于合同审核规则库储备的审核规则对合同的合法性、合规性、合理性进行审核与校验，抓取出具有较高风险的合同，实现对合同舞弊行为的智能化防范。

在合同签署阶段，系统通过 NLP 技术比对合同在经办过程中有无缺失项、改动项等异常情况，比较线下合同与线上合同是否存在差异，实现合同差异信息的高效对照，有效防范合同签订潜在风险。合同签订完成后,合同管理系统对接报账系统实时反馈执行数据,为合同分析提供数据基础。

3)NLP在财务领域的实践价值

在NLP等智能技术的加持下,中兴新云的合同管理系统能够自动提取关键信息,满足快速录入、快速审批的管理需求。合同管理系统基于审核规则库实现智能审核,显著提升合同审阅的效率和质量,大幅降低人力成本投入,有效防范管理风险,帮助公司解决长期普遍存在的纸质文档审阅管理难题,赋能文档管理数字化建设,如图9-19所示。

01 降本增效,解放人力
关键信息自动提取,一键录入
快速查阅、快速审批

02 智能审核,有效防范风险
基于规则库智能审核多风险点,保障审核质量,有效防范"阴阳合同"等风险

03 企业赋能
解决企业普遍长期存在的纸质文档审阅管理难题,转化数据资产以供统计分析,适应数字化趋势

图9-19 NLP技术智能应用的实践价值

5. 算子平台:"大数据十知识图谱"的实践应用

为了更好地挖掘数据价值,中兴新云打造了财务算子平台,进行从数据读取、清洗、存储到数据分析预测的数据管理工作,将大数据分析中所应用的算法转化为多种不同的算子。算子平台可以独立处理数据,通过拖拽连接的方式配置分析流程,通过对分析流程、分析结果的可视化处理,使企业数据分析结果更为及时、更易理解,助力企业实现财务的智能化与数字化转型。

1)传统数据分析业务痛点

虽然中兴新云已经实现了财务的信息化部署,但是海量数据被分散在彼此割裂的信息系统中,导致"信息孤岛"现象长期存在,不利于管理层实时掌控与分析公司业务的实际情况。此外,公司已经拥有的数据来源多样复杂、异质异构,数据的分类融合相对较弱,抬高了大数据分析的门槛,不利于部署财务数字化转型战略,如图9-20所示。

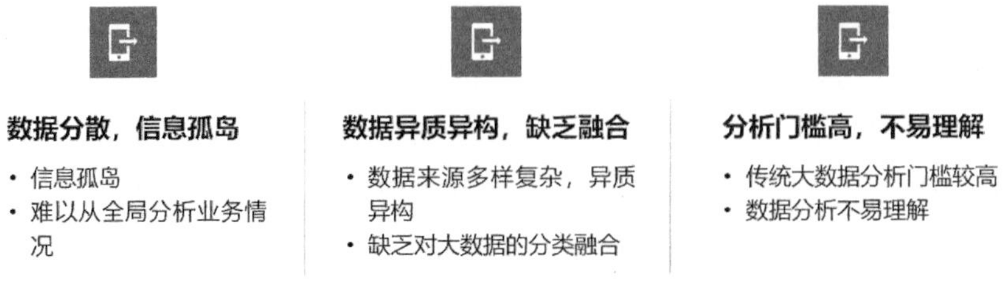

数据分散,信息孤岛
· 信息孤岛
· 难以从全局分析业务情况

数据异质异构,缺乏融合
· 数据来源多样复杂,异质异构
· 缺乏对大数据的分类融合

分析门槛高,不易理解
· 传统大数据分析门槛较高
· 数据分析不易理解

图9-20 传统数据分析业务痛点

2）基于"大数据＋知识图谱"的财务大数据分析

基于大数据分析与知识图谱技术，中兴新云财务算子平台的工作流程如图 9-21 所示。第一步，算子平台从各类文件源中获取数据；第二步，通过平台内含的算法清洗数据，使数据口径统一，完成内容标准化；第三步，平台依据数据理解对同类个体数据予以归集；第四步，平台对数据进行分布式存储；第五步，平台根据规则进行数据推理，挖掘数据内在规律；第六步，算子平台通过模型的建立实现大数据分析与预测，以及数据分析结果的可视化呈现。

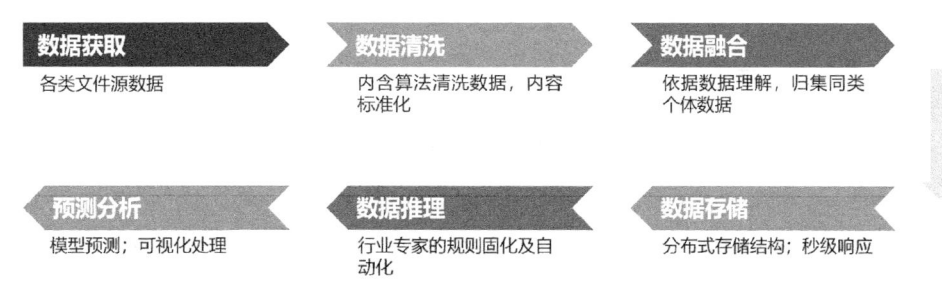

图 9-21　算子平台工作流程

算子平台支持利用平台内含算法对多种类型数据进行自动清洗和标准化处理，依据数据理解结果，将同类个体数据归集融合，建立不同实体间的关系，对处理后的数据以结构化文件形式进行分布式存储，保证数据的便捷调取、查询、使用。平台基于业务视图的查询推理和数据建模能力，将预设的规则内置以实现数据的自动化处理，通过内置常用大数据分析模板助力财务人员的预测分析，根据领导层的管理需求更改算子调整模型，可以对数据分析结果进行可视化展示，实现数据处理自动化、数据分析智能化、数据展示可视化。

算子平台在客户和供应商风险管理业务场景中的实践应用如图 9-22 所示。

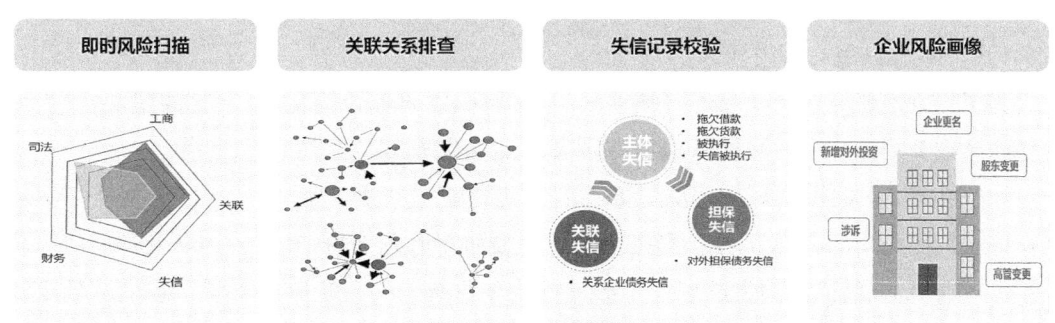

图 9-22　算子平台的应用

（1）即时风险扫描：基于大数据技术，算子平台能够实时扫描目标企业风险状况，提示企业潜藏的风险标签以及风险详情，分析企业近年司法涉诉、失信违约次数、拖欠金额、财务状况、发展能力等方面，以识别存在风险的交易对象。

（2）关联关系排查：通过知识图谱和大数据分析技术的协同发力，算子平台将从股权关系、担保关系、个人关系以及其他隐性关系维度出发，深入挖掘企业关联关系，全面排查存量赊销客户及供应商间可能存在的关系群组,降低企业业务风险。

(3)失信记录校验:算子平台可以针对企业所有供应商及客户5年内的历史失信记录进行排查,重点发掘历史记录内存在恶意拖欠款项行为的企业,有效防范交易对象传导风险,保证企业运营安全。

(4)企业风险画像:算子平台采用"三级预警"模型和"立体监控"模式,从互联网各公开权威渠道自动采集影响供应商与客户生产经营能力的重要维度风险信息,进行风险分析和风险评级,有效识别潜在风险。

3)"大数据十知识图谱"在财务领域的实践价值

算子平台实现了数据的获取、清洗、融合、存储、推理、预测,从而对数据进行全面管理。大数据与知识图谱的应用,使得数据获取更为全面、及时、智能,数据处理内容更为标准化、关系化,同时基于业务视图的查询推理和强大的建模能力,加之算子的拖拽连接等可视化操作简化大数据分析流程,使得分析操作能够被财务人员更好地理解和掌握、分析结果能够被管理者更好地理解和使用,进而更好地发挥数据价值,助力企业在大数据时代保持自身竞争优势,如图 9-23 所示。

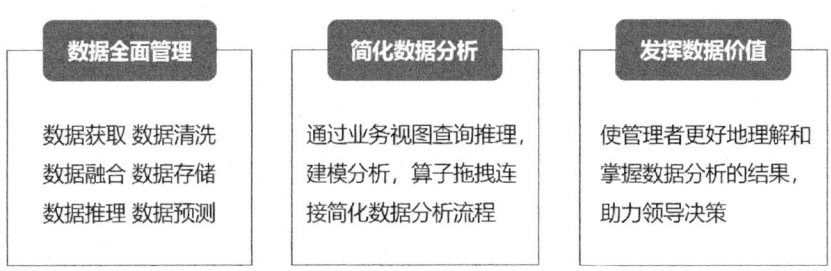

图 9-23 "大数据十知识图谱"技术智能应用的实践价值

(四) 投入的相关部门和人员情况

为了更好地研究智能技术在财务领域的应用,探索财务智能化、数字化的建设,中兴新云各团队在公司管理层的带领下,共同完成智能财务的规划、部署和建设工作。

业务部门、方案团队、研发团队三方共同组建智能财务项目团队,形成联合解决方案小组。该小组由公司的方案专家担任项目经理,负责统筹管理项目,其余各团队及部门对联合小组进行人员派驻,同时项目经理对小组成员及项目推进实行矩阵式管理。各团队分工及职责如下:

(1)方案团队作为项目牵头部门,立足于技术分析与成本效益原则,充分考虑财务现状和发展需求,对公司各部门进行实际调研,并出具整体智能财务解决方案,包括顶层设计、技术布局、场景规划、系统架构、职责定位等。

(2)业务部门抽派骨干员工,深度参与方案调研、研究与讨论。业务部门通过梳理业务需求,积极支持调研工作,并与方案团队共同寻找可自动化、智能化的业务场景,探索相关技术的适配性和可落地性。

（3）研发团队整体负责完成智能财务项目的实际建设与落地工作；产品经理负责根据建设方案出具产品方案；开发工程师负责相关产品的研究开发与功能实现；系统实施工程师负责智能技术产品的部署实施以及测试优化。

（五）实践中遇到的主要问题和解决方法

在技术日新月异、颠覆无处不在、格局不断演化的当下，每一个企业无时无刻不在面临挑战，中兴新云也不例外。智能财务的探索与实践如同"摸着石头过河"，途中并非一帆风顺，而是面临着诸多问题。

1）全局规划

智能财务的布局，并非只是财务部门内部的变革，而是整个公司的一场"数字转型"。财务部门是数据中心，而以其为中心，未来将构建起全公司一体化的"数字神经网络"，持续汇聚公司内外的海量数据，利用"IT + DT"的手段实现财务数字化转型，从而为企业数字化转型奠定基础。因此，如何让业务部门"积极入局"，并全面参与和支持智能财务项目的推进变成了一大难题。

基于以上考虑，为了更好地推进项目、达成效果，中兴新云通过以下方式解决：

（1）高层领导高度支持，实现自上而下的推行。中兴新云高层领导非常重视智能财务项目，从公司层面对各部门进行宣贯。并且，管理层也给予了及时且充分的资源调配，适时对项目的工作内容、方法、成果予以评价与指导，使得项目可以更深入和有效地推进。

（2）从公司层面进行战略布局。联合小组并没有将智能财务的布局局限在财务部门，而是在全公司范围内进行了数据、流程、系统、技术、人员的梳理，从公司整体层面进行了充分评估和合理设计，通过搭建科学的管理体系及制度，形成立足于财务部门、辐射全公司的全局规划，为智能财务的建设奠定坚实基础，同时也使得各职能部门的变革共同有计划地科学推进。

2）人员培养

智能财务建设的重点不能仅停留在自动化、智能化技术的引入，更需要让人与技术实现"协同合作"，才能达到更高的效益。然而，业财人员习惯了传统的工作方式以及数据获取处理方式，在应用之初仍存在对智能产品难以适应的情况，导致自动化、智能化技术无法得到充分利用，从而限制了技术优势的深度挖掘。

针对以上问题，中兴新云通过分批次、持续性地对业财人员进行技术及产品的全面宣贯和培训。一方面，积极探讨行业先进成果，打破员工原有工作习惯、思维方式，鼓励员工积极拥抱新技术；另一方面，注重技术实际使用场景，帮助员工熟练应用各种新兴技术，提升自身工作能力和职能定位，为公司经营管理持续赋能。

除此之外，在诸如以上的"挑战"面前，中兴新云还鼓励员工的创新理念与行为，充分调动全公司员工的才智与经验，通过对技术创新突破进行奖励等手段，激励员工开展技术创新活动，打造数字化文化，推动企业技术革新与进步。

三、实践成效与未来展望

(一)实践成效

在新一轮信息技术的支持下,中兴新云通过部署智能财务使得财务部门具备了强大且智能的数据收集、数据加工、数据处理能力,财务部门将会为企业价值创造发挥更大功效。伴随业务与财务数据更深层次的融合以及人和机器更高效率的有机协作,智能财务将会帮助中兴新云建立全面风险管控体系,提升运营管理水平,为精益管理、创新管理、智慧管理打下坚实的根基。

1. 提质增效、降低成本

智能技术在中兴新云广泛而又深刻的应用起到了提升财务运行质效、降低财务运营成本的作用。其中,机器学习技术通过提升财务审核的准确度,使财务的工作质量得到大幅提升;OCR 技术使财务的数据采集变得智能、高效,为满足领导层的数据管理需求夯实了基础;NLP 技术在合同管理工作中的使用有效降低了企业法律风险和财务风险,为公司的安全经营保驾护航;以 RPA 为代表的财务机器人凭借其 7×24 小时不间断工作的能力,实现多个财务流程的自动化处理,显著提升了财务的工作效率。

智能技术的使用,使财务工作"化繁为简",最大限度降低人工操作失误和遗漏风险的发生,同时兼顾了公司对财务工作效率与质量的追求,可以通过财务领域精益化成本管理实践为公司精益管理战略的落地实施提供借鉴。中兴新云智能财务建设工作的开展,使财务工作效率得到显著强化,有效减少了具有重复性、基础性特征的财务工作的人工投入,使公司财务人力成本能得到更加精细和高效的管控,实现精益管理。

2. 解放人力、赋能财务

传统财务管理模式下,财务人员的时间和精力被大量重复性较高、基础性较强、操作简单但却十分烦琐的工作占据,以致难以进行自我学习与提升。智能财务建设对财务人员的精力予以释放,使之可以参与具有较高附加值的财务分析与财务管理工作,充分调动员工工作积极性、发挥员工个人潜力,助推财务人员个人价值的自我创造。中兴新云坚信,优秀的人才团队是企业创新的重要源泉,每一个员工提出的工作新方法、新思路、新理念与新模式都将为公司财务转型赋能。

同时,智能财务的建设促进了财务职能的转变与突破,财务由传统的"分析核算 + 财务管理"向"财务核算 + 财务管理 + 运营管理"转型。技术工具与财务流程的有机结合促使财务核算智能化、财务管理高效化。财务部门通过运营管理对公司业务的开展提供强有力的支持,促进业财一体化发展;通过管理创新优化投入产出的效率和效果,帮助公司探寻并保持区别于竞争者的核心优势。

3. 支持决策、管控风险

企业的高级管理层对企业经营方向的研究与判断将会影响企业未来的发展状况。而当企业规模越来越大时,仅依靠个人经验作出的经营判断已无法满足需求。传统模式下的财务只能通过财务报表数据进行事后分析与总结，这种"事后诸葛亮"式的工作模式无形之中弱化了财务在公司管理中的话语权。中兴新云需要搭建智能财务管理的新模式，通过数据分析实时支持领导层科学、高效决策的能力，如同"导航仪"一般告知管理层接下来的行进方向与最优行进方式。

特别地，当外部经济形势严峻以及突如其来的新冠疫情增加了市场不确定性时，安全、有效的风险管控更加成为企业应对危机的重要手段。而智能财务建设将会助力中兴新云通过收集与分析行业政策、市场变化、交易对象、竞争对手数据，从而预先识别风险与危机，为公司提前规划布局提供指引。

4. 洞察数据、创造价值

大数据时代的数据如同工业时代的石油一样宝贵，是企业业务增长的核心源动力。中兴新云财务信息化建设为企业数据沉淀奠定了基础，而智能技术的应用则为公司提供了智能采集和分析展示数据的工具与手段。财务智能化建设助推企业洞察数据能力的提升，中兴新云未来将从来自企业内外的海量信息中进行数据的提炼、加工、分析，探索公司核心业务优化、增长、突破的契机。

业务及财务信息系统中蕴含着大量数据，但大部分数据的价值仍未得到激活与有效利用。智能技术的运用实现了企业数据的批量化采集、规模化加工、智能化处理，激活了数据的价值，并通过从数据中提炼出业务运营规律或业务增长趋势，助力公司领导层战略研判和管理决策，探索数据驱动企业的未来，实现企业价值创造和价值获取。

（二）未来展望

伴随数据成为新型生产要素，数字经济正在持续不断地重塑中国经济，经济数字化、企业数字化、人才数字化的趋势愈发明显。在数字经济的大背景下，中兴新云认为财务不应仅局限于传统模式下"会计科目＋复式记账"的简单算法，而应以业财融合为基础，通过"财务共享服务中心＋企业数据中心"的建设，建立"数据＋算法"的新决策机制，在大数据时代实现数据的挖掘、汇聚、分析和预测；通过数据协同、分析协同、人机协同，激活更多的"沉默"数据，实现数据价值转换，形成企业智能财务生态系统。未来的财务是基于"数据、算法、算力"的工作，是财务数字化的天下。

1. 发展趋势洞察

当行业竞争已经进入红海阶段时，如何发现蓝海市场并取得竞争优势，在市场中保持领先地位，是中兴新云正在努力的方向。"举一纲而万目张，解一卷而众篇明"，中兴新云将利用数字化通过大数据分析助力公司抓住业务的发展关键，优化公司资源配置，以获得高价值产出，实现对市场和行业的预先性与前瞻性判断，助力公司洞察和引领行业未来发展趋势。

2. 商业模式创新

大数据时代，产品与服务面临前所未有的更新与迭代，如何更好地拥抱变革成为很多诸如中兴新云这样密切关注时代发展、积极拥抱行业变化的企业必须面对的问题。对传统的商业模式进行创新与变革，将会使企业在激烈的市场竞争中保持充分的活力，实现企业的价值守护、价值创造与价值增长。在新的市场环境、新的技术变革、新的发展需求面前,中兴新云认为首先需要通过财务信息化、自动化、智能化的建设充分释放及优化公司人力资源,为商业模式的变革创新提供坚实的人才土壤;而未来还需要通过财务数字化的建设,实现对新兴技术的充分挖掘和应用,降低公司运营风险,为变革管理提供安全环境,为创新发展提供前行动力,为商业模式创新提供营养与肥料,推动公司实现面向未来的可持续发展。

参考文献

[1] 陈虎,郭奕.财务数字基建 赋能企业转型[J].财会月刊,2020(13):15-21.

[2] 陈虎,孙彦丛.财务共享服务[M].北京:中国财政经济出版社,2018.

[3] 郭奕,赵旖旎.财税RPA——财税智能化转型实战[M].北京:机械工业出版社,2021.

[4] 陈虎,孙彦丛,赵旖旎,等.财务机器人——RPA的财务应用[M].北京:中国财政经济出版社,2018.

[5] 陈虎,孙彦丛,陈东升,等.财务就是IT——企业财务信息系统[M].北京:中国财政经济出版社,2017.

□ 江苏农垦智能财务决策支持系统的开发及应用

■ 韦　炜　江苏省农垦集团有限公司业务经理、会计师

吴永留　江苏省农垦集团有限公司高级经理、会计师

顾宏武　江苏省农垦集团有限公司财务部部长、高级会计师

杨　寅　上海国家会计学院副教授、硕士生导师

■ 智能财务　　决策支持

风险管控　　江苏农垦

　　江苏农垦是横跨五大产业板块的大型国有独资公司,业务复杂,行业类型多,财务与经营分析难度大,因此,江苏农垦智能财务决策支持系统具有很强的行业代表性与借鉴意义。智能财务决策支持系统集成企业财务、业务及外部数据,智能选择异动指标、分析异动原因,通过上级报告智能参照、引用下级分析,实现集团与所属子公司的财务与经营情况月度、季度以及年度诊断分析;通过历史对标、行业对标、省内对标,为集团的事前预测、事中控制、事后经营分析决策等经营管理活动提供切实可行的决策依据;通过风险排查、识别、报告、应对、反馈、追踪,对风险事项进行全面管控。

一、案例背景

(一) 案例单位简介

江苏省农垦集团有限公司(以下简称江苏农垦)诞生于1952年2月,前身是由中国人民解放军原步兵第102师整建制转为的农建4师;1996年11月,经江苏省政府批准,改制为江苏省农垦集团有限公司,同时挂"江苏省农垦事业管理办公室"牌子。集团总部设在江苏省南京市。经过近70年的改革发展,江苏农垦形成了农林牧渔及食品加工、医药制造、贸易物流及相关服务、投资及房地产、通用设备制造等五个产业板块,成为农、工、商综合经营的大型国有企业。

目前,江苏农垦拥有直属控参股企事业单位45个,其中:国有农场18个,分布在江苏省内13个县(市、区);全资及控参股企业22个,分布在江苏南京、连云港、盐城、淮安、镇江、南通以及河北承德等地。集团垦区土地总面积183万亩,其中:农用地153万亩、建设用地20万亩,未利用地10万亩。江苏农垦组织架构如图10-1所示。

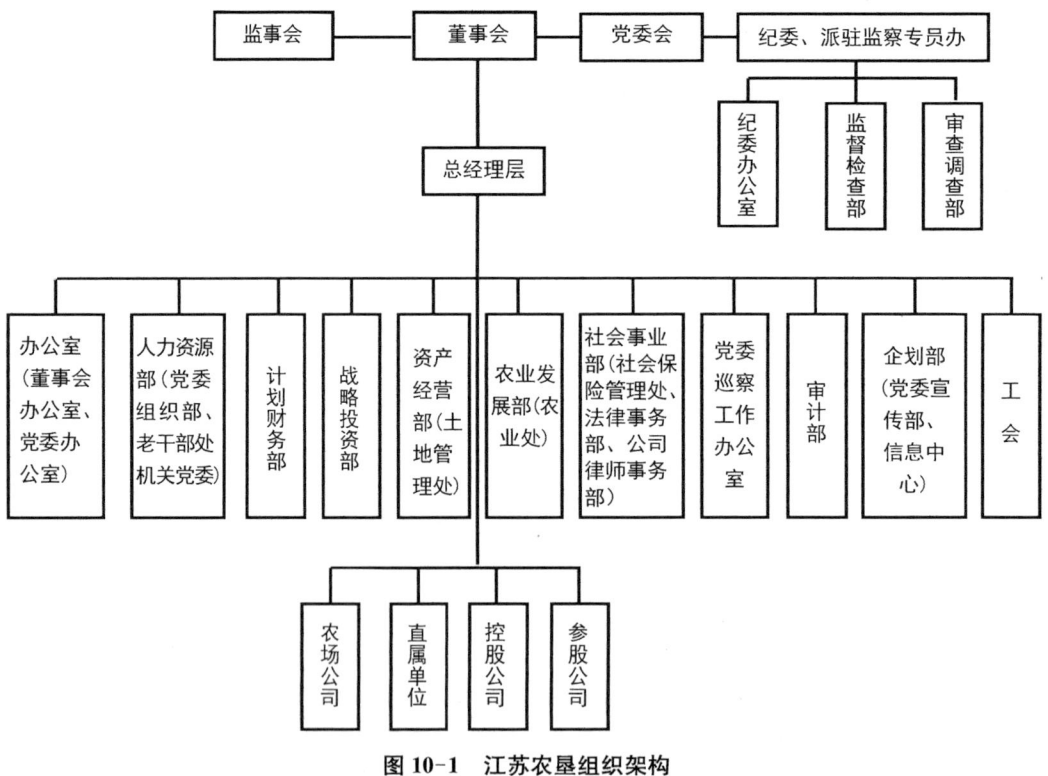

图10-1 江苏农垦组织架构

江苏农垦的发展历程主要如下:1952年2月,根据毛主席发布的命令,中国人民解放军原步兵第102师整建制转为农建4师。同年4月,农建4师近万名官兵开进沿海、沿湖、沿江荒滩,拉开了江苏"屯垦戍边"的序幕。1953年12月,江苏省农业厅农场管理局成立。1956年1月,江苏省国营农场管理局成立。1958年5月,江苏省农业厅农垦局成立。1969

年 2 月,南京军区江苏生产建设兵团组建。1975 年 10 月,建设兵团撤销,江苏省农垦局成立。1983 年机构改革,江苏省农垦农工商联合总公司成立,与省农垦局一套班子、两块牌子,明确为行使行政职能的省属厅局级经济组织。1997 年,省政府明确江苏农垦为其直属企业和事业单位的国有资产投资主体,归口省委企业工委,并于 2003 年列入江苏省国资委管理。2006 年 3 月,经省政府批准,江苏农垦吸收合并了江苏省机械资产管理有限公司。

经过近 70 年的改革发展,江苏农垦形成了以现代农业为核心,以医药健康、城镇开发、金融投资为支撑的产业体系,主要经济指标连续多年位列全国农垦系统、江苏省属企业前列。截至 2020 年年底,江苏农垦注册资本 33 亿元,拥有直属企事业单位 45 个,其中由国有农场改制的农场公司 18 个,垦区总人口 17.41 万人,其中在职职工 3.3 万人。2020 年,集团实现营业收入 340.90 亿元、利润总额 63.83 亿元,总资产 487.83 亿元,资产负债率42.85%,资产证券化率 50.69%,净资产收益率 13.86%。

江苏农垦拥有国家育繁推一体化种子企业 1 家,农业产业化国家重点龙头企业 2 家、江苏省农业产业化重点龙头企业 3 家,国家级出口食品农产品质量安全示范区 1 个;中国驰名商标 4 个,江苏省著名商标 25 个;中国名牌产品 1 个、江苏省名牌产品 44 个,中国名牌农产品 2 个、江苏省名牌农产品 16 个。近 40 种农产品被许可使用绿色食品或有机食品认证标识,实行质量可全程追溯农产品品种 10 多个。

2008 年以来,江苏农垦高度重视财务信息化建设,以资金集中管理为突破口,逐步推行财务集中在线核算和财务业务一体化。该集团及下属单位 217 个银行账户全部实现在线监管,年归集资金量近 100 亿元,归集资金年末余额 33 亿元,资金管理中心年创利 1 亿元以上。集团及下属 644 户独立核算单位实现账务在线处理以及报表自动生成、抵消、合并;账务、资金集中率达 99.9%。集团所属生产、制造、流通型企业,通过 ERP 模块实现与账务系统无缝对接,采购付款、销售收款、出库入库、成本核算等业务单据,全部与资金、账务系统实时钩稽,自动生成收付款单据和会计凭证,实现实时报表。

2014 年 9 月,围绕"大数据、人工智能、移动应用、云计算"的建设目标,江苏农垦投入520 万元,更新财务信息化 IT 基础和软件设施,实现生产数据异地实时容灾、虚拟专用网络(VPN)安全接入、服务器双活运行。同年,为更好地促进"业财融合",江苏农垦集团管理会计团队创新开发基于 ERP 系统和财务系统之间的管理报表,进一步实现合并报表精准抵消,单户财务报表实时生成,二级合并次月 2 号生成,集团合并次月 5 号之前可以完成,比过去提前 5~7 天,提高了合并报表工作效率。

(二) 江苏农垦智能财务决策支持系统建设动机

企业通过加强财务分析工作,全面地综合分析影响企业经济效益的各种因素,有助于企业抓住主要矛盾、解决关键问题,因而对财务分析工作企业的重要性不言而喻。EVA(Economic Value Added,经济增加值)、净资产收益率等各种财务分析指标一直是国资委和江苏农垦对下属单位考核的主要依据。江苏省国资委于 2011 年发布《关于加强省属企业财务信息化工作的通知》,特别提出要运用财务分析与决策支持系统实现通过对业务部门及子企业财务信息的跨账簿、跨区域、跨年度等多维度的穿透查询和数据钻取,实现财务分析、行业对标、风险预警、趋势预测、绩效评价等决策支持功能。但一直以来,江苏农垦下属各单位财务分析的质量不高,部分企业的财务分析存在重规模轻效率、以增长代发展、资料归纳不全面、指标分析不到位等问题。为进一步改进和加强企业财务分析工作,建立以 EVA、净资产收益率等核心指标的智能财务分析系统,促进企业把握经营发展趋势、提高经营管理水平十分必要。

以 EVA、净资产收益率等指标进行考核在江苏农垦经过一段时间推进和引导后,各单位已经逐步统一了分析范围和分析方式,报告指标的分析也具备了一定的可比性,但手工编制财务分析报告还存在如下问题:

(1)缺少同行业参照,评价标准不统一。各企业对具体的指标进行分析时,一般以本企业历史数据作为参照和基准,分析企业的变化趋势。但同行业企业标准值的对比分析相对缺乏,指标值是高还是低、是好还是差没有统一的参照标准,各企业都按照自己设定的标准进行分析。例如,农场本年利润增加 10%,有的财务人员认为是高速增长,有的财务人员会认为是一般增长。与同行业进行横向比较分析可反映企业在行业内的竞争能力,和企业对比历史数据进行纵向比较分析具有同等重要的意义。

(2)报告格式不统一。各企业都按照自己习惯的报告格式撰写分析报告,有的企业采用文字表述方式,有的企业采用图表展示方式,也有的企业采用文字表述和图表展示相结合的方式。

(3)分析依据的基础资料准确性不便或不易验证。现在各企业的财务分析都是手工完成,如手工计算各项比率、手工绘制各种图表,费时费力且效率低下。这种方式不但容易出现错误,基础数据也不容易验证。

(4)定期、规范的财务分析报告制度未能建立。目前,各企业的财务人员工作量比较繁重,特别是月底出报表期间。虽然得益于财务信息化的不断推进,工作效率已经有所提高,但财务分析报告的时效性和质量仍无法保证,有可能出现财务人员匆匆忙忙应付报告、无暇深入分析或者催报才报、不催不报的情况。

江苏农垦通过考察社会主流财务分析软件厂商,最终选择适合自己特点的软件厂商合作,并基于集团管理需求定制开发智能财务决策支持系统,利用人工智能、数据仓库等新技术,结合管理会计模型、专家模型,通过数据挖掘、智能推理与数据可视化等方式搭建企业财务管理方法库、专家知识库、行业参数库、场景模型库,从而建设和实现新一代智能财务决策支持系统。

二、案例具体实践

(一)智能财务建设方案设计

1. 建设智能财务决策支持系统的目标

智能财务决策支持系统(以下简称系统)以"信息网络化、管理数字化、报告标准化、决策智能化"为目标,通过创新设计系统架构,从账务系统、网络报表系统和电子表格等原始信息源中抽取数据,经过数据清洗、转换、集成并加载生成数据仓库。基于数据平台,系统可实现对运营各项指标自定义、模块个性化、模板标准化、分析计算智能化,最终智能生成经营分析图表和分析报告。

智能财务决策支持系统以创新的方式满足了管理者对于会计报告信息及时性、真实性、准确性的需求。系统通过智能筛选企业运营的异动指标、搭建问题导向的分析模板、寻求实时互动的原因分析,并实现数据变动与原因分析联动查询,对集团管理层全面掌握各单位的运营状况、强化防控风险、提高资产运营效率起到极大的管控和决策支持作用,真正做到及时准确地发现问题、分析问题,进而解决问题。根据江苏农垦的财务规划设计,未来系统还将引入行业数据,与同行业标杆企业进行比较,以评价江苏农垦的运营状况,进一步促进集团提升整体运营水平,为集团健康发展奠定坚实基础。

智能财务决策支持系统实现财务报告格式标准化、数据提取自动化、描述语言规范化,减少一线财务人员的工作强度,使其更加专注于运营管理和从业务专业角度分析指标异动的原因,更好地为管理层提供决策支持,真正体现财务管理在企业管理中的核心地位。

江苏农垦的战略目标是建立能汇集企业所有信息系统的企业统一管理数据平台,形成基础决策的数据仓库,以实现集团公司管理过程事前预测、事中控制、事后分析的一体化绩效管控的解决方案。

2. 建设智能财务决策支持系统的总体思路

智能财务决策支持系统从管理者的决策环境、企业管理综合指标的定义到信息的分类表述,都以激发人的智能、利于思维连贯和有效思维判断为目的,以期将企业管理决策提升到一个新的高度。系统为高层管理者提供了一个"一站式"(One-Step)决策支持的平台,最大化地发挥高层管理者了解、掌握和控制集团公司财务业务的能力。

智能财务决策支持系统依据江苏农垦已有的各类会计报表系统、管理报表(暂不包括预算报表)进行数据整合,并融合行业外部数据,多方面对集团经营状况和财务状况进行历史数据同比及占比分析、预算执行分析等,实现数据穿透及联动,出具集团公司、行业板块及子公司经营分析报告(包括客观标准分析报告和主观原因描述分析报告)。江苏农垦通过决策门户将重点关注的财务及经营决策数据以及详尽的指标体系,以图、表、文综合一体方式在信息平台上进行展现,反映企业的运行状态,实现决策数据的穿透查询、数据产生的原因说明以及经营数据的形象化、直观化、具体化和可视化。集团及所属子公司通过历史对标、行业对标、省内对标实现债务风险、盈利能力、发展能力及运营质量的预警分析,并实现风险排查、识别、报告、应对、追溯等全流程闭环式管控。

3. 建设智能财务决策支持系统的路径方法

1)项目第一期:报表管控系统

项目第一期,江苏农垦建立基于内/外网应用的集团公司及下属所有二级、部分三级子公司的统一数据决策平台,形成基础数据仓库;建立数据采集与导入平台,实时、自动处理系统中的各类数据;建立月度报告,以 WORD/PPT/EXCEL/HTML 等格式输出;建立通用预测模型;建立年报或季报分析报告。同时,在完成月报分析功能的基础上,财务分析人员还可依据集团关注的其他指标进行分析,得出相关分析报告,并根据各公司的需求得出不同的分析报告。

2)项目第二期:智能报告系统

在巩固一期工作成果的基础上,江苏农垦建立集团整体智能经营决策支持系统。在第一期的基础上,江苏农垦新增业务报表数据,通过报表数据仓库可直接生成财务与决策分析门户;通过分析展现模型,能综合、准确、快速地了解企业经营情况,并能根据人脑思维模式,实现"所想即所见、所见即所得"的分析指标逐层钻取、相互穿透查阅,即从决策分析角度对企业综合分析指标进行定义以及信息表述,以激发人的智能、有利于思维连贯和有效思维判断为目的,在集团分析门户内实现图、表、文字、仪表盘、指标等相互穿透。项目第二期的智能报告系统将集团经营数据形象化、直观化、具体化、可视化,全面实现管理过程事前预测、事中控制、事后分析的一体化企业绩效管控方案。

3)项目第三期:对标预警系统

经过项目第一、第二期建设后,江苏农垦将运营多年的财务数据、经营分析报表以及年度季度月度报告等信息整合到一个决策平台内,运用"互联网＋"、人工智能、网络爬虫、联机分析处理、数据可视化、语音识别、人机交互、指标雷达预警和决策树分析等新技术,通过智能数据采集、智能仪表预警、智能报表查询、智能专家分析、智能原因引用、智能财务报告和智能财务预测等工具,在企业个性门户上予以展现与查询,辅助管理层对企业进行经营决策。集团管理层研究决定,在智能财务决策支持系统现有成果的基础上再作进一步拓展分析,构建集团智能行业对标预警分析系统,即对企业的盈利能力、发展能力、运营质量、债务风险及其相关具体因素指标进行深入分析,并按照国资委规定的评级标准,对集团及下属公司的运营情况进行综合评价和评级。

4)项目第四期:风险管控模块

江苏农垦各级风险管理意识较强,一直努力建立内控、合规和风控一体化的体制和信息系统。集团管理层决定在前三期的基础上,建立实时风险管控模块。风险管控流程可划分为四个阶段:一是风险识别,包括风险自动排查、风险人工判断和风险人工添加;二是风险评估,即人工对风险事项清单中的风险事项进行风险级别和风险类型评估,修正风险描述;三是风险应对,包括风险应对建议提出和风险应对建议批示,此时系统可自动生成企业风险报告,并允许向上一级单位呈报;四是风险追踪,主要是针对风险建议的执行情况进行反馈、汇总和交互,可分为专项风险追踪和风险报告追踪。通过以上四个阶段的风险管控即可满足江苏农垦风险管控系统建设的整体需求。该模块于2016年年初上线,比江苏省国资委要求省属企业建立风险管控体系的时间节点要早。

4. 智能财务决策支持系统的框架

智能财务决策支持系统的层次自下而上分别为:原始数据层、数据仓库层、应用逻辑层和展现层,具体架构如图10-2所示。

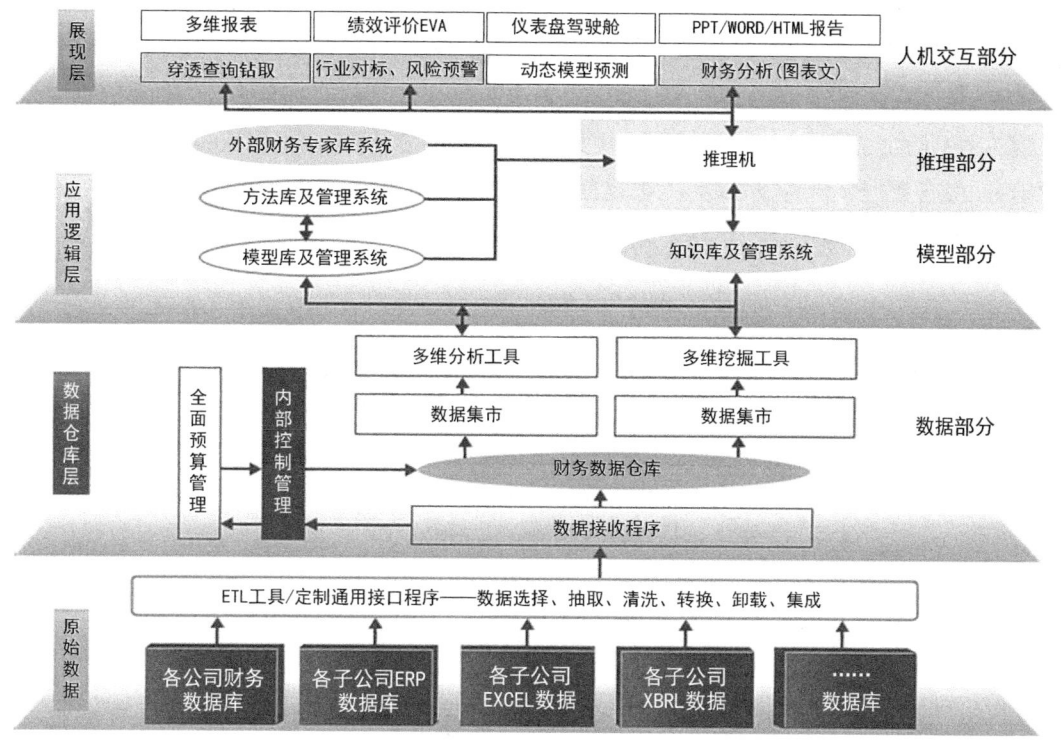

图 10-2　江苏农垦智能财务决策支持系统体系架构

（1）原始数据层：系统在数据抽取层实现高性能的行列数据分析及多维数据分析处理。原始数据在进行分析时，系统根据用户的内容，进行快速的行列分析并从数据集市中定位有效及有关数据，从而提高数据的提取速度。

（2）数据仓库层：系统创建数据仓库，通过采用构建新型模式，使集团的经营数据源有机结合，各级管理者可按照自身分析的需要，将有价值的数据进行抽取，并经过系统过滤、合并、集成将其转化为有价值的分析数据，然后保存在数据仓库内。集团及各单位在进行分析工作时只需要对数据仓库中的数据加以分析，不需对原始数据库进行访问，这保证了数据的安全性。

（3）应用逻辑层：用户可以运用前台控制端来选择分析所需的模块。系统前台具有权限管理、财务报告分析、财务数据查看、财务指标趋势分析、财务预警分析、预警分析、企业决策支持等功能。

（4）展现层：根据用户需求的不同，系统将以多种形式来展示相关成果，主要包括网页、WORD、PPT、PDF 等形式。每种形式都将以文、图、表的格式来展现，而图的展现又可以分为柱图、拆线图、饼图、雷达图、面形图、点状图等多种形式。展现出的决策、分析信息将传达到集团及各单位管理层，最终完成一个高效、实时、智能的管理决策闭环。

（二）智能财务决策支持系统应用场景

智能财务决策支持系统以数据、技术、用户角色三个维度为主线进行设计和建设，具体架构如图 10-3 所示。其中,业务、财务数据汇集形成系统操作层;技术层是使用 ETL 工具开发接口抽取企业财务、经营决策支持所需的数据,经过系统智能清洗、转换后加载到大数据平台,按不同的属性、维度进行归类汇总,形成数据仓库,并通过程序开发实现数据整理、重现;用户角色实际上决定了智能财务决策支持系统的应用场景,一个是面向业务管理层面的财务、经营数据分析与报告,另一个是面向高层管理决策层面的财务指标可视化展现、异常原因播报以及智能交互。

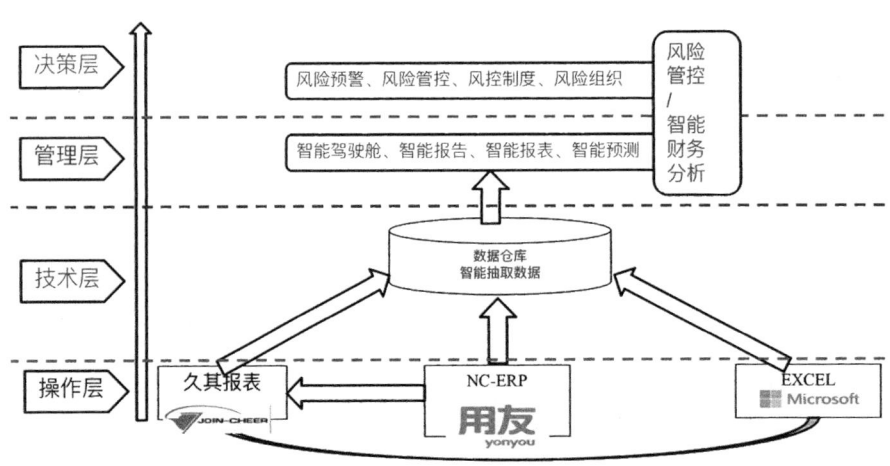

图 10-3　江苏农垦智能财务决策支持系统应用架构

1. 面向高层管理者决策层的智能财务应用

智能财务决策支持系统的决策层主要职责是确定组织的目标、纲领和实施方案,进行宏观控制。决策者在智能驾驶舱模块可以轻松找到日常经营重点关注的科目指标同期比较分析、预算执行分析以及增减趋势分析。智能驾驶舱中展现的所有图形均能穿透查询至来源表,即数据"穿透查询",下穿到最底层经营单位及其发生的相关数据,寻找问题根源,实现"随心选择、信手拈来"的功能价值。

1)决策门户

智能驾驶舱主要是运用 OLAP(OnLine Analytical Processing,联机分析处理),即通过联机分析处理进行多维度数据分析,其界面如图 10-4 所示。其功能主要如下:

(1)通过柱状图展现公司的核心指标,如收入、利润、净资产收益率、归属母公司净利润、应收账款、存货等集团重点关注的 KPI 指标以及同比情况。

(2)通过仪表盘展现公司主要指标的预算完成情况。

(3)通过对各种指标下钻、穿透建立数据与数据之间的关联,形成联动分析。柱状图和仪表盘都支持一键下钻功能,可以按公司层级层层下钻,也可以按板块、区域进行下钻,有利于管理者实现对财务数据和数据背后异动原因的联动查询和分析。江苏农垦智能驾驶舱营业收入指标结果如图 10-5 所示。

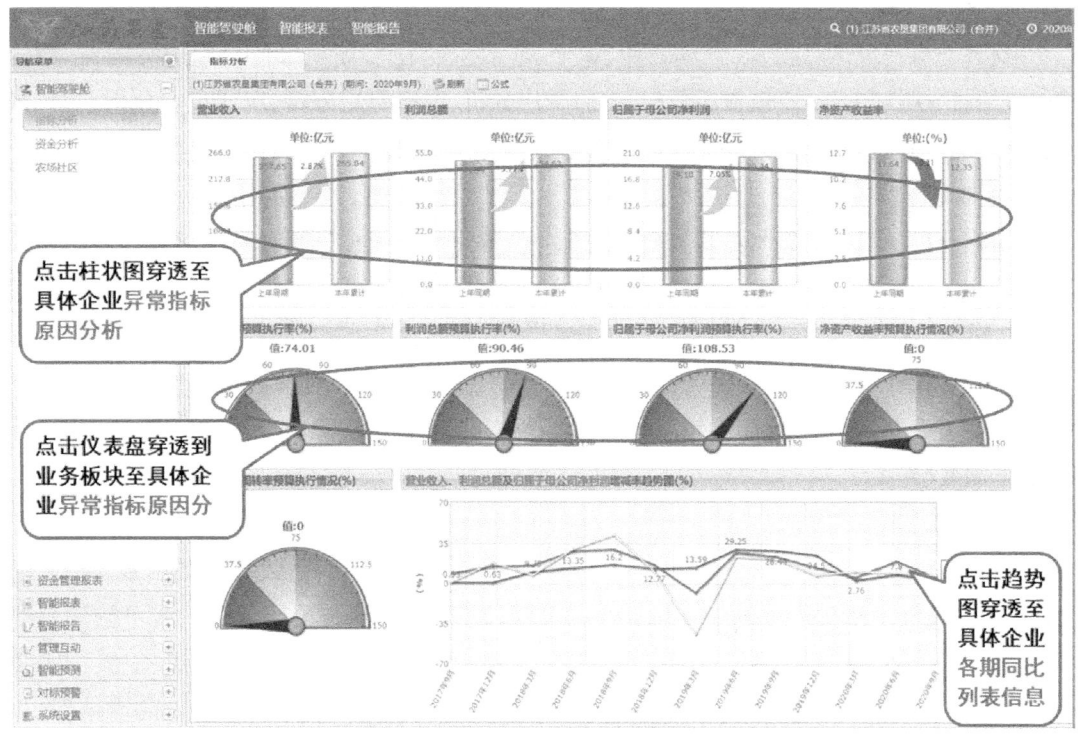

图 10-4　江苏农垦智能驾驶舱界面

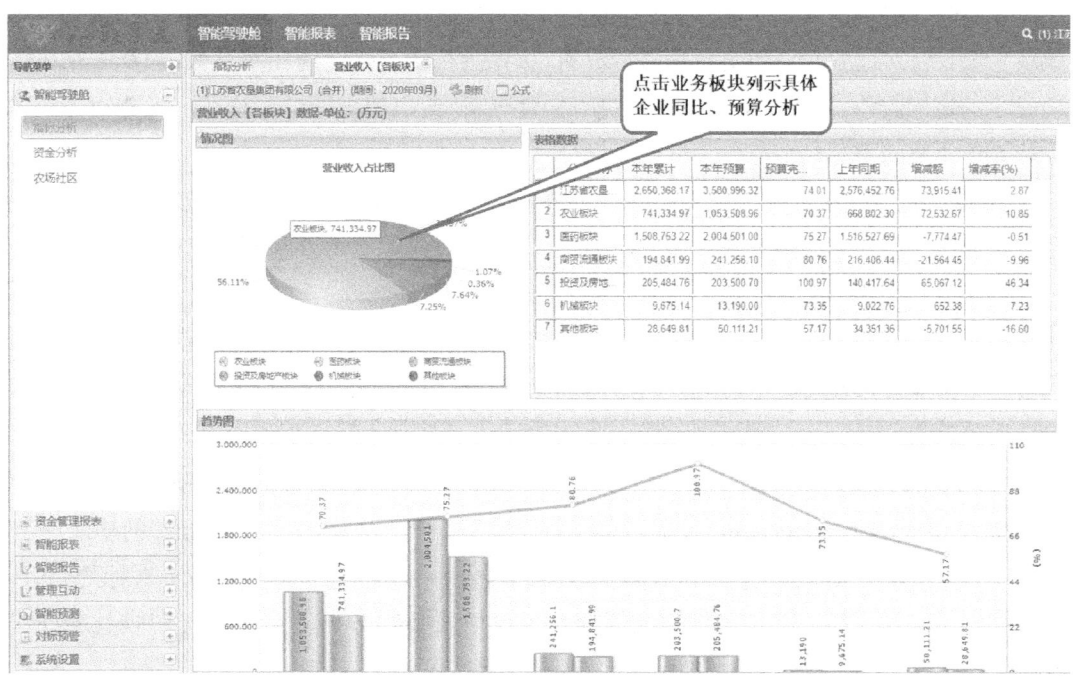

图 10-5　江苏农垦智能驾驶舱功能示意

2）财务分析

财务分析展现是对收入、成本费用、税金、应收应付往来等项目作详细的结构、趋势分析,包括收入明细分析、管理费用分析、销售费用分析、财务费用分析、应交税费分析、应收账款分析、应付账款分析等,帮助决策层和管理层实时、快速查询关心的指标内容。

3）指标分析

指标分析展现是对集团及其子公司近 200 个常用财务指标进行分析。它通过多图表结合钻取联动的形式,实现集团及其子公司财务指标及指标公式构成分析、趋势分析、指标间的对比分析,以及公司维度间的指标对比分析等,主要包括 24 个月的趋势分析、预算执行情况分析、本期累计及上年同期比较分析等。系统中各类指标可按任意维度数据进行排序,决策者根据想要得到的信息,层层钻取任意指标及指标公式的二级、三级构成及趋势情况,直至数据最底层。

4）科目分析

科目分析展现是对集团及其子公司会计科目余额进行分析。它通过多图表结合钻取联动形式,实现集团及其子公司会计科目结构分析、24 个月的趋势分析等。系统可按任意度量数据进行排序,决策者根据想要得到的信息,层层钻取任意会计科目的二级、三级构成及趋势情况,直至数据最底层。

2. 面向业务管理层的智能财务应用

1）智能预测

业务管理层可以通过智能预测模块提供的数据对日常工作进行组织、管理和协调。该模块主要是针对已发生的历史数据进行分析,按各指标的变化变动比率系数,测算未来可能会发生的指标数值,并辅以专家知识库进行定性分析,给出相应的结论论述。智能财务决策支持系统主要的预测模型有以下 6 个。

(1)利润预测模型:系统在提供成本费用结构图及成本费用利润率行业对标的同时,还可以按成本费用与收入的关联模型,根据收入的变动对成本费用及利润作出财务预测,如图 10-6 所示。

(2)资产结构分析模型:系统在提供总资产报酬率及总资产增长率行业对标的同时,给出资产结构是否合理的结论,并通过收入、利润、资产、负债的变化关联模型对资产结构的合理性作出预测。

(3)偿债能力预测模型:该模型分为负债经营可行性模型、支付能力模型、流动/速动比率模型、短期偿债能力模型、短/长期付息能力模型等 5 个子模型,分别实现相关的功能。

(4)杜邦分析预测模型:系统在提供净资产收益率和总资产周转率的行业对标的同时,可根据收入、成本费用、资产变化情况等变化情况以及杜邦分析模型对净资产收益率作出预测。

(5)资金链预测与融资模型:系统通过对企业营运资本、营运资金需求及现金支付能力建立资金链预测模型,通过对结构性资产及负债、经营性资产及负债的变化情况,对企业的

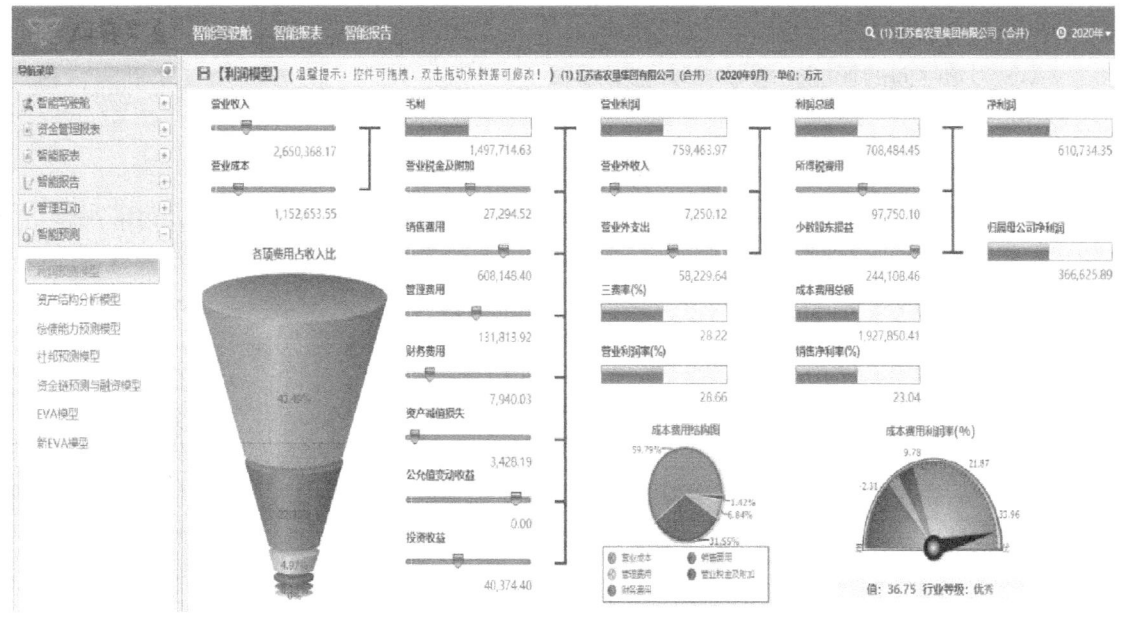

图 10-6　江苏农垦利润预测模型

长期投融资、短期营运资金及现金支出能力是否协调进行预测并计算数值。

（6）经济增加值（EVA）模型：该模型可以分析企业税后净经营利润与调整后资本（债务资本和权益资本）和平均资本成本率之间的差额关系。如果差额为正数，则说明投资人投资该企业产生的收益超过了投资其他一般项目所产生的收益（正常收益），因而企业创造了价值或财富；反之则说明企业发生价值损失。如果差额为零，则表明投资人获得了投资其他项目同样的回报。

2）智能报表

智能报表包含两大功能：

一个功能是作为多维度分析的数据穿透路径，即按照层级层层穿透。集团公司数据可以下钻到二级集团，二级集团可以下钻到三级乃至最终的单体公司。这个层层下钻的过程是基于三大报表层级的数据进行的，即在智能驾驶舱下钻每个财务数据或指标时看到的是财务报表的界面，里面包括某一层级公司的当期和同期数据、增减变化情况、预算的完成情况等，且对于异常性的指标，以不同的颜色展现并可点击查看原因。

另一个功能是能够帮助财务分析工作人员对财务和业务数据进行查找、计算以及自定义报表制作等，可节省大量重复性数据处理工作。报表的种类主要包括管理会计报表、业务运营报表以及财务汇总报表。比如二级企业利润总额分段统计表，当抽取报表数据后，后台会按照系统内置的报表格式自动生成相关内容。该表展现的是二级企业的利润亏损和分段情况，以及每个分段上的户数、占比、金额，以及上年同期的基本情况，直观且对比性较强。

3）智能报告

智能报告的主要特征包括以下几个方面：

（1）问题导向的智能化模板。设置指标阈值，对指标异常变动进行数据分析和原因交互。

（2）报告模板化、标准化。集团同板块、同类型企业采用标准化的分析报告。

（3）"普通话＋方言"相结合的分析报告。系统将相同模块的设置、必须要分析的指标、专家模型结论定义为"普通话"。"普通话"具有标准化的特点。而"方言"是指不同行业、不同规模的企业在分析模块、分析指标、指标阈值、原因分析等方面具有个性化特点的内容。

（4）在线互动分析，引入智能交互功能，进行多岗位联动配合，上下级、不同部门之间进行协同。

（5）上级报告智能参照、引用下级分析。

（6）智能检查漏报项目，自动提醒财务人员填写必须填而未填的项目。

（7）报告质量智能评价，通过内置评价指标，对财务分析工作人员进行智能评价，并将其结果作为绩效考核的依据。

（8）实时共享、及时发布。智能财务分析报告在各级集团合并报表生成后智能生成。同时，当下级公司财务分析人员在线填报数据时，系统会每隔2秒自动保存一次，上级可以实时看到下级所填报的原因，进而做到实时共享、及时发布。

（三）智能技术及其产品的选择

1. 智能财务决策支持系统关键技术应用

1）数据仓库技术

数据仓库是面向主题的、集成的、相对稳定的、随时间不断变化（不同时间）的数据集合，用以支持经营管理的决策制定过程。与传统数据库面向应用而言，数据仓库中的数据是面向主题的。主题是一个在较高层次上将数据归类的标准，每一个主题对应一个宏观的分析领域。数据仓库的集成特性是数据在进入数据仓库之前，必须经过数据加工和集成，这是建立数据仓库的关键步骤，即需要将原始数据结构进行从面向应用向面向主题的转变。数据仓库的稳定性是反映历史数据的，而不是日常事务处理产生的数据。数据经加工和集成进入数据仓库后，一般是极少或根本不需要修改的。数据仓库是不同时间的数据集合。它要求数据保存时限能满足进行决策分析的需要，而且数据仓库中的数据都要标明该数据的历史时期。

数据仓库最根本的特点是物理存放数据，而且这些数据并不是最新的、专有的，来源于其他数据库。数据仓库的建立并不是要取代数据库，而是要建立在一个较全面和完善的信息应用的基础上，用于支持高层决策分析；而事务处理数据库在企业的信息环境中承担的是日常操作性的任务。数据仓库是数据库技术的一种新的应用，而且数据仓库是利用关系数据库管理系统来管理其中的数据。

江苏农垦采用商业智能的设计理念和应用数据仓库技术，将集团重点关注的3张主表和日常经营所需的16张分析报表进行分类整理,并划分分析主题,按多维度和多事实存储,以加快数据检索速度和提高数据查询效率,从而更快地生成分析结果。智能财务决策支持系统为了支撑客户大量的数据存储和大用户多数据的并发存取,使用市场最主流的 Oracle 11 g 数据库,并实现对数据库进行异地备份和定时备份,保证数据的安全。

2)异构系统数据交互技术

数据交换平台是将分散建设的若干应用信息系统进行整合,通过计算机网络构建的信息交换平台,使若干个应用子系统进行信息/数据的传输及共享,提高信息资源的利用率,保证分布在不同区域的异构信息系统之间互联互通。企业通过建立中心数据库,完成数据的抽取、集中、加载、展现,构造统一的数据处理和交换。数据交换平台具有集成协议转换、加密、压缩、交换过程监控等多种功能,保证各系统之间数据的有效交换,且交换过程中涉及的功能调整均通过调整交换平台的应用实现,从而减少对数据源系统和数据目标系统的影响。数据交换平台是提供客户接入端软件部署在每个应用系统的前置机上,实现数据交换平台和各信息系统的有机结合,在客户接入端实现数据的自动提取与转换,同时支持手工录入与审核数据。数据交换平台是一个为不同数据库、不同数据格式之间进行数据交换而提供服务的平台,能够解决企业、政府机构在不同信息库间信息数据无法自由转换的问题。

江苏农垦主要是通过 Nginx 实现 ETL 服务的分布式部署,通过数据自动抽取和在线填报两种技术方案实现数据的收集。

(1)集团通过使用 ETL 技术,可以针对客户的特定需求,实现报表的接口定制开发。各类数据源的报表原始数据经过抽取、清洗、转换和加载等一系列的数据整理过程后被智能提取到数据仓库中,以实现财务数据统一集中,从而为门户中智能报表、智能报告、智能管理驾驶舱和智能预测等财务分析模块提供有效数据支撑。ETL 数据采集同时实现了多公司、多期间手工采集,方便客户快速采集数据,生成客户所关注的分析结果。

(2)通过采用数据在线填报方法,结合江苏农垦的预算数据,使用在线填报的方式实现。江苏农垦通过对报表中存在的公式钩稽关系预先设定,对填报的数据进行实时公式校验,对不符合的数据不予提交,以确保填报数据符合规范,从而保证最终的财务数据分析结果的准确性。

3)企业应用门户技术

企业应用门户技术划分为三大类:企业信息门户、企业知识门户、企业应用门户。这三类门户产品的应用侧重点不同,企业信息门户的理论基础是信息管理理论的思想;企业知识门户集成了企业信息门户各方面功能,并融入了知识管理的思想;企业应用门户则是以商业流程和企业应用为核心,把商业流程中功能不同的应用模块通过门户技术集成在一起。智能财务决策支持系统将以上三类门户有机整合在一起。门户作为企业多元化信息的展现平台,不仅可以展示系统各应用模板的关键信息,还可以整合其他业务系统,将企业离散的信息整合到门户;按照组织架构、职务级别、角色等进行数据和操作的权限划分,将企业信息以使用者为核心进行多维度的展现,从而使员工的工作、学习更加有效、资源共享更加便利,助力企业提高管理效率和员工绩效。

江苏农垦使用的门户平台是以 Java 为主导开发语言，使用响应式布局的技术方案，以实现为不同终端（包括 PC 端、平板、移动终端等）的用户提供更加舒适的界面和更好的用户体验。门户平台主要实现了驾驶舱模块管理，将江苏农垦重点关注的营业收入、利润总额、净资产收益率等指标，以柱形图、仪表盘和折线图等方式展现；智能报表模块对重点关注的报表，均实现按公司进行汇总，并层级下钻，最终追溯到报告监控出现异常指标的地方；智能报告模块实现了对异常指标进行监控、筛选、原因填报、保存、提交、下级原因引用、报告催报、补充分析等一系列的报告上报流程，并实现消息的即时传递，解决了企业用户的财务分析沟通问题，提高了企业的财务管理水平。

4）决策树技术

决策树是一种从无次序、无规则的样本数据集中推理出决策树表示形式的分类规则方法。决策树采用自顶向下的递归方式，在树的内部节点进行属性值的比较，并根据不同的属性值判断从该节点向下的分支，在树的叶节点得到结论。因此，从根节点到叶节点的一条路径就对应着一条规则，整棵决策树就对应着一组表达式规则。

分类决策树模型是一种描述对实例进行分类的树形结构，决策树由节点和有向边组成。节点有两种类型：内部节点和叶节点。内部节点表示一个特征或属性，叶节点表示一个类。用决策树分类，从根节点开始，对实例的某一特征进行测试，根据测试结果，将实例分配到其子节点，这时每一个子节点对应着该特征的一个取值。如此递归地对实例进行测试并分配，直至叶节点，最后将实例分到叶节点的类中。决策树学习算法是以实例为基础的归纳学习算法，本质上是从训练数据集中归纳出一组分类规则。与训练数据集不相矛盾的决策树可能有多个，也可能一个也没有。系统需要一个与训练数据集矛盾较小的决策树，同时具有很好的泛化能力。

江苏农垦运用决策树等人工智能算法构建企业财务分析决策、行业业务决策等模型。智能财务决策支持系统内置企业利润分析、成本分析、资产结构、偿债能力、营运能力、经营协调性、发展潜力、经营风险、现金流量分析、杜邦分析等企业决策分析十大类近百个专家决策分析模型，将账务、报表的对应数据导入各种管理会计模型，自动生成管理会计评价结论和建议。

5）数据可视化技术

数据可视化旨在借助图形化手段，清晰有效地传达与沟通信息。但是，这并不意味着数据可视化会因其要实现功能用途而令人感到枯燥乏味，或者是为了看上去绚丽多彩而显得极端复杂。为了有效地实现数据可视化的思想理念，美学形式与功能需要齐头并进，通过直观地传达关键的方面与特征，实现对于相当稀疏而又复杂的数据集的深入观察。

财务数据可视化管理方式的选择以信息化为基础，在有效提高财务信息准确性的同时，增强企业管理人员对财务信息的记忆能力以及对集团公司未来经济走向的判断能力，满足集团公司对可视化管理的要求，为财务部门的发展注入更强活力。借助财务数据可视化技术,江苏农垦非财务专业的经营管理人员也可以很清楚地了解集团目前的经营状况,实现财务知识的普及。

2. 智能决策报告平台产品

江苏农垦建立基于内/外网应用的集团公司及下属所有二级、部分三级子公司的统一数据决策平台,形成基础数据仓库,实现分析监控、报告体系、预算分析体系和预测模型建立等功能,搭建和建立各子公司灵活多样的基础报表项目。

(1) 建立数据采集与导入平台,测试不同财务系统的财务数据接口,以便各种报表按照月、季、年的数据采集。

(2) 建立月度报告,以 Word/PPT/Excel/HTML 等格式输出。平台可以从资产结构、负债变动、盈利能力、偿债能力、经营效率和预算完成情况等方面对企业经营和财务状况进行历史数据同比分析和行业标准值对标分析,也可以进行净资产收益率和 EVA 综合分析,并出具图文并茂的财务分析报告。

(3) 自动生成预算执行情况的管理报告。

(4) 建立通用预测模型,如利润预测模型、成本费用预测模型、资产结构预测模型、偿债能力预测模型、资金链预测与融资模型、现金流量预测模型、杜邦预测模型和 EVA 预测等。

(5) 建立年报或季报分析。在完成月报分析功能的基础上,平台还可依据集团关注的其他指标进行分析,按需求从 Excel 表格中导入分析数据,得出相关分析报告,并能根据各公司的差异性需求得出不同的分析报告。

3. 智能财务决策分析系统产品

江苏农垦集团在整体智能财务决策支持系统的基础上,新增业务报表数据,通过报表数据仓库直接生成财务与决策分析门户,通过分析展现模型综合、准确、快速地了解企业经营情况,并能根据人脑思维模式,实现"所想即所见、所见即所得"式的分析指标逐层钻取、相互穿透,即从决策分析角度对企业综合分析指标进行定义以及信息表述能以激发人的智能、有利于思维连贯和有效思维判断为目的,在门户内实现图、表、文字、仪表盘、指标等相互穿透。系统将集团经营数据形象化、直观化、具体化、可视化,从而全面实现管理过程事前预测、事中控制、事后分析的一体化企业绩效管控方案。

(四) 投入的相关部门和人员情况

企业实施信息化建设的过程较为复杂,不仅体现在技术方面,同样还体现在组织方面。它需要企业全体管理人员协同一致,下报上达,层层推进。显然,这是一项十分复杂的系统工程,需要在强有力的组织领导下,在严格的规章制度下才能很好地完成。因此,组织准备工作的好坏是系统实施成功的关键一环。

(1) 成立专门的项目实施小组。项目实施小组是项目的专职常设机构,它贯彻领导小组各项会议纪要、需求变更,并与业务部、技术开发团队无缝对接,具体组织测试与实施工作。实施小组必须至少有一名精通业务人员(需求方)和有经验的实施人员(软件方)组建,并全权负责整个项目沟通、测试、实施和运维工作,以达到项目的圆满成功。

（2）最终用户尽快进入角色。根据集团的管理和软件系统的设计流程，用户快速熟悉、熟练软件系统的操作和应用，主动转换观念，积极接受新的事物，参加相关的培训学习，响应和支持集团公司的信息化建议，提高自己的业务水平。同时，集团进行相应的定岗、定人、定职责、定考核，以保证系统的实施和应用。

智能财务决策支持系统主要在以下领域应用：总公司董事、监事、高级管理人员；总公司财务管理部门、其他相关部门；子公司董事、监事、高级管理人员；子公司财务管理部门、其他相关部门。

（五）智能财务决策支持系统建设存在的问题及其解决方案

1. 智能财务决策支持系统建设存在的问题

在建设智能财务决策支持系统过程中遇到的问题主要在数据方面、分析模型方面等。其中，数据方面的问题主要包括数据报送的安全性问题，数据重复核对的问题（统一数据入口），数据存储、归集、汇总及联查的问题，企业所有经营决策数据存放与安全性分析的问题等；分析模型方面的问题主要是如何实现从点到面的经营决策数据综合分析、逻辑判断和原因解释，输出客观的、准确的、可验证及企业普遍关心的一些经营决策与管理问题，发挥财务人员对企业经营决策的参谋作用，并提出改进管理措施或建议。

2. 解决方案

为了解决智能财务决策支持系统建设过程中遇到的问题，江苏农垦主要运用的关键技术与方法如表 10-1 所示。其中，ETL 工具、网络爬虫、可视化技术解决了数据方面的问题；联机分析处理、决策树、人机交互、指标雷达预警解决了分析模型方面的问题。

表 10-1　江苏农垦智能财务决策支持系统主要使用的技术与方法

序号	技术与方法	系统功能实例	功能核心要点
1	ETL 工具	财务报表系统数据集成	一键式抽取
2	网络爬虫	行业数据与舆论数据抓取	实时更新、自动采集
3	联机分析处理	财务指标多维分析、层层下钻	多维度展现财务经营状况的关键指标
4	可视化技术	可视化数据大屏、管理驾驶舱	关键指标展现
		对标预警	对标预警展现
5	决策树	智能财务分析报告专家结论分析	多因素、多指标组合分析规则运用
6	人机交互	财务指标异常原因参照、引用与补充	指标异常变动的原因上报、补充与完善
7	指标雷达预警	对标预警雷达式展现	与行业指标标准值对标

3. 智能财务决策支持系统建设经验总结

1）智能财务决策支持系统建设的整体思路

江苏农垦智能财务决策支持系统运用数据挖掘等方法对财务工作进行描述性分析、诊断性分析、规范性分析以及预测性分析，揭示财务的过去、现在与未来。整体思路主要体现在以下几个方面：

（1）描述性分析：通过管理驾驶舱、智慧报表模块直观地展现集团过去所形成经营成果的主要核心指标、预算完成情况，并实现在板块、子公司层级的数据穿透与关联。

（2）诊断性分析：通过智慧财务报告中的智能交互模块，集团公司的财务分析报告可以参照引用子公司业务环节异常指标变动的原因，揭示价值变动的异常原因。

（3）规范性分析：通过历史对标、预算对标、行业对标模块并基于集团主要财务指标明确企业在同行业中所处的位置、同比发展变化以及预算完成情况，及时发现并纠正在执行过程中出现的偏差。

（4）预测性分析：充分利用大数据进行定量分析，建立利润分析模型、资金预测模型、EVA 模型等，帮助经理层提高预测与决策的准确性，同时将长期预测与短期预算相结合。

2）数据驱动、算法赋能辅助经理层决策

财务数字化转型不仅是技术层面的变革，还涉及财务战略、财务组织、财务流程等方方面面。它能为管理决策提供更为丰富的内外部信息，并减少信息的损失。江苏农垦千余名财务管理人员通过人工智能相关分析模型自动生成分析结论，自动筛选异动指标，结合生产经营信息分析原因，以集团内部经营数据与外部行业大数据为支撑，并通过管理互动模块实现经理层与分、子公司相关负责人的直接交互，及时反馈业务事项信息的同时向管理层提供有影响力的建议，辅助经理层决策。此外，财务人员从管理报表、财务分析报告和内外部监督检查报告等各类信息源中自动排查风险点，识别评估风险，给出量化的风险信息表单，并提出应对建议以支持经理层管控风险。而经理层通过智能交互直接将风险决策信息传递给风控一线的管理者。

3）数字化助力财务场景化再现

江苏农垦通过智慧财务分析与风险管理系统中的预测模块，准确预测资金余缺和科学调度资金，保障集团、各分子公司经营和投资需求；通过对标管理、经营预测和资金预测功能，分析投入和产出的因果关系；通过智能财务报告中的智能交互，从业务财务视角挖掘价值增值的原因，揭示产出与投入之间的关系；通过风险管理模块，初步判断风险影响金额、影响程度，提出风险转移、风险应对和风险承受等应对策略，然后由经理层根据战略和实际情况初步确认，由集团对风险实行分类归口管理、分级管控，由职能部门从专业角度提出应对建议，再由经理层、董事会综合各方面信息进行风险决策，进而实现财务风险的闭环式管理。

4）价值创造分析与决策过程全景化展现

江苏农垦的财务流程数字化、经营分析智能化、风险管控流程化，可以通过价值创造分

析与决策过程全景化得以展现。智慧财务分析与风险管理系统解决了财务分析数字化转型的问题,实现集团从财务与经营分析、管理会计报表、财务风险管理、分析报告全部在线完成。同时,该系统与集团 OA 系统打通数据交互,与 App 应用集成,可以全景化展现价值创造分析与决策过程。

系统自动分析财务数据与财务分析报告,对比财务预算、行业对标等数值,实现数据关联协同,直观展现了价值创造的核心财务成果,揭示主要财务指标变动的原因。

系统通过对经营投资和管理活动的风险进行排查、识别、评估,提出应对策略及措施,自动形成风险报告,经理层、董事会可及时应对风险,系统全程追踪风险管控过程,实现"常态化"管控风险。

系统以业务活动为基础,从战略与管控层面审视企业价值的创造过程,以预算执行控制为手段,保障企业价值目标的实现,借助信息化手段辅助预测、决策,对业务进行控制、分析、评价,实现价值创造过程的分析与决策。

三、实践成效与未来展望

(一) 实践成效

1. 整体实施效果

(1) 智能财务决策支持系统以分析为中心,对数据进行全方位、立体式分析,初步实现核算、分析、预测、管控"四位一体",把握财务会计的精髓职能——"如何为决策者提供支持"。系统具有实时性、交互性、可视性、操作性较强等优势,体现穿透、联动、集成、高效等特点,为大数据应用管理奠定了良好的基础。

(2) 智能财务决策支持系统不仅大大降低了财务分析的工作量,而且还较好地解决了信息不对称问题,便于集团及时、便捷、全面、准确地掌握下属企业的财务状况,夯实了财务管理的基础,有利于提升集团管控力。集团通过对主要异动指标及趋势进行分析,不仅发挥了其预警或警示作用,而且有利于集团及时把握存在问题,动态确定或调整管理重点,及时采取调整、干预、纠偏等行动,促进集团持续健康发展。

2. 具体实施效果

1) 财务战略得以较好贯彻执行

智能财务决策支持系统解决了长期困扰财会人员的"分析难"问题,进一步提高了财务分析的质量和速度。同时,系统满足了企业管理者对财务数据和数据背后异动原因实时联查需求,提高了决策针对性和时效性,为集团公司形成立体管控能力提供财务信息支持。系统创立了集团公司智能财务决策支持的领先模式——报告标准化、信息网络化、决策智能化,提高了集团公司财务分析的智能化水平。

2) 财务报告可以智能化生成

智能财务决策支持系统可以使财务报告智能化生成。江苏农垦在实施财务智能化和数字化转型前后期间,具有明显的差异性,具体情况如表 10-2 所示。

表 10-2　财务报告智能化转型前后对比分析

以前财务分析报告存在的问题	智能财务决策支持系统下的财务分析报告
1. 格式呆板	1. 报告模板化、标准化(文字化报表智能化)
2. 文字化报表	2. 智能图表
3. 原因不明	3. "普通话＋方言"相结合的报告分析(专家智能模型分析＋公司管理团队分析)
4. 避重就轻	4. 智能在线互动分析
5. 时间滞后	5. 上级报告智能参照下级报告,实时共享、及时发布
6. 作用不大	6. 智能化问题导向模板

3）智能化财务可以优化企业管理水平

江苏农垦智能财务决策支持系统自动分析财务数据,能自动生成 75% 的格式化财务报告,自动筛选异动指标并生成人工分析要点,提升报告质量的同时也提升了财务分析的效率,解决了财务人员盲目、忙碌、工作被动等困扰。系统以图、表、文字及相互钻取等多种方式实时共享财务分析成果,解决了管理人员对财务信息了解不全面、不准确、不及时等困扰。系统将财务指标和经营预算、行业对标、实物量指标等数据进行对照,实现了数据关联协同。财务人员进行分析的同时,上级主管部门实时介入,而财务信息提交之后,高级管理人员实时介入,实现岗位互动协同。

4）智能化财务可以提升管理决策有用性

通过智能财务决策支持系统的建设,江苏农垦解决了财务信息化"最后一公里"的问题,从业务对接、资金付款、凭证录入、报表生成到最终的财务分析全部在线完成。业务人员生产信息,系统自动加工信息,财务管理人员完善信息,管理层、决策层实时共享并反馈信息,实现了集团总部对所有下级单位实时的监控,提升了集团公司的管控力。

智能财务决策支持系统对智能风险排查,财务总监对风险进行识别并提出应对措施,形成风险专项报告、综合报告,由集团实时反馈,对风险事项进行互动管控,全程追踪风险管控过程,从而实现务实、高效的风险管控体系。

(二)未来展望

江苏农垦智能财务决策支持系统在建设与应用中应与时俱进,具体如下:

(1)在数据源方面,应扩展到宏观、行业等详尽的市场环境数据,互联网环境下的网络传媒数据,以及管理会计内部调查数据和第三方咨询数据等,使智能决策结果更加精确。

(2)在对标方面,未来的对标应是多方位的,可以通过与同行业上市公司对标,解决国资对标的不及时性和特殊指标标准的不可获取性问题,并应通过与自身历史数据对标解决行业的小众性问题。

(3)在智能算法应用方面,系统智能预测和风险预警中应运用深度学习等人工智能算法进行优化,强化系统的学习能力和动态适应能力。

(4)在服务方面,系统应向自助式服务发展,实现自助式选择指标、展现方式、信息推送方式等。

智能财务决策支持系统是一款为集团企业中高管理层解决数据分析、经营决策和风险管控的"一站式"管理系统工具,是整个财务数字化转型的重要一环。智能财务决策支持系统可以解决财务信息化"最后一公里"的问题,极大地解决了集团公司多年发展积累的大量经营数据不能进行价值提炼的问题,也解决了集团中高管理层对下属各级子公司经营情况不明、问题原因不明、风险事项不明的管理难题,从而帮助集团公司挖掘数据背后的价值,发现未来价值增值的可能性,在防范风险的同时也能从中发现所蕴含的价值。

财务数字化建设可以打通财务、业务的隔离墙,深入实现业财融合,进而促进整个企业数字化转型的发展。未来在同行业或其他行业进行智能财务决策支持系统推广时,一定要明确并锁定客户的实用群体,给目标客户清晰地介绍智能财务决策支持系统的各种优势,并兼顾系统对维护层和操作层的价值,比如减少员工工作劳动强度、提升员工工作效率、提高员工技能水平、员工业务能力与成果易被领导发现等。

参考文献

［1］胡仁昱,孔令曼.管理会计信息化的理论与框架[J].财务与会计,2016(05):56-58.

［2］李永明,黄世文.透视江苏农垦集团智能财务决策支持系统[N].中国会计报,2016-02-05(009).

□ 陕西师范大学智慧财务创新平台实践

■ 杨坤伟　陕西师范大学计划财务处工程师
赵泽壹　陕西师范大学计划财务处助理工程师
尚　鹏　陕西师范大学计划财务处副处长
刘梅玲　上海国家会计学院副教授、硕士生导师

■ 高校财务　　业财融合
智慧财务　　创新平台

如今,高校财务信息化建设正处于快速发展阶段。针对目前高校财务信息化建设存在的若干问题,陕西师范大学以业财融合为基点对高校财务管理进行深入分析与梳理,结合感知智能、RPA、大数据、云计算、物联网等高新技术,构建了全面覆盖高校财务管理与全业务流程的智慧财务创新平台。该平台实现了智能报销、智能核算、智能稽核、财务 RPA、智能客服、智能财务数据中心、智能自助设备等智能化应用,使得学校财务管理的效率更高、内控体系更完备、财务数据更具应用价值。

一、案例背景

(一)案例单位简介

陕西师范大学(以下简称陕师大)是教育部直属、世界一流学科建设高校,是国家培养高等学校、中等学校师资、教育管理干部以及其他高级专门人才的重要基地,被誉为"教师的摇篮"。学校位于陕西西安,占地面积 2 800 余亩,建有长安、雁塔两个校区。学校现有全日制本科生 17 666 人,研究生 20 233 人,各类留学生 808 人,继续教育和网络教育学生 48 000 余人。学校设有研究生院和 21 个学院(部)、1 个基础实验教学中心及民族教育学院(预科教育),有 70 个本科专业,36 个硕士学位授权一级学科,18 个博士学位授权一级学科。学校现有教师 1 980 余人,具有博士、硕士学位的教师占教师总数的 95.3%,其中具有博士学位的占 75.6%,教师中有教授 590 余人,副教授 810 余人。

学校大力实施科研强校战略,科研实力持续提升。近 5 年来,人文社会科学研究方面共承担省部级以上科研项目 1 228 项。其中国家社会科学基金项目 295 项,教育部项目 158 项;出版著作 888 部,发表学术论文 6 733 篇,110 项成果获得省部级以上奖励。自然科学研究方面共争取科技经费 8.03 亿元,国家自然科学基金 2016 年以来连续 5 年保持百项以上,共承担国家重大(重点)项目 20 项,其中,包括国家自然科学基金重点项目、重大科研仪器研制项目、优秀青年科学基金项目等 10 项,国家重点研发计划项目(含课题)9 项,国家重大专项"第二次青藏高原科学考察"专题任务 1 项。出版及参编学术著作 145 部,其中专著 52 部,56 项成果获得省部级科技奖励;授权专利 1 266 项,其中发明专利 1 033 项,国外发明专利 8 项。

陕西师范大学的重要部门——计划财务处以实现国内一流的财务管理水平为目标,近年来着力于提高财务管理水平、优化师生财务服务体验、实现财务信息资源共享、支撑学校决策与发展。目前,计划财务处共有财务人员 50 余人,硕士以上学历 26 人。其中博士 1 人,在读博士 1 人,拥有全国会计领军人才 1 人,教育部高端会计人才 3 人,陕西省高端会计人才 1 人,注册会计师 5 人,副研究员 1 人,高级会计师 11 人、高级审计师 1 人,中级会计师 32 人,系统工程师 3 人,团队人员理论知识扎实、业务能力出众、管理思路创新。

近年来,计划财务处围绕财务信息化建设总体规划,大力推进各项工作有序开展,出台《陕西师范大学会计电算化管理办法》,编制财务内控管理工作流程和风险矩阵,落实学校相关网络信息安全管理规定,设置不相容岗位职责分离制度,在制度上确保信息化工作健康运行。为保证财务信息化建设顺利落地,计划财务处积极扩充信息技术人员,同时强化政府会计制度和信息技术培训,以保证人员队伍具有过硬的业务技能。依靠学校信息化项目和中国银行"智慧校园"项目的大力支持,计划财务处立足根本、干在实处,制定符合学校长期发展需求的财务信息化整体规划方案,采用目前行业内领先的技术解决方案,已初步建设完成基于业财融合及感知智能、RPA、大数据、云计算、物联网等高新技术的高校智慧财务创新平台。该平台在业财融合、智能报销、智能核算、智能稽核、智能客服、数据分析等方面取得了显著成效。

(二)智慧财务建设动机

2019年1月1日,《政府会计制度——行政事业单位会计科目和报表》(以下简称新政府会计制度)在全国各级各类行政事业单位全面施行。由于本次改革力度空前,尤其是将会计核算基础从原来的收付实现制转变为权责发生制和收付实现制并存的"双基础",同时实行决算报告和财务报告的"双报告"体系。这对于传统的会计核算模式来说是一个颠覆性的改革,同时也对财务信息系统提出了新的要求。如何在管理要求显著提高、核算制度更为复杂的情况下,克服制度改革所带来的工作压力,提高财务工作效率,保证会计信息质量,财务信息化水平成为至关重要的决定因素。

财政部在《会计改革与发展"十三五"规划纲要》中指出,高校财务管理要进一步促进会计信息系统与业务系统的有机融合,探索会计信息资源共享机制;以深入实施管理会计指引体系为抓手,积极推动单位会计工作转型升级,进一步发挥会计工作在战略管理、预算管理、成本管理、营运管理、风险管理等方面的职能作用,促进单位提高管理水平和经济效益。由此可见,财务管理正在朝着更加精细化的方向发展。在此发展趋势下,高校如何进行财务管理变革,如何将制度与管理内化到信息系统中,成为一项重要工作。

随着社会的转型发展,智能技术的触角延伸到各行各业,"智能技术 + 财务"的管理模式应运而生。以感知智能、RPA、大数据、云计算、物联网等为代表的高新技术正在对高校的财务管理和运行模式产生深远影响,其中有一些结合智能技术的财务系统已成功应用于许多领域。随着技术的发展,未来将会有越来越多更具智能化、人性化、精细化的财务应用系统出现,这既是技术革命也是智能财务的发展趋势。

经过二十余年的信息化建设,陕师大逐步建成财务智能核算平台、统一支付平台、网上智慧办公平台、移动办公平台、财务数据中心等数十个紧密关联的子业务系统。虽然该系统能够满足日常使用,但是仍然存在观念束缚、部门封闭、软件功能欠缺、数据"孤岛化"、基础数据不规范、数据无用、系统管理风险大等问题。因此,如何解决这些问题成为财务信息化建设的主要任务与挑战。

二、案例具体实践

(一)智慧财务建设方案设计

1. 总体目标

陕师大财务信息化建设的目标与总体思路是以共享融合为原则、以管理决策为重点、以用户体验为牵引,切实提高财务管理水平,优化师生财务服务体验,实现财务信息资源共享,支撑学校决策与发展,促使财务管理效率更高、内控体系更完备、财务数据更具应用价值,进而实现财务管理水平达到全国一流的发展目标。

2. 总体思路

陕师大在智慧校园总体建设框架下,以持续提升财务管理水平、解放财务人员生产力为主线,树立管理会计和业财融合理念,基于现有的学校财务信息化基础体系,以感知智能、RPA、大数据、云计算、物联网等高新技术为抓手,针对现有财务管理流程按照业务需求进行重新定制,推动财务管理由核算型向管理型转变,实现财务管理精细化、业财发展一体化。

3. 路径方法

陕师大财务信息化建设遵循以下几点原则:

(1)立足管理制度化。确立业务权责分明的管理制度,提高全员的财务信息化管理参与度是智慧财务建设的基础。学校结合智慧财务建设和应用,从流程规范、内部控制、数据安全等多个方面进行制度完善,提升会计信息质量,规避操作风险,为智能化财务工作正常开展提供规范指导,确保财务管理有章可循、有据可依。

(2)推动数据标准化。围绕数据的全生命周期管理,形成不同阶段的数据质量管理能力,在确保数据真实性、准确性、唯一性、完整性、一致性、关联性、及时性的基础上,实现数据资产整体管理能力提升,并利用元数据、数据血缘管理、数据模型管理、数据资产目录等功能实现数据质量的高效、统一管理,做到数据的标准化,促进业财数据分级分层有效共享,避免数据重复采集、重复填报。

(3)促进业财一体化。对现有财务核算体系下的业务流程进行梳理,按照业务实际发展需要重新定制系统功能或预留数据接口;采用"星型"拓扑结构,建立标准化、统一化、可扩展的业财一体化管理平台,简化数据交换流程,实现信息共享,解决"信息孤岛"问题;利用标准化的全量数据实现学校各个业务系统之间的数据互联互通,确保主数据能够按需供应,保持各业务部门基础数据的一致性、准确性和及时性。

(4)提升管理数字化。数据是"大智移云物区"时代的核心生产要素,数据可以赋能学校管理提升。计划财务处作为学校天然的数据中心,坚持以数据价值应用为导向,以全员数据治理为主要任务,建立长期、安全可控、可持续的数据全生命周期治理体系,促进数据在内增值、外增效两方面的价值变现。

(5)驱动流程自动化。借助感知智能、RPA、大数据、云计算、物联网等高新技术实现财务的智能化转型,按照业务需求对现有财务管理流程进行重新定制,全方位覆盖多个财务模块,并利用智能引擎体系对各个业务模块进行改造,实现自动化办公,包括基础核算凭证自动生成、业务风险智能预警、图像信息智能采集、标准流程自动执行、人机交互智能回复等。智慧财务创新平台架构如图 11-1 所示。

(二)智慧财务应用场景选择

1. 智能报销

1)应用背景

伴随学校事业的不断发展,办公材料、设备、交通等日常报销工作也随之增多。传统的报销模式存在单据填写不规范、领导审核不及时、财务审核效率低下、经费控制手段落后、审核反馈不及时等诸多弊端,难以满足目前的财务管理需要。

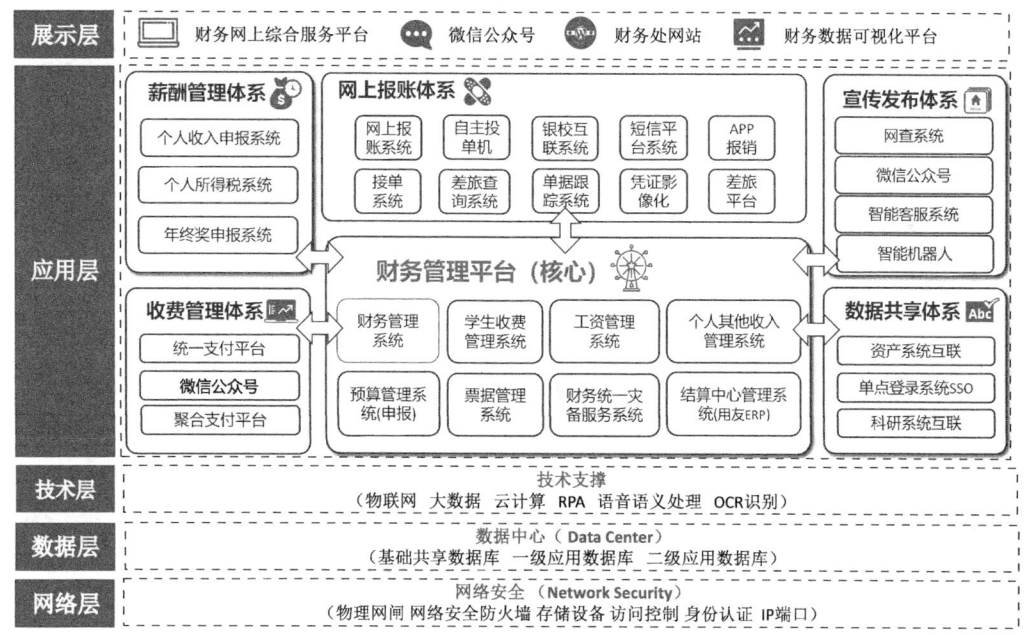

图 11-1 智慧财务创新平台架构

针对以上缺陷,陕师大引入智能报销系统。该系统提供发票智能识别、票据自动验真和管理、单据自动生成、审批实时提醒等一体化服务。报销人可随时对报销单据进度进行查询,根据线上审核意见及时完善单据。同时,财务人员通过提前线上预审,实现与报销人员密切协同的工作方式。该系统有助于实现智能化财务报销管理,节省员工的时间,减少人为错误,同时强化报销流程中的风险控制。

2)功能介绍

智能报销系统包括原生 App 和 H5 网页,适配各种移动设备。系统引入了 OCR (Optical Character Recognition,光学字符识别)、大数据分析、云计算以及机器学习等技术,对接了国家税务总局全国增值税发票查验平台、财务管理系统、商旅服务平台、线上审批系统等,实现了全流程、全业务场景的智能报销(见图 11-2)。

(1)票据智能识别,即基于先进的图像处理、模式识别及深度学习技术,实现多类票据的快速智能识别,获取财务所需的结构化信息。系统识别票种齐全,能适应扭曲、不同光照、多票种同时识别等复杂环境,识别准确率高,整张识别率大于 95%,单字识别率大于 99%。

(2)业务线上审批,即报销人员提交单据后,业务审批人可以进行线上审批、驳回等操作。审批流程根据学校的财务审批制度文件及财务内部控制要求进行全面定制,实现审批流程线上化。同时,针对审批流程基础数据维护工作量较大的问题,我们自主研发了针对性的财务机器人辅助完成此项工作,极大地提高了效率。

(3)财务线上审核,即业务审批流程结束后,报销业务自动流转至财务线上审核系统,

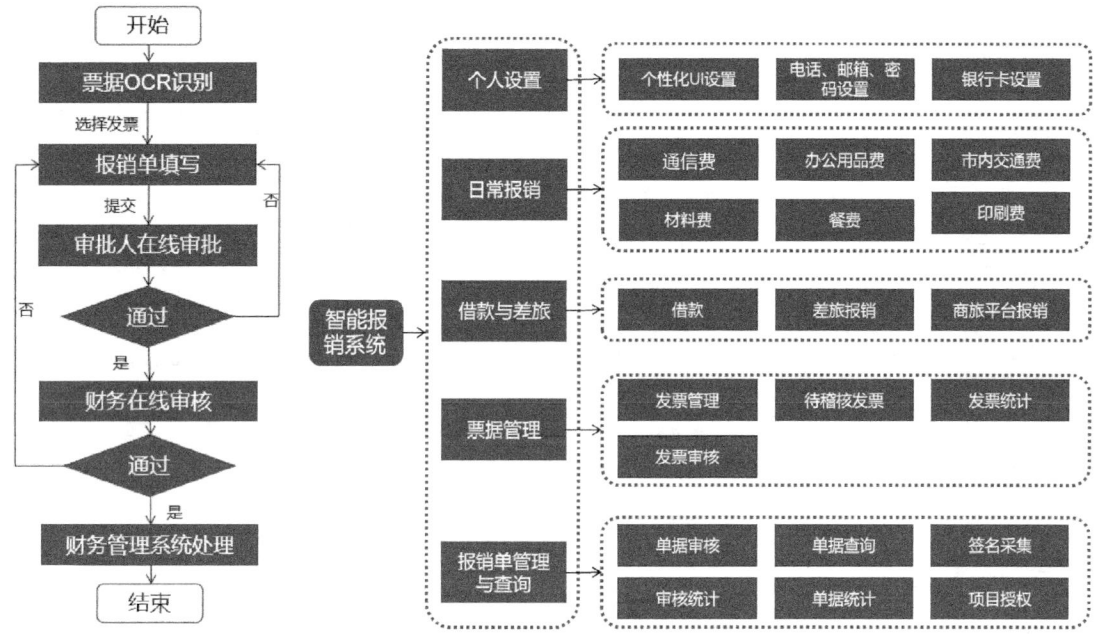

图 11-2 智能报销业务流程与功能

进行财务线上审核,即借助 OCR 票据识别和凭证影像化技术,财务人员可在线审核单据、附件及电子签名等信息,极大提升了学校会计人员单据审核的效率与准确率。

(4)线下智能接单,即会计人员完成线上单据审核后,报销人员打印制式财务报销单,将原始单据和附件投递至自助智能投递机,实现全程零接触式财务报销模式。利用智能投递机或者线上单据跟踪系统,报销人员可以实时获取单据处理情况。

(5)档案数字化管理,即利用凭证影像化系统和智能数据中心,实现财务档案数字化管理,解决了传统纸质会计凭证查阅烦琐等问题,方便学校项目结题审计、上级单位回头检查等工作。

3)应用价值

财务报销是高校财务管理的基础环节,陕师大引入的智能报销系统充分利用 OCR、大数据分析、云计算等高新技术,通过对传统的财务报销进行模式升级、流程再造、简化审核与报销手续、扩展外延功能等,提高了财务管理工作的效率和水平。

(1)实现移动端财务报销。移动互联网颠覆了传统台式计算机形式的互联网络结构,具有便捷性、灵活性等诸多优点。由于使用方便以及覆盖面较为广泛,基于移动互联网的智能报销系统打破了传统报销模式在空间上和时间上的局限,提升了师生的报销体验。

(2)实现报销单据线上审批。线上审批对于优化业务流程、提升内部控制、加强风险管控、实现追溯审计具有至关重要的现实意义。同时,线上领导审批与线上财务预审报销单据可以极大地降低报销退单率,节约报销经办人和财务审核人员的时间,提高各方工作效率。

（3）实现报销单据物流式跟踪。通过智能报销系统，报销人员可以查询到报销进程，包括审批、预审、制单、复核、支付等状态。财务人员可以通过物流数据对报销情况进行实时可视化分析，找出财务业务流程中的问题，从而更好地优化和改进财务工作。

（4）实现报销业务数字化管理。智能报销系统集成了 OCR 技术，可快速获取报销所需的关键结构化信息，有效解决发票录入、审核与验真问题。同时，智能报销实现了报销资料与报销过程的数字化形式存储，强化了业务的可追溯性和可审计性。

2. 商旅服务平台

1）应用背景

随着学校教育事业的发展，师生在教学科研和工作学习过程中的差旅出行频次逐年增加。然而，传统差旅报销过程中长期存在差旅标准复杂多样、公务机票渠道繁多、网购平台参差杂乱、报销步骤复杂烦琐、审批流程费时费力等诸多痛点。针对以上问题，陕师大根据实际情况与相关制度，定制化设计了符合学校差旅管理的商旅服务平台。该平台覆盖差旅业务的申请、审批、预订、支付和报销等全业务流程（见图 11-3）。

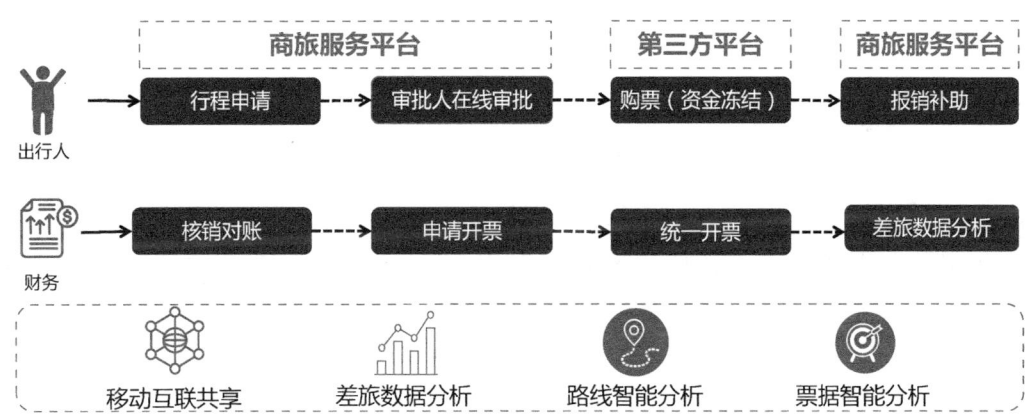

图 11-3 商旅服务平台业务流程

2）功能介绍

陕师大商旅服务平台增加了预算控制、支出费用管控等功能，可以进一步加强报销流程控制、提升差旅费用管控。其具体功能如下：

（1）平台可以对接多家商旅服务商，充分利用市场上已经成熟的运作模式，提供一站式差旅解决方案，且具有多票源、低价位的优势，可实现更简单、方便、透明的出行方式。

（2）对接校内人事系统，获取人员职称、职务、职级等信息，为不同人群匹配准确的差旅标准，推荐满足政策要求的交通工具与住宿地点，实现精细化、人性化服务。

（3）对接财务预算平台，获取项目支出预算数据和项目额度控制数据，对师生出行预算进行实时、准确的控制，防范预算超支等风险。

（4）平台为师生提供垫付、现结等灵活的结算方式。学校与差旅服务商每月定期结算，由服务商统一开具发票，统一对账，将体量庞大的差旅报销业务简化为集中对账模式，效率成倍提升。

（5）对接财务智能报销系统与线上审批系统，共享差旅数据，实现差旅补助报销一键生成以及线上审批。

3）应用价值

商旅服务平台的应用价值如下：

（1）平台以师生为服务对象，以业财融合为出发点，为全校师生提供一站式差旅服务，实现差旅严格管控、员工下单即走、学校统一月结、出差人员免报销。平台具有提升工作效率，规范学校管理，节约师生时间等显著优点，可以为学校优化差旅制度、预算规划、员工行为管理、供应商管理等提供决策依据。

（2）平台内嵌业务审批、内控管理、风险防控，使得差旅申请、审批、预订、报销闭环运行，业务办理从分散到集中，资金结算从逐笔支付到集中支付，账务核算从零星处理到集中汇总处理，各流程环节有序配合、相互协同，有效保障了业务流程的可追溯性和可监管性。

（3）平台存储了差旅业务发生数据，利用大数据技术实现多层级、多角色、多维度归集并进行聚类分析，可以更有效地了解员工的差旅行为、费用支出情况等，有助于学校对差旅管理办法持续细化和完善。

3. 智能核算

1）应用背景

2019 年 1 月 1 日，新政府会计制度在全国各级各类行政事业单位全面施行。在该政策背景下，陕师大开始对智能核算体系进行积极实践和深入探索，完成对陕师大财务核算系统的全面升级，使学校的核算系统能够完全满足新政府会计制度的"双功能""双基础""双报告"要求（见图 11-4）。系统还具备强大的项目管理和多维科目核算功能，涵盖了会计核算、国库支付、基建财务、出纳管理、预算控制、往来管理、项目管理等常见业务，并能够与其他软件无缝衔接，确保数据一致性、流程连续性和管理高效性。

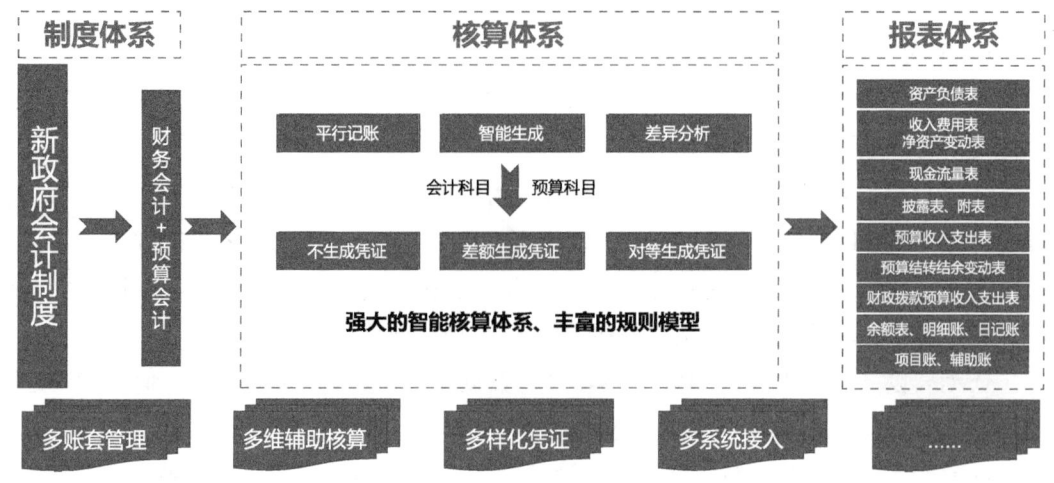

图 11-4 智能核算功能

2）系统功能

智能核算是财务管理系统中的核心功能,实现了"新旧转换全支撑、会计核算全自动、两大报告全输送、资金链条全追溯"的高标准管理要求,重点实现以下功能:

（1）重构多维核算体系。该平台由项目收支、会计科目、经济分类、功能分类以及国库属性等多维度核算构成,通过增加辅助核算维度,提高会计信息质量,满足数据统计和信息披露要求。

（2）支持自动平行记账。通过定义周密的逻辑规则,实现制单过程中录入财务会计分录即可自动触发逻辑规则生成预算会计分录,减少人工判断出错,避免信息遗漏,从而增强业务的正确性。

（3）强化多维精细管控。考虑到财务管理过程中对收支费用精细化管控的需求,平台增加了包括经费来源控制、项目额度支出控制、三公经费控制、部门费用预算控制等一系列功能,从多个方面对经费实施管控,以提高财务管理的可操作性。

（4）一键生成多套报表。平台内置标准会计报表和决算报表,可一键生成决算要求的多张主表、附表,同时还可以自动实现财务会计与预算会计差异化分析与标识,自动生成"本年盈余与预算结余差异变动调节表"等,方便财务人员进行报表统计。

3）应用价值

作为财务核算和管理的核心操作平台,智能核算平台经过持续优化完善,解决了新政府会计制度推行以来的各类问题,大大降低了制度实施的难度和成本,帮助学校快速构建自主核算体系,提升财务管理水平。

平台支持与多个业务系统的数据交互,实现来自其他业务系统的数据自动制单及生成记账凭证,包括收入平台制单、工资系统制单、网上报销制单、银行来款制单、国资系统对接制单、科研系统对接制单、其他外系统对接制单等,有力保障业财一体化的顺利推进。

4. 智能稽核

1）应用背景

稽核是对会计事务的事前、事中、事后进行监控稽查,涉及的工作内容多、数据量大、过程烦琐,传统的人工稽核模式已然不能满足工作要求。随着大数据、人工智能等技术的发展和交叉应用,稽核工作有了突破性的改进。通过数据自动推送、规则引擎判断等技术手段,程序代替人工实现快速、高效、自动稽核。

目前,陕师大作为教育部高校试点单位完成了资金监控大数据智能稽核平台（见图11-5）的安装部署工作,打通了校内财务系统数据、校内与财务相关的其他数据、校外与校内经济活动相关的数据,实现对教育经费规范使用的智能监管。平台运行至 2021 年 3 月,共计完成凭证稽核 7 万余份,提示预警信息 3 000 余条。

2）功能介绍

陕师大的资金监控大数据智能稽核平台有以下几点功能:

（1）汇集海量数据,自动化清洗数据。系统内置数据接入及数据清洗程序,支持根据预

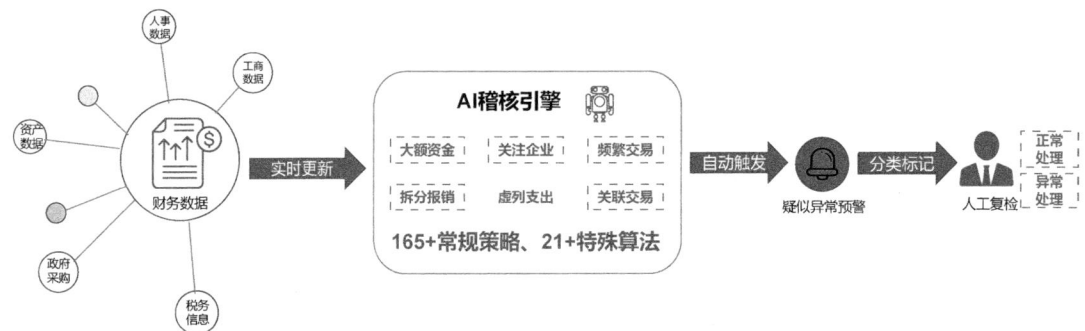

图 11-5　资金监控大数据智能稽核平台流程

置数据标准自动化清洗接入的各种数据,保障后续预警模型所用数据的完整性、一致性、有效性、唯一性和正确性。其中,校内接入财务、人事、资产、预算、决算、项目等数据,校外接入工商信息、税务信息等数据。

(2)大量算法模型,自由配置规则。教育部经费监管事务中心进行了大量的研究,汇总了 200 多条的"问题-策略"并形成知识库,研发了大量算法模型,并基于前期试点数据对算法模型进行训练,因此这些模型具备较强的可用性和普适性。系统内置规则引擎,用户可利用强大的规则配置器自由组合指标和条件,配置适合本校信息化现状及财务规章制度的预警规则,从而兼顾全国默认规则的统一性和本校财务规则的特殊性。

(3)AI 智能化预警,全程跟踪处理。系统内置的大量算法模型会实时根据预警对象分析数据,实现快速判断、智能预警、及时提醒等功能,辅助稽核人员快速发现并应对财务风险。财务稽核人员在平台中查看疑似异常的预警信息,通过获取更多辅助信息确认是否存在问题,如确定异常则可通过系统下载风险提示单,给相关负责人发送风险提示单及短信提醒,同时平台会完整记录跟踪风险处理过程。

(4)留痕化人工稽核,可视化预测分析。智能稽核引擎可以帮助人工高效地获取结构化数据,录入信息支持多人协同跟踪处理,做到智能稽核与人工稽核的有机协作。系统提供大量的可视化分析图表,帮助稽核人员及监管领导统计分析财务概况数据、预警结果数据、规则使用情况等,从而在财务稽核工作中提供更多有价值的决策支撑。

3）应用价值

资金监控大数据智能稽核平台的应用价值如下:

(1)健全稽核手段,落实制度要求。资金监控大数据智能稽核平台建设以国家各项财经政策及财务制度为基础,按照教育部经费监管事务中心相关要求,全面梳理各项业务流程,制定符合国家政策要求及学校管理实际的三级预警规则。各级预警规则根据教育部监管事务中心相关要求动态调整,可以迅速响应上级监管要求。

(2)强化督导力度,提升监管效率。通过建立健全学校稽核工作的督导及通报制度,该平台可以加大监督力度并快速发现各类财务问题,包括关联交易、拆分交易等人工稽核难以发现的问题。人工对于异常预警信息逐一核销,敦促核实处理;对于确定的重大问题,在全校范围内予以通报,严肃财经纪律,规范财务制度管理。

(3) 建立预警台账,增强把控能力。健全预警响应机制及问题发现整改机制,定期开展预警数据分析,不断完善预警提示规则;建立异常预警信息工作台账,进一步提高学校会计核算质量;加大会计监督力度,全面提升学校风险防控能力及内部治理水平。

5. 财务 RPA 智能应用

1) 应用背景

在传统的财务工作模式中,学校财务人员面临诸多挑战。首先,近年来陕师大财务凭证数量与日俱增,依靠人力处理数据的工作模式效率低下、错误率高。其次,财务相关的制度与法规逐渐细化,这要求财务人员需要将有限的时间和精力集中于制度法规学习,并在实际工作中严格落实。面对这些问题,借助自动化技术代替人工进行工作成为行业内的普遍需求。

作为应用场景最为广泛、业界认可程度最高的技术应用,RPA 为解决上述问题、实现自动化办公提供了新的技术路径。RPA 是以应用程序及人工智能为基础的业务过程自动化技术,可以模拟人工执行任务过程,适用于高重复性并且具有既定逻辑的处理流程。陕师大在智慧财务实践中积极探索 RPA 的应用场景,不断利用 RPA 技术优化工作模式,提高财务人员工作效率,促进学校财务管理进一步发展。

2) 功能介绍

财务 RPA 实现了以下几点功能应用:

(1) 凭证自动生成 RPA 的应用。随着学校业务量的不断增加,报销单据数量逐年攀升,基础的制单过程效率较低,消耗了大量人力成本。使用 RPA 技术对简单报销业务实现凭证自动生成逐渐成为提高报销效率、解放人力的主要方法。陕师大在工作实际中不断探索 RPA 技术,在账务系统中开发凭证自动生成 RPA,将智能报销系统中采集的财务信息按照凭证制单规则、财务预算分录科目对照规则、分录要素继承规则以及国库支付辅助属性规则自动生成凭证信息,在不改变现有账务软件的情况下实现单据自动调取、分录自动生成、规则自动判断,很大程度节约了会计人员的工作时间。

(2) 审批流程 RPA 的应用。陕师大推出线上审批系统后,面临着审批流程数据维护操作复杂、费时费力的问题。由于审批流程维护步骤固定,所以使用 RPA 技术代替人力进行审批流程维护逐渐成为我们的需求。为了模拟人工在审批后台程序上的操作,RPA 必须要与屏幕上各种窗口、按钮、下拉列表等不同要素进行交互,此时依据对象句柄元素抓取技术获取到每个应用程序的内存位置和记载数据地址的变更数据,同时基于特定的审批流程设置规则,可实现程序模拟人工的操作过程。

(3) 财务数据处理 RPA 的应用。在日常财务管理过程中,财务人员经常会对各类报表进行信息录入和跨应用系统操作,财务数据处理 RPA 可以按照设定逻辑自主执行任务,可以跨平台收集各种数据并对数据进行整理和加工,同时还可以对操作日志进行分析,发现现有任务中存在的问题或漏洞,进而优化具体工作流程。

3）应用价值

RPA技术目前的应用场景包括会计凭证制作、会计凭证审核、资金支付、发票审查等,解决了会计工作效率低、错误率高、人员占用多的问题。在日常财务工作中,RPA智能应用将员工的经验模型化、自动化,让员工摆脱重复式、机械式的工作内容,成为流程业务的创新者,更加关注具有创造力的管理性工作。

RPA的应用还可以避免经验差异或主观判断不一致导致的工作不规范问题,且执行速度比人工更快,有效工作时间更长,可以大幅降低学校人力成本,让财务工作更规范,有利于推动会计与业务流程管理自动化,实现核算型会计向管理型会计转型。

6. 智能客服

1）应用背景

近年来,陕师大上线了网上报销、网上申报、网上查询等众多财务服务系统,这些应用系统极大地简化了师生财务业务办理流程。但随之而来的一个问题是,将财务业务办理流程从线下转换到线上之后,师生在使用过程中对业务办理事项、财务相关信息、系统操作流程等存在疑问,产生大量咨询需求。而传统的现场咨询和电话咨询存在效率较为低下、时间耗费严重的问题。

为了解决师生财务咨询难的问题,陕师大自主设计研发了财务智能客服系统。该系统包含智能客服子系统、人工客服子系统、数据统计与分析等多个子系统,一方面能够为师生提供人性化的客服交互体验以及精确、高效的问题解答;另一方面可以提供系统缺陷检测、用户需求统计、工作人员服务质量测评、用户行为习惯数据分析等多方面的管理功能。

2）功能介绍

陕师大财务智能客服系统结合自身业务需求,集合了微信公众号、PC端、微信小程序等多渠道入口。其主要功能包括用户端、智能客服、人工客服、数据统计与分析等,能够在线上实时、精准、高效地解答师生提出的财务问题,实现精细化、人性化服务(见图11-6)。

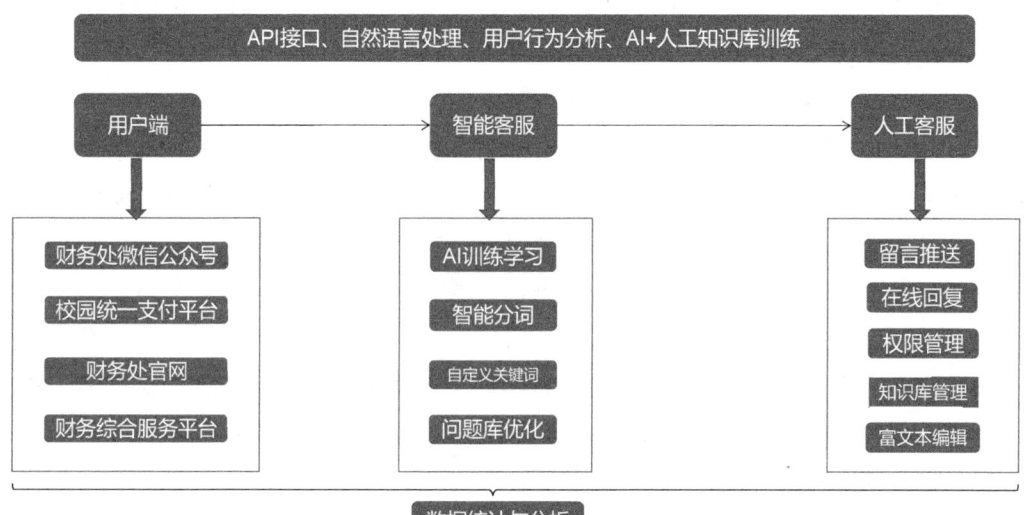

图11-6 智能客服系统功能

（1）智能客服子系统以自然语言处理、文本分析、语义理解、语音识别、大数据智能预测为技术引擎，具有高性能自然语言应答能力，可以对用户咨询的文字或语音等信息进行预处理，包括关键词、敏感词识别等，然后对用户咨询的问题进行解析、匹配和回答。智能客服系统可以快速、准确地回答大多数用户咨询的普遍问题，利用自动聊天的方式回答日常业务中80%左右的问题，并提供全年无休的服务支持，极大减少人力回复需求，让咨询师生不等待、不排队，问题一提出，立即可得到响应。

（2）人工客服子系统是用户在智能客服子系统中没有得到满意答复后才会启用的客服子系统。接到用户发起的人工客服请求后，对应的业务工作人员通过历史聊天记录等进一步了解用户咨询的问题，可以通过查询知识库对陌生、复杂的问题进行解答，或者通过转接客服按钮转接到其他人工客服进行进一步服务，也可以通过远程协助功能在线解决问题。

（3）数据分析与统计子系统通过采集用户在系统使用过程中的问答数据和访问行为数据，运用数理统计分析方法对客服数据进行量化，并用直观的图表形式表达输出。

3）应用价值

智能客服系统解决了困扰财务人员的疲于解答、重复解答、不能及时解答等问题，也解决了用户不知问谁、不会操作等问题，在用户和财务人员架起了一条实用、高效、便捷的通道，减少了人员接触矛盾，提升了财务服务质量。

该系统部署使用以来，共计为10万人次师生提供问题解答服务，问题覆盖网上报销、网上查询、制度咨询等多个方面。作为财务部门优秀的"数字员工"，智能客服系统为财务人员分担了大量耗费精力的工作，让财务人员有时间潜心处理其他管理性工作，很大程度提升了财务人员的工作效率和工作效益。

智能客服系统记录了长期以来师生咨询的问题，对这些问题进行统计分析可以找出工作的不足。问题的解答不但可以帮助用户排除困惑，也可以对财务自身工作进行调整与优化，从而提高财务管理效率与服务水平。

智能客服系统具有很强的推广价值。各高校面临的财务问题有很大的共性，智能客服系统在高校财务部门进行推广应用，可以提升智能客服AI引擎的训练强度。随着数据集的积累，智能客服系统会越来越完备，达到系统的自我升级、自我优化，变得更加智能化和人性化。

7. 智慧财务数据中心

1）应用背景

大数据技术是一种利用海量、多类型和异构数据进行分析的技术。它通过筛选、存储、共享、并行计算、挖掘分析和可视化展示等技术，将业务数据与财务数据进行关联分析，从而挖掘出隐藏在大量数据中的潜在规律与价值。随着大数据分析和数据可视化技术的不断发展和创新，财务数据的挖掘与分析成为优化管理模式、支持学校发展决策的重要手段。

2）功能介绍

智慧财务数据中心是陕师大智慧财务建设的基础软件设施平台，也是学校财务数据的存储中心和交换中心。该中心负责整合业财一体化数据,转化数据价值并将其可视化展示。学校智慧财务数据中心主要功能包括财务数据分析与可视化、构建师生画像并进行个性化推送、改善风险预警与财务决策等(具体架构见图11-7)。

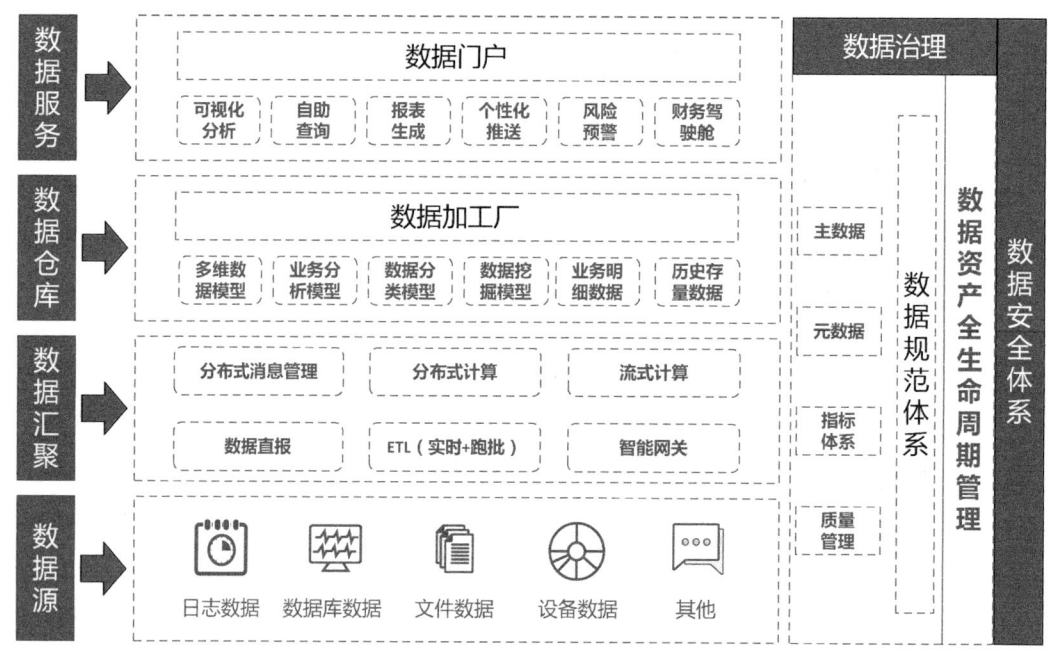

图 11-7 智慧财务数据中心架构

（1）财务数据分析与可视化。针对学校领导决策层关注的财务运行指标,我们设计并建立了财务数据分析与可视化系统(见图11-8)。

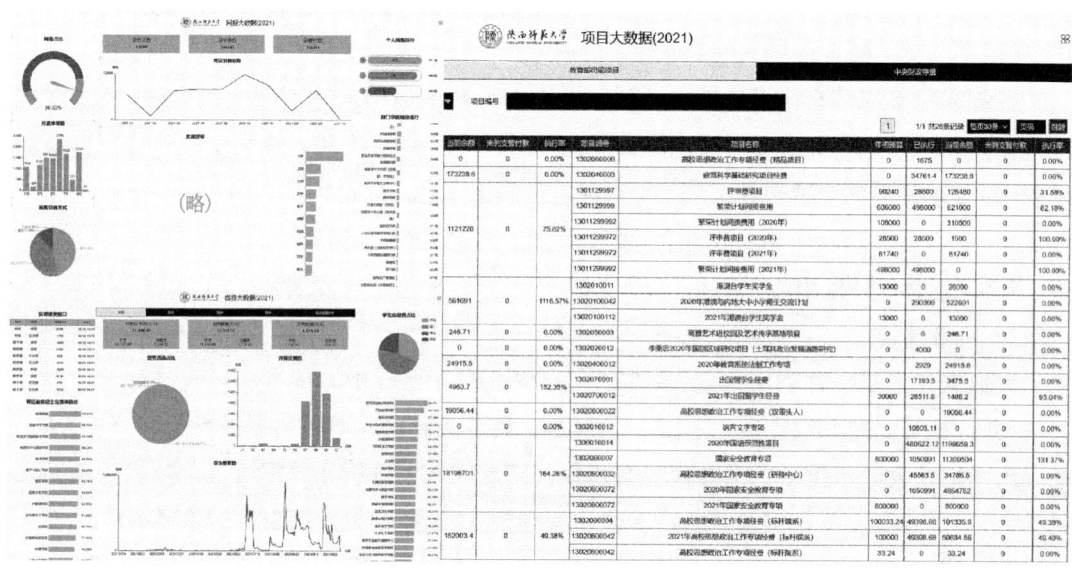

图 11-8 财务数据分析与可视化系统

在该平台中,学校领导层通过鼠标的拖、拉、点、选等简单动作操作各种维度数据,可以获取所需的各式各样的分析图表与统计结果,轻松实现从海量数据中抓取需要的数据并完成对比分析。

(2)构建师生画像并进行个性化推送。智慧财务数据中心运用师生的静态属性数据、财务报销数据、财务咨询与查询数据、师生资金往来数据以及动态行为数据,全方位掌握师生的财务活动轨迹和习惯状态。基于智慧财务数据中心的聚类算法、深度学习算法、协同过滤算法等,学校可以精准把握师生兴趣和习惯,构建师生画像并提供个性化财务服务。

(3)改善风险预警与财务决策。智慧财务数据中心通过建立"数据驱动"的管理模式,能够更加精确地发现和定位财务管理中存在的问题,更加深入地了解师生诉求,从而全面掌握师生财务活动,把握决策制定的限度和力度,为学校发展提供坚实的基础。

3）应用价值

智慧校园时代,数据资产已经成为学校重要的战略资产,学校处于向数据要价值、向数据要效益的阶段。高质量的业财数据在学校业务运转、决策支持和建设发展上体现出越来越大的价值。

智慧财务数据中心是技术与管理相结合的一套管理机制,贯穿在财务管理的过程中。建立科学有效的数据应用体系,对学校业财数据的质量实施全程、多域管理,具有很好的应用价值,比如可以将孤立化、碎片化的业财数据提升至多维化、全面化的数据资产,以挖掘数据内部价值。

在大数据时代的宏观环境下,智慧财务数据中心很大程度上加快了信息传播和流通的速度,促进了财务管理与业务工作相互融合,将财务工作延展至全业务流程,有助于掌握实时准确的业务信息,有效对业务开展进行实时评估和准确预测,发挥财务有效配置资源的作用。智慧财务数据中心的应用还可以倒逼学校制订严密的财务计划,使学校的财务预算、财务管理、财务控制以及财务审计工作更加准确和细致,能够从更广泛、全面的角度把握学校发展方向。

8. 智能投递机

1）应用背景

一方面,随着学校办学规模的不断扩大,财务活动业务量与日俱增,传统财务报账模式所产生的弊端日益凸显。工作量大、报销流程复杂、问题反复沟通等问题严重影响着财务报销的效率。另一方面,在新冠肺炎疫情形势严峻的情形下,学校高度重视疫情防控工作,利用信息化手段优化报销流程、减少人员接触和聚集成为必要工作。

针对以上问题,陕师大在学校重点楼宇投放了4台财务智能投递机(见图11-9),实现报销单据智能化管理,改进财务报销业务流程,提升师生报销体验感;同时,在疫情防控期间有效减少财务人员与报销人之间的接触频次。

2）功能介绍

智能投递机内部安装有多个传感器,具有NFC(Near Field Communication,近距离无线

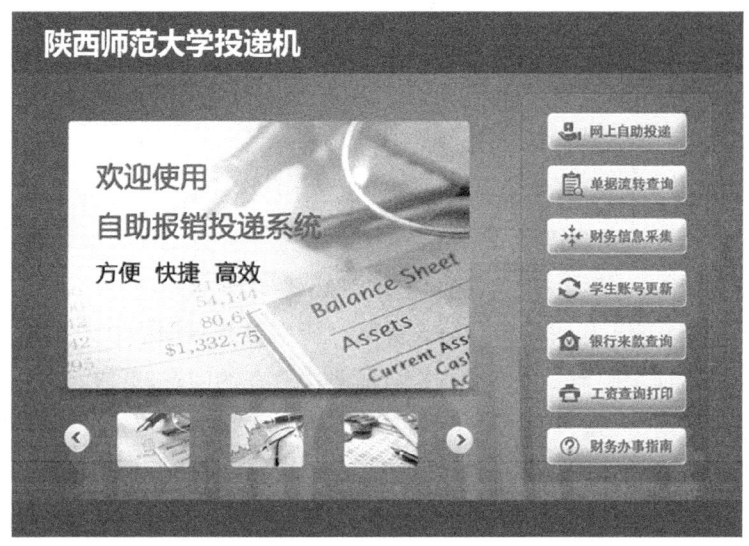

图 11-9 智能投递机

通信技术)识别、二维码扫描等功能,通过扫描报销单二维码完成信息传递与单据管理,是集扫描、识别、查询、打印于一体的智能硬件设备。师生通过"刷身份证"完成身份认证后,进入人机交互界面,可以进行一系列自助操作。可以实现以下功能:

(1)自助投递。通过扫描报销单上的二维码,智能投递机自动记录投单信息,待投递成功后通过短信或微信提醒经办人,之后经办人可以实时追踪报销单据的流转信息。

(2)银行卡号更新。师生可通过投递机 NFC 功能刷卡维护本人银行卡号信息,减少人为输入存在的潜在错误。

(3)监控状态查看。设备在校内多处安放且无人值守,通过机器内置监控录像功能,实时传输主机和打印机状态,财务处可以较为方便地了解各终端机器的运转情况。

(4)财务信息查询。财务智能投递机提供工资查询、项目查询、银行来款查询等功能,可以维护公告通知、办事指南等信息,方便师生查询财务信息和了解最新的财务通知。

3)应用价值

智能投递机是基于物联网技术的一个具体应用,推动了财务服务向智能化、精细化转型。该设备 24 小时运行且无人值守,报销人不需要到计划财务处提交单据,只需要到最近的智能投递机进行投递即可。智能投递机满足师生财务报销、投递、查询等诸多需求,实现了"全天候""零等待""无接触""全程追踪"的财务报销模式,将"师生跑"转为"财务跑",用财务处的"辛苦指数"赢得师生的"满意指数"。

9. 智能财务机器人

1)应用背景

在我国全面实施"中国制造 2025"的背景下,智能制造被列为新一代信息技术与制造技术融合发展的主攻方向,是产业创新的重要阵地,而智能机器人则是其中的重要代表。智能机器人应用在不同的领域,发挥着不同的作用,逐渐成为人类生产生活中的重要辅助工具。陕师大结合工作实际引入智能财务机器人,为广大师生提供全天候、精细化、智能化的财务服务体验。

2）功能介绍

智能财务机器人集人脸采集识别、语音语义分析、接触式传感交互、SLAM(Simultaneous Localization and Mapping,即时定位与地图构建)定位导航等技术为一体,具备主动迎宾、智能问答、智能引导、信息查询等诸多功能(见图 11-10)。

(1)人脸识别,主动迎宾。当用户靠近智能财务机器人时,其内置的多方位影像传感器会自动感应身边环境,通过人脸识别技术识别用户身份,并使用人性化的语言主动问候用户。当与智能财务机器人聊天时,它会根据语境变换喜怒哀乐等表情,给用户带来有趣的交互体验。

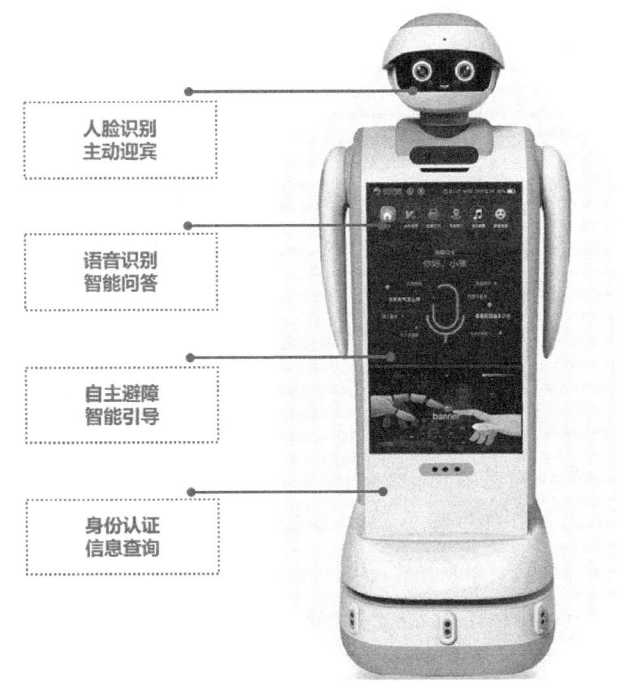

图 11-10 财务智能机器人

(2)语音识别,智能问答。作为计划财务处知识储备最全、业务能力最强、服务态度最好的一名"数字员工",智能财务机器人可以做到"有问必答、不会就学"。这样的能力主要归功于它内部丰富的财务知识库与先进的 AI 算法。在研发过程中,智能财务机器人对接智能客服系统,很大程度上强化了其财务知识的应答能力。

(3)自主避障,智能引导。智能财务机器人集成 SLAM 定位导航技术,可以自由移动、主动避障。对于任意的一个场景区域,利用机器人内置的 Slamtec RoboStudio 软件构建区域地图,设置障碍标识,规划特定位置,可以使得机器人在区域中自由行走。

(4)身份认证,信息查询。智能财务机器人支持人脸认证、统一身份认证、刷身份证认证等多种认证方式。通过认证后,智能财务机器人会展示用户相关的财务信息,包括工薪收入、项目明细、报销进度、银行来款、差旅标准等。在研发过程中,智能财务机器人对接了多项财务系统,使它成为一个名副其实的"财务通"。

除此之外,智能财务机器人还具有会议签到、主持宣讲、娱乐互动等功能,后续还可以根据财务发展需要扩展更多实用的功能。

3）应用价值

财务智能机器人是学校立足财务部门职能定位、推动智能财务战略发展,探索精细化、智能化服务的一项创新举措。凭借先进的智能算法、完备的知识储备、全面的辅助功能以及亲和的外观造型,财务智能机器人承担了多项财务服务工作,降低了学校财务的人力成本。财务智能机器人独特的吸引力带给师生天然的亲切感与新鲜感,使其具有良好的宣传功能;同时强大的科技感带给师生智能化和人性化的财务服务体验,能够快速、高效地为师生解答财务问题、讲解财务知识。

(三)智能技术及其产品的选择

财务管理与"大智移云物区"等高新技术的结合是实现智慧财务的本质。陕师大在智慧财务创新平台实践过程中,深刻认识到高新技术对提升财务管理工作的重要性,并将大数据、感知智能、移动互联网、云计算、物联网等高新技术有效融入平台中,为财务管理提供新的动能。

1. 大数据分析技术的运用

大数据分析技术是指对大规模数据进行处理与分析的技术。财务部门产生的数据具有数据量大、产生速度快、数据类型多、数据价值性高、数据真实可靠、数据准确性高等特性,是一个天然的数据池。利用大数据技术对这些业务数据和财务数据进行分析,可以更好地促进财务管理与服务,支持管理层决策。陕师大立足工作实际,在智慧财务数据中心运用大数据分析技术,通过采集财务数据与相关业务部门的数据并对数据进行清洗、分析与可视化展示,应用于财务驾驶舱、用户画像与个性化推送、财务风险预警等多个应用场景。

2. 人工智能的运用

1)图像处理技术的运用

图像处理技术是对图像进行分析、处理与识别的技术,包括运动目标监测、人脸识别、OCR 文字处理等。陕师大在智能财务实践中,将人脸识别技术应用到智能投递机与智能财务机器人中,实现快速、准确地对用户进行身份认证;将 OCR 文字处理技术应用到手机智能报销 App 中,主要用于对增值税发票、火车票、飞机票、出租车票等票据进行智能识别,从票据的影像信息中获取其结构化数据。

2)语音识别与自然语言处理技术的运用

语音识别技术是让机器通过识别和理解过程把语音信号转变为相应的文本或命令的高新技术,相比手动控制更加便捷,更符合人们的日常习惯。自然语言处理(Natural Language Processing,NLP)以语言为对象,利用计算机技术来分析、理解和处理自然语言,即把计算机作为语言研究的强大工具,在计算机的支持下对语言信息进行定量化的研究,并提供可供人与计算机之间能共同使用的语言描写。陕师大在智慧财务实践中,将语音识别与自然语言处理技术应用于智能财务机器人与智能客服系统中。智能财务机器人利用语音识别与自然语言处理技术实现与师生的交流,并理解用户咨询的问题。在智能客服系统中,语音识别与自然语言处理技术使得用户可以在手机端通过语音输入的方式输入要咨询的问题,系统可以快速识别问题并给予解答,很大程度提高系统的便捷性。

3)RPA 技术的运用

RPA 是一种利用计算机指令与程序模拟人工操作步骤的技术,它可以快速、准确、不知疲倦地完成重复、步骤清晰的指定任务。RPA 的显著优势为智能财务实践与探索提供了强有力的支撑。在财务管理中使用 RPA 技术可以极大地提高财务管理规范度、提高工作效率、降低财务管理风险。目前,陕师大在审批流程维护、记账凭证自动生成以及跨系统数据采集录入等场景中应用了 RPA 技术。在审批后台系统中,项目的审批流程经常变动,但是操作流程相对固定。陕师大结合实际工作自主研发了审批流程 RPA 系统,实现了审批流程信息自动设定,节约了数据维护人员的工作时间。在记账凭证录入环节,简单报销业务的录入操作步骤相对固定,规则相对明晰,但是这部分记账凭证的体量比较大,占据了会计人员大量的时间。针对这一问题,陕师大部署了记账凭证自动生成 RPA 程序,该程序可以根据报销单流水号自动调取报销单、录入会计要素、生成记账凭证。

3. 移动互联网的运用

移动互联网结合了移动通信和互联网,继承了移动通信随时、随地、随身和互联网开放、共享、互动的优势。随着移动互联网的发展,手机等移动设备成为师生随身携带的物品,使用手机处理工作、学习和查阅消息成为广大师生的习惯。陕师大在智慧财务建设中广泛使用了移动互联网技术,主要包含以下 6 个应用场景:

(1)票据影像和数据采集,可随时随地完成票据影像和结构化数据的自动采集,并自动进行发票查验,将票据稽核前移到业务端。

(2)文件资料采集,通过智能报销 App 能够随时随地完成相关文件资料的拍照并合成 PDF 文件,方便报销时直接调用。

(3)移动端报销,提供从业务申请、审批到报销的全业务报账应用。

(4)移动端财务信息查询,通过学校计划财务处微信公众号和智能报销 App,教师可以非常方便地查询工资收入、项目收支、银行来款信息等,学生可以查询学费住宿费缴纳情况、完成电子发票下载等。

(5)移动端智能客服,我们将智能客服系统内嵌在计划财务处微信公众号中,师生在遇到财务问题时可以随时随地通过手机端的智能客服进行咨询,解决了财务咨询难的问题。

(6)移动端财务信息发布,师生通过计划财务处微信公众号可以收到定制推送的消息和智能客服系统中的留言回复信息,实时掌握财务最新通知与咨询问题回复。

4. 云计算的运用

云计算是一种基于互联网的计算方式,可以将共享的软硬件资源和信息按需提供给计算机和其他设备。广义上的云计算包括后台硬件的云集群、软件的云服务、人员的云共享等不同形态。陕师大在建设智慧财务创新平台时采用私有云部署方式,将财务内网服务器全部部署于私有化超融合平台中。该平台一方面可自由扩展计算性能和存储空间;另一方面可方便业务系统部署和资源划拨,对上层应用起到强有力的支撑作用。另外,陕师大购买了发票识别云服务,用户在各自终端对发票照片进行上传和 OCR 识别时,都会与发票云服务器通信,借助发票云服务器强大的数据处理能力,快速完成信息采集并将数据保存在私有云服务器上。

5. 物联网的运用

物联网是指通过二维码识读设备、射频识别装置、红外感应器、全球定位系统和激光扫描器等信息传感设备,按约定的协议,把任何物品与互联网相连接,进行信息交换和通信,以实现智能化识别、定位、跟踪、监控和管理的一种网络。它主要解决物品与物品、人与物品、人与人之间的互联。学校在智慧财务创新平台中运用了多种物联网技术。其中,有两处二维码应用场景:一是报销单流转环节,报销单据从投递、接单、分单、制单、复核、出纳的全部流程,都可以通过二维码扫描定位单据编号以及获取单据信息;二是发票识别与验证环节,用户通过手机扫描发票二维码实现发票信息的识别与真伪验证,方便用户在线管理发票。激光定位系统主要用于智能财务机器人中。通过激光定位系统对所在楼宇构建地图、设置障碍标识、规划特定位置,机器人可具备自由行走的能力。射频识别装置主要用于智能投递机和智能财务机器人。用户可以在设备上通过刷身份证进行身份认证,也可以刷银行卡更新自己的卡号信息。

(四) 投入的相关部门和人员情况

为确保智慧财务项目建设的顺利推进,捋顺各环节工作流程,学校计划财务处联合信息化建设与管理处和财务软件提供商开展具体工作。

计划财务处作为学校财务信息化建设的责任单位,负责全校财务信息化建设的总体规划。在建设过程中,陕师大坚持整体规划与分步实施原则,经过充分考虑和论证,将计划财务处与二级单位的财务信息化需求均考虑在内,对财务管理体系、财务系统功能进行整体规划,加强自主研发能力,研发具有自主知识产权的系统软件。从会计电算化到财务信息化再到财务智能化,计划财务处紧跟时代发展,主动寻求变革和突破,从制度出台、资金筹备、业务梳理、流程再造到人员配备,全方位推进智慧财务工作的快速有效发展,并将智慧财务建设定位为提高财务管理水平和财务服务水平的必由之路。

信息化建设与管理处积极配合财务信息化建设,将财务信息化建设工作纳入智慧校园建设整体规划中,统一规划、整体布局,发挥财务工作在智慧校园中的重要作用。根据财务业务和数据的特殊性,信息化建设与管理处给予针对性支持,负责财务信息化硬件基础设施的托管、维护工作以及财务网络拓扑规划,确保校园网环境内的数据安全,防止外来入侵;协助完成财务系统与校内各单位业务系统之间的对接,促进业财融合;同时负责统一全校各类业务数据标准规范,促进校务数据分级分层有效共享,避免数据重复采集、重复填报,优化业务管理,提升公共服务。

天津神州浩天科技有限公司是一家集管理软件设计、开发、销售、服务于一体的高新技术企业。该公司注册资金5 000万元,拥有员工近450人,为陕师大提供了财务智能核算平台、薪酬数字化管理系统、智能报销系统等30余个系统模块,这些模块构成了智慧财务创新平台。该平台满足政府会计制度要求,有助于强化财务会计、改进预算会计、促进业财融合,满足了学校财务精细化管理和多维度辅助核算的要求。同时,该公司着眼于高校财务信息化未来发展方向,从智能化、一体化、数字化的角度出发进行整体规划,帮助陕师大在改革浪潮中平稳转型、快速发展。

在智慧财务创新平台建成之后，计划财务处负责平台的日常运维、功能需求调研、定制化模块开发等工作；网络信息中心负责网络环境运维和系统等保管理以及智慧财务创新平台的底层超融合管理平台的维护；财务软件提供商持续对各系统功能进行优化完善，同时按照学校具体需求完成相关系统的开发工作。

（五）实践中遇到的主要问题和解决方法

1. 主要存在的问题

（1）观念束缚。平台建设初期，财务部门内部仍然存在"重核算，轻管理"的观念，认为财务部门是核算部门，应专注于按照会计准则处理账务、出具报表。部门内缺乏管理会计的理念，也缺乏提供决策参考的机会，未将财务管理作为学校战略发展的重要手段。

（2）部门封闭。随着学校办学规模不断扩大，校内业务管理日益规范，部门职能持续细化。随之而来的问题便是财务与业务出现严重的割裂，部门之间存在不信任、不协同等问题，甚至因为职责壁垒发生冲突，严重制约学校发展。

（3）数据无用。长期以来，财务部门作为学校天然的数据中心，除了向上级部门提交准确的会计报表，未能有效地利用手里的数据资源，未将财务数据转换为非财务语言的可视化仪表图进行展示。同时，传统工作中存在大量的纸质数据和非结构化的电子数据，而部门未能对这类数据进行有效采集和提取利用，造成了数据资源的浪费。

（4）功能欠缺。在实践初期，系统功能仍停留在会计电算化基础上，尚未嵌入预算管理、内部控制、风险预警等重要功能。系统也没有预留数据接口，无法实现跨业务流程的衔接和业财数据的互通共享，导致了"信息孤岛"。

（5）标准不一。在原有财务系统中，人为因素导致基础数据不规范、标准不一致、采集不完整等问题发生，严重制约业务协同发展和流程前后联动，为后期智慧财务创新平台建设埋下了隐患，在客观上严重阻碍了财务信息化发展进程。

（6）风险长存。在办理具体业务时，对文件或制度理解的深入程度会影响业务办理的结果。在学校事业不断发展、财务业务不断增加的情况下，单纯依靠财务人员的主观判断来处理业务一方面存在较大的财务风险，另一方面也加重了财务人员的工作负担。如何将内控制度、经费管控要求以及会计规则有效融入各系统模块，是一项既充满挑战又富有现实意义的工作。

2. 解决方法

（1）强化信息化管理意识。面对智能化应用的快速发展，我们应凝聚创新变革共识，加强对基层财务人员信息化管理意识培训，通过组织内部学习、智慧财务系统培训、部门信息化工作协调会议等方式扭转思维和观念，统一单位内部对信息化管理的认识，树立业财融合意识，以管理的眼光处理财务工作，探索价值创造的新型财务管理模式。

（2）加强跨部门沟通协作。我们应根据实际业务对接情况，主动深入相关业务部门了解业务流程，并不断优化改进业务流程，增强业务部门与财务部门在实际工作中的协同配合。例如，通过全面预算管理系统对校内各单位业务开展资金测算、分配、控制、考核，以便有效地促进和引导部门业务发展；通过推进业财融合发展，实现对于资金的事前沟通、事中控制和事后评价，将财务工作与业务工作紧密相连，改变校内部门之间封闭、粗放式管理模式。

（3）全面改造系统功能架构。为了在大数据和智能财务时代保证系统平台高速稳定运行，我们制定了符合业务长期发展需求的软、硬件规划方案。例如，采用"Oracle 一体机 + 超融合虚拟化平台"作为系统平台的底层硬件支撑，以保证数据的安全和满足系统大规模高频读写的需求，实现计算和存储资源统一分配，从而创建高效、敏捷且可延展的财务系统软硬件基础架构；借助感知智能、RPA、大数据等智能引擎体系对现有各业务模块进行改造，优化系统功能，实现自动化办公；加强校内统一数据标准的顶层设计，全面采集治理各类数据，实现数据质量的高效、统一管理。

（4）组建复合型人才支撑体系。我们应充分认识复合型人才对智慧财务建设的重要性，优化财务队伍资源配置和管理调控能力，激发员工积极性和创造性，提高智能财务生产力；推进财务人员知识体系结构升级，加强财务、业务与信息技术知识的学习，树立全局观和系统观，构建完整的知识框架；提升财务人员创新能力，积极探索财务智能化应用场景，提升流程优化、数据挖掘和财务管理能力。

（5）完善财务信息化管理制度。我们应制定业务权责分明的管理制度，将财务管理指标落实到各个部门和人员身上，提高全员的财务信息化管理参与度；结合智能财务建设和应用，从流程规范、内部控制、数据安全等多个方面对财务制度进行完善，提升会计信息质量，规避操作风险，为智能化财务工作正常开展提供规范指导。截至 2021 年 3 月，陕师大财务部门共计制定各类流程标准和风险矩阵 75 项，设置预警规则 136 条，出台制度文件和管理办法 41 份，确保智能财务管理有章可循、有据可依。

（6）加强系统平台安全防控。风险防控和网络安全是智慧财务建设的基石，我们应充分认识其重要性，多措并举进行有效防护。例如，在网络层，通过架设网闸、防火墙等安全设施，部署专业漏扫和杀毒软件以确保网络和系统安全；在应用层，将现行内控制度、经费管控、职能权限以及风险矩阵内嵌至各业务系统模块，以有效防控财务风险；在数据层，通过制订定期备份、循环备份计划，部署异地容灾备份系统，建立数据库实时应用集群、自动迁移机制，从多个维度保障数据安全。

三、实践成效与未来展望

智慧财务创新平台的建设，重新定义了财务管理流程和方式。它将原先分散的线下流程转变为标准统一的线上流程，实现了数据标准化、内控规范化、业务自动化，切实提升了师生体验和财务人员工作效率。在高新技术的加持下，智慧财务建设将上升为学校的战略发展高度，在科技赋能模式下推动学校财务数字化、智能化转型。

（一）实践成效

（1）促进业务财务深度融合。智慧财务创新平台的建设可补齐功能短板，打通"信息孤岛",实现互联互通,促进财务与其他业务信息系统有机融合。通过与人事系统对接,财务人员能够实时、准确地获取人事数据,有效解决传统线下传递的低效率和信息不对称问题;财务部门通过差旅服务平台利用实时的人事数据,判断出行人员的交通标准、住宿标准以及补助标准,从而减少财务管理风险,严格控制经费支出;通过与资产系统对接,财务人员可以获取资产入库及折旧分摊信息,实现一站式资产业务入账,提高师生资产入账报销效率;通过与科研系统对接,财务人员可以获取项目类型、预算金额以及结题等信息,实现科研项目一站式管理,提高师生项目管理效率。通过以上业财融合手段,财务部门提升了数据采集能力,并通过多维度业财数据组合,释放数据应用价值,使得财务人员得以从事更多分析决策性事务,深度参与学校的发展规划。

(2)强化财务精细化管理。精细化管理是财务工作的未来发展趋势。智慧财务创新平台的建设有助于建立起一套细致的工作流程和业务规范。财务部门利用业财融合等技术路径,不断扩展财务工作的广度和深度,将财务工作延展至全业务流程,不再局限于核算与监督,而是结合学校目标加强内部控制,发挥财务有效配置资源的作用;利用基于规则的数据模型将财务活动中的风险管控嵌套在平台运行的具体流程中,健全平台预警响应机制及问题发现整改机制,进一步提高会计核算质量,全面提升学校风险防控能力及内部治理水平;利用智慧财务数据中心,深度挖掘学校财务活动中的潜在价值和关联关系,追求财务活动的高附加值;利用感知智能技术,增强信息采集和处理能力,减少人为错误因素,在解放人力的同时强化业务的精细化管理。

(3)技术赋能提高财务效率。感知智能、RPA、大数据、云计算、物联网等高新技术的运用,是财务智能化的本质所在,也是智慧财务创新平台建设过程中的技术核心。通过这些新技术的加持,财务管理工作被注入强劲的动能,切实提高了工作效率。利用 RPA 技术将员工的经验模型化、自动化,让员工摆脱重复式、机械式的工作内容,更加关注具有创造力的财务管理工作;基于 OCR 技术的移动报销系统,使发票识别验真、移动审批、移动查询常态化,提升师生报销体验;利用智慧财务数据中心为财务管理搭建驾驶舱,实时监测财务运行状态,更大程度发挥财务数据的作用价值。

(4)加速财务智能化转型。智能技术的赋能让陕师大财务工作水平进一步提升,通过智能报销、智能核算以及智能投递机的应用,构建了"一站式"智能报销体系,打造"最多跑一次"的财务服务模式;通过智能客服、智慧财务数据中心以及智能财务机器人进一步丰富财务场景化服务模式,建设"多位一体"的新媒体宣传体系;通过 RPA 技术与感知智能技术,基于明确规则和流程,自动执行重复性任务,实现自动化办公和跨系统交互,将财务人员从每日的重复工作中解放出来,转向财务分析和财务管理工作,提高工作质量和工作效率。

(5)组建财务信息化人才队伍。智慧财务创新平台顺利落地和平稳运行的核心取决于人,没有信息技术的底层支撑也就没有智慧财务的上层应用。为此,陕师大计划财务处积极组建信息化人才队伍,扩充人员数量,同时强化会计原理和信息技术培训,保证信息化人员队伍具有过硬的业务技能。在平台实践过程中,为了满足实际工作需求,填补公司软件开发中的不足,精准解决工作中的难点和痛点,陕师大利用财务信息化人才队伍的自身力量,自主研发了智能客服、财务数据分析与可视化系统、审批流程维护 RPA、差旅标准查询系统、移动端预约报销系统、自动更新系统等多套财务应用系统,在实际应用中取得了良好的效果。

(二)未来展望

未来在智慧财务建设的道路上,我们需要与时俱进、融会贯通,继续探索新技术与财务工作的交叉融合点,进一步促进财务管理精细化、内控管理信息化、数据应用价值化。

(1)建设财务无纸化办公体系。虽然陕师大已经实现了线上报销、线上审批等在线办公业务,但仍然需要对纸质凭证进行审核与复核。随着图像识别技术的不断提升以及凭证影像化系统的优化,我们在未来将实现数字化审核与复核,减少纸质单据在业务处理中的流转。

(2)强化业财数据交互体系。在"大智移云物区"背景下,以现有智慧财务创新平台为中心,学校财务部门可以强化与学校其他职能部门系统的互联互通、业务的深度融合。通过规划的预留数据接口与更多职能部门的管理系统进行数据交换与共享,按照规范的数据标准进行采集、加工和存储,不断推进业财一体化,实现数字化智慧校园建设的目标。

(3)完善财务数据治理体系。坚持以数据价值应用为导向,以全员数据治理为核心,建立长期、可控、可持续的数据治理体系,促进数据在"内增值,外增效"两方面的价值变现,充分发挥财务数据"仪表盘"和"导航仪"的作用。

(4)改进智慧财务技术体系。深入调研感知智能、RPA、大数据、云计算、物联网等高新技术发展情况,精准匹配高新技术与财务管理应用场景,遵循可靠性和可用性原则,既要确保采用的新技术是先进的,又要保证与财务软件结合实施过程中是适用的,从而实现财务智能化升级。

参考文献

[1]曹海镖.RPA技术赋能财务数字生产转型[J].中国总会计师,2020(12):16-17.

[2]杨寅,刘勤,黄虎.企业财务智能化转型研究:体系架构与路径过程[J].会计之友,2020(20):145-150.

[3]刘梅玲,黄虎,佟成生,等.智能财务的基本框架与建设思路研究[J].会计研究,2020(03):179-192.

[4]王珂,杨芳,姜杉.光学字符识别综述[J].计算机应用研究,2020,37(S2):22-24.

[5]韩露,桑亚楼.NFC技术及其应用[J].移动通信,2008(06):25-28.

[6]权美香,朴松昊,李国.视觉SLAM综述[J].智能系统学报,2016,11(06):768-776.

[7]刘梅玲,刘凯,黄虎,等.智能财务建设之新技术运用设计[J].会计之友,2020(16):141-149.

[8]奚雪峰,周国栋.面向自然语言处理的深度学习研究[J].自动化学报,2016,42(10):1445-1465.

□ 特大型企业集团智能共享多主业并联研究

——以山东高速集团为例

李　航　山东高速集团有限公司党委委员、副总经理，山东财经大学硕士生导师

梁占海　山东高速集团有限公司计划财务部部长、正高级会计师

孟令君　山东高速集团有限公司财务信息化高级经理

黄长胤　上海国家会计学院硕士生导师

■ 智能共享　　多主业并联
智能预算　　RPA

　　当前，全球不断涌现的云计算、大数据、人工智能、物联网、区块链等新技术，正在带来新一轮的科技革命和大交通产业变革，同时也在不断推动企业财务流程重构。智能经济与共享经济的精髓在于资源的充分整合与再利用。在全面共享经济中，一切标准化、程序化的基础会计工作，都将被完全标准化、自动化、智能化的财务共享平台所取代。

　　在新常态经济作用下，山东高速集团所面临的财务管理环境日益复杂，特别是特大型集团企业面临跨地区、跨行业经营，规模急速扩大，成员机构差异性大等挑战，财务管理体系日趋复杂、多变。加之与客商等建立的业务往来、交易事项日益复杂，财务共享迫切需要升级为智能财务共享模式，在确保交易安全和信息数据集中的前提下提高作业效率，并进一步降低人员成本。现阶段，山东高速财务共享中心充分按照特大型国企战略管控、预算管理要求，在国内率先采用"智能共享多主业并联模式"。山东高速持续通过智能财务共享实践加速集团公司财务数字化及智能化转型升级。

一、案例背景

(一) 案例单位简介

山东高速集团有限公司(以下简称山东高速或山东高速集团)是由山东省委管理领导班子、山东省国资委履行出资人职责的国有独资大型企业集团。其经营主业涵盖交通基础设施领域及智慧交通的投资、建设、运营、管理,交通基础设施配套土地的综合开发,物流及相关配套服务,金融资产投资与管理等领域(见图 12-1)。

主营业务

交通　　　　　　　物流　　　　　　　金融

图 12-1　山东高速主营业务示意图

截至 2020 年年末,山东高速注册资本为 495 亿元,资产总额为 10 600 亿元,资产规模居全省企业和全国同行业第一位,经营领域涉及全国 22 个省市、全球 100 多个国家和地区。山东高速拥有山东高速股份有限公司、山东高速路桥集团股份有限公司、中国山东高速金融集团有限公司、威海市商业银行股份有限公司、齐鲁高速公路股份有限公司等 5 家上市公司,涵盖权属法人单位 500 余家,核算主体 1 500 个。

为深入贯彻落实关于深化国企改革的重要批示精神,山东高速认真落实国务院关于财务信息化建设和智能财务共享中心建设的决策部署,紧紧围绕山东省国资委智能财务共享中心试点工作指导意见,结合自身整体信息化建设方案,按照"整体规划、分步实施、逐渐完善"的工作思路,遵循"一主多分过渡,多分聚合归一"的建设路径,分步骤启动推进"山东高速股份有限公司(交通运营)、山东高速建设管理集团有限公司(工程管理)、山东高速路桥集团股份有限公司(建筑施工)"3 个财务共享分中心的建设(以下简称高速股份、建设管理集团、路桥集团)。

山东高速一方面着眼长远,做好顶层设计;另一方面立足当前,先行先试,大胆探索,推动集团财务管理优化转型,提升财务管理水平,高质量完成智能财务共享建设任务。

(二) 智能财务建设动机

1. 智能财务共享建设总目标

山东高速智能财务共享建设总目标是构建"监督管控型"财务共享中心,通过流程化、标准化、一体化、信息化、智能化,实现业财一体化,实现集团管理优化、核心竞争力强化扩张及多业态战略协同,提高集团综合管控能力,助力企业高质量发展,为集团做强交通、物流、金融主业提供有力支持,为集团内多业态、不同行业领域的成员单位提供财税一站式的优质、专业化服务。

2. 智能财务共享建设需求分析

一是为适应山东高速响应"一带一路"倡议快速国际化发展,为实现强主业经营的财务共享服务作支撑。

二是在财务管理领域实现"业财税资"一体化转型升级,加强企业治理、财务风险管控和数据的集中监控分析,提高财务核算效率。

三是在海外投资与长期可持续经营的大背景下,缓解境内外财务人员短缺的问题。

二、案例具体实践

(一)智能财务共享中心建设方案设计

山东高速建立集团智能财务共享中心,可基本实现集团会计集中核算、资金集中管理、业务财务一体化等目标。在此基础上,山东高速可加快财务共享业务与战略规划、智能预算、税务筹划、风险管理、财务分析预测等工作的全面对接,促进集团财务管理模式向决策支持型转变。

运行成熟的财务共享中心,可逐步拓展共享中心职能,形成具有核心运营能力的业务中台,对内、外提供快速、合规、稳定的业务支持,从成本费用中心向利润中心转变,实现财务价值创造目标。

在智能财务共享中心建设中,我们要明确或设立运营管理机构以凝聚合力,协同推进集团财务共享中心建设,坚持集团统一领导、压实责任,大力宣贯、加强培训,及时总结、完善方案,勠力同心、集中攻坚,共同完成好各项建设目标任务;提高制度优化与流程再造以提高站位,深刻认识财务共享中心建设的重要意义,切实理解财务共享中心建设是贯彻新发展理念、全面提升治理水平的重大举措,是推进对标提升、建设一流企业的有力抓手,是深化数字化转型、打造"数字高速"的重要支撑。

开发建设数据信息平台以系统性谋划,加快构建适应高速集团高质量发展需要的财务共享体系,坚持综合集成一体化推进,坚持依托多产业布局优化财务共享运营体系,坚持分步实施与突出行业重点相结合,为圆满收官"十三五"、顺利开启"十四五"作出更大贡献。

针对集团快速发展的财务共享转型的管理需要,山东高速从集团所辖3大主业板块、20个经营行业的实际需求出发,采用部分行业板块应用试点先行,再推广覆盖全业务共享,实现整合资源、规范流程、提高效率、实现共享、强化管控。其实现路径是分行业、分板块、分单位、分阶段上线应用。

山东高速充分研究借鉴国内外财务共享模式,选择业务规模大、同质性强、流程规范的权属单位实施,建立专业财务共享服务平台,为内部成员单位乃至外部生态产业链相关合作单位的财务管控、风险控制以及管理决策等提供完善的服务支持,实现共享共赢、创新增值。

山东高速结合国有资本投资运营公司经营管理要求,充分考虑成员单位的管理水平、行业差异与规模效益,设计采用"智能财务多主业模式",涵盖公路运营、物流运输、建筑施工、投资管理、第三方支付等业务领域,前期建立多个分中心,待各分中心运行平稳后,再着手建立集团化的总中心。

山东高速按"一步规划,分步实施"的原则,在集团信息化整体规划实施到位后开展集团的财务共享一体化,在尚不具备全面整体推进的条件下,选择部分条件成熟的板块、行业、单位等分步实施。

智能财务共享中心建设方案设计如图 12-2 所示。

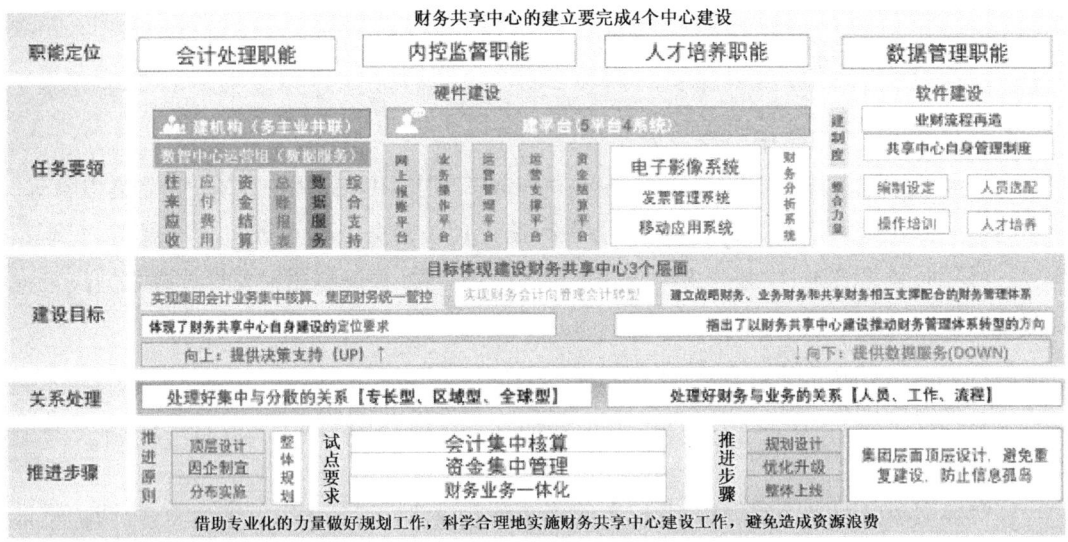

图 12-2 智能财务共享中心建设方案设计

山东高速认真学习研究山东省国资委下发的《关于省属企业建设财务共享中心的指导意见》(鲁国资财监字〔2020〕66 号)和《关于省属企业建设财务共享中心的试点通知》(鲁国资财监字〔2020〕67 号)两份文件,领会文件精神,结合集团多主业的管理实际,制定集团财务共享中心建设规划方案,并确定"总体规划、分步实施"的工作思路和"一主多分过渡,多分聚合归一"的建设路径,积极响应山东省国资委提出"多主业并联"的"高速模式"财务共享中心建设要求。

山东高速集团智能财务共享中心建设阶段如图 12-3 所示。智能财务共享中心从 2017 年10 月开始初步筹建,经历了集中核算、业财分离、智能共享三个阶段,从起初的摸索式建设到集中人员办公再到业财分离。较大的人员组织变动为财务共享建设积累了大量的经验。

1. 规划试点阶段(2020 年 7 月至 2020 年 12 月)

山东高速根据自身实际研究制定了智能财务共享中心建设实施方案,明确中心建设目标、建设内容(包括机构设置、人员配置、流程制度、支持系统、场地展示、智能设备等)、实施步骤、建设预算、运营管理等,并确定了首批试点的权属企业名单,报省国资委备案后着手实施。

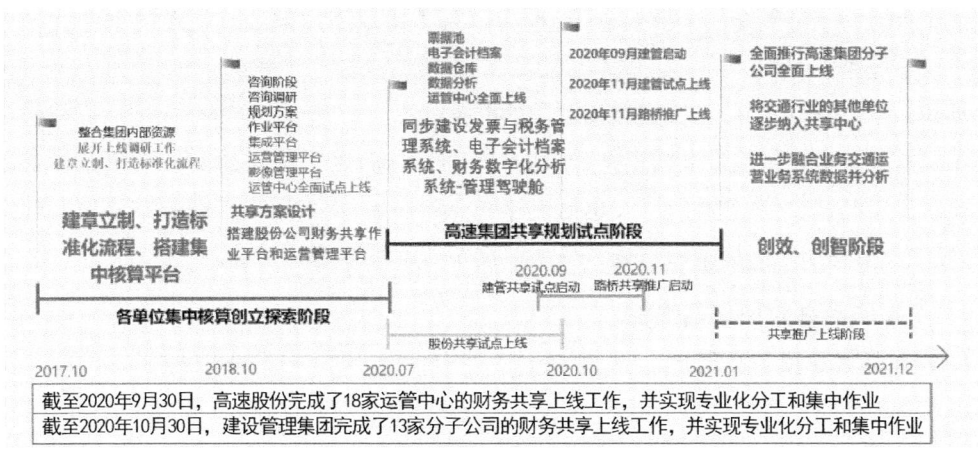

图12-3　智能财务共享中心建设阶段示意图

2. 推广上线阶段(2021年1月至2021年12月)

该阶段主要是成立智能财务共享中心运营管理机构,完成制度优化和智能流程再造工作,开发完成智能财务共享数据信息平台,在试点权属企业完成数据迁移,并开始上线试运行。

3. 创效、创智阶段(2022年1月至2022年6月)

该阶段主要是总结前阶段试点工作经验,创效、创智阶段进一步优化数据信息平台,深化多系统整合集成,完善中心日常运营管理,同时扩大试点权属企业范围。该阶段目标是到2022年6月底前,确保集团主体业务在会计集中核算、资金集中管理、财务业务一体化等方面基本实施到位;同时将试点企业模板在未试点企业进行全面推广复制,完成数据迁移和系统对接,达到集团总部及具备条件的权属企业全业务、全流程财务共享上线运行。

该集团在统一规划下,自2020年7月开始展开财务共享中心精品建设,在组织变革、人员岗组设置、共享作业平台建设、智能应用引入等多个方面进行了试点推广。智能财务共享中心内部结构如图12-4所示。此次试点效果明显,并积累了大量的过程资产,为山东高速

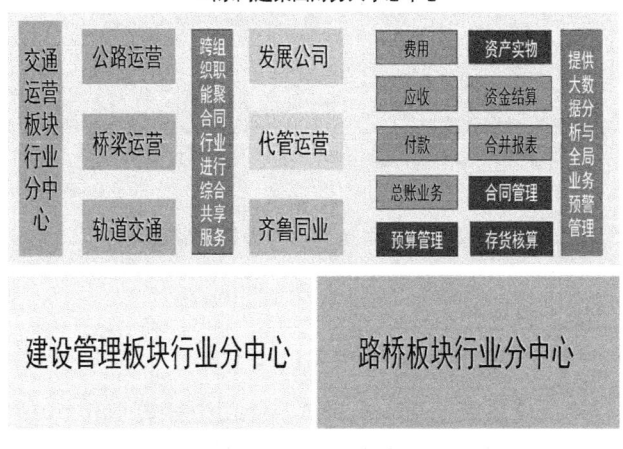

图12-4　智能财务共享中心内部结构示意图

集团继续扩大共享范围提供了模式参考,也为山东高速集团内部的其他单位财务共享建设提供了借鉴经验。

具体如下:2020年9月,完成高速股份的财务共享中心建设;2020年10月,完成建设管理集团的财务共享精品建设上线工作;2020年11月上旬,路桥集团的财务共享中心在汲取了上述两个成熟试点单位的经验后,也已组建联合项目组,正式迈出了财务共享中心建设的步伐,并逐步启动山东高速集团财务共享大数据中心治理体系的建设。

(二)智能财务应用场景选择

1. 应用场景选择的原因

山东高速集团结合长期以来的财务数字化转型建设经验,于2020年7月初形成《关于山东高速集团多业态财务共享中心的试点推广规划》,并结合《山东省国资委关于开展省属企业财务共享中心建设试点工作的指导意见》(鲁国资财监字〔2020〕66号)和《山东省国资委关于公布省属企业共享财务中心建设试点企业名单的通知》(鲁国资财监字〔2020〕67号)指示精神,于2020年8月31日前完成《山东高速集团有限公司财务共享中心建设实施方案》终稿呈报山东省国资委并一次性通过提报材料审核。智能财务共享中心相关制度文件如图12-5所示。

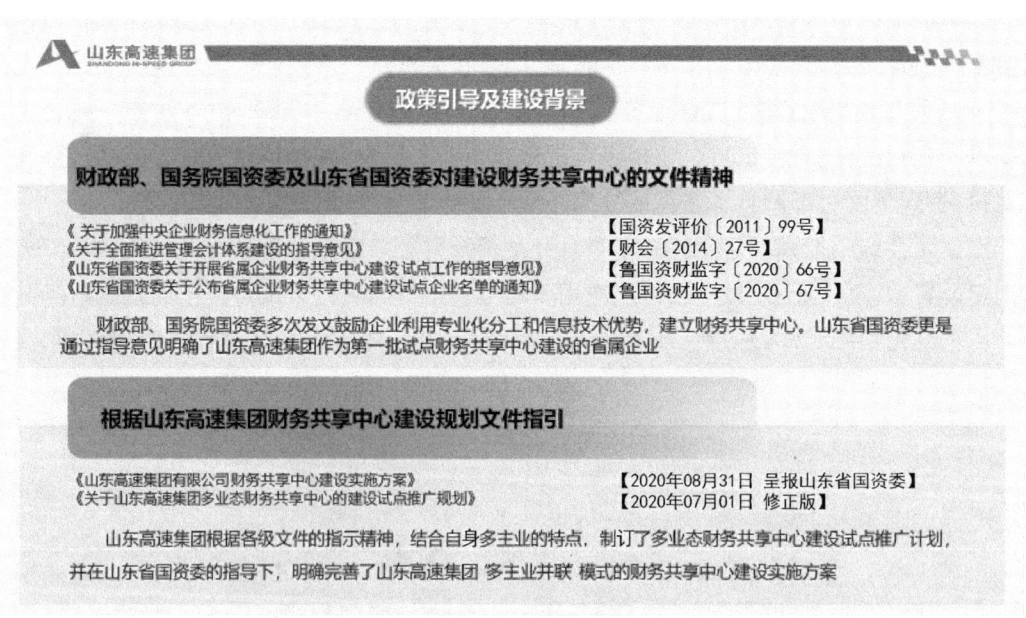

图12-5 智能财务共享中心相关制度文件

2. 智能预算管理体系的设计

山东高速集团于财务共享期间实施预算管理体系提升并上线推广了智能预算管理信息一体化系统。目前,智能预算系统已覆盖全部1 600多个核算单位、8 000多个预算主体,级次从二级子公司延伸至基层单位管理部门、项目部、服务区、加油站等,能够满足集团财务管控的应用要求,提供完善的特大型企业预算体系整体解决方案,为各级企业提供预算目标下达、下级预算填报、预算数据上报和批复、数据多版本管理、预算调整、执行监控和多维分析的智能预算管理数据通道。

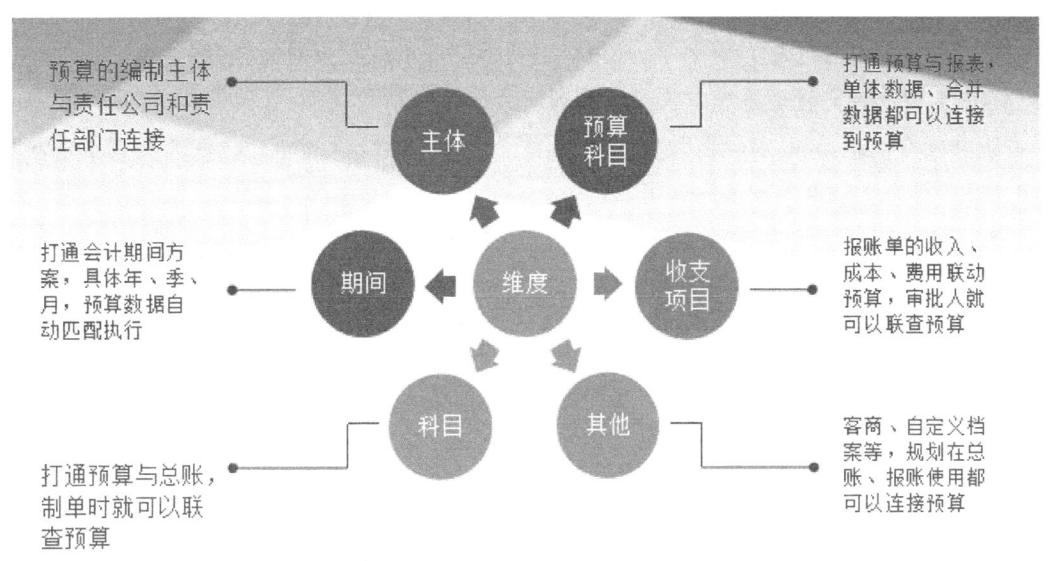

图 12-6 智能财务共享中心的六点六维

智能预算管理体系发挥的巨大作用可归纳为以下六点六维(见图 12-6):

(1)方便有效地统一整个集团的预算政策,通过预算类型、预算模板和预算方案的设置来实现预算政策的执行;集团下发的预算指标、下级申报的预算数据、过去的实际数据以及关联的预算数据都可作为预算编制的数据来源。

(2)对上海视野、百丞税务等咨询机构提交的预算管控体系建设成果,包括岗位组织、表单样式、数据逻辑、基础假设等,进行了系统统一标准配置,如应用模型、维度、业务规则、控制方案等的设置,且符合企业要求的预算假设条件、预算目标制定下发、预算考核与预算通报。

(3)通过流程优化、表格固化等手段,有效提高了预算控制、分析和考核的针对性、时效性,大大提升了预算管理工作的质量和效率,为集团公司搭建了一个"全层次、全覆盖""横到边、纵到底"的预算管理平台;深化整合集团业财数据,提高财务信息的综合利用度;以企业绩效管控为导向,通过标杆对标,整合营业收入、利润、资产、现金流量、净资产收益率等关键指标,在统一的系统平台上实现了多行业一体化的预算通报、内部报告等功能;通过不断创新、持续优化,系统中成功启用了"生产经营计划",实现了生产经营计划自下而上的编制。

(4)预算分级管控为集团公司总部设计了各管理专项的表单,包括培训费、学会会费、法律事务费等,由业务部门编制,进行线上控制和分析,支持推行至相关部门。预算不再是财务部门单打独斗的"独角戏",而是做到了业务部门自己编制预算,日常执行预算。在下级机构,预算组织被推向了具体工程项目,分子公司依据自己的工程项目进行预算主体管理。

预算朝着从财务会计到"业务财务"的方向发展,系统支持管理费用、销售费用预算表由各相关业务部门进行编制,并汇总形成该公司整体的管理费用、销售费用。

(5)创新实现多版本管理,在预算管理过程控制中,增加了多达15版的预算数据池,以支撑"两上两下一结合"的统一要求,将历史的预算进行版本化保存。不仅预算编制和调整可以直接引入历史版本的预算表单,还可以进行不同版本的预算对比查询。

(6)对智能预算管理系统中关键性的高速云设备进行更新换代、升级扩容,持续更新预算系统软硬件设施,同时对全部数据进行分层管理,优化数据存储空间,大大提高了系统的运行速度,提高了数据的安全性和可靠性。

3. 持续推进预算管理体系的智能化、标准化提高

智能预算管理体系是山东高速集团用来建立多套单位上下级管理关系的"大纲"。它按照不同的预算组织体系设计来实现预算的上报、汇总、分解、执行、通报等,目前已建成了"产权、行政、行业"3套预算管理体系(见图12-7)。例如,分行业预算体系如图12-9所示。

编码	预算体系名称
01	产权预算体系
02	行政预算体系
03	行业预算体系

图12-7 智能财务共享中心预算体系

专项工程在立项时要对总概算进行多年的使用预测,编制每年使用的概算额度。会计期间和项目立项两个维度,通过制定年度档案实现不同年度立项的预算立项表,通过会计期间档案明确立项的项目在每个会计期间的预算额度(见图12-8)。

依据最终版本的预算样表,保证预算系统与其他系统的连接关系,各项目小组开始对基础主数据档案进行统一规划,确定了关键的5大档案,即会计科目、客商、部门、业务项目、收支项目。

面对多主业板块、多行业、集团化的智能预算管控,此次提升专项再次确定了分摊维度、指定年度、入账方式、预算列维度、预算统计列、账龄维度、新旧维度、产品线、管理专项、房地产项目、预算版本、预算科目、业务方案等13类档案。

01	上年预算数
02	1~10月实际数
03	11~12月预算数
04	上年预计数
05	本年预算数
06	本年实际数
07	执行比率
08	预算与上年预计比较
09	截至本年年末
10	战略目标

图12-8 预算体系示意图

主行业章节	名称
第100章	总则
第200章	路基工程
第300章	路面
第400章	桥梁
第500章	隧道
第600章	安全设施及预埋管线
第700章	绿化及环境保护设施
第800章	管理、养护及服务房屋
第900章	机电设施

图12-9 预算体系—分行业

（1）施工企业可以按照施工项目编制明细的预算表单,单一项目支持一套成本表单管理,公司成本通过各项目成本汇总生成。

（2）施工项目编制一套收入成本预算,公司预算通过各项目汇总生成。

（3）预算可以保存多个版本,实现不同版本的对比,并可以快速载入某个版本的预算生成正式预算数据（见图 12-10）。

（4）公路行业大修、机电、小修保养在系统内实现专项管理,一事一控。

（5）集团一事一控专项事项管理项目得到落实,重要跨年度的事项追加年度立项预算,实现全生命周期预算管理。

分析指标	说明
预算数	表示预算表单中的数据为预算数据
实际数	表示预算表单中的数据为业务审批生效的实际执行数数据
预占数	表示预算表单中的数据为业务单据保存后预占的预算数据

图 12-10　预算体系—分项指标

年度预算编制时,企业根据需要保存多个版本的预算稿件,从 1 开始。无论最后使用哪一稿预算,审批后自动成为编制生效版本。动态建模平台如图 12-11 所示。

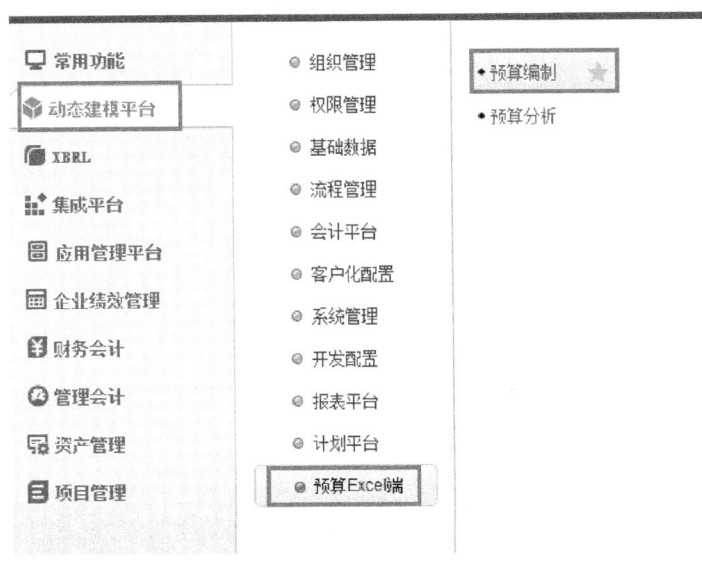

图 12-11　动态建模平台

半年度预算调整时,企业根据需要可以保存多个版本的预算稿件,根据自身单位的需要,保存需要的版本,从 1 开始。例如,主营业务收入预算编制如图 12-12 所示。无论最后使用哪一稿预算,审批后自动成为编制生效版本。

4. 智能财务创新与应用实践

山东高速集团的智能财务建设填补了国内智能化预算管理和流程自动化预算执行等相

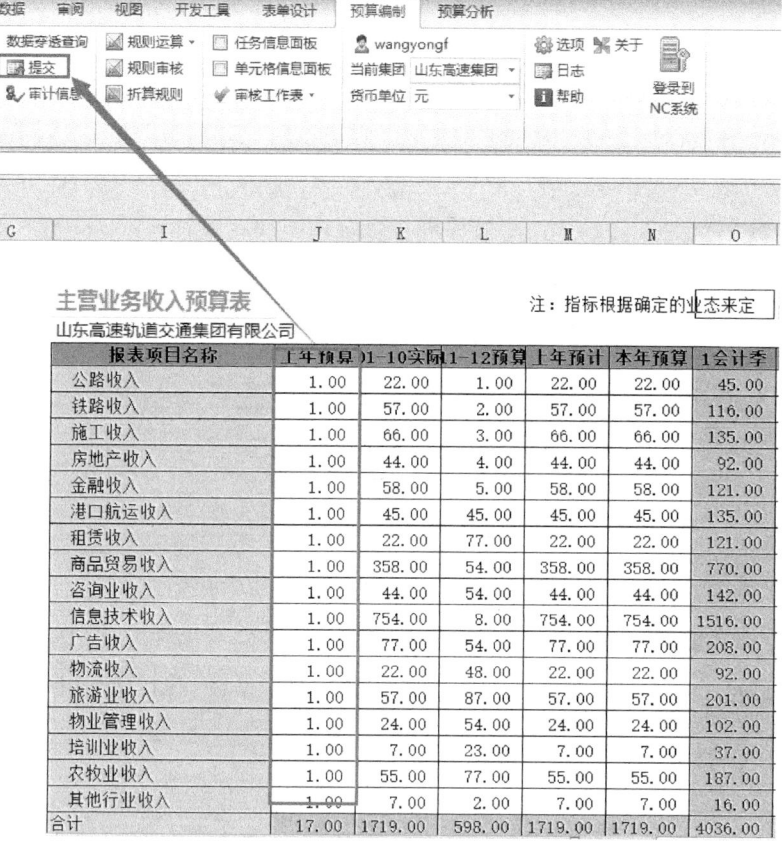

图 12-12　主营业务收入预算示例

关领域属于空白的尝试,打破了长期以来只有单一行业才能应用智能财务共享中心的实践与理论制约。其主要的智能财务创新探索包括如下内容:

(1)集团权属企业通过"共享中心"建立新型财务组织结构,适度集中并减少中间管理层级和人员数目(即组织流程再造),从而有效降低运营成本。

(2)制定合理的智能财务共享激励制度,提高财务共享工作效率,并形成不断进取的企业文化。

(3)充分发挥智能财务的优势,实现规模效应下的成本降低、财务管理水平及效率提高和企业核心竞争力上升。

(4)确定财务共享实施的业务范围,对试点范围内的全部企业采用相同的标准作业流程,减少冗余,实现跨地域、跨部门的数据汇总、整合。

(5)通过人员集中实现作业处理的高效性、及时性、准确性,减少日常核算业务占用的人员,将更多的人力投入到管理、分析中,从而为企业的战略决策提供高质量的财务决策支持。

(6)共享应用单位的业务梳理及流程变革。梳理、规范、固化各权属单位业务流程。全面梳理、制定集团共享应用统一标准,进行流程优化或变革,把相关制度、规定、要求嵌入到系统中,转化为控制参数与反馈、预警机制,从而达到强化内控、控制成本、提高效率、预防风险及数据共享目标。

(7)财务共享平台搭建。集团统一标准和平台,主导推行财务与人力、采购、销售等各个业务系统的有效整合一体化,对人员、资金、技术、信息四类资源整体规划运营。

(8)对组织流程标准化、客户市场开拓、全面风险管控、财务数据与资金支撑四个维度加强集成、管理和支持。

(9)完成全局数据治理体系部署和数据中枢展现。

山东高速集团初步实现对财务共享实施过程中与其他业务运营过程中沉淀的大量数据资产进行统一盘点和治理;遵循顶层设计的原则,完成统一大数据分析平台建设,并初步形成以高速集团为中枢的数据中台化中央数据仓建设;严格按照科学数据治理体系和要求,将不同业务系统的数据抽取到数据湖中,供大数据分析平台进行灵活调用。目前的展示层还是基于行业分中心,后续将对集团层的管控数据展示进行分析和展示(见图 12-13)。

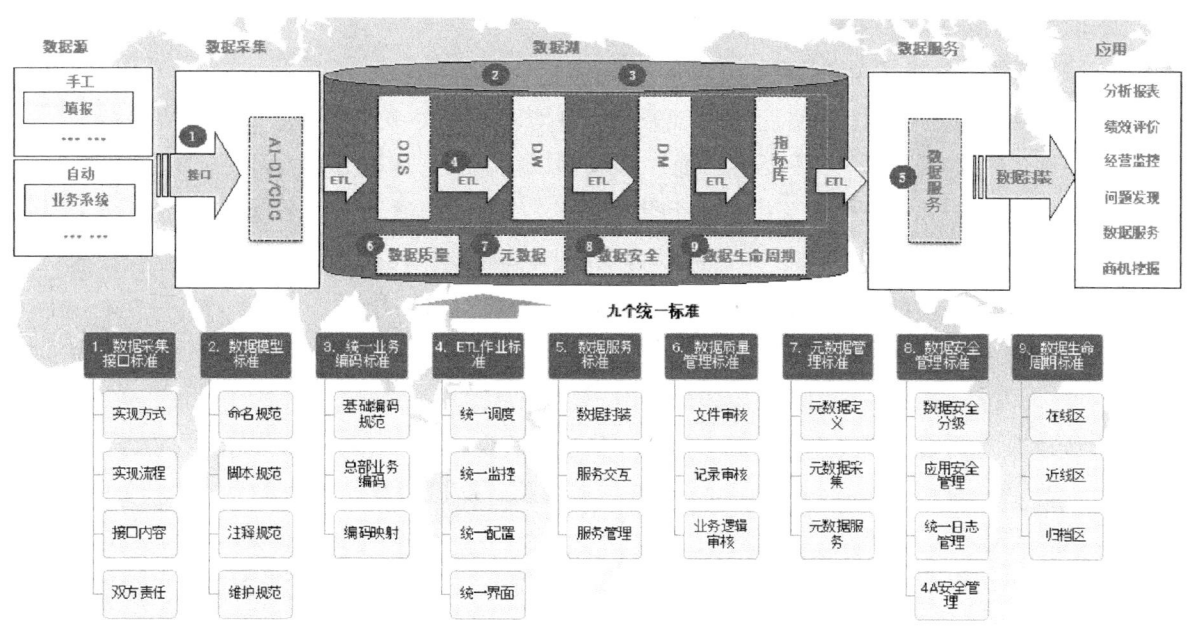

图 12-13　数据治理示意图

(三)智能技术及产品的选择

1. 智能财务机器人选型

山东高速集团在智能财务建设过程中,针对枯燥、重复、频繁、数量大、复杂性低、手工密集易出错并且有规则可寻的工作场景,综合选用了用友网络的智多星和达创科技的 RPA 机器人,实现了业财税资一体化数据"无探伤"系统集成,建设了基于云计算、大数据技术的财务共享平台,完成了 RPA 机器人作业集群搭建。

2. 智能财务机器人类型和范围

已上线的 RPA 机器人主要包含四大模块,为机器人的生产、执行、分配、智能化提供相应的工具和平台。四类 RPA 工具角色分工具体如下：

（1）生产创造者即机器人开发工具，用于搭建流程自动化机器人。

（2）执行劳动者即机器人运行工具，用于运行搭建好的机器人。

（3）分配指挥官即 IPA 控制中心，用于部署与管理多个机器人。

（4）智能参谋长即 AI 能力平台，为机器人提供执行流程自动化所需的各种 AI 能力。

集团 RPA 机器人平台是一个开放的、不断丰富和发展的云平台。它目前主要包括资金日报机器人、自动对账机器人、计息机器人，以及其他业务场景机器人。完成定制开发的分别是供应商审批机器人、报表自动导出机器人、自动对账机器人、资产台账导出机器人、发票查验机器人、法人单位对比机器人、收款自动清分入账机器人、共享中心自动审核作业机器人、资金自动结算机器人。其中，高速公路运营收款自动清分入账机器人将入账效率提高了1 000 倍以上，拓展了作业时间窗口，可以保证 24 小时不间断作业，同时提高了入账的准确率和及时性。机器人具有深度学习能力，可以对大量的历史数据进行分析和深度挖掘，建立模型知识库，对新发生的业务场景进行快速适配。

3. 智能财务机器人建设目标

RPA 技术使得固化、烦琐、重复的业务得以自动化完成，达到优化企业工作流程、减少成本、提高工作效率、避免人为失误的目标。该技术以机器人为虚拟劳动力，依据预先设定的程序与现有用户系统进行交互并完成预期的任务。相对于普通劳动力来说，RPA 机器人可以提高企业自动化程度、节省多余的劳动力成本、提高企业流程执行效率及准确度，使相关人员能够将更多时间用于服务客户或应用于其他更高价值的工作。

4. 智能财务机器人建设内容

建设内容主要是智能财务机器人的应用，主要包括：

（1）资金日报机器人：支持银行流水下载，生成资金日报。

（2）银企对账机器人：实现资金日报数据与企业财务 ERP 数据比对分析。

（3）资金计息机器人：实现公司内部的计息，放还款经办，计息报账提交。

（4）纳税申报机器人：将发票扫描件识别后，生成 Excel 文件并批量导入进项税管理系统，而后将专票信息上传到增值税发票选择确认平台进行勾选确认。

（5）数据查验机器人：从每个应用系统中抽取出数据，并对其合法性、一致性进行检查。

（6）自动记账机器人：从报表中按照会计规则取值，并根据清算金额及手续费分类记账。

（7）凭证制作机器人：从大约 10 个报表中摘取业务所需要素并编制批量导入模板，把交易汇总表中符合条件的所有交易的交易码提取到模板中，查询对应的客户信息，根据交易码生成会计分录。

（8）报销自动化机器人：通过业财系统整合 RPA、OCR、NLP 等技术，构造智能财务机器人全流程报销平台，更快捷、准确地采集与审核报销关联信息，减少人工操作与审核，提高发现问题与解决问题的效率。

（9）薪资复核机器人：核对各家分行薪资核算的准确性，以邮件形式获取各家分行发送的薪资报表,根据固定规则核算薪资。

（10）应收账款催收机器人：定期将应收账款超过一定金额的客户信息进行筛选,并将催收款信息发邮件通知相应的销售。

5. 智能财务机器人应用实践成效举例

智能财务机器人的关键应用价值是,降低企业人工成本,提高工作效率；提高工作准确性,避免人工失误；释放高附加值员工,使其承担更重要的工作。智能财务机器人应用效果如图 12-14 所示。

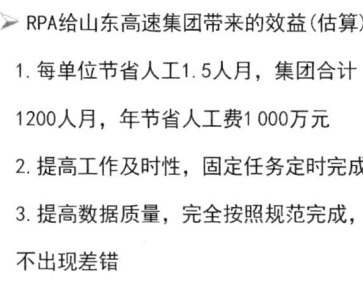

➢ RPA给山东高速集团带来的效益(估算)

1. 每单位节省人工1.5人月, 集团合计1200人月, 年节省人工费1000万元

2. 提高工作及时性, 固定任务定时完成

3. 提高数据质量, 完全按照规范完成,不出现差错

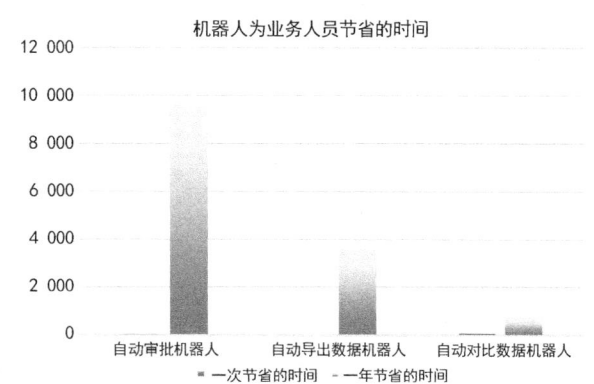

图 12-14　智能财务机器人效果示意图

注：人月指一位人员工作一月。

目前资金日报机器人处理 15 家银行、170 个账户的数据。为了保证资金安全,平台使用的所有网银只有查询功能,无转账权限。为了保证密码安全,平台使用 keybox 设备,由专人将密码预先设置到 keybox 中,接口只传输 keybox 编码与序号,全程无明码传输,保证密码安全。同时,自主研发的 RPA 后台管理系统,可供业务人员动态配置资金账户,通过接口数据传输,实现 RPA 取数账户的动态增减,最大限度减少流程的修改。

资金日报机器人每天 00:30 开始自动取数,将银行报表下载后传送到 RPA 后台；RPA后台收到 Excel 文件后,根据对应的银行报表格式,将交易数据解析并入库；大数据系统定时遍历交易数据表,同步每日数据,并形成资金日报表。整个流程完全无人参与,全部自动完成,真正实现无人化管理。比如,之前财务需要 10 人,每个人花 30 分钟左右来完成该项工作,即 0.625 人/日,一年按照 200 个工作日计算,人力约 125 人/日。资金日报机器人自正式上线以来,目前每日运行 1 小时左右即可完成所有操作,即相当于人工的 0.125 人/日,效率提高约 5 倍,且机器人可以 24 小时工作,全年无休息,可彻底解放人力。

银企自动对账机器人一方面基于资金日报机器人已下载的数据,另一方面通过 NC 系统自动取数,将两部分的数据统一进行对比分析,将数据不对应的账户形成报表,自动打包邮件发送给相关业务人员,实现交易数据的自动分析。

银行贷款计息机器人处理 56 个单位的数据,实现计息、放还款经办、计息报账提交的自动执行。直接使用机器人来进行工作,解放了业务人员。RPA 由人工手动触发,自动执行识别汇款单、录入回单信息、分配回单数据等操作,系统运行稳定、快速。

全流程均由机器人自动执行,节约约95%的机械性工作时间,未来账目增多后效果更为显著。比如,原来需要每人每天工作2～3小时的重复录入的工作量,现在仅需每人每天20分钟左右核查即可完成。同时,这也有助于释放高附加值员工。比如,目前已释放2名员工从事财务分析等高附加值工作。RPA可以在中午、夜间等时间段锁屏进入7×24小时不间断后台运行,不占用正常工作时间,且可将业务处理综合效率提升9倍。

(四)投入的组织部门和人员情况

1. 山东高速股份有限公司智能财务共享的投入情况

2020年7月初,高速股份财务共享分中心设立于山东高速股份有限公司计划财务部下二级部门。其内部设立7个小组,分别为收入组、往来组、资产组、资金组、总账报表组、成本费用组、运营维护组(见图12-15)。

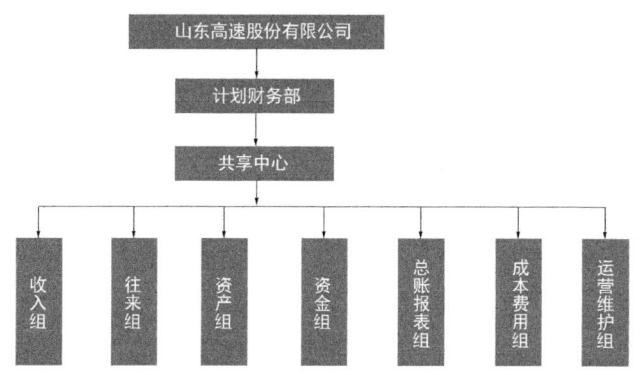

图12-15　高速股份财务共享分中心相关的组织部门

根据公司实际业务需求,业务内容可划分为19种(见图12-16)。

序号	业务大类	名称	业务内容
1	收款业务	现金收款单	通行费现金收款
2		收款单	日常收款业务
3		利息收入单	利息收款
4	应收	收入确认单	通行费收入确认
5	应付	应付款单	对外应付挂账
6		税费计提单	税费计提
7	往来付款	外部单位付款单	对外付款业务
8		内部单位付款单	内部单位往来付款业务
9		收入上解单	通行费收入上解业务
10		资产采购付款单	资产采购付款
11		资金下拨单	资金下拨
12		财务费用支出单	财务费用付款
13	费用类	综合办公报账单	办公管理费用支出
14		党工人力报账单	党建人力费用支出
15		差旅报账单据	差旅报销
16		水电暖费用报账单	水电暖费用报销
17		维修费用报账单	机电维修维护费用报销
18		税费缴纳单	税费缴纳
19		其他费用报账单	其他费用报销

图12-16　业务单据种类

为配合21个业务共享运管中心（见图12-17）正常开展运营管理工作，高速股份财务共享分中心包括运营业务成本费用共享、收入共享、应付共享、资金共享、总账共享、报表共享。该中心完成NC系统与资金系统的深度融合对接，实现从业务共享报账到资金支付一体化业务；同时实现现金与非现金的通行费收款业务、卡赔、ETC充值、路赔业务根据银行流水自动抓取、清分、生成收款单。收款明细如图12-18所示。

序号	上线单位名单
1	山东高速股份有限公司德州运管中心
2	山东高速股份有限公司京台济南运管中心
3	山东高速股份有限公司泰安运管中心
4	山东高速股份有限公司枣庄运管中心
5	山东高速股份有限公司潍日运管中心
6	山东高速股份有限公司龙青运管中心
7	山东高速股份有限公司泰曲路运管中心
8	山东高速股份有限公司鄄菏运管中心
9	山东高速股份有限公司菏泽运管中心
10	山东高速股份有限公司威海运管中心
11	山东高速股份有限公司烟台运管中心
12	山东高速股份有限公司青岛运管中心
13	山东高速股份有限公司潍坊运管中心
14	山东高速股份有限公司淄博运管中心
15	山东高速股份有限公司夏津运管中心
16	山东高速股份有限公司临沂运管中心
17	山东高速股份有限公司京沪济南运管中心
18	山东高速股份有限公司济青济南运管中心
19	山东高速股份有限公司泰东运管中心
20	山东高速股份有限公司潍莱运管中心
21	山东高速股份有限公司高广运管中心

图 12-17　业务共享运管中心

功能导航　消息中心　交易类型管理　部门　收款明细

新增　修改　删除　查询　复制　刷新　设置结算日期

	失败原因	是否生成收款单	流水号	摘要	交易日期	收入支出金额	组织	单据号	单据日期	账号
7	success	☑	T202366309	天桥收费站#11月22日#非现金天桥收费站	2020-11-23 12:01:35	221,526.300...	山东高速股...	SKMX2020112...	2020-11-24	81797240
8	success	☑	T1177868720	济南北收费站#11月22日#非现金济南北收费站	2020-11-23 12:01:36	157,620.240...	山东高速股...	SKMX2020112...	2020-11-24	81797240
9	success	☑	T254387996	万德收费站#11月22日#非现金万德收费站	2020-11-23 12:01:38	68,870.9600...	山东高速股...	SKMX2020112...	2020-11-24	81797240
10	success	☑	T-1551133401	国际医学中心#11月22日#非现金国际医学中心	2020-11-23 12:01:40	102,551.920...	山东高速股...	SKMX2020112...	2020-11-24	81797240
11	success	☑	T-1415615892	济南西收费站#11月22日#非现金济南西收费站	2020-11-23 12:01:41	115,309.090...	山东高速股...	SKMX2020112...	2020-11-24	81797240
12	success	☑	T-787340348	济南西收费站#11月21日#非现金济南西收费站	2020-11-23 12:01:48	118,757.250...	山东高速股...	SKMX2020112...	2020-11-24	81797240
13	success	☑	T-1210123417	万德收费站#11月21日#非现金万德收费站	2020-11-23 12:01:49	88,226.9100...	山东高速股...	SKMX2020112...	2020-11-24	81797240
14	success	☑	T301296845	济南北收费站#11月21日#非现金济南北收费站	2020-11-23 12:01:53	184,778.090...	山东高速股...	SKMX2020112...	2020-11-24	81797240
15	success	☑	T134207310	国际医学中心#11月21日#非现金国际医学中心	2020-11-23 12:01:57	129,121.750...	山东高速股...	SKMX2020112...	2020-11-24	81797240
16	success	☑	T1569172992	天桥收费站#11月21日#非现金天桥收费站	2020-11-23 12:01:58	255,837.860...	山东高速股...	SKMX2020112...	2020-11-24	81797240
17	success	☑	T-1507856485	崮山收费站#11月21日#非现金崮山收费站	2020-11-23 12:02:01	73,902.5500...	山东高速股...	SKMX2020112...	2020-11-24	81797240
18	success	☑	T-1853974645	国际医学中心#11月20日#非现金国际医学中心	2020-11-23 12:02:10	115,295.410...	山东高速股...	SKMX2020112...	2020-11-24	81797240
19	success	☑	T1731534182	崮山收费站#11月20日#非现金崮山收费站	2020-11-23 12:02:11	56,782.2400...	山东高速股...	SKMX2020112...	2020-11-24	81797240
20	success	☑	T306025190	济南北收费站#11月20日#非现金济南北收费站	2020-11-23 12:02:11	165,911.640...	山东高速股...	SKMX2020112...	2020-11-24	81797240
21	success	☑	T-1946093478	天桥收费站#11月20日#非现金天桥收费站	2020-11-23 12:02:15	219,566.300...	山东高速股...	SKMX2020112...	2020-11-24	81797240
22	success	☑	T1806266024	万德收费站#11月20日#非现金万德收费站	2020-11-23 12:02:15	84,995.4200...	山东高速股...	SKMX2020112...	2020-11-24	81797240
23	success	☑	T355607558	济南西收费站#11月20日#非现金济南西收费站	2020-11-23 12:02:19	108,836.840...	山东高速股...	SKMX2020112...	2020-11-24	81797240
24		☐	T-1970934405	天桥站收大件公司7-10月	2020-11-23 15:47:22	3,250.80000000	山东高速股...	SKMX2020112...	2020-11-24	9720013(
25	success	☑	T-724819212	济南北站#11月17日#通行费	2020-11-23 16:14:39	51,032.0000...	山东高速股...	SKMX2020112...	2020-11-24	81797240
26	success	☑	T-1852215305	济南北站#11月19日#通行费	2020-11-23 16:16:14	64,062.0000...	山东高速股...	SKMX2020112...	2020-11-24	81797240
27	success	☑	T901599541	天桥站#11月20日#通行费	2020-11-23 15:30:05	45,286.0000...	山东高速股...	SKMX2020112...	2020-11-24	81797240
28	success	☑	T-905854922	崮山站#11月21日#预存	2020-11-23 15:30:40	6,890.00000000	山东高速股...	SKMX2020112...	2020-11-24	81797240
29	success	☑	T1581657911	国际医学中心站#11月21日#通行费	2020-11-23 15:31:45	28,243.0000...	山东高速股...	SKMX2020112...	2020-11-24	81797240
30	success	☑	T-225798552	天桥站#11月21日#通行费	2020-11-23 15:33:16	40,276.0000...	山东高速股...	SKMX2020112...	2020-11-24	81797240
31	success	☑	T-2033251015	崮山站#11月21日#通行费	2020-11-23 15:34:25	16,393.0000...	山东高速股...	SKMX2020112...	2020-11-24	81797240
32	success	☑	T454261818	国际医学中心站#11月20日#通行费	2020-11-23 15:34:55	32,923.0000...	山东高速股...	SKMX2020112...	2020-11-24	81797240
33	success	☑	T-1353192645	济南西中心站#11月20日#通行费	2020-11-23 15:35:24	36,865.0000...	山东高速股...	SKMX2020112...	2020-11-24	81797240
34	success	☑	T1134320188	崮山站#11月20日#预存	2020-11-23 15:35:52	13,756.0000...	山东高速股...	SKMX2020112...	2020-11-24	81797240
35	success	☑	T-673134275	崮山站#11月20日#通行费	2020-11-23 15:37:10	20,359.0000...	山东高速股	SKMX2020112...	2020-11-24	81797240
36	success	☑	T1814378558	万德站#11月20日#通行费	2020-11-23 15:37:31	21,101.0000...	山东高速股...	SKMX2020112...	2020-11-24	81797240
37	success	☑	T706086036	万德站#11月21日#通行费	2020-11-23 15:37:53	15,909.0000...	山东高速股...	SKMX2020112...	2020-11-24	81797240
38	success	☑	T-1102368427	济南西中心站#11月21日#通行费	2020-11-23 15:38:52	25,642.0000...	山东高速股...	SKMX2020112...	2020-11-24	81797240
39	success	☑	T1385144406	济南北站#11月20日#通行费	2020-11-23 15:39:27	49,830.0000...	山东高速股...	SKMX2020112...	2020-11-24	81797240
40	success	☑	T-422310057	天桥站#11月18日#通行费	2020-11-23 15:40:38	36,512.0000...	山东高速股...	SKMX2020112...	2020-11-24	81797240
41	success	☑	T2065202776	济南西中心站#11月18日#通行费	2020-11-23 15:41:09	30,085.0000...	山东高速股...	SKMX2020112...	2020-11-24	81797240

查询成功，已查到1095张单据。　2020-11-25　我要提问　山东高速集团

图 12-18　收款明细示意图

该分中心通过数据共享建设,通过智多星智能大数据分析系统将财务共享数据、公路运营数据及资金数据进行整合分析,形成可视化驾驶舱进行展示分析。现该分中心已启动财务共享推广建设阶段。该阶段建设内容包含智能预算执行控制管理、收付款合同管理、电子会计档案管理、经营指标深度挖掘分析等。

共享中心作业绩效驾驶舱如图 12-19 至图 12-22 所示。

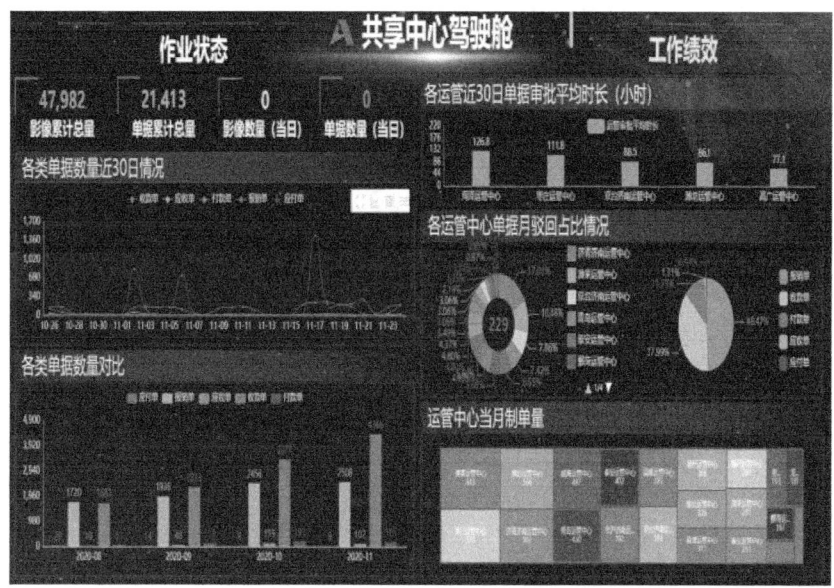

图 12-19　共享中心作业绩效驾驶舱

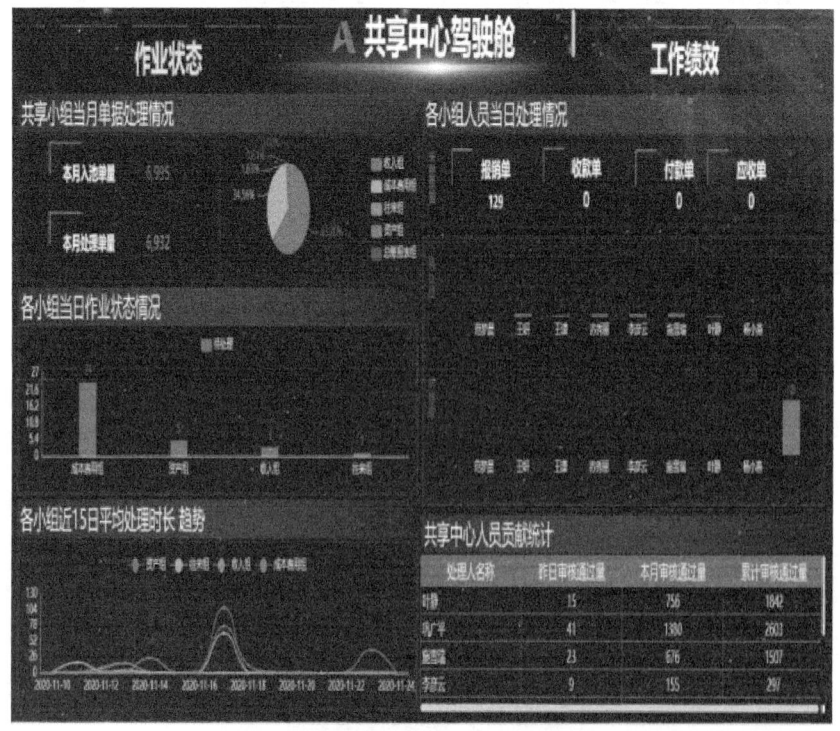

图 12-20　共享中心作业驾驶舱公路运营管理驾驶舱

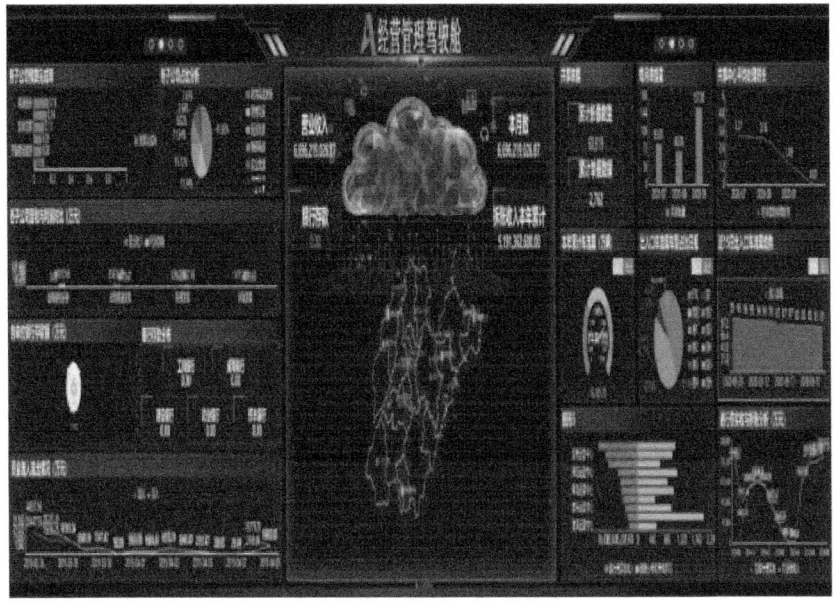

图 12-21　共享中心公路经营管理驾驶舱

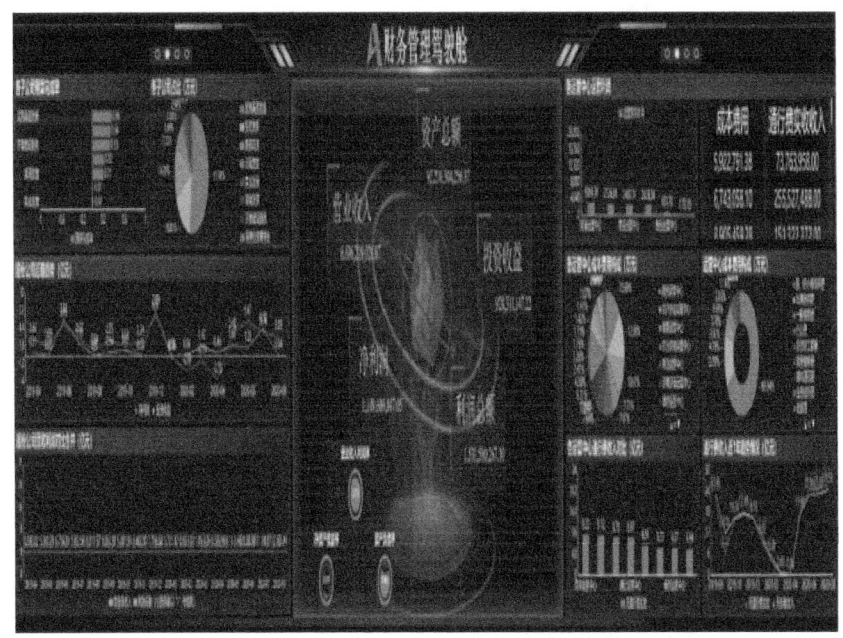

图 12-22　共享中心财务管理驾驶舱

2. 山东高速建设管理集团有限公司智能财务共享的投入情况

该财务共享分中心项目于 2019 年 10 月启动,设立于建设管理集团财务部的二级部门。该分中心内部设立 5 个小组,分别为财务审核组、共享收单组、总账核算组、资金结算组、运营管理组。其中,财务审核组下设财务初核岗、财务复核岗;其他组下每组设置一个岗位,分别为共享收单岗、总账核算岗、资金收支岗、运营管理岗（见图12-23）。

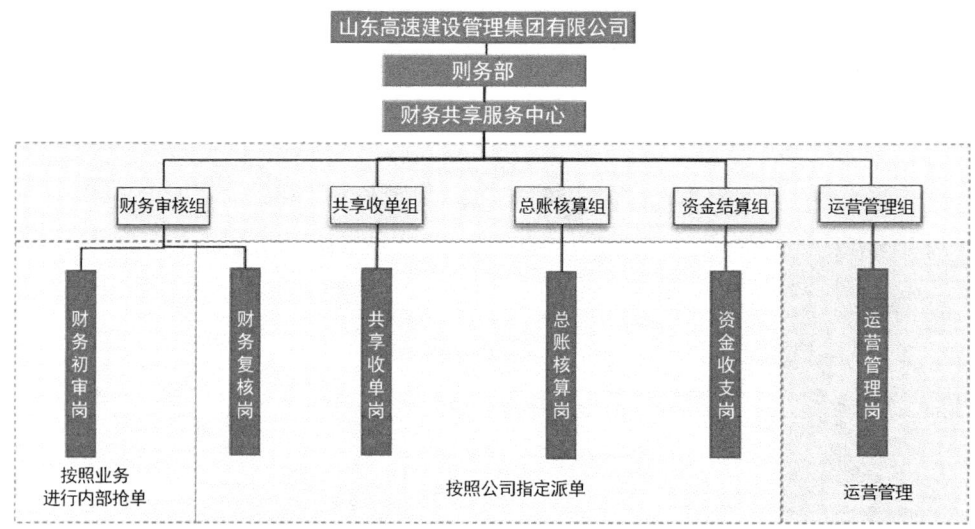

图 12-23　共享分中心分组

建设管理集团及下属公司共计13家单位共享分中心上线（见图12-24）。

序号	上线单位名单
1	山东高速建设管理集团有限公司
2	山东高速城投绕城高速公路有限公司
3	山东高速济微公路（济宁）有限公司
4	山东高速济南绕城西线公路有限公司
5	山东高速济青中线公路有限公司
6	山东鄄菏高速公路有限公司（运营）
7	山东高速泰东公路有限公司
8	山东高速潍日公路有限公司
9	山东高速龙青公路有限公司
10	山东高速高广公路有限公司
11	山东高速临枣至枣木公路有限公司
12	山东高速潍日公路项目建设管理办公室滨海连接线工程
13	山东高速京台公路泰安至枣庄改扩建项目建设管理办公室

图 12-24　共享分中心上线单位名单

其中，智能管理费用预算执行对比分析成果如图12-25所示。

工程项目管理大数据分析驾驶舱如图12-26和图12-27所示。

3. 智能财务共享制度流程的投入情况

山东高速在财务共享中心建设过程中，对各类制度、操作流程、规范、手册等进行编制和修订，共计23大项。其中，共享中心新编制制度9大项，修订版本4次；业务规范8大类，报账流程、使用说明、用户手册6大类，定制开发单据模板、打印模板共计23大类；并通过智能

管理费用预算执行情况

年度:	2020
单位:	山东野...

预算项目	当月				截止当月				本年累计			
	预算数	实际数	差异额	差异率	预算数	实际数	差异额	差异率	预算数	实际数	差异额	差异率
在职职工薪酬	4.00	87,771.31	4,722.68	472268.14%	9.00	346,919.56	4,722.68	472268.14%	90.00	425,131.33	4,722.68	472268.14%
离退休人员费用	45.00	0.00	-1.00	-100.00%	117.00	0.00	-1.00	-100.00%	792.00	0.00	-1.00	-100.00%
工资	5.00	0.00	-1.00	-100.00%	12.00	0.00	-1.00	-100.00%	102.00	0.00	-1.00	-100.00%
补贴	6.00	0.00	-1.00	-100.00%	15.00	0.00	-1.00	-100.00%	114.00	0.00	-1.00	-100.00%
福利费	7.00	0.00	-1.00	-100.00%	18.00	0.00	-1.00	-100.00%	126.00	0.00	-1.00	-100.00%
医药费	8.00	0.00	-1.00	-100.00%	21.00	0.00	-1.00	-100.00%	138.00	0.00	-1.00	-100.00%
活动费	9.00	0.00	-1.00	-100.00%	24.00	0.00	-1.00	-100.00%	150.00	0.00	-1.00	-100.00%
其他	10.00	0.00	-1.00	-100.00%	27.00	0.00	-1.00	-100.00%	162.00	0.00	-1.00	-100.00%
办公费	11.00	0.00	-1.00	-100.00%	30.00	0.00	-1.00	-100.00%	174.00	0.00	-1.00	-100.00%
业务招待费	12.00	7,399.45	47.01	4701.32%	33.00	8,930.45	47.01	4701.32%	186.00	8,930.45	47.01	4701.32%
差旅费	13.00	8,850.50	43.70	4369.95%	36.00	8,850.50	43.70	4369.95%	198.00	8,850.50	43.70	4369.95%
会议费	14.00	0.00	-1.00	-100.00%	39.00	0.00	-1.00	-100.00%	210.00	0.00	-1.00	-100.00%
通信费	85.00	719.36	0.32	31.66%	240.00	1,619.36	0.32	31.66%	1,230.00	1,619.36	0.32	31.66%
固定电话	15.00	0.00	-1.00	-100.00%	42.00	0.00	-1.00	-100.00%	222.00	0.00	-1.00	-100.00%
移动电话	16.00	546.36	5.18	518.10%	45.00	1,446.36	5.18	518.10%	234.00	1,446.36	5.18	518.10%
网络使用	17.00	0.00	-1.00	-100.00%	48.00	0.00	-1.00	-100.00%	246.00	0.00	-1.00	-100.00%
邮寄费	18.00	173.00	-0.33	-32.95%	51.00	173.00	-0.33	-32.95%	258.00	173.00	-0.33	-32.95%
其他	19.00	0.00	-1.00	-100.00%	54.00	0.00	-1.00	-100.00%	270.00	0.00	-1.00	-100.00%
车辆使用费	161.00	88,256.22	38.88	3887.92%	442.00	89,813.97	38.88	8887.92%	2,206.00	87,973.51	38.88	3887.92%
燃油费	20.00	8,081.97	23.74	2374.29%	57.00	8,817.97	23.74	2374.29%	282.00	6,977.51	23.74	2374.29%
通信费	21.00	610.89	5.87	587.29%	60.00	1,432.64	5.87	587.29%	294.00	1,432.64	5.87	587.29%
车辆保险费	22.00	31,293.57	101.94	10193.87%	61.00	31,293.57	101.94	10193.87%	304.00	31,293.57	101.94	10193.87%
维修保养费	23.00	0.00	-1.00	-100.00%	63.00	0.00	-1.00	-100.00%	315.00	0.00	-1.00	-100.00%
年审	24.00	0.00	-1.00	-100.00%	65.00	0.00	-1.00	-100.00%	326.00	0.00	-1.00	-100.00%
停车费	25.00	20.00	-0.94	-94.07%	67.00	20.00	-0.94	-94.07%	337.00	20.00	-0.94	-94.07%

图 12-25 智能预算执行对比分析成果工程项目管理大数据分析驾驶舱

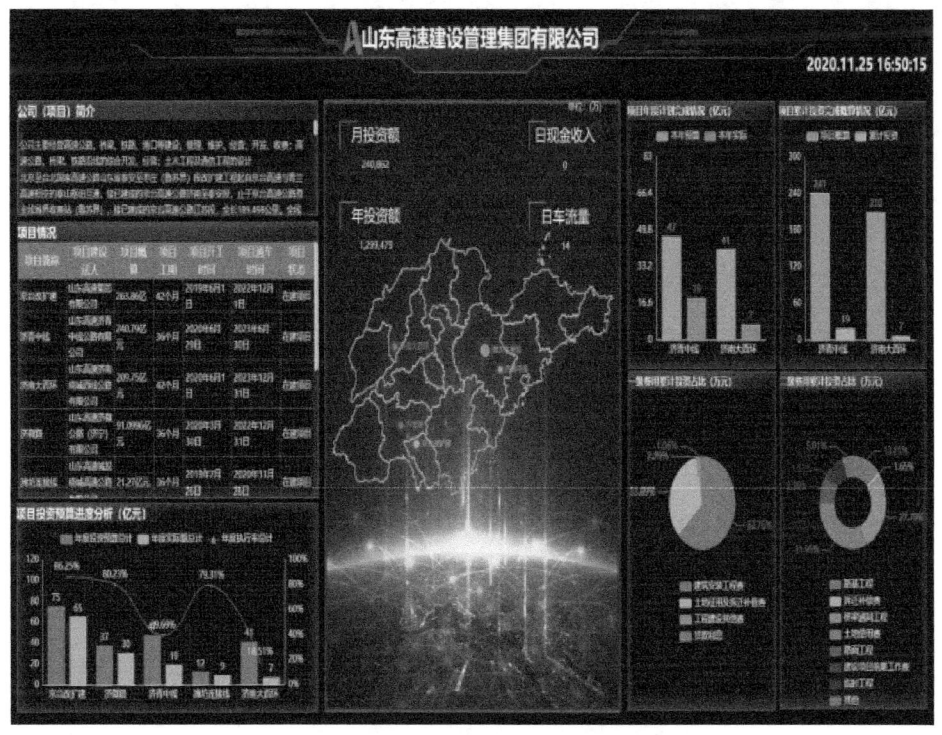

图 12-26 工程项目管理大数据分析驾驶舱(1)

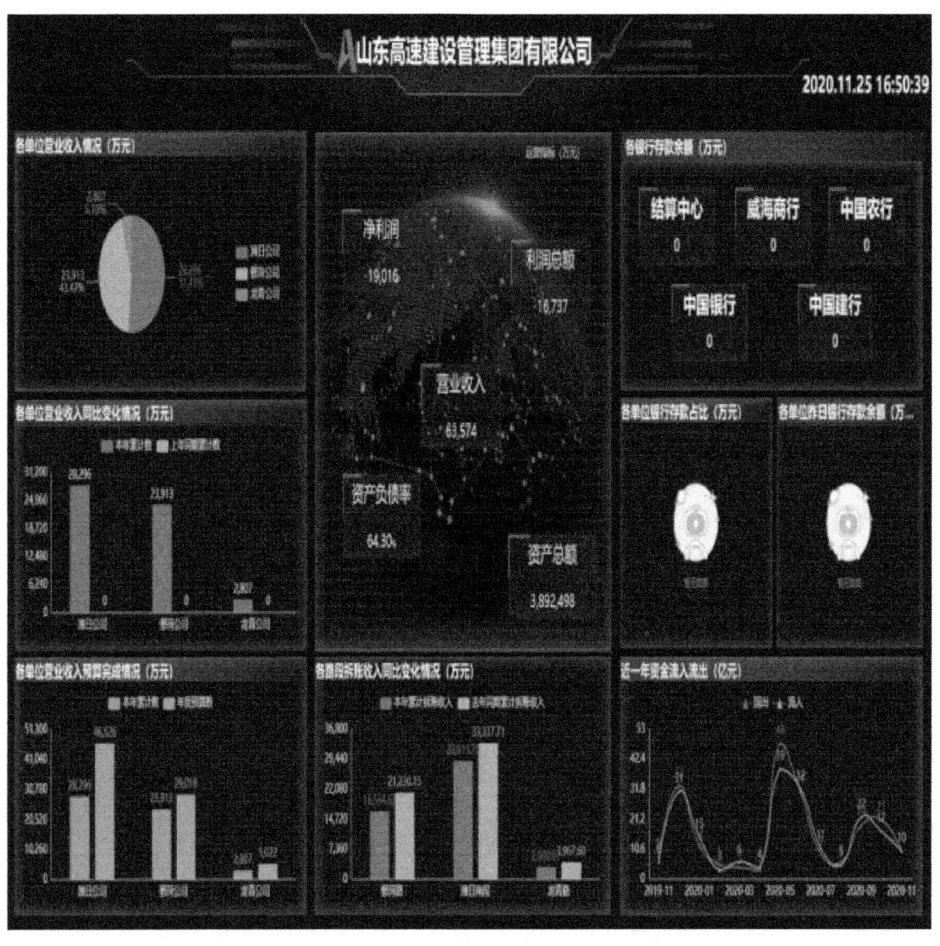

图 12-27　工程项目管理大数据分析驾驶舱(2)

服务与知识管理平台对过程中的问题和经验进行分类管理,方便经验知识输出和知识转移。财务共享服务业务流程如图 12-28 所示。

4. 智能财务共享的组织人员投入情况

山东高速集团各行业分中心组织人员的建设原则是基于业务量和作业内容进行专业化分组,采用集中抢单作业的方式进行作业。共享作业组依据作业内容分为成本费用组、收入组、应付组、资金组等。行业属性不同,作业分组会有所不同,但都遵循"能集尽集"的原则(见图 12-29)。

5. 智能财务共享的作业场地投入情况

山东高速集团在共享试点建设过程中,按照简洁、高效、务实,并且突出行业特色的要求,参考已完成的"山东高速股份有限公司共享分中心、山东高速建设管理集团共享分中心"作业场所建设。该中心作业场所按照专业化分工进行工作区域划分,涵盖共享作业区、业务

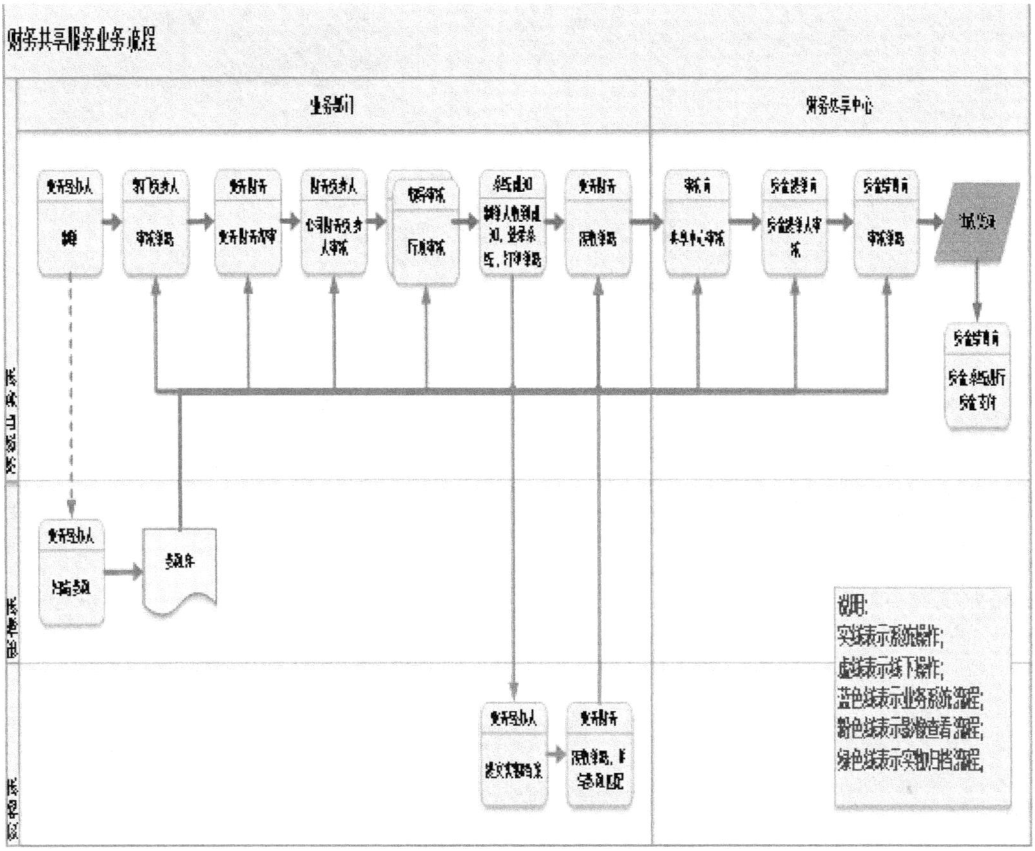

图 12-28　财务共享服务业务流程

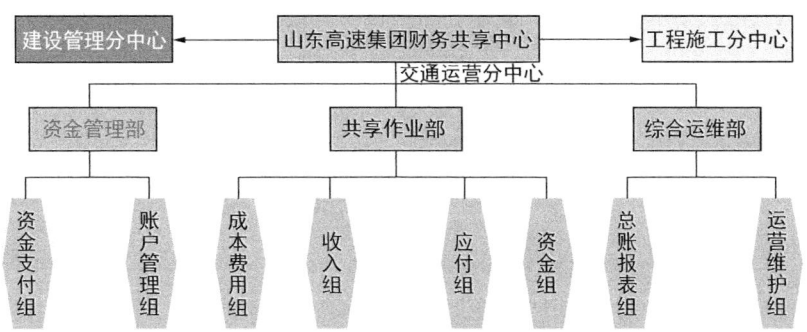

图 12-29　共享分中心的组织架构示意图

洽谈区、大数据成果展示区、会议室、档案室和主任办公室。作业场地如图 12-30 和图12-31 所示。

6. 智能财务共享的技术投入情况

山东高速集团多主业并联财务共享中心历经 2 年的集中核算模式探索和 4 个月的共享平台摸索建设,目前已经初步具备共享财务业财融合的财务管理模式。业务财务扎根基层,

图 12-30　作业场地(1)

图 12-31　作业场地(2)

为共享财务提供及时、统一、规范、真实、有效的业务数据。共享财务实行集中管理、专业化分工的作业模式,结合主责主业,同时根据集中核算探索过程中的作业数据,对共享中心的岗组进行适当分工。如图 12-32 所示,山东高速在财务共享中心建设过程中,本着务实、高效的原则,引入了共享作业平台、电子影像系统、"发票池"票据池系统、税务云进销项管理系统、作业绩效运营平台、资金结算集成平台、可视化大数据分析云平台、智能电子影像扫描设备等。

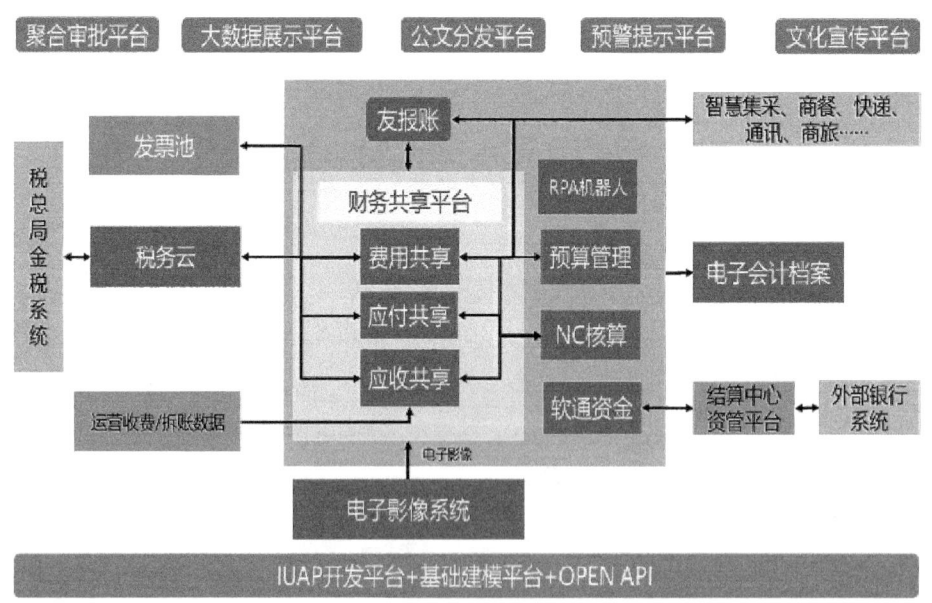

图 12-32　智能财务共享中心与各系统的对接

7. 智能财务共享的新技术应用与投入情况

山东高速集团智能财务共享的新技术应用投入主要包括以下七点:

(1) 完成智能财务共享的五大平台建设投入(见图 12-33)。山东高速集团财务共享中心建设依托于用友财务共享平台(见图 12-34),平台主体主要包括报账平台、作业平台、影

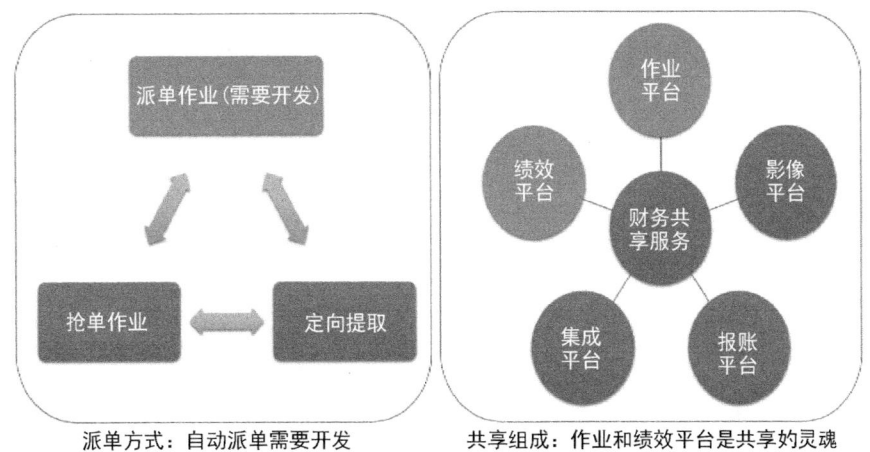

派单方式：自动派单需要开发　　　　　共享组成：作业和绩效平台是共享的灵魂

图 12-33　自动派单业务与作业绩效平台

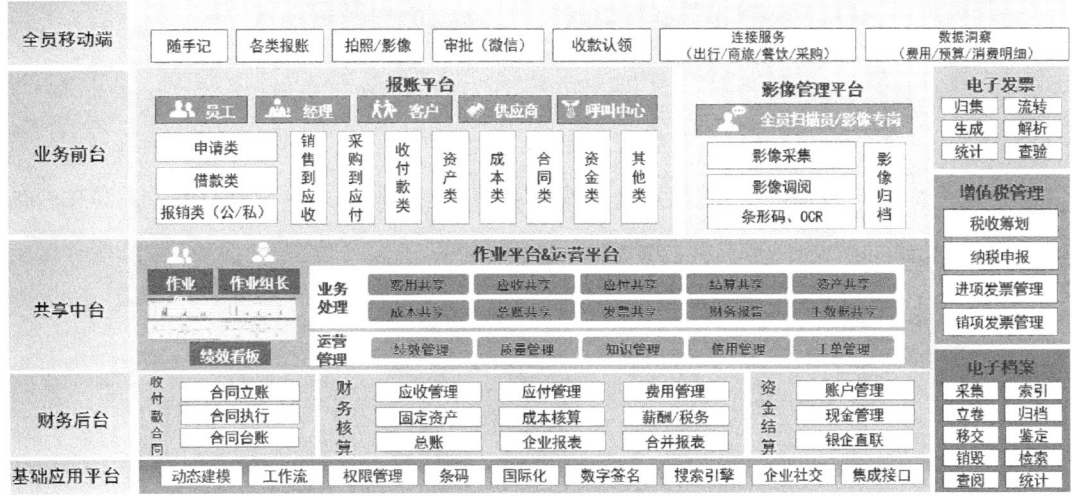

图 12-34　智能财务共享中心新技术平台架构

像管理平台、运营平台 4 部分。各个管理平台之间相互协作，以报账平台为入口，以作业平台和影像管理平台为管控抓手，以运营管理平台为中心赋能运营的突破口，促进山东高速集团的财务共享中心财务管理新理念的贯彻和落地。

（2）完成电子会计档案管理系统建设投入（见图 12-35）。从山东高速集团财务共享的整体技术架构可以看出，山东高速集团在财务共享中心建设伊始，就坚定不移地将电子会计档案的使用作为财务共享中心建设的重要内容之一。经过 4 个月的测试联调，电子会计档案已经具备归档凭证、影像和大部分账表的功能。电子会计档案的归档内容将不断丰富，使用范围也将随着行业中心的建立全面推广。随着专票电子化的不断推行，电子会计档案将逐渐取代传统的纸质档案管理，这也符合国家政策和发展趋势。

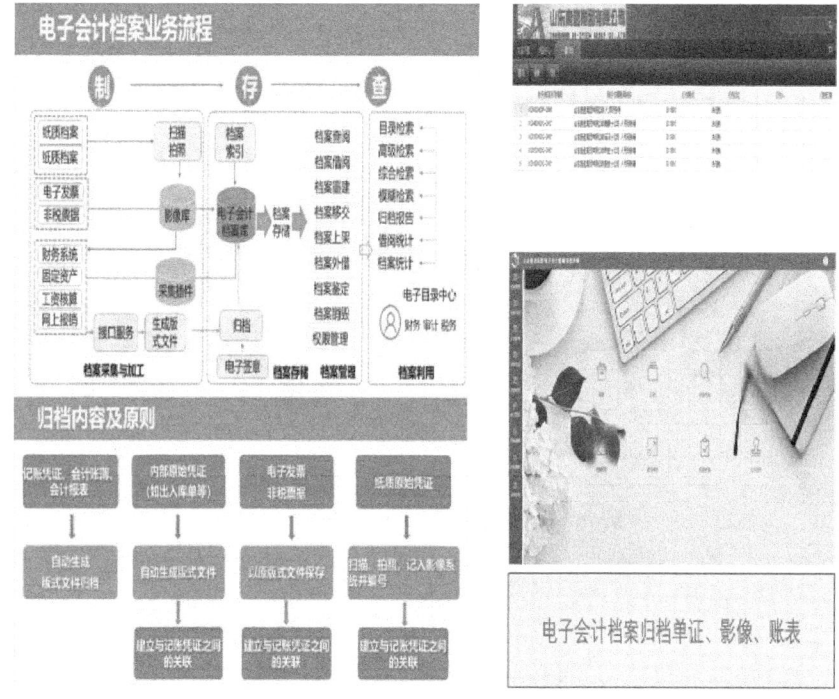

图 12-35　电子会计档案管理系统

（3）完成移动应用与企业微信集成系统建设投入（见图 12-36）。智能财务共享中心的

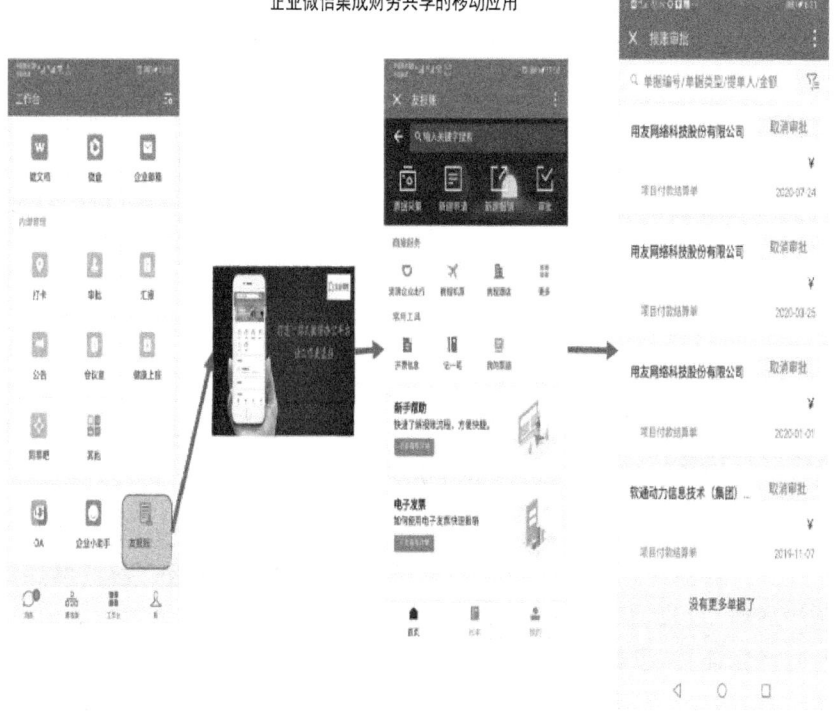

图 12-36　财务共享中心与企业微信的对接

审批功能成功无缝集成到了山东高速集团的企业微信内,符合山东高速集团的门户入口统一的建设理念,并顺利试运行至今,效果良好。目前一次接入,可以平滑推广,在其他行业分中心推广使用的过程中将大大降低适配难度,为山东高速集团的掌上移动办公推进历程添砖加瓦、锦上添花。

（4）完成发票池管理系统建设投入（见图12-37）。影像管理系统结合税务云的融合应用实现了共享上线单位的发票池管理功能。在报账过程中,上传的发票影像将被自动识别,如识别为发票则将对发票进行云端验证。验真、验重通过的发票将会被打上已查验的标记,如果没有验证通过,报账业务将无法继续下去。这从源头上控

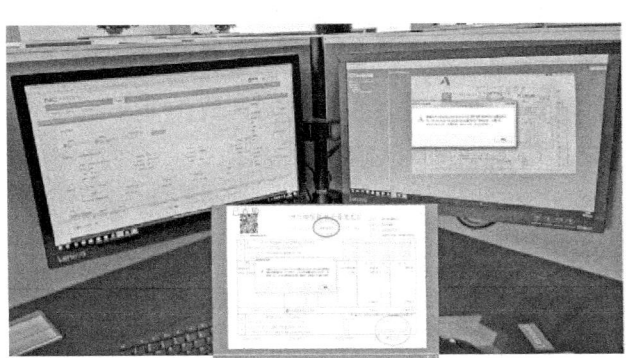

图 12-37　发票池管理

制了假票和业务重复报销的管控难题,并为内部稽核和外部审计提供了远程审计平台,极大提高了审计效率。影像管理和OCR技术的结合在实际应用中发挥了巨大的作用。比如,在使用过程中自动检测出山东高速发票开具抬头错误的情况、纳税人识别号开错的情况,更有甚者,检测出了真实发票开票金额与实际不相符的情况。智能识别技术和查重验伪功能的结合为管理提供了有力抓手,为作业人员减少了人为查验的繁杂过程,极大提高了作业效率和入账规范性。

（5）完成与共享结算模块对私支付一体化集成建设投入（见图12-38）。用友共享系统与软通资金管理系统深度融合。财务共享中心审核完毕后,单据支付信息自动传递至资金系统,支付关键信息一体化集成,中间过程不允许修改;支付成功后依据支付时间顺

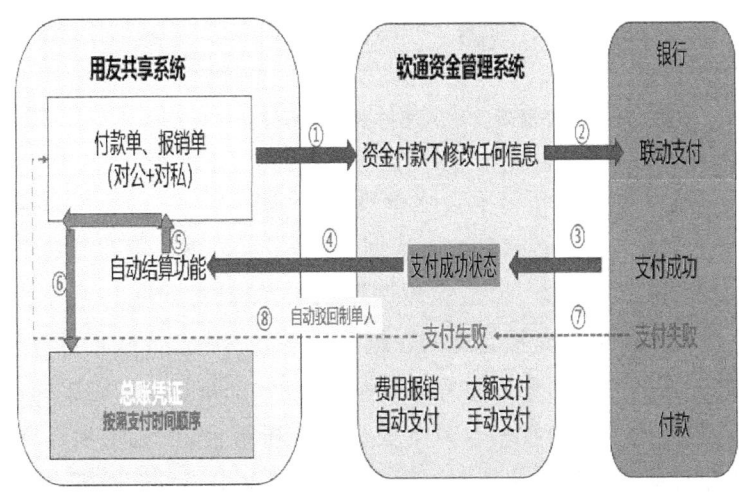

图 12-38　共享结算管理相关功能模块示意图

序自动在共享系统进行结算、生成凭证,极大提高了业财资的一体化程度和账务处理的及时性。整个报账与支付流程环环相扣,每个动作和场景都进行交互,真正实现了异构系统的无缝集成。

(6)完成交通运营高速通行费收费拆账业务自动清分入账投入(见图12-39)。通过整个拆账业务的架构分析,通过底层技术平台开发完成,数据可以通过数据加工处理平台将交通厅的拆账与基础数据做对照。结合拆账金额,生成收款单,收款单对应会计平台,通过会计平台自动生成凭证。同时,满足每日的通行费收款流水通过软通资金管理系统下发到数据处理平台,通过处理之后生成收款单,结合会计平台的档案对照处理功能,自动生成财务凭证。将月度拆账的数据格式化存储之后,在关键信息齐全的情况下,数据分析的价值和基础就已具备,此时基于账簿、路段、收费方式、省内省外等特性进行数据的排名分析、趋势分析、占比分析、数据预测将成为可能。因此,对沉淀数据做专题分析也是其中的一个重要组成部分,填补了国内交通行业空白。

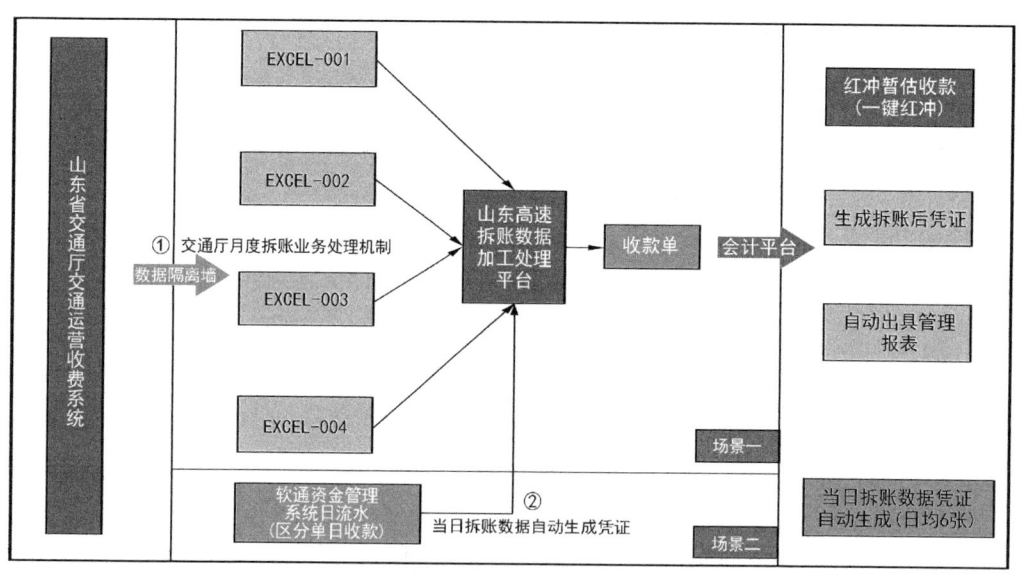

图12-39 交通运营高速通行费收费拆账业务自动清分入账

(7)完成可视化大数据分析云平台建设投入(见图12-40)。山东高速集团以财务共享中心建设为契机,在集团层面完成统一规划,部署了大数据可视化分析云平台。该平台具备多源异构数据的抽取、清晰、加工和数据湖工能,能对不同业务系统的数据进行关联性分析。比如,高速股份运营监控管理的数据与财务共享中心的数据进行融合集成,形成了高速股份业财一体的大数据分析成果,为领导的经营决策提供了强有力的数据支撑;建设管理集团将工程建设管理的数据导入到大数据分析平台,形成了项目管理的可视化分析模型,同财务和共享中心的作业数据一同展示,为共享中心发挥数据中枢作用提供了数据保障。

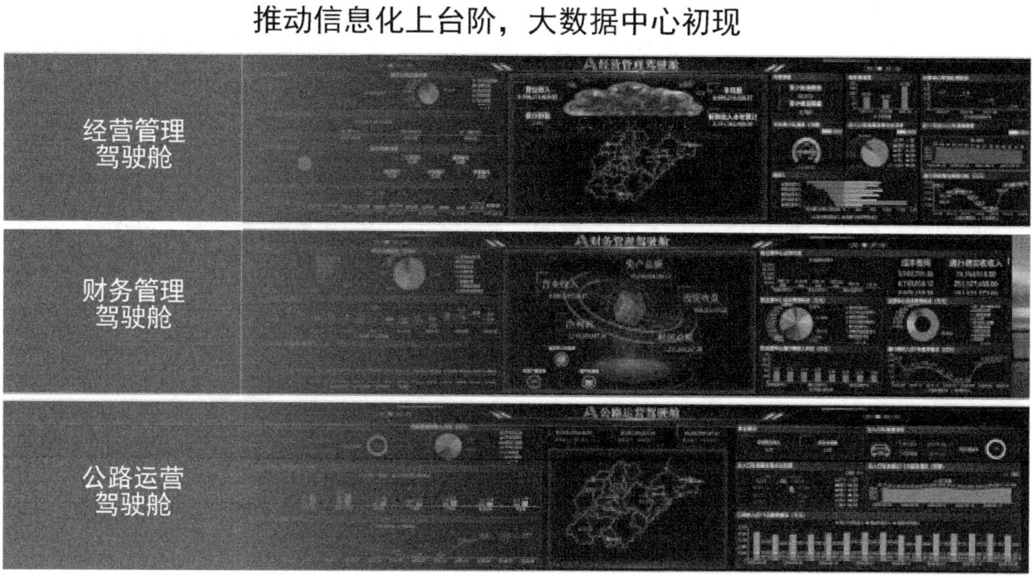

推动信息化上台阶，大数据中心初现

图 12-40　可视化大数据分析平台展示

（五）实践中遇到的主要问题和解决方法

智能财务共享中心建设过程中同样存在建设上的短板，并且存在以下问题亟待进一步解决。

1. 智能计划预算管理强度不够

资金管理系统的预算管理功能没有依托系统将资金筹划、计划、排程与共享系统进行对接融合，资金支付部分还要依靠人工排程和指令发送，资金支付流程过长。预算管理与业务管控没有实现对接管控。

2. 智能业财一体化深度不够

资产管理欠缺实物管理和盘点手段，资产管理的全生命周期管理缺少抓手；各单位缺乏供应链管理工具，导致业财一体化范围和深度不够，进销存管理系统无法实现系统化的管控和分析；人力资源系统单独建设，无法与共享系统进行人员基础信息的共享和管理；薪酬管理和时间管理不能实现自动与共享系统的对接和数据交互，导致人财物三大管理主体不完整；收付款合同系统没有使用，对于大部分对公付款缺少付款源头和付款节奏的控制，同时对于应付和预付的管理并没有启用余额管控，亟待利用挂账方式对应付账款进行余额管理。

3. 智能数据分析主题范围窄、深度低

预算执行分析（股份的预算没有与业务系统对接融合）、供应链数据分析（股份没有上线供应链系统）缺乏，没有形成领导端桌面级的数据分析驾驶舱（二期规划内容）。针对上述问题，项目组将会坚持问题导向，总体规划，对标原型，深抓落实。

4. 智能设备和先进技术场景化应用相对较少

山东高速股份有限公司的 RPA 机器人目前只适配了部分业务场景。比如，银行流水的自动对账功能实现了大部分的自动化,但是还没有实现完全的无人值守;OCR 识别的票据内容之前受技术限制,识别的种类内容较少,加之专票电子化的全面推行,系统的适应性和匹配度需要大范围的改进。

5. 智能税务应用场景较少

智能税务云的功能已经使用,但是其中的进销项管理、税务风险在线评估和自动报税功能目前还没有被深入使用。这需要在以后的优化升级过程中不断进行优化和升级。

6. 智能电子会计档案还没有实现全面的账表归档

电子会计档案已经实现了凭证、影像和部分账表的归档功能,但是还有部分个性化和自定义的账表需要针对性升级和开发。

7. 智能 GIS 地图上自绘高速公路路线图没有完成

高速股份共享分中心的数据分析规划中有一部分是路段描绘的(高亮突出显示管理路段)需求,但是因为目前拿不到路段的地理坐标,所以暂时无法将该规划继续开展下去。

8. 智能数据大屏展示效果稍差

高速股份共享分中心的数据分析展示大屏利用幕布作为显示载体,经过融合后的投影效果相对较差,不能真实还原数据分析的效果。一方面,颜色失真,将商务蓝显示为黑底,整体效果较差;另一方面,显示图像会偶发式重影,稳定性一般。

这影响了数据分析的展示效果。相对比较好的解决办法:应将同样的内容切换到共享的展示屏,尽管布局较乱,但展示效果非常好;也可以将分析模型投放到山东高速建设管理集团的屏幕上,效果也有大幅度的提升。

9. 智能工程项目管理系统缺乏

建设管理集团共享分中心对工程项目的管理数据进行了主题化的大屏分析,但是分析的数据来源是来自 Excel 的数据导入,而不是抽取的系统数据。其主要原因是建设管理集团没有智慧工地和项目管理的技术手段和平台支撑,数据的整理和收集都得依靠人工进行。

10. 流程自动机器人的应用场景较少

相较于山东高速集团和高速股份的 RPA 机器人的引入,建设管理集团机器人在银行流水对账和自动收款等智能化的应用方面稍微欠缺一些。

11. 展示大屏缺少融合器,展示效果不能最大化

相较于高速股份的大屏,建设管理集团的大屏显示还原度有较大提升。但是由于没有影像融合器,展示分辨率还是 PC 机的分辨率,不能将数据分析模型的三联屏清晰地显示到大屏上。目前的效果相当于一个大电脑屏幕,字体等内容显示较大,整体效果受部分影响。

12. 通行费自动清分入账没有实现自动化

高速股份的高速公路通行费并没有实现完全自动的清分入账,仍需要靠人工进行分拣和数据完善,效率相对较低。

三、实践成效与未来展望

（一）山东高速集团智能财务共享中心建设获得广泛认可

山东高速集团财务共享中心建设阶段性建设成果得到了山东省国资委和上海国家会计学院的充分认可，分别获得山东省国资体系 2019 年度管理创新优秀成果评选二等奖、上海国家会计学院第三届智能财务最佳实践奖提名奖。

（二）智能财务共享中心建设经验价值总结

山东高速集团智能财务共享中心在多行业分中心建设过程中，形成了如图 12-41 所示的共享中心建设目标路径总结。具体的总结如下：

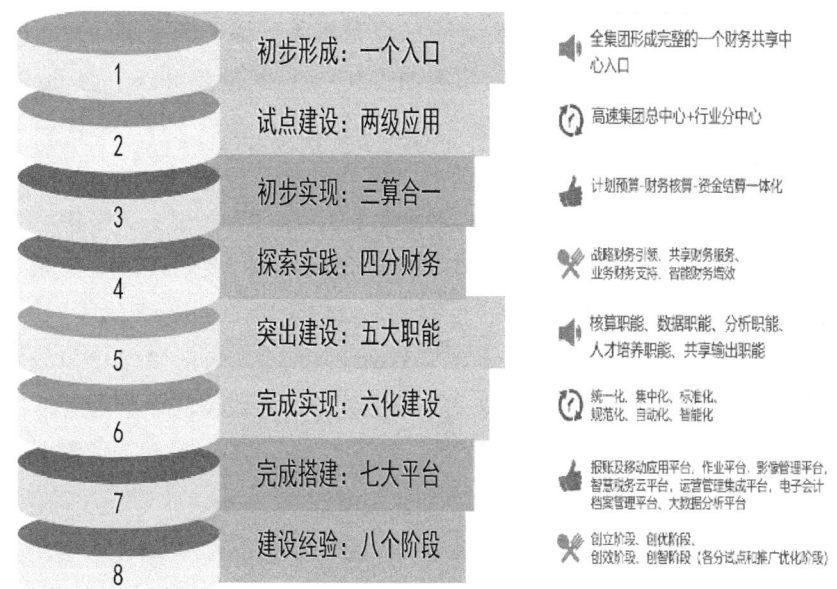

图 12-41　山东高速集团财务共享中心建设目标路径总结

（1）一个入口：山东高速集团的财务共享中心平台统一在集团层面部署，统一为各行业中心服务。作业入口统一为一个入口，便于集团化的管控落地和后期数据的分析展示（一个入口的基础是统一基础资料）。

（2）两级应用："一个入口"建设给山东高速集团创新性地提出"一主多分过渡，多分聚合归一"的建设路径提供了坚实的管理基础，并推动将财务共享中心建设分步骤、分行业的建设为一个主要分中心、多个行业分中心的模式，实现了财务共享"两级应用"的新模式。

（3）三算合一："两级应用"给行业分中心的建设提供了更高的自由度和更广的发挥空间。山东高速集团预算管理体系经过多年的打磨，已经非常成熟。在财务共享中心建设过程中，四川发展等推广单位率先投入使用计划预算与业务系统的刚性控制，将计划预算、财务核算、资金结算有机结合在一起，探索出了"三算合一"的成功经验，输出了有价值的建设经验给其他行业分中心。

（4）四分财务："三算合一"的形成大大提高了财务人员作业效率,将财务人员从烦琐的核算工作中解放出来,初步形成了战略财务引领、共享财务服务、业务财务支持、智能财务增效的"财务四分天下"的管控新格局。

（5）五大职能:在财务管控新格局的指导下,财务共享中心职能被定义为财务核算职能、数据反映职能、大数据分析职能、人才培养职能和共享价值输出职能五大职能。

（6）六化建设："五大职能"明确了山东高速集团财务共享中心建设的方向,并指导财务共享中心向:业财税金资料全面智能化、费用报销与会计核算统一化、资金管理和资产管理集中化、业务数据和业务流程标准化、共享制度和管理模式规范化、规则业务与重复劳动自动化的"六化"方向发展。

（7）七大平台:财务共享中心建设的各种蜕变都离不开综合管理平台的建设和推广创新。其中,报账及移动应用平台、作业平台、影像管理平台、智慧税务云平台、运营管理集成平台、电子会计档案管理平台、大数据分析平台七大主要平台建设支撑了集团财务共享中心建设。应用和管理创新都是基于这些平台建设和融合展开的。

（8）八个阶段:山东高速集团结合自身多主业的特点,明确了财务共享中心建设将遵循"一步规划、分步实施"的原则,将财务共享中心建设分为4个主要阶段（8个阶段）,分别是创立阶段（方案设计阶段）、创优阶段（试点推广阶段）、创效阶段（优化升级阶段）、创智阶段（深度优化和全面推行阶段）,如图12-42所示。紧紧围绕这4个主要阶段（8个阶段）,财务共享中心建设有重点、有方向,保证了山东高速集团财务共享中心建设的平稳落地。

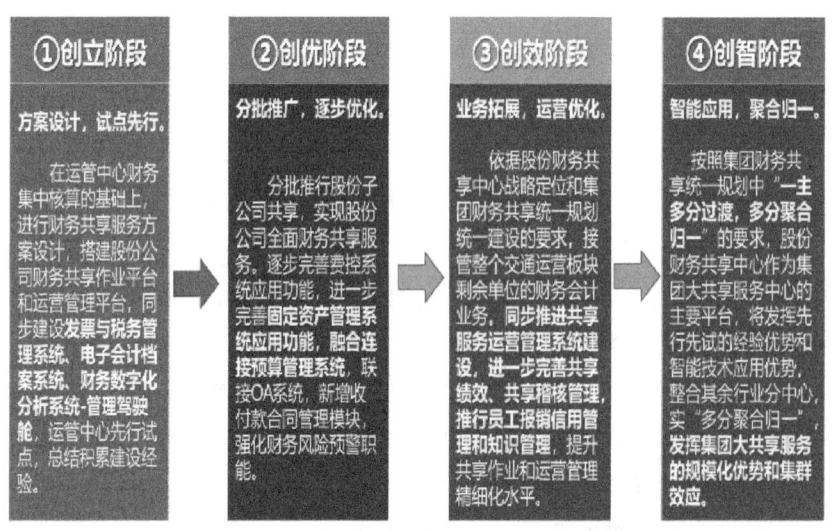

图 12-42　山东高速财务共享中心建设路径四阶段

（三）积极开展智能财务共享中心建设经验交流与价值输出

山东高速集团指导试点企业（山东高速股份有限公司等）采用分步实施的推进策略，各行业分中心建设的经验教训都将以复盘交流的方式对其他行业分中心进行交流输出，保障了其他行业分中心在财务共享中心建设过程中少走弯路，以降低项目落地的风险，缩短项目实施周期，降低项目成本投入。

（四）完善智能财务共享运营管理制度和人才培养建设

从山东高速集团财务共享中心上线以来的数据来看，在财务共享中心模式下，人员减少了 38.5%，服务业务量增长了 19.3%，人均年龄下降 5 岁，高学历人才比例增加了 16%，作业冗余能力提升了 150%（见图 12-43）。从数据来看，财务共享中心的建设依托于体系和人才，在山东高速集团财务共享中心建设推广过程中，我们应继续贯彻落实运营管理制度体系建设，并积极开展人才培养体系建设。

图 12-43　智能财务共享运营管理制度和人才培养建设

（五）持续扩大智能财务共享推广建设范围

山东高速集团财务共享中心建设将持续扩大推广范围，其中也包括组织范围。2021年，山东高速集团治理体系可能会有变化，财务共享中心建设要紧跟集团战略调整和规划，提前部署，做好预案，为集团战略调整作充足的准备。报账范围、财务核算范围和其他外围业务范围等，如智慧差旅服务的引入。山东高速财务共享中心陆续将尚未纳入进来的权属分子公司继续纳入财务共享管控范围（见图 12-44）。

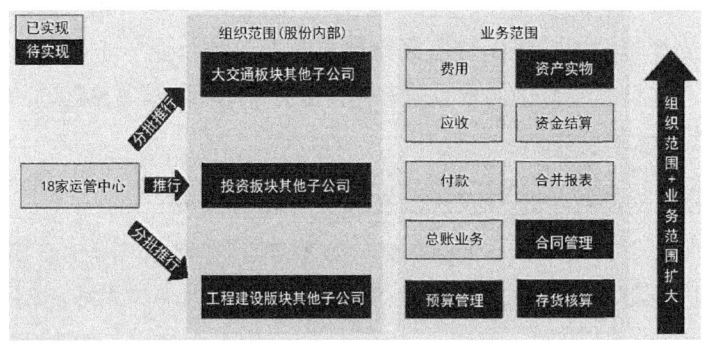

图 12-44　智能财务共享推广范围示意图

(六) 引入更多管控类、智能化应用场景

1. 引入并完善计划预算在事前管控中的作用

山东高速集团的计划预算管控体系建设已执行了多年,体系建设完整。但是在预算管控业务层面,试点单位和推广单位的工作在很大程度上还不够深入,仅仅将预算管理作为事后执行分析的工具。在以后的优化提升过程中,集团应将高速股份、建设管理、路桥集团、四川发展、轨道交通的预算管控前置,钩稽业务发生,真正发挥计划预算事前管控和战略落地"指挥棒"的作用。

2. 引入更多场景的 RPA 机器人使用场景

山东高速集团在智能财务共享中心建设过程中,创新性地引入了 9 个 RPA 机器人适用的场景。通过对业务的梳理和展开,集团梳理了更多的机器人应用场景(见图12-45),并对有引入的必要性进行了统计分析,定义了引入的价值高低和必要性。其中,档案类型、对比类型的机器人场景在以后深化应用过程中应适当增加,以不断提高作业效率和准确性。

3. 引入资产实物管理和移动应用

山东高速的大多数产业属于重资产行业,目前采用的是资产卡片、折旧的简单台账管理,希望通过智能财务共享的不断深化应用,提升资产管理水平,将集团的线性资产、经营性资产等实行实物管理,并结合条码技术和移动应用,实现资产实物的唯一身份管理和智能盘点;对使用记录、点巡检记录、维修保养记录进行精细化管理,实现国有企业资产的保值增值(见图 12-46)。

4. 收付款合同管理功能深化应用

山东高速集团的很多二级单位,尤其是和工程建设相关的单位,每年的合同签订数量超过数十万份。因此,不仅仅合同的执行过程不好管理,合同的签订和保管费用也是一笔不小的数目。为此,集团可以初步将合同的执行过程纳入系统管理,结合收付款合同将合同的付款协议进行电子化、数据化管理,将收付款行为与合同进行绑定,从源头上对收付行为进行管控;同时结合合同执行情况的分析,对合同的全生命周期进行管理。

交易类流程
关账、合并与报告
绩效&决策支持
销售到收款流程
采购到付款流程
资金管理
项目会计
关账
法定财务报告
预算管理
Forecasting
费用会计
总账管理
管理报告
合并
成本管理
财务分析
税务会计
存货
固定资产
RPA
Medium
High
Intelligent Automation

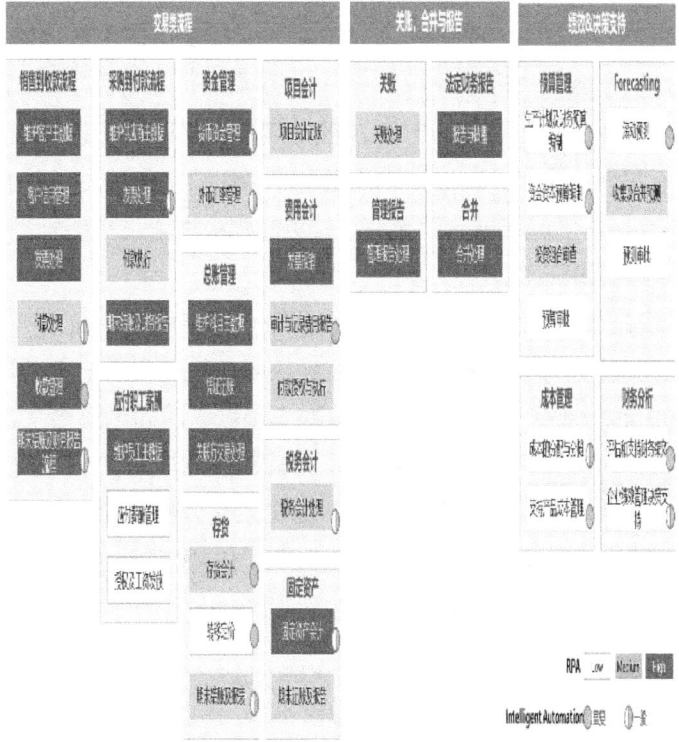

图 12-45　探索 RPA 适用场景示意图

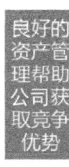

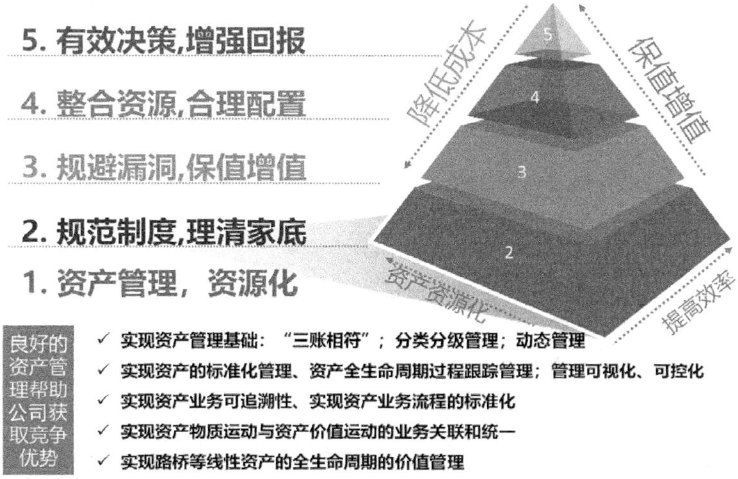

5. 有效决策,增强回报
4. 整合资源,合理配置
3. 规避漏洞,保值增值
2. 规范制度,理清家底
1. 资产管理，资源化
降低成本
保值增值
资产资源化
提高效率
5
4
3
2
良好的资产管理帮助公司获取竞争优势
✓ 实现资产管理基础："三账相符"；分类分级管理；动态管理
✓ 实现资产的标准化管理、资产全生命周期过程跟踪管理；管理可视化、可控化
✓ 实现资产业务可追溯性、实现资产业务流程的标准化
✓ 实现资产物质运动与资产价值运动的业务关联和统一
✓ 实现路桥等线性资产的全生命周期的价值管理

图 12-46　资产管理效果示意图

注：1. "股份"指山东高速股份有限公司。
2. 图中 1 层为底部阴影区域。

5. 引入供应链管理系统

在主题分析过程中可以发现,很多的供应链数据无法提取的主要原因是供应链系统缺乏或者系统建设分散,以致无法形成统一档案。对此,集团可以将推广情况引入供应链管理系统,对于基层权属单位的进、销、存、产、供、销进行系统化管理,并将管理功能与共享管理深度融合,做到业财深度一体化。业财一体化是山东高速数字化转型的基础,供应链的引入是必要的手段。需要使用供应链进行管理的单位应当积极引入供应链管理系统。

6. 引入电子回单在线获取功能

在财务业务处理过程中,银行回单的打印和粘贴是困扰财务人员的一个顽疾。尤其是在银行账号众多的情况下,来不及去银行打印将导致账务处理和回单不同行的问题。对此,集团可以借助结算中心的数字化管控手段,结合共享影像管理和电子会计档案管理系统,实现电子回单的及时拉取和精准"粘贴"以及归档,实现账务处理和银行回单同行,减少二次附单的工作量,降低增补回单过程中出现不匹配的情况发生。电子会计档案的使用将配合未来专票电子化,实现企业经营主要凭证的影像化和数据化,实现录入、查验、查重、收集、归档一体化应用,并实现凭证的数据化管理。

(七)山东高速集团智能财务未来展望

1. 依托大数据分析平台建立业务管控预警平台

山东高速集团在信息化建设过程中,积累沉淀了大量的数据。财务共享将很大一部分数据进行了工厂式的加工和处理,并分为财务、资金、工程以及其他业务主题进行了展示。但是目前仅仅停留在展示层面上,并没有结合指标和规则形成预警机制。在一些简单的应用场景下,数据不能提醒"决策者"应该怎么做,或者自动帮助决策者作出决策。所以在未来规划建设过程中,集团可以适当逐渐引入建设预警平台,让数据跳动变为主动参与决策和风控预警,实现"事找人"。业务管控预警平台如图 12-47 所示。

图 12-47　业务管控预警平台

2. 逐步建立机器学习和深度数据挖掘与分析

数字化技术在不同行业、不同领域的深入应用,催生了数字经济的蓬勃发展。在数字经济时代下,大数据分析显得尤为重要,而大数据分析依赖基于机器学习的优良算法。山东高速集团的很多行业具有海量数据,所以在后续的发展建设过程中我们将不断引入机器学习和分析模型,通过不断学习和迭代算法的方式,建立具有"高速特色"的数据治理开发体系;通过大数据分析辅助预测、决策、风险评估、盈亏平衡分析、投融资管理等。机器学习和深度数据挖掘与分析如图 12-48 所示。

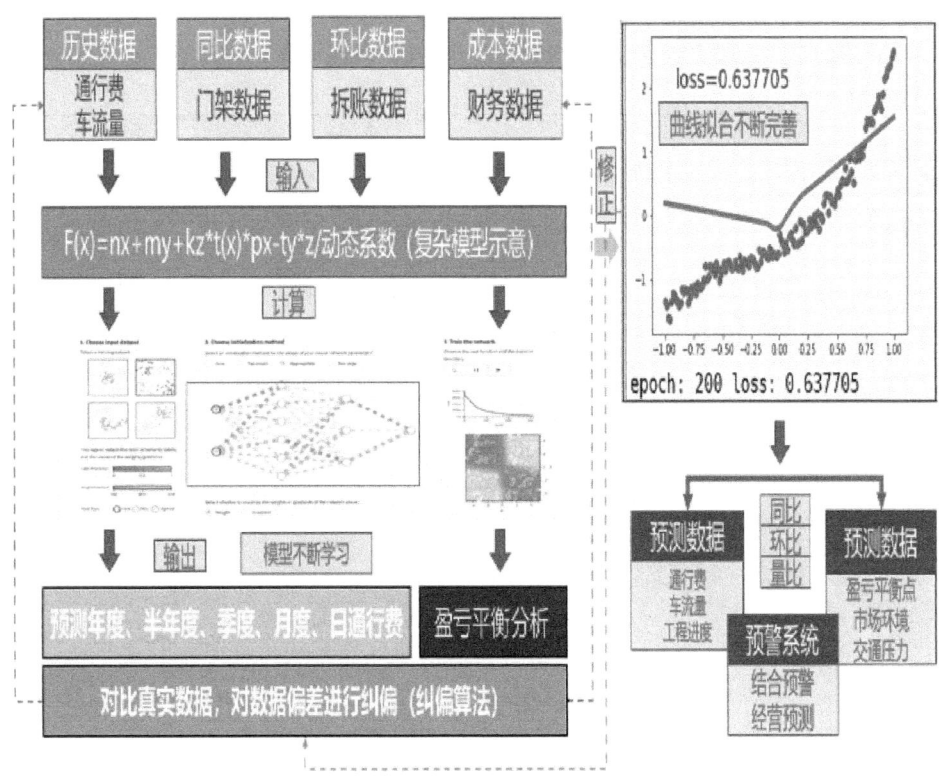

图 12-48　机器学习和深度数据挖掘与分析示意图

3. 继续发挥物联网、区块链指导企业生产经营的优势

山东高速集团应注重发挥山东高速信息集团天星北斗有限公司自主专利技术优势,通过自主研发知识产权的卫星定位授时短报文物联网感知平台,用北斗来感知来实时获取各类资产(存货)的在途、在用、在售状态,全天候地理信息监控,实现对中欧班列铁运一单制提供北斗物联网控货支撑。智慧物流园区通过北斗感知试点取得成果后,向示范区延伸,再继续向济南、青岛等地的货场延伸。

物联网、区块链、大数据分析的优化和持续推广是指导企业生产经营的新动力。山东高速集团不遗余力地进行智能财务数字化建设,并将财务共享和其他智能化建设的数据成果进行"高速特色"的挖掘和塑造,助力"智慧高速,智慧国企""万亿级、特大型"企业持续、快速、高质量发展。山东高速集团紧抓不放,压实责任,保质保量,按时完成规定的建设任务,并在完成任务的基础上进行符合企业实际的管理创新。

参考文献

[1] 刘勤,杨寅.改革开放40年的中国会计信息化:回顾与展望[J].会计研究,2019(2):26-34.

[2] 李闻一,于文杰,李菊花.智能财务共享的选择、实现要素和路径[J].会计之友,2019(8):115-121.

[3] 陈虎,孙彦丛.财务共享服务[M].2版.北京:中国财政经济出版社,2018.

[4] 李闻一,李栗,曹菁,等.论智慧财务的概念框架和未来应用场景[J].财会月刊,2018(5):40-43.

[5] 李闻一,朱媛媛,刘梅玲.财务共享服务中心服务质量研究[J].会计研究,2017(4):59-65.

[6] 张瑞君,陈虎.企业集团财务共享服务的流程再造关键因素研究[J].会计研究,2010(7):57-64,96.

□ 汇付天下有限公司智能技术驱动下企业财务数字化转型研究

■ 金　源　汇付天下有限公司执行董事兼首席财务官、高级会计师

徐　燕　汇付天下有限公司财务及投融资管理中心副总经理

屈伊春　上海国家会计学院高级工程师

■ 智能财务　　数字化转型
数据赋能

　　面对数字经济、供给侧改革、产业升级调整、降本增效的经济转型期,财务转型与创新迎来了重要的机遇期。企业数字化转型升级、财务业务一体化进程加快以及科技的飞速发展为财务带来了全新的机遇与挑战。

　　本文围绕企业财务数字化转型的框架搭建与实现路径进行探索,综合国内外理论基础与实践经验,结合企业管理系统交互面临的问题与财务转型的现实需求,分析企业财务系统现状,提出"一个核心、两大方向、三驾马车、四位一体"的财务数字化转型蓝图;在总体框架、实现路径、关键步骤、达成效果等方面进行深入阐述,聚焦形成通用、有效的方法论及实施路径,为企业财务的转型升级提供更加明确的借鉴思路。

　　具体而言,本文以汇付天下有限公司为案例,详细介绍了其在智能财务实践过程中的智能技术、主要产品、先进做法及主要成果,并结合人工智能以及大数据的时代背景,寻找数字经济与企业实务的契合点,探索更加系统性与实用性的当代企业财务数字化转型模式。财务数字化的实现,需要通过与业务系统交互布局实现真正的"业财一体化",通过建立统一的流程管理以及协同平台,统一数据交互和数据共享,以实现管理系统交互化、财务系统数字化、决策支持智能化。企业应从观念、人员、组织、流程和系统五方面进行改进,运用大数据、BI、RPA、云原生、AI、移动互联等技术,助力企业高质量发展,提高核心竞争力。

一、案例背景

（一）案例单位介绍

汇付天下有限公司（以下简称汇付天下或公司）成立于2006年6月，旨在通过领先的科技和卓越的运营，提供数字化时代的支付处理和账户结算服务，保护客户数据资产安全，持续为客户创造更多价值。目前公司主要业务覆盖四大板块，即综合商户收单、行业解决方案、SaaS服务、跨境与国际业务。

作为中国领先的支付科技公司，汇付天下为近千万小微商户，以及航旅、健康、教育、物流、零售、基金、产业链、跨境电商等在内的近万家行业客户提供聚合支付、账户服务、营销服务、数据服务以及金融增值服务，能够全面满足商户在支付、账户、营销、数字化运营等全方位需求，多年来其在数字化方面积累了大量经验。

汇付天下在支付行业拥有良好的声誉，并得到了行业监管部门的高度认可。2010年，汇付天下成为首家获得中国证监会颁发的基金支付许可的单位；2011年，汇付天下首批获得中国人民银行颁发的支付业务许可证。此外，汇付天下还拥有跨境人民币支付业务许可、跨境外汇支付业务试点许可、ICP许可证（增值电信业务经营许可证）、融资租赁牌照等资质，是国家重点软件企业、国家高新技术企业，先后荣获中国互联网百强、上海金融创新奖、上海软件企业百强、上海民营企业百强、上海市质量管理奖等多项荣誉。

目前，汇付天下已全面应用云原生技术，并在业内率先构建数字化运营平台，以人工智能、大数据、区块链等前沿技术为基础，建立并发展起核心的交易能力、运营能力和风控能力。

汇付天下的财务数字化具有非常鲜明的特色，在原有财务信息化的基础上基于企业数字化转型深入推动财务数字化转型，通过建立集团财务的数字化体系，落实集团统一的财务管理制度和政策；建立完善的内控体系，助力实现"业务财务一体化"，以数据为驱动，更好地提供经营管理决策支持，提升公司竞争力和经营效益。

（二）汇付天下智能财务建设背景

1. 智能财务实践发展的要求

面对数字经济、供给侧改革、产业升级调整、降本增效的经济转型期，财务转型与创新迎来了重要的机遇期。与此同时，随着全球贸易冲突、金融危机、汇率风险、税务风险的增加，以及移动互联、云计算、大数据、人工智能、区块链、财务机器人等科技的迅猛发展，企业面临数字化转型升级、财务业务一体化进程加快提出的新要求，这也为财务带来了全新的机遇与挑战。

在挑战上，数字化转型时代对企业财务提出更高的要求：

（1）技术要求。当前，数据无法实时在线、数据"信息孤岛"、业财融合缺失、智能决策失效等问题，对财务提出了新的挑战。

（2）职能要求。企业数字化转型对财务工作的要求带来挑战，企业应当赋予财务角色新的内涵。

（3）人员要求。大量财务人员不知应如何适应和搭建数字化的财务体系。

在机遇上，财务数字化将以价值导向为核心，致力于实现客户体验优化、流程优化及效率提升、决策支持及业财融合、战略财务管理、资本财务助力等目标。这也标志着以战略财务、资本财务、智能财务为代表的财务转型方向逐步出现，企业财务数字化转型是大势所趋。

2. 汇付天下智能财务建设动机

汇付天下作为中国领先的支付科技公司，旨在通过领先的科技和卓越的运营，提供数字化时代的支付处理和账户结算服务，其在数字化方面已积累了大量经验。汇付天下的财务数字化具有非常鲜明的特色，而在原有信息化的基础上深入推动财务的数字化转型，将企业的成功实践提炼升华，有助于财务数字化的全面推广和应用。

目前汇付天下已经全面实施了企业 ERP 系统，而深入推进企业财务数字化转型，通过建立财务数字化体系，落实统一的财务管理制度，建立完善的内控体系，有助于实现"业务财务一体化"，更好地提供经营管理决策支持，提升公司竞争力和经营效益。

二、案例具体实践

（一）汇付天下智能财务建设方案设计

我们通过实践，将财务数字化转型的主要核心归纳为以下四点：组织、人员，系统、模块，流程、交互，数据赋能、智能决策，并围绕这四个核心方面，分别按照以下路径推进。

1. 打造数字化财务组织体系及团队

1）数字化财务组织体系

组织架构转型是实现企业数字化转型的重要步骤之一。企业在对数字化组织架构加深认识的基础上，还需要从如何利用组织架构来实现数字化转型的角度作进一步探讨。成立合适的数字化转型组织，明确转型责任主体，制定合理的组织业务目标和考核激励机制，协调业务部门和技术部门，可以更有效地帮助企业统筹推进数字化转型的落地。

国际数据公司（International Data Corporation，IDC）提出，企业可以根据自身情况，选择数字化特别项目组、转型办公室、嵌入式数字业务组和数字化业务单元等形式来推进数字化转型。于海澜和唐凌遥（2019）指出，传统企业进行数字化转型时，可以借鉴以下四种组织调整模式：

（1）分散模式，即每个业务单位都建立数字化项目团队，负责本业务线的数字化工作。该项工作需要外部咨询和技术公司的支持，而 IT 部门仅负责现有系统的维护。

（2）IT 支持模式，即业务单位负责本部门的数字化项目，IT 部门负责大数据、人工智能、云计算等基础设施的研究，各业务部门在 IT 部门建立的基础平台上开展数字化转型活动。

（3）IT 共享模式，即数字化的资源和开发完全集中共享，便于专业技能的集中使用，在业务部门提出需求后，由 IT 部门建立数字化项目完成开发。这种模式需要 IT 人员对业务有很好的理解,能够快速提出方案并实施。

(4)混合共享模式,即开发资源由共享服务中心负责提供,业务单元内常设部分设计和开发人员,数字化项目大部分的开发人员都是从共享服务中心的资源池中调配,项目完成后开发资源释放回资源池供其他项目使用。

企业在打造数字化财务组织体系时应着重考虑数字化财务战略管理体系,将目标、人员以及组织与整体转型路径匹配,通过"管理+运营+技术"的转型以及针对业财节点的分析诊断与运营层面的统筹布局,打造一个灵活、高效、全面的财务数字化组织架构,实现连点覆面的业务运营敏捷协同模式。组织及团队的高效执行力、扎实过硬的专业技能、灵活敏捷的运营能力,可以为财务数字化转型奠定最核心的实施基础。

我们认为,数字化财务组织体系应包括以下四个组织特点:

(1)管理层级扁平化:在智能财务时代,随着大量新技术的采用,传统流程被优化,系统壁垒被打破,如通过 RPA 技术可以把很多流程进行系统自动化集成。财务的组织层级的扁平化,更加有利于沟通和信息的传递,可以极大地提高财务组织的效率。

(2)组织结构柔性化:通过分工协作和责任明确的团队合作,以及合理的授权,组织能够根据环境的变化迅速、有效地配置资源,灵活、快速地解决问题。

(3)组织边界模糊化:所谓的模糊化并不是指不需要边界,而是不需要僵硬的边界。通过可渗透和灵活的边界,信息更加容易共享,企业可以打造出更加有创造力和活力的团队。比如,未来会有更多具有计算机或者大数据背景的人才参与财务团队的数据分析、业务运营等工作,财务的边界和外延会进一步扩大。

(4)组织环境网络化:我们要实现业财一体化,就要适应网络化的组织环境,实现管理体系的全流程打通,也即管理体系的交互化。

2)数字化财务运行团队

传统的财务管理表现为财务与业务相互独立。财务人员的主要工作是编制财务报表,会计核算均是业务发生后进行处理。财务管理属静态管理,财务部门相对封闭,财务工作专业性强。而数字化时代的财务管理要求财务、业务都实行数字化,财务部门熟悉并参与公司战略的制定,以公司战略为数字化的指引目标。同时,财务应与业务紧密融合,真正做到"业务财务一体化"。会计核算在业务发生的事前、事中进行,财务部门全方位开放,真正做到数据驱动、实时在线,通过数字化的财务管理模式实现智能决策支持,全面助力企业经营发展。

在服务企业业务发展上,财务管理要深入企业业务发展的过程和前端,实现财务管理与业务发展的紧密融合,对业务数据进行深入挖掘和分析,做好业务经营结果的"记录员"、业务经营过程的"调度人"和发展方向的"引领者"。出色的财务管理一定是站在业务的角度看财务,站在业务经营发展的角度安排财务计划、统筹业务和经营发展。通过战略财务,财务人员参与企业的未来规划和战略决策;通过业财融合,财务人员主动介入业务的事前、事中和事后的全过程管理,实现从原先被动应付到主动参与的转变;通过共享财务把各业务单元的财务业务流程化、信息化处理,财务人员从原先忙于核算转变为参与和支持决策。

公司打造数字化财务团队时侧重管理集中化、数字化技术应用及专家团队支持。公司日常财务活动在不同的功能模块中进行核算分析及动态监测管理,相应数据同时录入财务管理平台并进行不同模组的核算管控及流程管理;在数据中台及会计核算共享中心的支持下,由专家团队进行灵活、高效、迅速地分析评价,并反映在统一门户中。公司的专家团队由业务财务专家及财务信息化专家组成。业务财务专家对相应的功能模块产出进行测算评估;财务信息化专家对财务管理信息平台及中台产出进行数据标准化及交互功能优化。汇付天下数字化财务团队运行体系如图 13-1 所示。

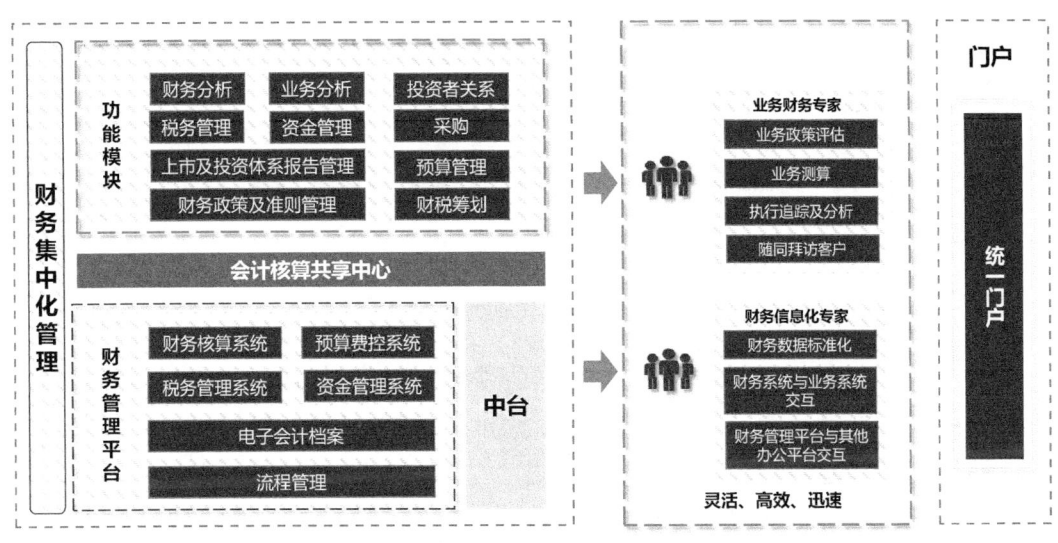

图 13-1　汇付天下数字化财务团队运行体系

2. 系统与模块的搭建

通过系统与模块的搭建,企业实现各项经营活动信息输入、信息处理及信息输出的标准化及统一化。图 13-2 展示了智能财务应用主体——企业内部的智能财务各组成部件之间的逻辑关系。

由于智能财务需要借助智能机器和人类财务专家共同组成的人机一体化智能管理系统,因此,位于底层的智能感知系统、网络系统、数据系统和智能引擎系统是必不可少的。智能感知系统利用条形码、RFID(Radio Frequency Identification,射频识别)、传感器、OCR 等技术,客观感知企业内部经营活动和外部环境,自动地完成数据的搜集工作;网络系统通过物联网、移动互联网以及卫星通信网络等实现数据的传递和共享;数据系统用于存储企业智能管理所需的元数据、业财税交易处理数据、规则库、方法库、模型库、知识图谱等,在数据仓库和数据挖掘等 BI(Business Intelligence,商业智能)组件的支持下,为应用层的数据智能处理提供基础;智能引擎系统通过公共的智能部件(核算引擎、流程引擎、推理引擎等),满足应用层各种智能处理的需要。

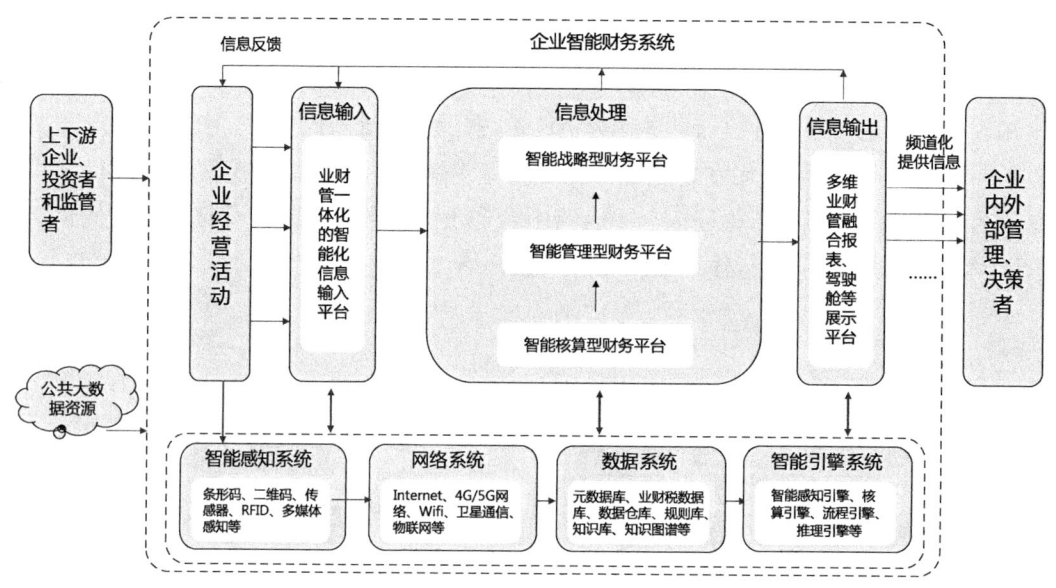

图 13-2　智能财务基本架构示意图

位于上层的智能财务应用层描述了财务信息处理的全过程:从企业经营活动到业财管理统一信息输入平台,在经过信息处理后,通过公共信息报告和展示平台送达企业内外管理者和决策者。所有这些信息处理过程都需要借助底层的智能引擎系统自动完成。在图13-2中,输入信息不仅来源于单位对外的经营管理活动,还来源于对外部大数据资源网络爬虫的自动抓取。智能化信息输入平台是企业的统一信息输入平台。它通过人机合作模式,将机器客观采集到的信息和人类主观感知到的信息结合起来,按照财务信息处理的要求完成信息的输入。在信息输出方面,企业将通过底层的各种智能引擎,把机器的运算结果和人的价值判断相互匹配,动态、实时、频道化、多种形式地展示业财管理融合报表信息,以满足企业内外部管理决策者的需求。

在中间的信息处理环节,财务信息处理方式将体现为三个层次:核算层、管理层和决策层。智能核算型财务管理平台是相对早期的智能财务系统而言的,主要依赖智能感知、RPA、专家系统等技术,智能地完成财务核算工作。智能管理型财务管理平台是发展到中期的智能财务系统。它在核算型财务管理平台的基础上,逐步演变成基于大数据处理、商业智能、神经网络、机器学习等技术的智能管理会计综合平台,即智能财务从以处理交易性活动为主,发展为处理更多高价值管理会计活动。智能战略型财务管理平台是智能财务发展到成熟阶段的产物。它在智能核算、智能管理平台的基础上,将智能财务的核心功能发展到智能决策领域。可以说,智能战略型财务管理平台是人机高度融合的智能处理平台,即财务管理中出现的智能活动,如分析、推理、判断、构思和决策等,将由以计算机为主的人机融合系统共同来完成,并且随着发展的深入,系统将不断扩大、延伸和逐步取代部分人类财务专家在财务管理中的活动。

3. 建立模块的交互

当前,大多数公司的信息化程度较高,但缺少统一的数据展示与工作处理平台,较多的系统反而成为工作的"屏障",如现有 BPM(Business Process Management,业务流程管理)系统难以支撑较多的管理流程需求;组织结构复杂且调整频率高,业务逻辑灵活多变,分析维度持续迭代优化;信息系统繁多,数据交互难度大;多系统割据,业务流程缺乏标准化执行工具;没有统一的工作处理平台,无统一的工作门户。

本实践通过建立统一的流程管理以及协同平台,将分散业务进行数据整合,统一信息系统间的数据交互,形成数据联动以及有效采集,完善信息化发展,最后达到数据赋能,形成数字化共享。具体来看,本实践打造了"智能化、平台化、全程电子化"的管理系统交互模式(见图 13-3),旨在实现"四个统一"。

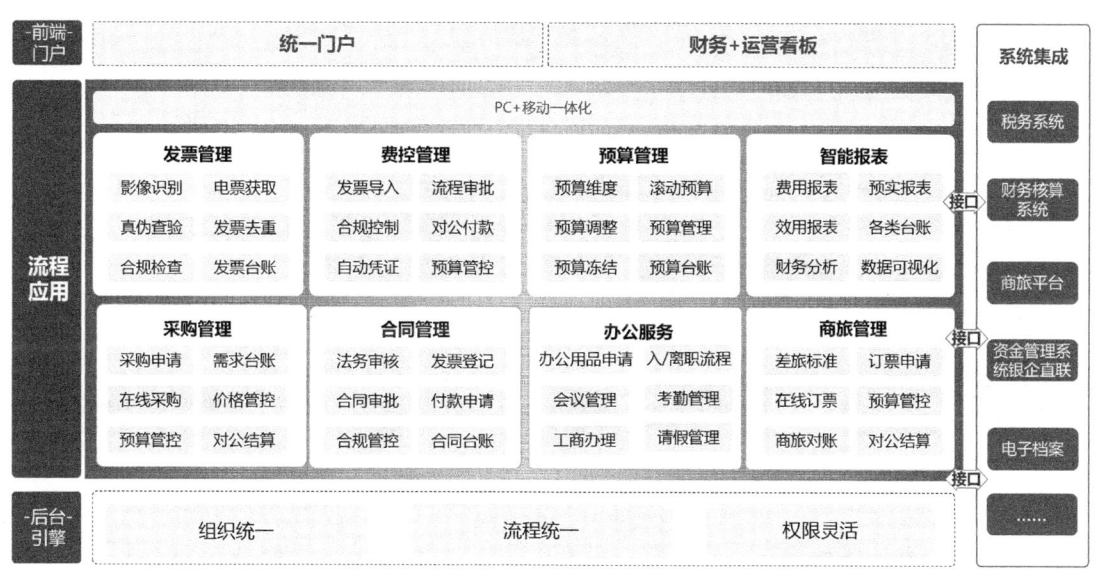

图 13-3 管理系统交互架构

(1)统一组织:统一维护人员信息、组织架构、权限体系、多系统人员组织架构信息同步。

(2)统一门户:在一个门户中获取信息,获取工作,不需要登录其他系统,且能根据岗位、角色定制个人专属办公桌。

(3)统一流程:在同一个系统中协同工作,并按照统一的流程标准执行。

(4)统一集成:将不同的功能模块统一集成在一体化的工作门户中,用户不需要跨系统跨门户的进行操作。

4. 数据应用及赋能

通过以上系统与模块的搭建与交互,汇付天下初步实现了标准化存储。业务经营过程产生的各项数据能够通过标准化的定义,按照经营管理的不同需要,分门别类地进行归档,以便不同管理职能用户能够基于统一的数据基础,进行快速读取及分析处理。

接下来将通过 RPA、BI、云计算等智能化技术对现有财务各项系统与模块的应用与结合,通过实时数据展现、动态风险监控、智能财务预测等全方位的数据挖掘,实现对数据的全面赋能,让数据可靠地说话,让数据推动业务,让数据助力决策。

(二) 智能技术及产品各类财务场景应用

财务系统的主要工作内容是识别、收集、记录、加工、存储财务数据,生成所需要的财务信息,为经营决策者提供决策支持以及向利益相关者报送、披露财务信息,从而成为这一过程中能提供有力支撑的功能系统。因此,汇付天下搭建了整体财务系统架构,并将不同财务应用场景打通交互。汇付天下财务系统架构如图 13-4 所示。

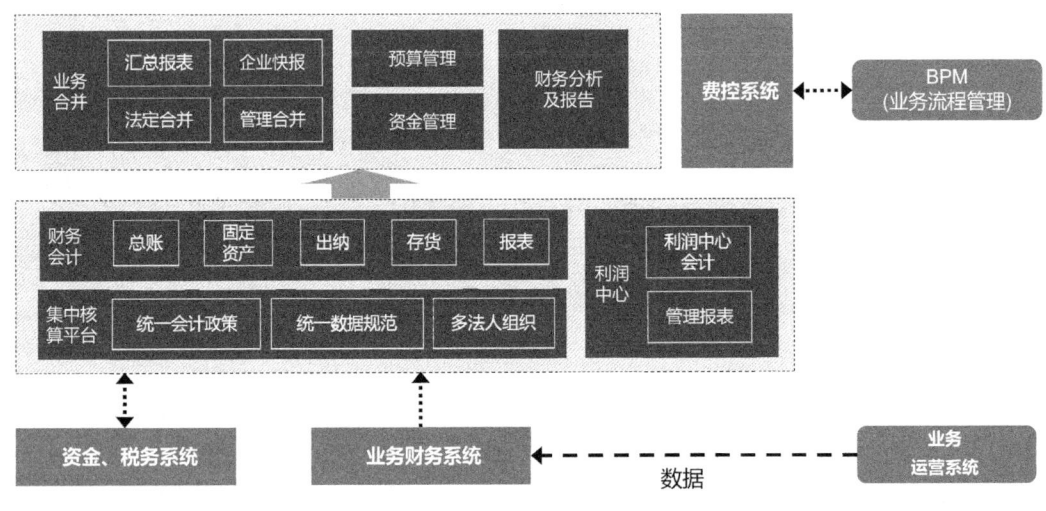

图 13-4　汇付天下财务系统架构

在建设外部业务系统及财务管理应用模块的同时,通过统一的财务管理规则,形成核算、预算、税务及资金等管理功能模块集成一体的财务系统。同时,建立电子会计档案系统,将所有数据及流程进行统一管理存储,实现从业务发生到审签程序到记账凭证全数据链条的归档和管理。财务系统交互模型如图 13-5 所示。

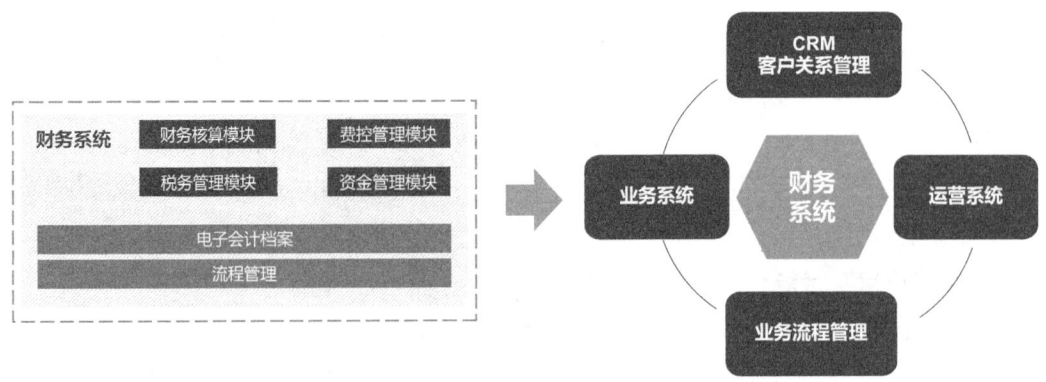

图 13-5　财务系统交互模型

基于整体架构,我们结合智能技术及产品完成了以下六个财务场景的应用。

1. 财务核算模块

公司目前建立了统一的财务核算模块,规范了会计核算与合并报表,实现了会计信息传递和存储的统一,规范了财务数据的集中管理,财务核算模块主要实现了以下几点应用:

(1)规范财务基础信息。公司制定了统一规范的基础档案的分类规则、编码规则。公司通过增加公用基础档案,并将其分配给下属单位使用,下属各单位根据公司下发权限在遵循编码规则的前提下增加自己的基础档案,既保证了基础信息的统一性和规范性,又实现了下属单位使用的适配性和灵活性。

(2)建立信息一致、可比的会计核算系统。公司在构建集中统一的会计核算体系,规范核算基础信息,确保统一的会计核算政策的执行,提高会计信息的真实性、及时性及可比性。

(3)建立与组织机构和考核要求相适应的会计核算体系。公司因其组织形式不同、管理模式不同、核算要求不同,其会计核算体系的建立也存在很大的差异。同时,随着公司下属各独立企业的业务发展,其组织结构也在不断地变化,因此也对会计核算体系是否能够灵活方便的适应变化提出了新的要求。公司根据企业集团的管理级次和资本的纽带关系,构建企业的组织结构,支持企业集团快速扩张,快速复制会计管理模式。

(4)统一会计核算政策、规范会计核算科目。公司在 ERP 系统集团参数设置中固化会计政策,控制下属单位的执行,如固定资产折旧方法、坏账准备计提方法等。同时也规范了集团会计科目,主要包括:使用统一的会计科目方案,根据数据需要选择对下属单位科目控制的级次,按照下属单位性质和需要进行会计科目的标准下发,严格控制会计科目变更。

(5)固化会计核算和管理流程。公司根据企业集团的统一要求,制定统一的会计核算和管理流程,在集团 ERP 参数设置系统中固化该流程,并控制下属单位遵照执行。

(6)统一会计政策、数据规范。搭建适用多法人主体集中管理的财务核算模块,打破法人组织边界,公司根据各项管理要求形成虚拟组织及不同利润中心维度的合并报表及分析报表形成核算共享。随着集团业务的发展,其组织结构在不断变化,要求会计核算体系能够灵活方便地适应变化,快速复制会计管理模式。

2. 费控管理模块

费用支出作为企业日常流程管控的核心环节,存在大量的前端数据获取和不同流程和场景应用的交互,因此,公司完成了费控管理模块的搭建。一方面,优化了员工的使用场景、管理层的审批场景以及财务人员的核算场景;另一方面,从业务发生、审批、支付到核算通过打通自动流转,不仅实现了有效管控,同时减少了人工的投入,通过数据标准化、集中存储等方式,实现了升级优化财务流程,创新预算管理方式,降本增效,从而重新赋能财务管理工作,满足公司费控与财务管理的要求。费控管理模块如图 13-6 所示。

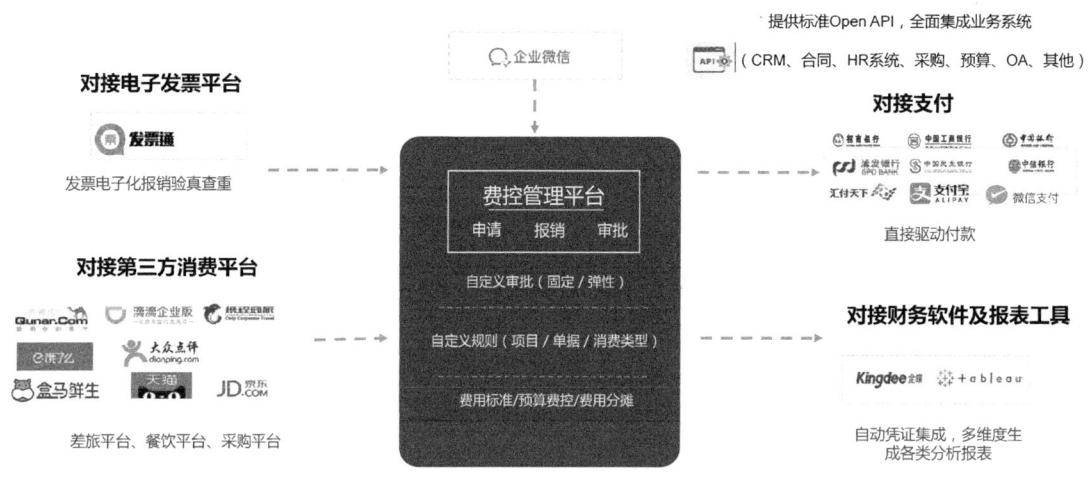

图 13-6　费控管理模块

费控管理模块通过预算管理功能按部门、年度、预算科目的维度控制费用发生,在流程驱动下不同的流程与节点调用外部接口或异构系统,完成各种服务与下推制单。

(1)集成发票查验接口,使用 OCR 在前端业务发生的时候同时完成发票数据的读取识别、验真查重、规范发票来源,同时建立发票池存储发票数据供后续使用。

(2)对接外部商旅等平台,实现公司统一结算。一方面员工不用再垫资报销,财务人员减少了复核工作;另一方面通过线上差标、低价策略、行程预算等规则有效管控差旅费用发生。

(3)对接银企直连,通过统一流程直接驱动支付,同时获得支付凭证。

(4)流程通过审核节点后,通过已集成的 ERP 接口自动生成付款单或凭证。

(5)启用预算管控模块,流程发起或支付时系统判断预算的执行情况。

(6)启用采购模块,对供应商与付款账户集中管理。

具体来说,数字化财务转型后,企业的业务人员、财务人员、管理层的工作场景都发生了改变与优化:

(1)对于业务人员来说,以前填单需要人工整理,填写麻烦;现在在线通过票据识别可以自动填单,同时实时完成预算审核,方便快捷。

(2)对于财务人员来说,以前需要花大量的时间和人力检查报销提交的规则,发票是否重复、是否假票,审核耗时久,效果也不佳;现在大量的人工审核工作由系统自动完成,整体提高了效率,保证了费用支出的合规性,财务人员可以将时间花在更有意义的审核和工作中。

(3)对于管理层来说,以前对员工每月产生的各项费用都需花大量时间集中审批;同时需要专人统计预算执行情况并反馈,因而会出现大量审批积压。现在,对于额度及预算内的费用,通过系统设置进行管理,无须人工管控,超预算部分会在线及时收到反馈,同时管理层通过移动端可以利用碎片时间灵活处理各项审批,提升了工作效率。费控管理模块的电脑以及移动端界面如图 13-7 至图 13-8 所示。

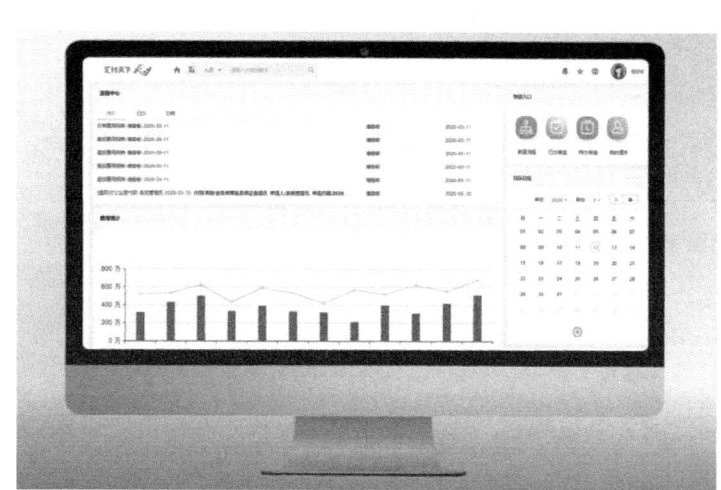

图 13-7　费控管理模块电脑端界面　　　　**图 13-8　费控管理模块移动端界面**

另外,在商旅对接模块中可以通过智能化技术,在酒店方面,实现根据自动管控的规则在线预订,价格优惠;在餐饮方面,实现出差、商宴、团建等用餐在线预订,实现关联定位的有效管控;在出行方面,实现出差机票、加班打车均在线预订,行程自动管控。

统一获得发票及结算通过自动化、移动化以及数据可视化增强了用户体验。筹划降本增效等举措,推进了智能化财务转型。

该模块属公司全员应用,前端方便员工使用,中端用于管理层审批,后端对接财务核算模块,实现了全面移动化、发票智能化、合规自动化、单据数字化、财务表单优化、预算管理自动化、预算使用分析、凭证集成对接、商旅集成、电子会计档案等目标(见图 13-9)。

3. 税务管理模块——电子发票管理

2020 年以来,电子发票发展进程迅猛,增值税电子发票公共服务平台(优化版)在多地推行;部分税务局发文推广使用电子普通发票;除了已经广泛使用的电子普通发票,增值税专用发票电子化也将在今年取得实质性进展。

本实践中,公司将客户、业务、运营、财务、税务等前后完整的链路环节打通,包括通过业务流程、费控流程,商户 CRM 系统、服务商管理系统、供应商开/收票环节等,由财务、业务、运营等多个团队协同开发了一体化的电子发票管理模块,将进项税纸质发票进行影像电子

全面移动化	通过手机扫描发票即可发起费用报销,实时移动审批,打破空间限制
发票智能化	通过OCR技术扫描识别发票,同时对接金税接口快速实现发票查重验真
合规自动化	通过配置规则、自动判断,更通过提示,有效提高各项费用支出的合规性
单据数字化	通过拍照或上传电子发票和纸质发票影像,将发票信息快速转化为系统数据
财务表单优化	优化财务表单审核逻辑,固化填报标准,减少重复工作,提高准确率
预算管理自动化	报销金额与预算、费用标准结合,实现自动的预算、费用标准检查与管控
预算使用分析	用户可以在申请预算、报销费用、审批预算时,实时查看预算使用情况
凭证集成对接	对接财务核算系统,审批单据一键生成财务凭证,提升财务记账效率
商旅集成	对接携程,员工订票、住宿、打车无需垫资,无需报销,实现统一对公结算
电子会计档案	通过电子签名技术,将财务单据凭证进行电子会计档案存证

图 13-9 费控管理模块实现效果

化存储,实现电子发票的获取及存储,同时实现销项税自动开具以及管理,真正实现了客户和业务的融合。整体内容如下:

(1)外部进项税纸质发票通过业务系统数据匹对后,通过 OCR 技术存储电子影像,并识别成数据后存放在发票池中供查询、认证。

(2)内部销项税发票通过获取前端开票信息完成批量开票,也存储在发票池中,同时将信息回传到业务端。

(3)发票池中存储了规范的发票数据,供后续申报,筹划等工作做支持。

具体来看,在销项税开具方面,公司研发了发票开票小程序(见图 13-10),它通过电子发票接口集成微信小程序的方式推送给商户进行自主开票。公司通过共享服务平台以及财税管理软件,自研开发出商户发票助手小程序。商户可以自主发起开票申请,确认公司抬头税号、确认联系人地址,通过系统自动推送方式便捷地获得开具的纸质发票/电子发票信息;同时,商户可通过发票助手查看处理进度(纸质发票/电子发票),快递单信息可追踪,避免信

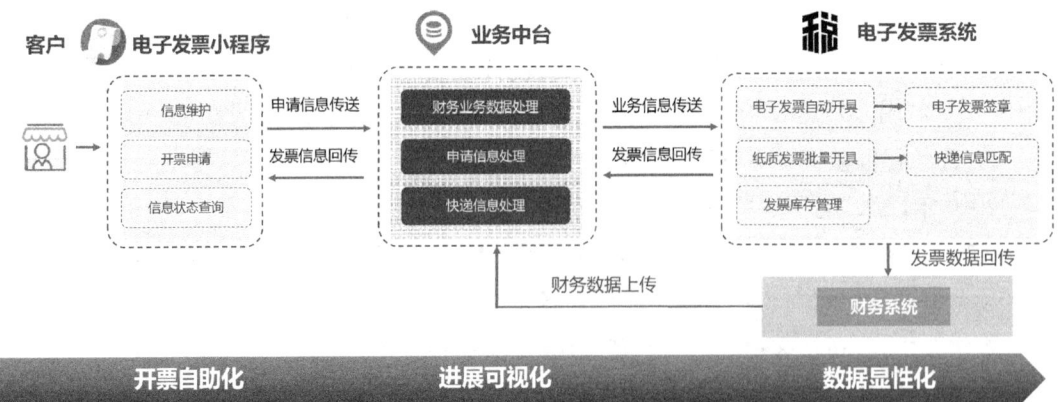

图 13-10 发票开票小程序运行框架

息不透明造成的不便(见图 13-11)。该小程序实现了开票自动化、进展可视化、数据显性化的管理流程。为了这个小程序能够被广泛使用,我们也作为一项 SaaS 服务推送给我们的小微商户来作为他们的开票需求的解决方案。

■ 信息维护:
初次登陆小程序的用户,可自行维护发票抬头和收件人信息

■ 开票申请
小程序支持当前所有类型的发票种类;用户可自主选择本次所需要申领发票的商户号及所属明细

■ 状态查询
用户可在小程序中追踪当前申请的处理进度、查询历史开票信息

图 13-11　发票开票小程序(二)

4. 资金管理模块

在资金管理模块方面,公司搭建了统一的资金管理框架(见图 13-12),应对多组织管理需求,实现数据集中统一管理。

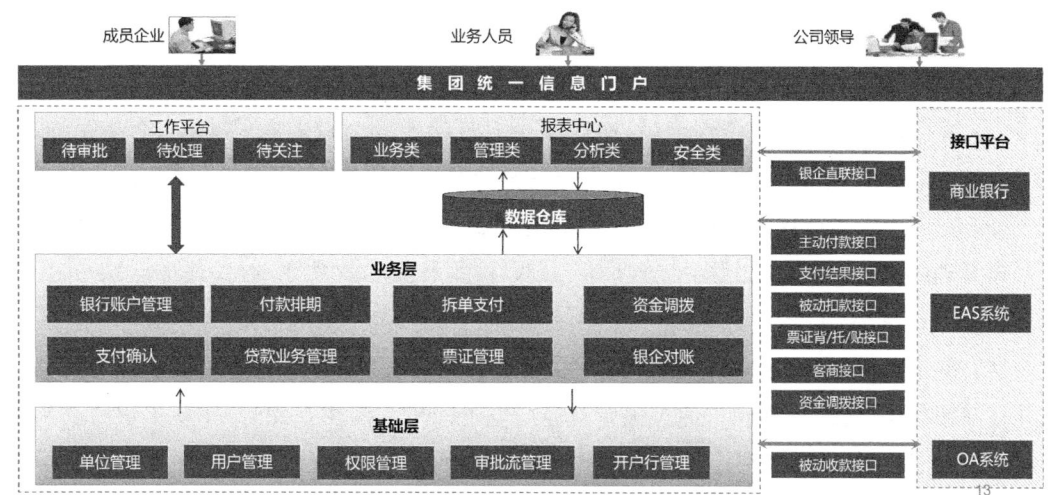

图 13-12　资金管理框架

在整体的资金管理框架中,通过银企直连的模式(见图 13-13),实时处理交易数据,动态监控各项资金指标;建立资金前瞻性预测模型,为决策提供参考信息;实际与预测相比较,进行资金的统筹规划。

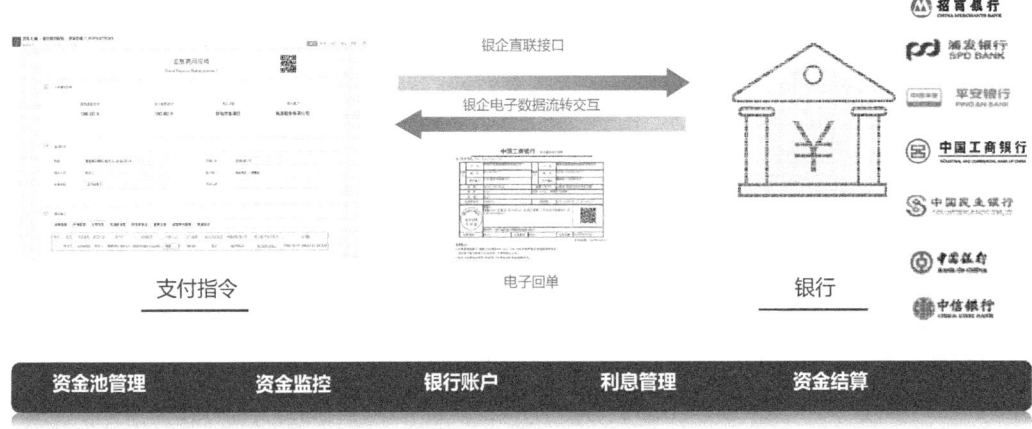

图 13-13 银企直连模式

主要成果有以下几点：

（1）建立了统一的资金在线支付管理平台,覆盖多银行多账户,通过 OA 系统、ERP 系统、银企平台的连接,付款信息自 OA 系统开始在企业内部流转审批,最终通过银企平台递交给银行处理,实现信息不落地,避免了二次手工录入产生错误的可能性,大量减少了出纳在网上银行客户端上进行手工录单的工作量以及登记银行日记账的工作量,提高了付款处理效率。而出纳可以花更多时间更多地处理付款异常,并监控账户资金情况;银企平台可实时获取银行处理付款请求的进度,并且银企平台会将付款状态反馈给 OA 系统,OA 系统的业务用户可方便地查询到业务流程的付款处理状态,从而把原来的 OA 系统的业务用户与出纳关于付款处理状态的线下沟通变成了线上的自助式的财务服务。

（2）银行账户在接入银企直连后,通过银企直连接口实时获取账户余额、交易明细,实现了在统一的平台上实时监控多银行多账户的资金流向、流量、存量和异动情况。

（3）决定接入银行和接入账户的过程既是企业梳理银行账户管理的过程,也是强化公司账户管理的过程,在这个过程,企业坚持"二八"原则和成本效益原则,关注重点账户,优化账户用途和数量。

（4）在建立银企直连的同时也建立了银行电子回单系统,银行电子回单系统可自动下载并存储银行电子回单。同时,通过银企直连与电子回单系统相互配合,实现了银行交易流水与银行电子回单的自动匹配,节约了出纳进行单据匹配的时间。

（5）OA 系统、ERP 系统、银企系统、电子回单系统的打通,实现了 OA 业务流程从业务单据、原始凭证、会计凭证的连接,有利于实现会计档案电子化。

5. 其他运营应用交互：采购管理模块

采购管理作为企业生产经营过程中的一个重要模块,决定公司成本管理的效果,直接影响着公司的盈利水平。本实践通过将付款流程、预算流程及采购管理进行集成,建立不同模块间的自主交互,并针对不同用户的需求进行模块设计及管理,全方位提升企业的采购管理能力(见图 13-14)。

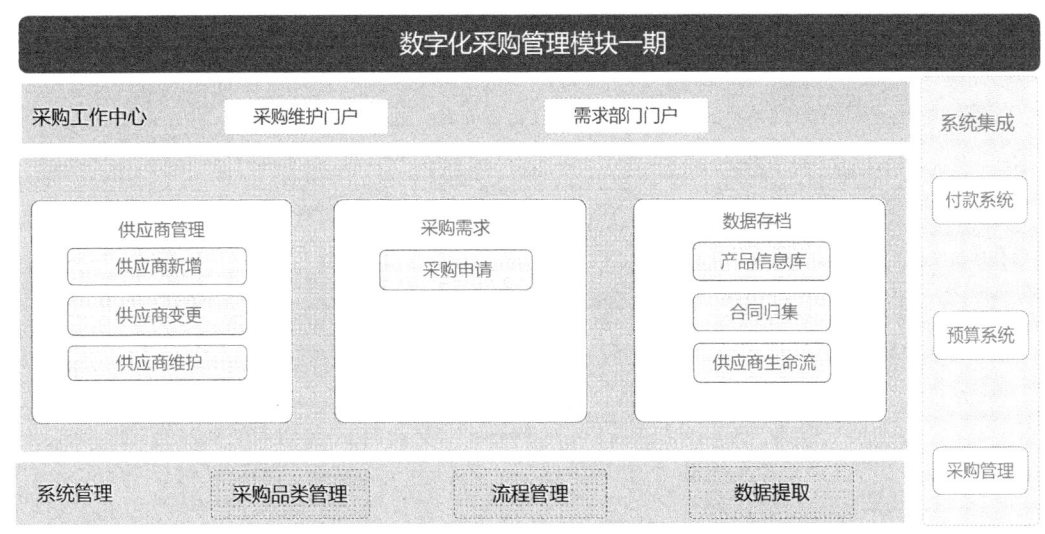

图 13-14　采购管理模块

(1) 核心供应商及产品由专门的采购团队进行门户维护,并设置不同的工作界面来满足不同岗位的需求,极大提升了不同用户使用模块的便捷性及有效性(见图 13-15)。

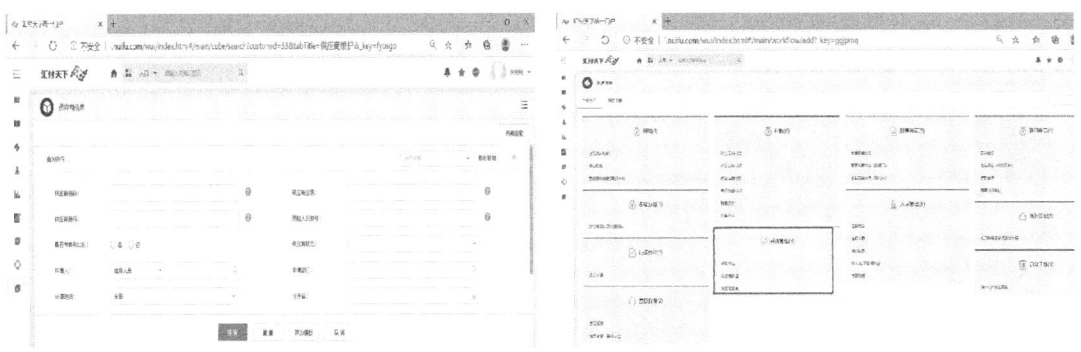

图 13-15　采购管理模块中的门户区分

(2) 采购申请、供应商新增、供应商变更等常用事项及流程,均可通过企业微信发起、审批,管理审批移动化,以提升工作及管理效率(见图 13-16)。

(3) 打通交互关联模块,将传统采购过程中事后对于预算的滞后管控前置,将采购模块与预算管控、付款进行对接,在采购流程中通过系统的设置即可做到实时预算的查询比对、付款方式的审核,实现事前对预算与资金的管控,以提高公司采购管理能力(见图 13-17)。

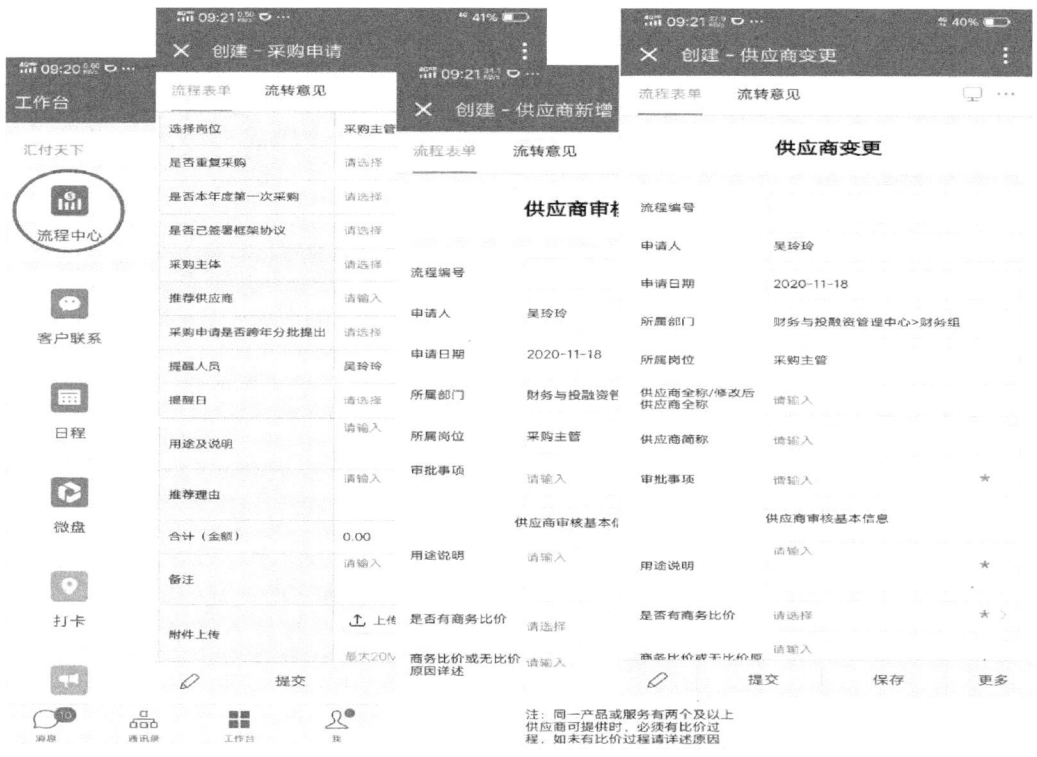

图 13-16   采购管理模块的移动化审批

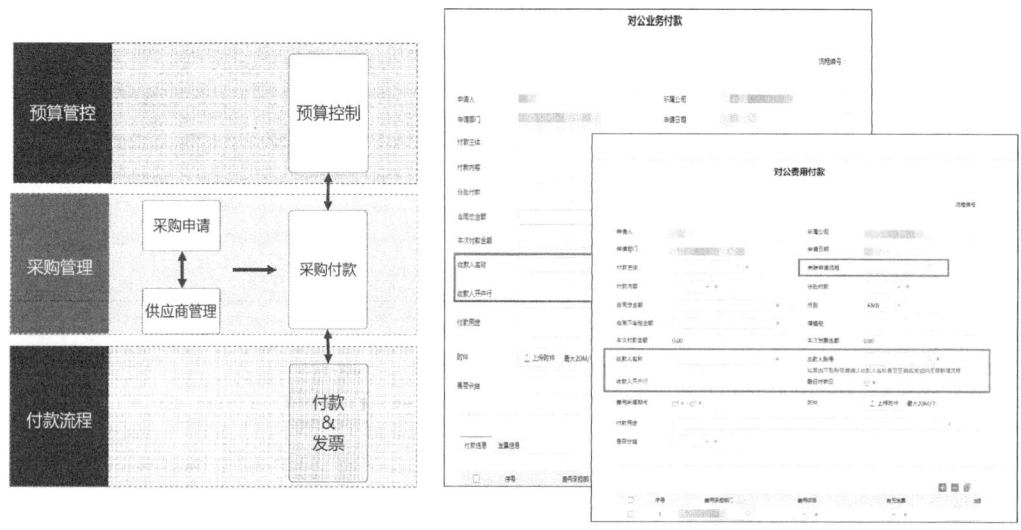

图 13-17   关联模块打通交互

6. 电子会计档案

随着企业信息化水平和精细化管理程度的提升,会计档案存储数量激增,企业对会计档案管理的成本效率以及安全性提出了更高的要求,对于合同、对账单、发票等会计档案集中归档的需求变得迫切,尤其在新冠疫情期间,优化和拓展"非接触式"电子凭证的必要性更为凸显。为此,国家也出台了相应政策,《电子商务"十三五"发展规划》要求,要加快企业电子档案管理制度及平台建设,推进电子档案管理,发挥电子会计档案对电子商务的促进和保障作用;同时,中华人民共和国财政部、国家档案局令第 79 号发布修订后的《会计档案管理办法》,自 2016 年 1 月 1 日起施行,将电子会计档案纳入会计档案范围。因此,在信息化时代,电子会计档案管理势在必行。

目前,会计档案管理面临两大主要痛点:

(1) 财务需要处理大量的、种类繁杂的发票。由于发票的获取、归集、打印、粘贴、查重、验真、归档、存储给企业财务管理造成了大量工作,管理成本和难度居高不下。此外,现实中电子发票的普及未从根本上解决问题,发票的打印与审核甚至增加了财务人员的工作。而电子会计档案可以将纸质发票和电子发票进行统一管理,工作量小、成本低,方便财务人员进行查询统计。

(2) 财务需要审核大量的流程合规性以及凭证单据的真实有效性。在以往的审签流程中,从费用报销的发票归集、报销审批、报销支付、凭证记账、数据存证,到合同支付的收票登记、付款申请、结算、凭证记账、往来征询,要求企业财务工作审签程序合规,凭证单据真实有效。而电子会计档案可以实现从审签程序到记账凭证全数据链条的归档和管理,形成优化、高效的流程以及规范的数据存储和查询平台。

公司基于会计核算模块、费控管理模块、税务管理模块、资金管理模块,实现了 OA 业务流程从业务单据、原始凭证再到会计凭证的连接,为电子会计档案的搭建提供了布局支持,同时也搭建了整体双层体系的电子会计档案的实施框架(见图 13-18)。实现财务档案与业

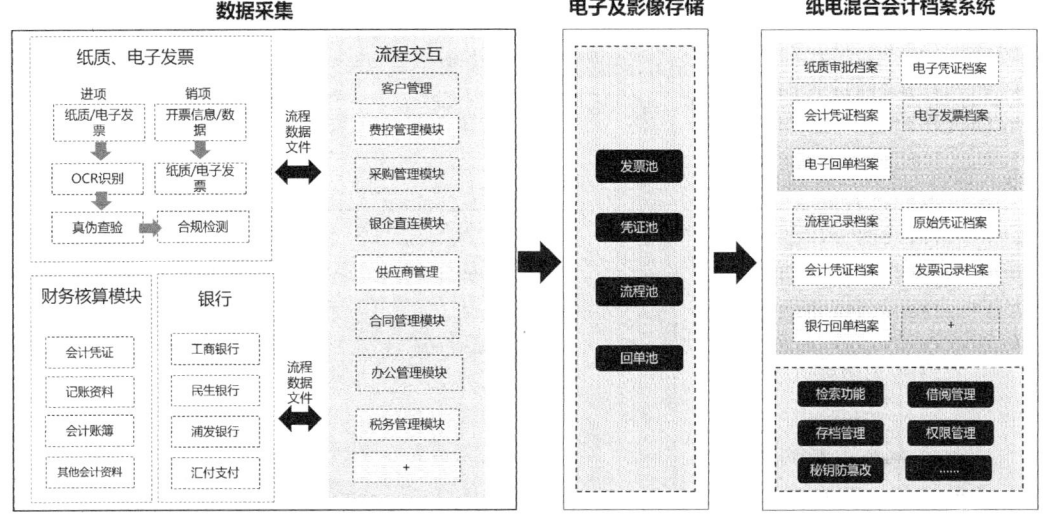

图 13-18　电子会计档案系统架构

务环节打通,档案自动采集,且电子档与实物档保持信息一致。同时,从审批记录档案、发票凭证档案、记账凭证档案、银行回单档案四个维度进行索引和相互关联。即通过流程引擎将采集的来自公司外部的发票、银行数据和公司内部的审批流程及其他业务凭证进行电子及影像存储到第一层文档库,再将存储在文档库里已经无误的内容通过防篡改技术等进行整体二层归档,且整个过程可被交互查询追溯。

目前已实现费控环节从审批流程到发票到银行支付回单到凭证信息的全链路打通及存储(见图 13-19)。

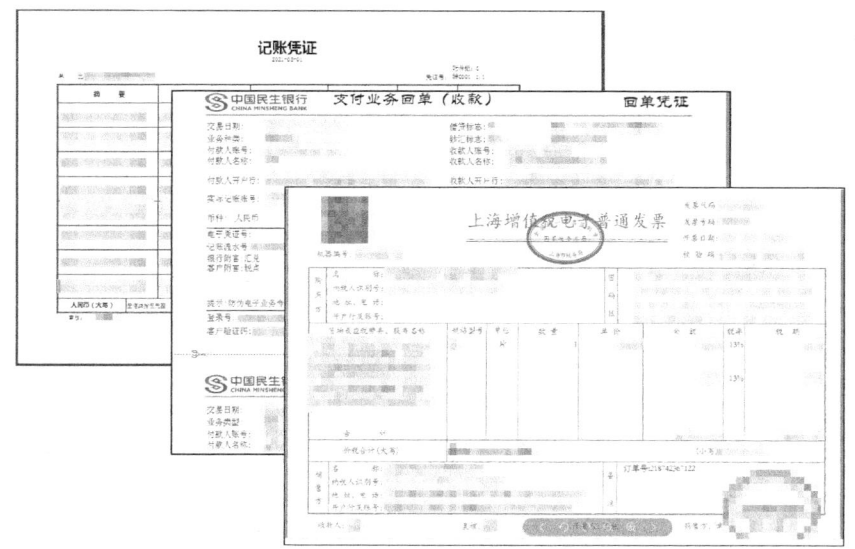

图 13-19 付款流程打通的电子会计档案实现界面

综合来看,通过电子会计档案系统,会计和审计人员根据少量信息查询,就能全部调研、显现整个业务链所产生的所有档案,不仅大大减少了传统会计凭证打印和归档过程中的众多重复低效的工作,还极大地提高了审计查档和调档的便利性。电子会计档案是系统化不断推进的过程,因此公司已经开始相关的实践,后续也会持续根据政策的推出以及不断打通和上线的流程环节来进一步优化和完善整个体系。

(三)智能化技术赋能

公司通过以上的财务核算模块、费控管理模块、税务管理模块、资金管理模块、采购管理模块、电子会计档案,初步奠定了财务数字化转型基础,实现了数据的采集、流转以及存储。接下来,将阐述一些智能化技术对数据的赋能。

1. 前沿技术应用

下面介绍本实践中应用的一些前沿技术。

1) RPA 机器人的应用

机器人流程自动化(Robotic Process Automation,RPA)是基于软件机器人和人工智能的新型企业业务流程自动化技术,也称为数字化劳动力,其通过零集成的方式帮助企业员工完成重复密集的工作,助力企业提升核心竞争力。通过拟人化操作实现业务流程自动化,RPA 可以模拟操作市面上几乎所有企业应用软件,实现业务流程自动化,并提供流程控制、桌面 UI、网站操作、数据管理、客户端程序、图像识别、邮件读取、文件工具、Office Tool、数据库工具等数量众多的插件服务或外挂程序,实现键盘鼠标、网站访问、邮件读取、Excel 数据处理、单据填制、文本粘贴等,通过模仿最终用户在电脑端的手动操作方式来进行的自动化操作,打破异构系统之间的鸿沟。例如,接收电子邮件可能包括接收付款单、取得其中资料,输入到 ERP 中 RPA 应用场景的特点总结(见图 13-20)。

本实践应用的 RPA 技术,简化人、财、物全面业务流程,释放人力,以更低的成本和更快的速度实现自动化;避免工作中的重复性劳动及过度加班,提高员工绩效,改善服务质量,降低成本。

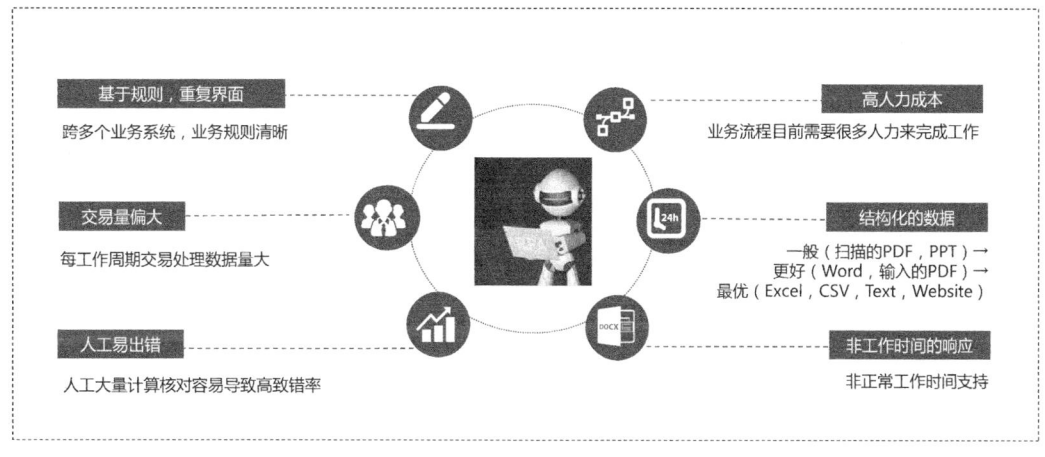

图 13-20 RPA 机器人应用场景的特点

当前业务生产经营过程中产生的海量数据对标准化数据存储及治理提出了新的挑战,而公司准备通过关键应用"数据汇"来助力标准化数据存储,结合智能化应用 RPA,能够更加高效地推进"数据汇"的实施,将原本由人工操作的重复低效的工作由 RPA 机器人更加准确及快速地执行。

公司目前主要将 RPA 应用于其中的报表下载、银行对账、业务数据存储及处理等模块。在报表下载中,每月需登录 ERP 系统进行几十家公司账套的科目余额表及辅助项目余额表的手工下载,使用 RPA 机器人后可以节约 250 分钟的人工工作(见图 13-21)。在银企对账中,每月需登录 15 家银行的网上银行网页,分别手工对 116 个账号进行账户明细下载、月末余额截图和记录、电子回单下载和银企对账,而使用 RPA 机器人后每月节约约 59 小时人工工作(见图 13-22)。

当前混乱的数据治理情况为数字化转型提供了契机。在当前的数据治理过程中,数据的分布情况,具体表现为:数据分散在不同的系统,且由于不同系统下数据口径标准不一,从而导致对各个系统的理解存在差异。因此,当前较为混乱的数据治理情况需要基于大数

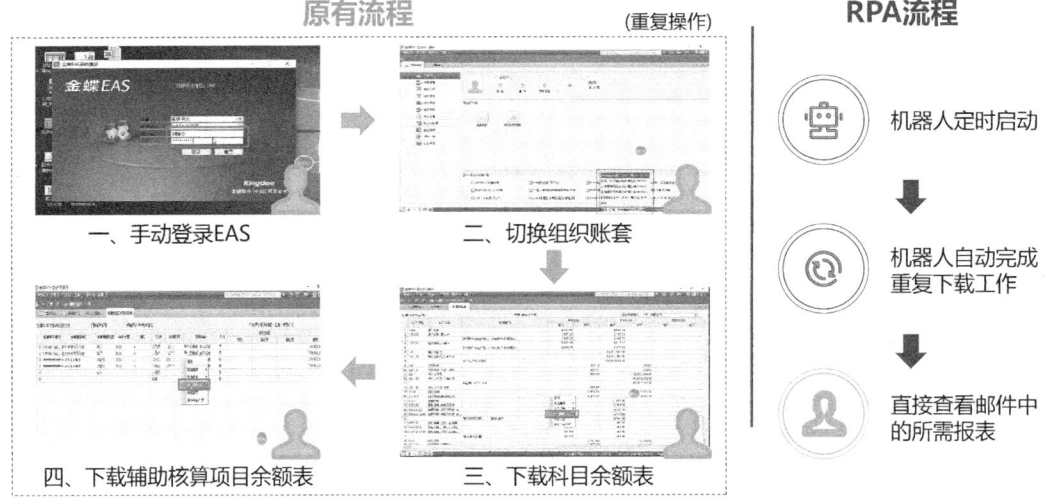

图 13-21　报表下载原有流程与 RPA 流程的对比

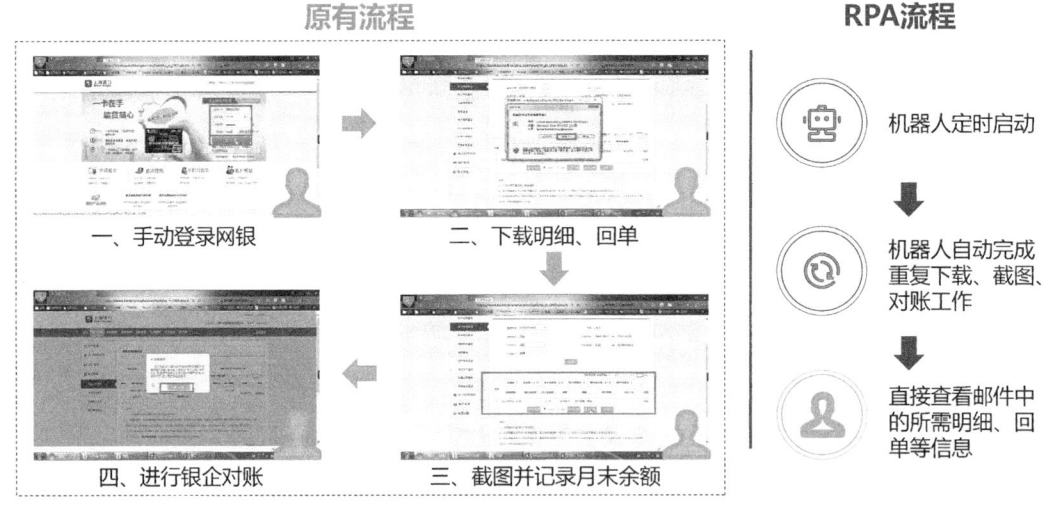

图 13-22　银企对账原有流程与 RPA 流程的对比

据平台将其调整为有序状态,即对不同系统下的数据归集储存,同时形成统一明确的数据标准及定义,完成数据清理,将数据分门别类地有序存储,从而提高数据的使用质量及有效性。不仅如此,我们也希望对有序状态的数据进行深入的挖掘分析,充分体现数据价值,即提升经营管理水平,提升风控能力,加快业务增长等。

因此,企业数字化转型与企业数据治理的关键应用——"数据汇"(见图 13-23)的优势显著。

"数据汇"是辅助企业进行数据治理的数据库管理平台,其通过后端连接数据库,将原本存储在 Excel 中的数据修改为以数据库方式存储,可以被视作在企业数字化转型下企业数

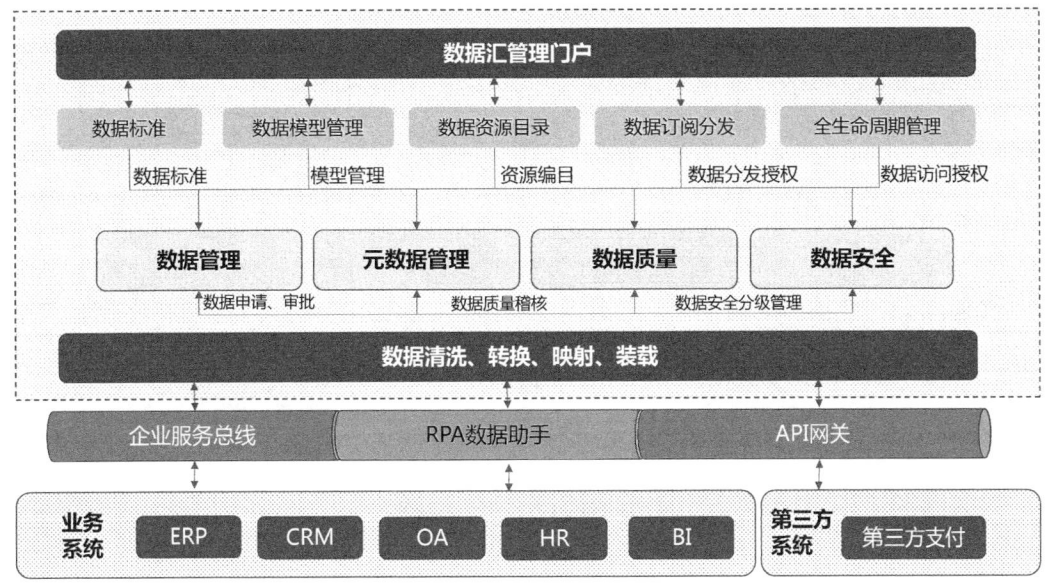

图 13-23 数据汇管理门户

据的"中转站"。

相比于传统的数据处理中使用 Excel 表格作为数据处理工具,"数据汇"有以下几点优势:

(1) 在数据存储上,其数据容量与处理能力可以无限拓展,可规避 Excel 交互烦琐的风险。

(2) 在数据安全性上,Excel 表格中各种表格随意使用,无明确安全控制手段,安全性较差,而数据汇则采用数据集中管理,对于不同业务分配不同账号的相关权限,且对应账号仅可访问指定数据库的业务数据,这样使得账号的可执行操作受到统一的权限控制,从而可保证数据的安全。

(3) 在数据使用效率上,"数据汇"实现了数据库集中存储,且采用可视化界面操作,按需要查询导出,实现了数据治理的高效化与便捷化。

(4) 在数据治理上,"数据汇"也可以与 RPA 机器人进行对接,达到"人机结合",即实现业务流程自动化与人工灵活性的结合。

2) BI 工具的应用

BI(Business Intelligence)也称作商业智能,BI 的概念最早于 1996 年提出。当时将 BI 定义为一类由数据仓库(或数据集市)、查询报表、数据分析、数据挖掘、数据备份和恢复等部分组成的、以帮助企业决策为目的的技术及应用。公司还运用了 BI 工具将业务数据以及财务数据更实时多维度呈现给管理层(见图13-24),实现了企业的销售分析、产品分析、人力资源分析、财务分析等功能,可通过拖拽式创建分析图标、提供丰富的图表类型、提供丰富的数据交互分析操作、快速搭建数据驾驶舱,从而助力企业科学决策。

图 13-24　BI 自助分析界面

此外,公司还通过自行迭代 BI 工具,自研打造数据魔方,使得无技术背景的业务人员可在线自助实现数据分析(见图 13-25)。例如,在商户控台,可以快速呈现商户的交易数据,方便快捷调整展现数据形式与维度。

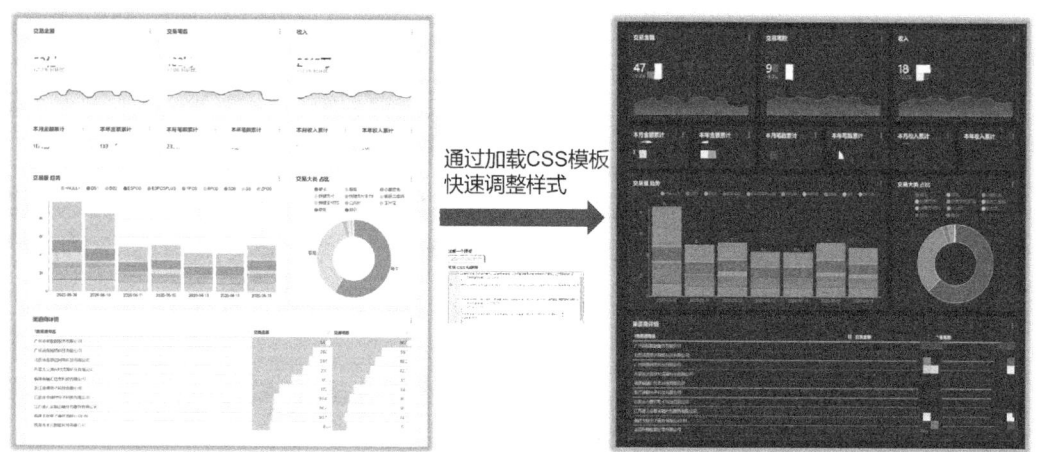

图 13-25　数据魔方工具界面,实时呈现数据情况

3) 大数据资产管理

随着大数据时代的来临,数据的重要性被提到了前所未有的高度,"数据即资产"的观点已经被广泛认可。数据就像企业的根基,是各企业尚待发掘的财富,即将被企业广泛应用。如果大数据作为一种企业资产,那就必须被纳入企业的资产管理中;同时,大数据资产又不是企业传统意义上的资产,因此大数据资产管理又不同于企业的传统资产管理。

大数据最重要的发展方向是"数据驱动",即在任何情况下,可以通过数据本身的统计和分析结果来获得相关目标的决策或行为,从而构成一个整体高效的运营系统。大数据的发展包括了三个层次,自下而上依次为:大数据处理能力、数据资产管理、业务价值实现。

随着大数据技术发展的日新月异,大数据处理能力不仅包括了目前技术领域所关注的海量数据采集、存储、分布式计算、突发事件应对等,而且已经具备对各种格式、类型的数据进行加工、处理、识别、解析等能力。

本实践打造的大数据资产管理系统分为数据管理、配置中心和我的收藏三个部分,有助于规范数据,让数据更好地服务于应用(见图 13-26)。数据资产管理所起到的作用就是需要把在各种大数据处理平台上获得的数据资产有效管理起来,并且围绕它支持创造业务价值目标,更好地联动、加工、分析、应用各项数据,从而实现数据的共享、连接、整合、嫁接等一系列过程。围绕数据资产本身建立起一个可靠可信的管理机制,能够通过数据资产管理清晰地知道相关数据的定义、数据之间的"血缘关系",并可以验证数据的有效性、合理性等数据质量指标。

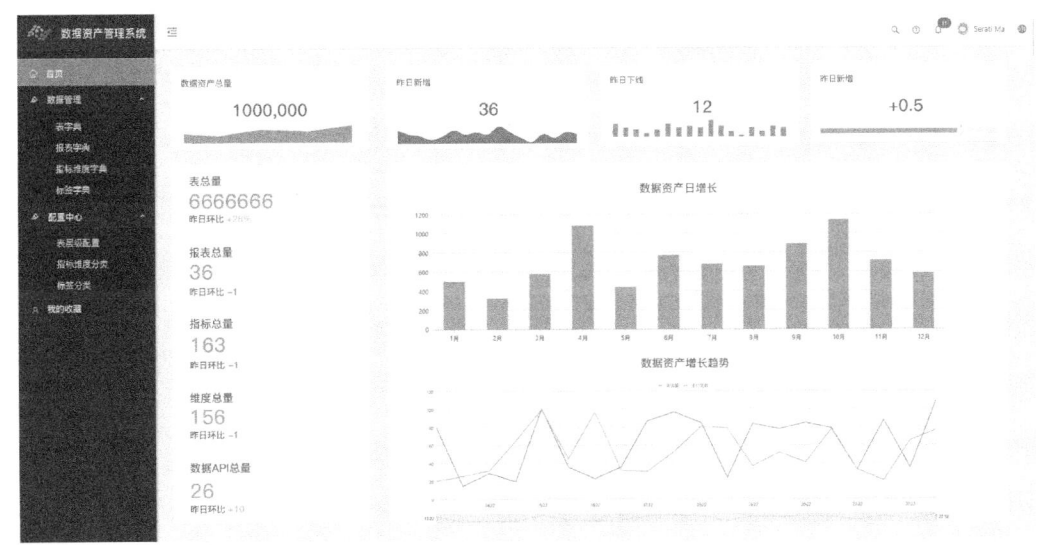

图 13-26　大数据资产管理界面

此外,该系统还具备隐私数据保护功能,主要体现在以下四点:

(1)权限控制。实现用户登录控制、用户访问权限控制,并实时监控数据访问行为和实现灵活的告警机制。

(2)数据防泄漏。满足审核数据共享、下载、复制等需求,监视和保护静止的数据、移动的数据以及使用中的数据,达到隐私数据利用的事前、事中、事后完整保护,实现数据的合规使用,同时防止主动或被动意外的数据泄露。

(3)数据加密、脱敏。对隐私数据进行加密、脱敏、变形,由此提高数据管理人员的工作效率,同时规避数据泄露风险,对客户信息资产安全、敏感信息提供完善的保护。

(4)数据库监控。实现数据库操作监控、数据库状态监控、数据库审计、数据库风险扫描。

以大数据稽查为例,事后大数据稽查审计费用日常记录,容易发现不合理的地方,通过做好事后评估,从而可达到更有效的管控目标。具体来看,系统能够对以下内容实行稽查。

查询一:不同流程中的报销发票是否有连号报销情况(见图 13-27)。

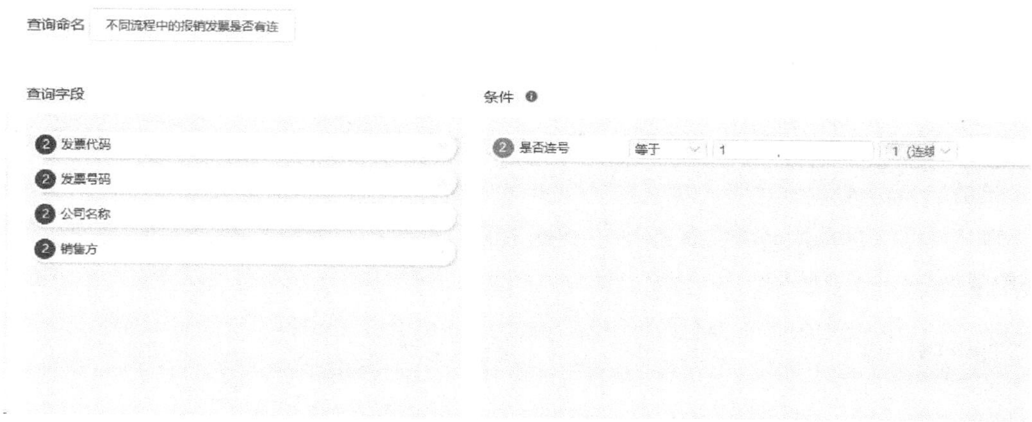

图 13-27 自助查询界面 1(左面查询的字段,右边查询的条件)

查询二:是否有频率高的周末招待及节假日招待(春节、国庆节)情况(见图 13-28)。

图 13-28 自助查询界面 2

查询三:是否有同一商户多次出现的情况(见图 13-29)。

查询四:同一日期日常与差旅是否有重叠的情况(见图 13-30)。

查询五:未收到发票统计表(见图 13-31)。

2. 决策支持智能化

在决策支持智能化方面,公司利用大数据帮助企业科学决策,主要表现为:

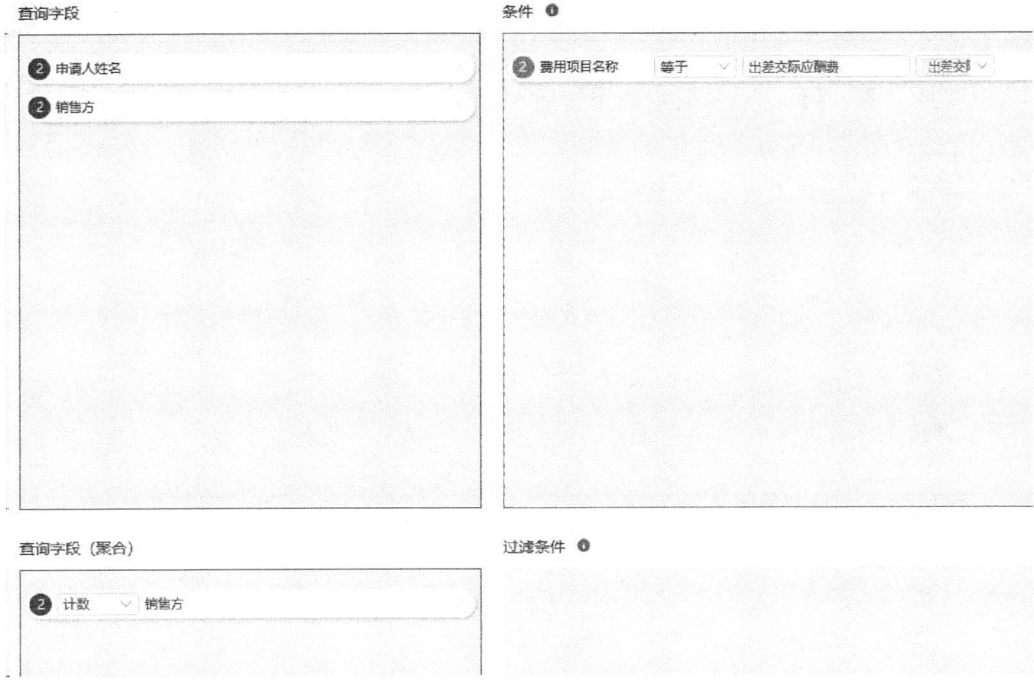

图 13-29　自助查询界面 3

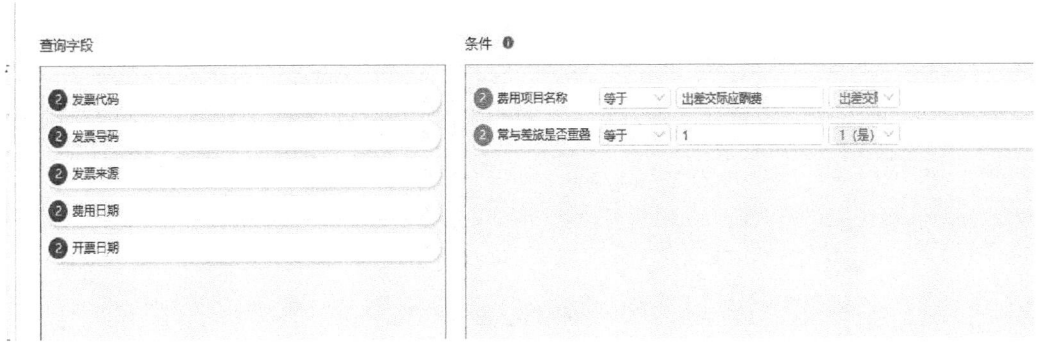

图 13-30　自助查询界面 4

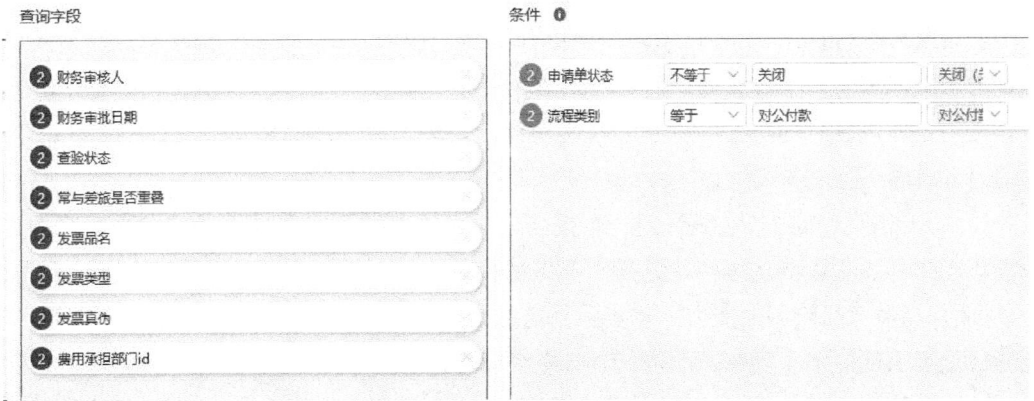

图 13-31　自助查询界面 5

（1）标准化、智能化、可视化和移动化的报表分析,不仅能通过丰富的财务指标与分析模型解决日常80%的通用需求,还具备智能预警、智能钻取等功能,实现提供内容订阅,"T＋1"数据更新,帮助企业及时准确掌控成本、利润变化,快速定位问题,而经过可视化升级后的报表可提供丰富的图表类型,提高数据的可读性,使得使用者快速了解企业财务状况,从而帮助各项经营决策分析(见图13-32)。

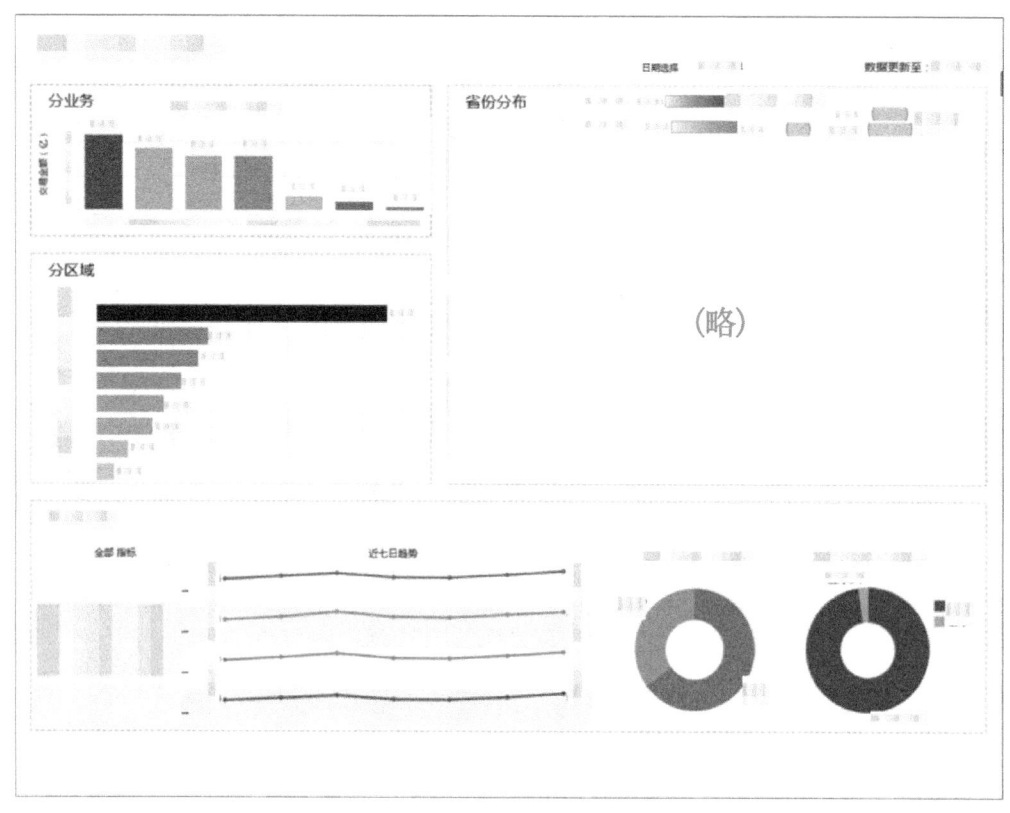

图 13-32 Web 端报表分析界面(一)

（2）报表分析可实现公司实时监控各项交易数据,实时处理交易数据,把握交易动态,便于监测交易趋势;可利用时间序列模型拟合交易金额参考值,与实际交易量进行对比,设置置信区间识别交易异常波动;可预测未来交易金额,为运营决策提供参考信息,能高效传输和处理数据,数据查询延迟在1秒内,移动化的呈现提高了实时效率,以及利用了处理问题的碎片时间(见图13-33)。

（3）风险预警。通过人工智能技术,报表分析可以获得更丰富精准的信息采集来源,更个性化、定向化的风险定价模型,更科学严谨的投资决策过程,更透明公正的信用中介角色等,从而提高财务风险预警能力。本实践制定的风险指标维度、稳定的海量数据支持与可视化的数据展示帮助企业更好的预防、识别、应对风险(见图13-34)。

（4）管理驾驶舱,是指企业做决策时,所需要的数据以及预警的措施,它就像汽车/飞机的仪表盘,可随时显示关键业务的数据指标以及执行情况。管理驾驶舱展示的是一组动态

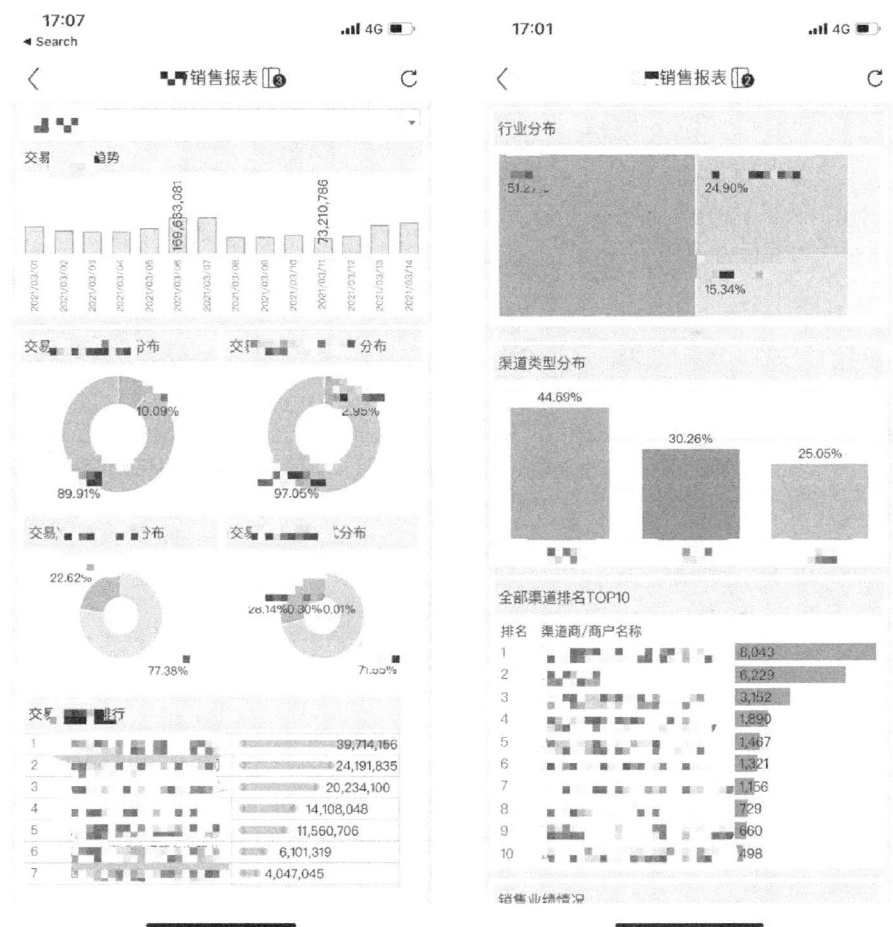

图 13-33 移动端报表分析界面(二)

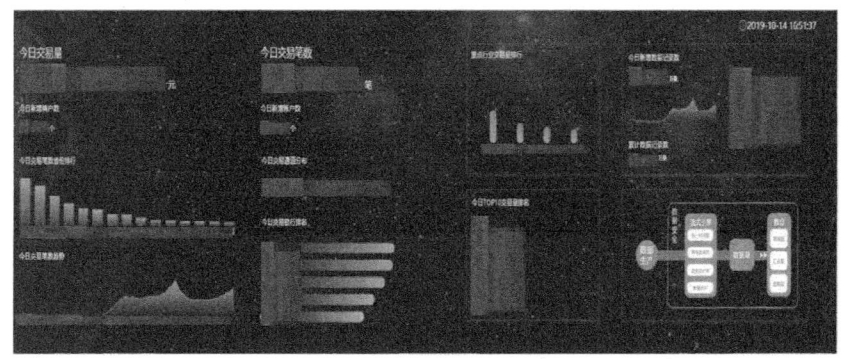

图 13-34 风险预警界面

的 KPI 指标,这些指标通常直接指向公司的目标和阶段性问题。此外,管理驾驶舱是以图表
的方式直观地显示各项指标,并支持"钻取式查询"功能,实现对指标的逐层细化、深化分析
(见图 13-35)。

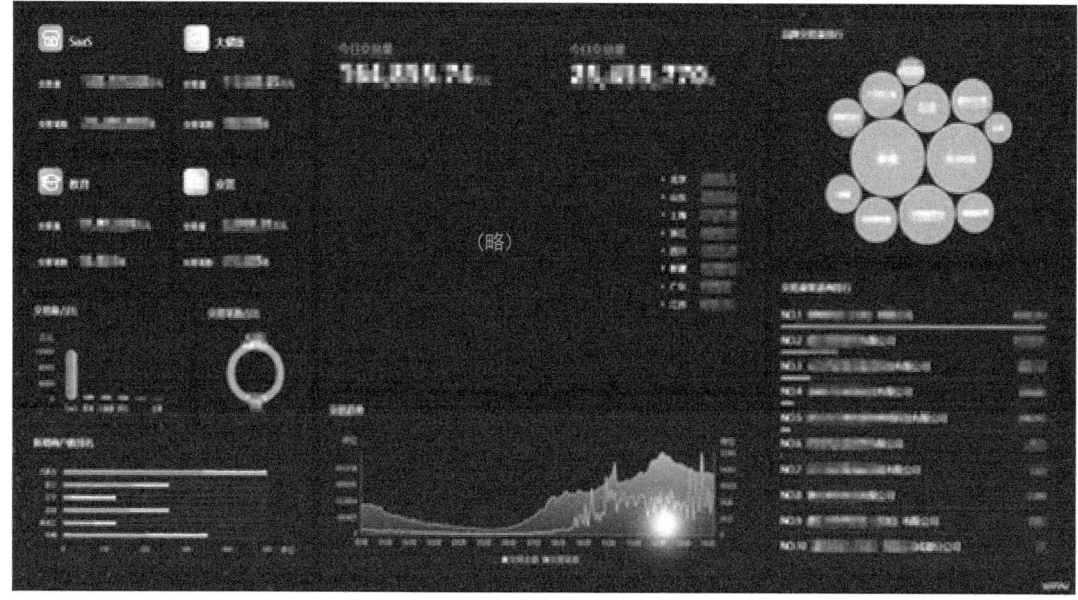

图 13-35　管理驾驶舱界面

(四) 投入的相关部门和人员情况

汇付天下非常注重企业数字化及智能化的转型及其应用,面对数字化及降本增效的经济转型期,公司早期已经开始展开数字化及智能化转型投入,对企业财务也提出了更高的要求,因此公司除了在业务层面不断突破外,在职能模块上的应用也在从未落下。

本实践过程中,公司设立了财务数字化小组,由公司首席财务官金源担任小组组长,分别纳入包括财务团队、运营团队、数据中心团队以及系统架构团队的同事一同规划、搭建以及实施整个财务智能化的转型实践。小组各团队充分发挥各自优势,从蓝图、设计、实施、测试及上线各方面进行有效协同,从而通过明确目标、识别核心点规划清晰有效的路径,再结合前沿技术将每个环节按照规划路径逐步建设、集成以及打通交互。

小组各团队职责分工明确。财务团队完成财务智能化转型的整体规划、实施路径的设计、架构的搭建。同时还包括应用场景的挖掘、需求的整理、规则以及财务流程的梳理,外部供应商及产品的选择,确定项目具体实施方案以及组织协调项目落地。运营团队协助完成业务流程与财务流程的结合以及规则的落地。系统架构团队以及数据中心团队协助完成系统搭建的技术支持、研发、系统安全以及运维的工作,业务系统与财务系统的对接,将数据从采集、交互和赋能打通贯穿。

组员中包括拥有丰富的实务经验并具备四大会计师事务所背景的财务骨干,还包括熟悉各项业务流程的运营骨干、管理公司整体系统架构的技术专家以及搭建数据仓的数据治理专家。并且他们都同时参与了汇付天下的数字化及智能化转型建设,了解工作中存在的痛点、深知转型的重要性以及智能实践方向。

（五）实践中遇到的主要问题和解决方法

虽然公司当前在智能财务项目实施过程中已经取得了一定的成果，但是我们也认识到了当前在企业管理和技术应用层面仍然存在一定的困难与挑战。

1. 技术与系统变革的障碍与对策

1）企业在推进智能化技术变革的过程中面临重重考验

首先，在各类业务场景交易过程中，产生了大量的流程及审批工作。这些流程与审批工作通常涉及业务审批、风险控制、费用成本控制、合规上报等多个关联场景，且不同的审批牵扯到的关联场景也不尽相同，久而久之，反复的审批与审核工作需要大量的人力成本和时间成本。

其次，业务是企业盈利的窗口，所以企业将更多的精力与资源投入到前端业务系统以改进其技术水平也就无可厚非。但是，由于企业内部资源的有限性，这批技术在管理系统上的投入尤其是财务管理上相对较少，从而导致无法依靠现有财务系统实现敏捷化、数字化的目标，且无法与企业内部的其他系统有效实现对接，进而在数据链上也难免会导致断层。

再次，虽然强调提高财务人员的信息化水平，但是传统的财务人员由于其过往的财务实践经历，较少接触到当前的智能化项目，因此很难适应数字化变革。同时，由于智能财务是处于学科前沿的内容，相关的企业培训经验积累较少，进而也导致了目前企业对培养人员信息化能力这一方面存在较大空白。

因此，即便是财务数字化转型放大了自动化与智能化能力，但初期系统间的沟壑还是需要人工来填补。我们认为，通过聘请外部专家对企业员工进行培训、制作员工手册等，都可以提高财务人员的信息化水平。

2）财务数字化系统变革道路艰辛

首先，由于公司的财务数字化转型处于同行业中先行者的地位，可供参考的转型经验与相关的公司案例少之又少，这导致公司前期在探索过程中走过不少弯路，同时因为相关的企业培训经验积累较少，从而导致目前企业对培养人员信息化能力这一方面存在较大空白。

其次，由于迁云部署面临较高的费用，同时面临着更细致严格的环境监管，其对于合规、安全、稳定的要求也十分之高。这对于正处于数字化转型建设期的公司来说，会使得各类模块在建设期面临极高的研发投入。

因此，面对此类种种困难，公司期望未来将云计算、大数据、RPA等新崛起的技术进行商用化落地，同时内部管理向精细化、一体化发展，重视数据治理与价值挖掘，基于企业数字化转型来全面推动财务的数字化转型工作。

2. 企业与组织变革的障碍与对策

在智能财务项目的推进过程中，大量枯燥、重复、频繁、数量大、复杂性低的财务工作可以采用智能化的手段代替，从而降低了这类手工密集、容易出错的财务工作中的人力成本。虽然这看似已经提高了公司的风险抵御能力，但是却忽略了当前智能化推进过快所导致的公司内部人员数字化能力不强的问题。由于财务人员信息化水平无法与项目匹配,换言之即财务人员对于这类智能设备的应用能力不强,导致了一定程度上的财务工作效率低下。

因此,在依托系统搭建的同时,也需要提高财务人员自身的信息化能力,并明晰各部门的职责划分、加强各部门的沟通协作、对智能化可能带来的风险进行管控。

3. 财务职能变革的障碍与对策

在智能财务项目的推进的过程中,公司的内部财务职能变革难以有效开展。财务职能是指企业财务在运行中所固有的功能。财务的职能源于企业资金运动及其所体现的经济关系,表现为筹资、用资、耗资、分配等过程中的管理职能,包括财务预测、财务决策、财务计划、财务控制、财务分析等。在智能财务项目持续推进的过程中,虽然各项财务数据变得更易获得,财务职能中的各项管理职能可以实现自动化与智能化,但这也一定程度上造成公司内部财务人员的工作被替代,从而导致企业的组织架构混乱,内部财务部门的权责划分也由此受到影响。可见,当前企业迫切需要对财务部门的组织架构进行调整,并对其内部的相关权利与责任进行界定。

因此,高效的管理制度与流程规范是必不可少的。企业可以在智能财务的帮助下,对部门进行组织架构调整,对员工进行职责调整,使企业内部财务部门的作用由核算型向管理型转变,如实现财务预测、财务决策、财务计划、财务控制、财务分析等职能。

三、未来展望

(一) 总结

随着公司财务数字化转型实践之路的不断推进,我们将始终围绕着"'一'个核心、'两'大方向、'三'驾马车、'四'位一体"的目标蓝图(见图 13-36),提供运营框架的整体搭建模式,解释财务系统与业务系统的内部结构及关键步骤,介绍管理系统应用、交互及运营的整体架构。

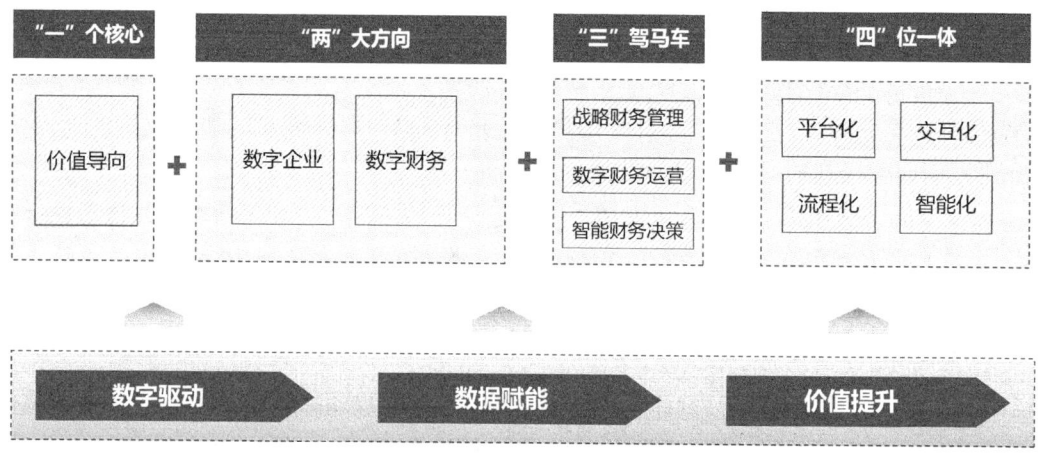

图 13-36　智能技术驱动下企业财务数字化蓝图框架

公司通过数字化手段向业务层面及核算层面延伸,嵌入并固化在业务流程中,拟实现业务发生时实时采集和监控相关信息,逐步集成业务处理流程、财务核算、财务管理、决策支持信息。具体来看,利用 RPA 提高财务日常工作效率,利用 BI 工具形成有效财务分析,利用 AI 技术智能应用财务决策流程。结合人工智能、大数据的时代背景,寻找数字经济与企业实务的契合点,探索更加具有系统性与实用性的当代企业财务数字化转型模式,促进企业的快速升级。财务数字化的实现,需要通过与业务系统交互布局实现真正的"业财一体化",通过建立统一的流程管理以及协同平台,统一数据交互和数据共享,以实现管理系统交互化、财务系统数字化、决策支持智能化。

自数字化概念出现以来,许多国家都在积极探索其在商业领域的最佳实践。与此同时,财务数字化建设也正在蜕变,由早期的财务信息记录、存储、加工的形态逐步演变,向挖掘信息价值、创造价值并向管理决策、支撑公司运营管理和战略发展。本文以智能财务实践背景为切入点,从理论与实践两个角度阐明了其发展现状,并分析了智能财务实践为财务带来的机遇与挑战。随后,以汇付天下有限公司的实践为案例,详细介绍了其在财务系统数字化、管理系统交互化、决策支持智能化以及前沿技术应用的具体过程与典型成果,为企业财务的转型升级提供了明确的借鉴思路。

(二)建议

当下,智能财务已成为企业会计信息化发展的重要趋势。它不再只停留在理念阶段,而是越来越多地出现在企业管理实践中,在洞察业务痛点、提升运营效率、识别并控制风险等多方面为企业经营管理决策带来重要价值。因此,我们建议企业要从观念、人员、组织、流程和系统五方面进行改进,运用大数据、BI、RPA、云原生、AI、移动互联等技术,实现人机协同、人机耦合,进而实现财务管理的智能化转型与变革,以助力企业高质量发展,提高核心竞争力。

1)观念方面

员工是企业的核心资源,智能财务实践需要自上而下向全体成员传达新的理念,是以人为本管理理论的实践。转变观念并不是一件容易的事情,员工在刚接触变革时,因受其原有习惯和固有经验等影响,难免产生忧虑不安,甚至抵触变革的心理,需要领导重视该问题,并进行持续的培训宣贯,向全体员工传达变革的目标和愿景,同时,通过沟通和交流,关注了解员工的需求,提高员工对变革的适应能力,鼓励员工参与变革实践。当员工认清了形势,转变了观念,统一了认识,改革才容易推进。

2)人员方面

在规划财务人员转型时,不仅仅需要考虑智能财务实践中的人员调动与人员培养,还需要提前规划业务财务、战略财务和智能财务的工作内容与人员转型方案。在人员转型的过程中,财务部门需要从财务在企业中的定位出发,将财务职能划分为基础层、执行层、控制层和决策层四个层面,分别规划智能财务——技术会计、共享财务——财务会计、业务财务——管理会计和战略财务——财资会计的职能范围,设计不同财务团队的组织架构、工作机制、能力模型、培养方案和职业发展路径等。企业需要提供财务人员转型最需要的培训指导,并根据员工学习能力和基本素质制定适当的转型方案,建立全面的工作指导体系,从而帮助员工更加顺利地转型。

3)组织方面

首先,在智能财务实践中,内部组织架构的设计需要遵循流程管理原则,按职能、业务区域、业务板块来划分或采用混合模式。目前较多的财务共享服务中心采用的是按财务职能划分的方式,采用专业化分工的方法进行组织构架设计。其次,组织变革中除了组织定位和组织架构,还要充分考虑人员岗位设置和职业晋升通道。智能财务实践中的岗位通常可以划分为三类:一类是从事具体业务处理的作业类岗位;一类是运营管理和专业支持的管理类岗位;一类是提供共享运营保障和远程协作的服务类岗位。设计组织架构时,需要为每类岗位设置职业晋升通道,明晰职业前景,以有效激励员工成长。在智能财务实践中,可以提供员工平级调动的机会,也可以设置专业线、管理线和服务线的晋升通道。

4)流程方面

企业智能财务实践可大致分为五个阶段。

第一阶段,营造变革环境。该阶段分为六个子步骤:

(1)树立流程再造的目标。

(2)获得有关管理层的支持。

(3)制订计划,开展培训。

(4)识别核心流程。

(5)建立项目团队,并指定流程负责人。

(6)就项目目标、必要性和计划达成共识。

第二阶段,分析、诊断和重新设计流程。该阶段分为七个子步骤:

(1)诊断现有流程。

(2)诊断环境条件。

(3)寻找再造标杆。

(4)重新设计流程。

(5)根据新流程评估现有人员队伍。

(6)根据新流程评估现有技术水平。

(7)对新流程设计方案进行检验。

第三阶段,适配组织再造。该阶段分为六个子步骤:

(1)检查组织的人力资源情况。

(2)检查技术结构和能力情况。

(3)匹配组织再造方案。

(4)重新定义岗位,培训员工。

(5)组织转岗。

（6）建立健全新的技术基础结构和技术应用。

第四阶段，进行流程穿行测试。该阶段分为六个子步骤：

（1）选定试点流程。

（2）组建试点流程团队。

（3）确定参加试点流程的单位和供应商。

（4）启动穿行测试、监控并支持测试。

（5）检验测试情况，听取意见反馈。

（6）依据测试结果，优化调整。

第五阶段，持续优化流程。该阶段分为四个子步骤：

（1）评价流程再造成效。

（2）让客户感知流程再造产生的效益。

（3）挖掘新流程的效能。

（4）持续循环改进。

5）系统方面

财务信息系统可以分为业务层、核算层、管理层和决策层四个层次，覆盖从业务系统数据采集，到财务作业处理、管理控制以及经营决策信息的支持，全面支持财务信息的闭环流动。智能财务实践的核心系统平台主要涉及交易处理类的信息系统，包括财务共享运营系统、会计核算系统、资金管理系统、税务管理系统等。财务运营系统是财务信息系统中的事务处理系统，如进项发票管理系统、销项开票系统、收款管理系统、营收稽核系统、电子报账系统、电子影像系统、电子发票系统、电子档案系统等，企业可根据自身情况分步实施。

参考文献

［1］何瑛,李墣爽,于文蕾.基于机器学习的智能会计引擎研究［J］.会计之友,2020(05)：52-58.

［2］程平,陶思颖.基于区块链技术的智能财务报告研究［J］.会计之友,2020(05)：156-160.

［3］张庆龙.财务共享服务数字化转型路径探析［J］.财会月刊,2020(17)：12-18.

［4］张庆龙.数字化转型背景下的财务共享服务升级再造研究［J］.中国注册会计师,2020(01)：102-106.

［5］秦荣生.数字化时代的财务创新发展［J］.财务与会计,2020(01)：7-9.

［6］陈馨.从财务型向战略型财务管理的转型升级——评《互联网＋时代财务管理创新研究》［J］.财务与会计,2019(23)：2.

［7］吴旺延,荆玉蕾.基于财务云的智能制造企业价值协同机制研究［J］.西安财经学院学报,2019,32(05)：22-28.

［8］刘东进.大型建筑集团财务管理转型升级实践——以中交第二航务工程局有限公司为例［J］.会计之友,2019(17)：2-7.

［9］谌灿霞,宋晓睿.财务在线稽核与数字化审计的协同作业探析［J］.财务与会计,2019(08)：70-72.

［10］李闻一,于文杰,李菊花.智能财务共享的选择、实现要素和路径［J］.会计之友,2019(08)：115-121.

［11］唐勇,胡先伟.共享服务模式下企业财务数字化转型探讨［J］.会计之友,2019(08)：122-125.

[12] 张超,肖聪,朱卫东,等.财务智能可视化分析与文献综述[J].财会月刊,2019(03):24-32.

[13] 于海澜,唐凌遥.企业架构的数字化转型[M].北京:清华大学出版社,2019.

[14] 本刊编辑部.智慧财务——医院财务管理转型与升级论坛召开[J].会计之友,2018(21):162.

[15] 财务能力攀登计划课题组.财务能力攀登计划助推航天企业财务管理转型升级[J].财务与会计,2018(21):35-38.

[16] 郑大喜.公立医院发展转型、财务管理升级与会计人才培养研究[J].中国卫生经济,2017,36(03):81-83.

[17] 高勇.高校财务数字化平台构建研究[J].会计之友,2016(08):94-96.

[18] YU LIAN QIU, GUO FANG XIAO. Research on Cost Management Optimization of Financial Sharing Center Based on RPA[J]. Procedia Computer Science. 2020,166:115-119.

[19] RICHTER P C, BRÜHL R. Shared service center research:A review of the past, present, and future[J]. European Management Journal, 2017, 35(1):26-38.

[20] Marek Kowalkiewicz, Niz Safrudin, Bert Schulze. The Business Consequences of a Digitally Transformed Economy[M]//Gerhard Oswald, Michael Kleinemeier. Shaping the Digital Enterprise:Trends and Use Cases in Digital Innovation and Transformation. Springer International Publishing Switzerland, 2017:29-27.

[21] PETRIŞOR I, COZMIUC D. Specific Models for Romanian Companies — Finance Shared Services [J]. Procedia — Social and Behavioral Sciences, 2016, 221:159-165.

[22] JANE QIU. Research and development of artificial intelligence in China[J]. National Science Review, 2016, 3(04):538-541.

[23] 刘勤,杨寅.智能财务的体系架构、实现路径和应用趋势探讨[J].管理会计研究,2018,1(01):84-90,96.

[24] IDC,华为.拥抱变化,智胜未来——数字平台破局企业数字化转型[EB/OL].[2019-07-03].https://e.huawei.com/cn/publications/cn/ict_insights/201809301120/Analysts/201904120903.

本项目由以下机构共同支持

（排名不分先后）